今注本二十四史

漢書

漢 班固 撰 唐 顏師古 注

孫曉 主持校注

二 志〔五〕

中國社會科學出版社

漢書　卷二八上

地理志第八上[1]

[1]【今注】案，《漢書·地理志》主要記述西漢時期版圖，追述以《尚書·禹貢》《周禮·職方》爲代表的上古、先秦地理典章，兼及秦與新莽，開正史典志中地理方域之先河，故《隋書·經籍志》評價説："（漢）武帝時，計書既上太史，郡國地志，固亦在焉。而史遷所記，但述《河渠》而已。其後劉向略言地域，丞相張禹使屬朱貢條記風俗，班固因之作《地理志》。其州國郡縣山川夷險時俗之異，經星之分，風氣所生，區域之廣，户口之數，各有攸叙，與古《禹貢》《周官》所記相埒。"

　　昔在黄帝，作舟車以濟不通，旁行天下，[1]方制萬里，畫壄分州，[2]得百里之國萬區。[3]是故《易》稱"先王建萬國，親諸侯";[4]《書》云"協和萬國"，[5]此之謂也。堯遭洪水，襄山襄陵，[6]天下分絶，爲十二州，[7]使禹治之。水土既平，更制九州，列五服，[8]任土作貢。[9]

　　[1]【顔注】師古曰：旁行，謂四出而行之。【今注】旁行：遍行。《廣雅·釋詁》："旁，廣也。"
　　[2]【顔注】師古曰：方制，制爲方域也。畫謂爲之界也。

壄，古野字也（蔡琪本、殿本無"也"字）。畫音獲。【今注】方：或解作"方域"，或解作"始"。《廣雅·釋詁》："方，始也。"王先謙《漢書補注》云，王先慎據此以爲顏師古注誤，此言黄帝遍行天下，始裁制萬里，區別州野。　畫：劃界。

[3]【今注】百里之國：疆域廣長各百里的國家。

[4]【顏注】師古曰：《易·比卦》象辭。【今注】案，建萬國，蔡琪本、大德本、殿本作"以建萬國"。王念孫《讀書雜志·漢書第六》曰："'建'上本無'以'字，此後人依《易·象傳》加之也。孟堅引《易》以證上文'百里之國萬區'，加一'以'字，則累於詞矣。"

[5]【顏注】師古曰：《虞書·堯典》之辭也。【今注】書：即《尚書》。案，協和萬國，語出《尚書·虞書·堯典》。

[6]【顏注】師古曰：襄字與懷同（與懷同，蔡琪本、大德本、殿本作"與古懷字同"）。懷，包也。襄，駕也。言水大汎溢，包山而駕陵也。【今注】襄山襄陵：水勢浩大，包圍了山頭，淹没了高地。襄，同"懷"。包圍。襄，超出，高過。

[7]【顏注】師古曰：九州之外，有并州、幽州、營州，故曰十二。水中可居者曰州。洪水汎大，各就高陸，人之所居，凡十二處。【今注】十二州：堯初有九州，遭洪水而成十二州。《尚書·虞書·堯典》"肇十有二州"，鄭玄注曰："舜以青州越海，而分齊爲營州。冀州南北太遠，分衛爲并州。燕以北爲幽州。新置三州，并舊爲十二州。"或以爲十二州置於禹治水設九州之後，如《尚書·虞書·堯典》馬融注曰："禹平水土，置九州。舜以冀州之北廣大，分置并州。燕、齊遼遠，分燕置幽州，分齊爲營州。於是爲十二州也。"

[8]【顏注】師古曰：其數在下也。【今注】九州：冀州、兗州、青州、徐州、揚州、荊州、豫州、梁州、雍州。　五服：古代一種理想化的政治結構制度。帝王統治的核心區域是王畿，以王畿

爲中心，由近及遠，每五百里爲一區域，分別稱作甸服、侯服、綏服、要服、荒服，合稱"五服"。

[9]【顏注】師古曰：任其土地所有，以定貢賦之差也。【今注】任：依據。

曰：[1]禹敷土，[2]隨山栞木，奠高山大川。[3]

[1]【今注】案，自此至後文"告厥成功"，爲《尚書·夏書·禹貢》之文。

[2]【顏注】師古曰：敷，分也，謂分別治之。自此已下皆是《夏書·禹貢》之文。【今注】敷：劃分。王先謙《漢書補注》曰："'敷'，《夏紀》作'傅'。段玉裁、成蓉鏡定'敷'爲古文，'傅'爲今文。案，下'敷淺原'，《志》仍作'敷'，而'豫章歷陵'下云'傅易山，古文以爲傅淺原'，是古文作'傅'，不必定作'敷'；今文作'敷'，不必定作'傅'。班氏世傳《夏侯尚書》，三家異字，亦有與古文合者。且《漢書》本多叚借古字，不得執一二異字以爲今、古文《尚書》之證。段云班用今文，淺人改'傅'爲'敷'；成云班用古文，故作'敷'不作'傅'；皆非也。至班氏學宗今文，兼采古文，《後書》稱其學無常師，顯然可證。此志所用古文，皆特著之，下云'古文以爲'及'桑欽所言'是也。餘稱《禹貢》，皆是今文。蓋地理之學，或今文説解不全，或後儒徵引較塙，學問之塗日開，擇善而從，通人不廢。以大體論，後漢皆祖述今文，其古文雖立學官，尊信者少；至鄭氏以大儒倡明古文，舉世争趨，風會一變，千載以下，今文一綫殆將廢絶。就其時代推究義例，猶存舊觀；徒比附較論於文字異同，轉失之矣。"

[3]【顏注】師古曰：栞，古刊字也。奠，定也。言禹隨行山之形狀刊斫其木（蔡琪本、大德本、殿本"刊"前有"而"字），以爲表記，決水通道，故高山大川各得其安定（各得其安

定，大德本作"各得安定也"）。【今注】栞：削斫樹木，作爲標記。案，此段《史記》卷二《夏本紀》記爲："禹乃遂與益、后稷奉帝命，命諸侯百姓興人徒以傅土，行山表木，定高山大川。"

冀州。既載[1]壺口，治梁及岐。[2]既脩大原，至于嶽陽。[3]覃懷厎績，至于衡章。[4]厥土惟白壤。[5]厥賦上上錯，[6]厥田中中。[7]恒、衞既從，大陸既作。[8]鳥夷皮服。[9]夾右碣石，入于河。[10]

[1]【顏注】師古曰：兩河間曰冀州。載，始也。冀州，堯所都，故禹治水自冀州始也。【今注】案，禹治水行迹，始於冀州。"冀州既載壺口治梁及岐"，師古斷句爲"冀州既載，壺口治梁及岐"，故注解位置在"既載"之後。《史記》卷二《夏本紀》記作："禹行自冀州始。冀州：既載壺口，治梁及岐。"載，從事，有治理之意。

[2]【顏注】師古曰：壺口山在河東。梁山在夏陽。岐山在美陽，即今之岐州岐山縣箭括嶺也。禹循山而西，治衆水。【今注】壺口：山名。在今山西吉縣西南。黃河自北而來，流經此處，河身急劇縮窄，河床高低懸殊，河水在三十多米寬的石槽中奔流傾瀉，波浪翻滾，如開水沸騰於巨壺之中，故得名。王鳴盛《尚書後案》卷三曰：壺口山"上連孟門，下控龍門，當路束流，爲河之扼要處，故禹首闢之"。　梁：梁山。即呂梁山，在今山西呂梁市離石區東北。一説在今陝西韓城市西北，爲黃河西岸大山。　岐：岐山。在今陝西岐山縣。一説即狐岐之山，在今山西界休市境。

[3]【顏注】師古曰：大原即今之晉陽是也。嶽陽在大原西南。【今注】大原：即"太原"，意謂開闊高敞的原野，此指今山西太原市一帶。大原，殿本作"太原"。　嶽陽：嶽，太嶽山，又稱霍太山、霍泰山，即今山西霍州市東的霍山。嶽陽指今山西霍山

以南、黄河以北、包括中條山在内的地區。

[4]【顏注】師古曰：覃懷，近河地名也。厎，致也。績，功也。衡章，謂章水横流而入河也。言禹於覃懷致功以至衡章也。厎音之履反。【今注】覃（tán）懷：地名。位於黄河北岸、太行山南，約當今河南武陟縣、沁陽市、温縣一帶。　厎績：治理完畢。厎，定。厎績，《史記·夏本紀》作“致功”。　衡章：章，即漳水。衡，同“横”。古黄河以大致西南—東北流向經過今河北南部，漳水自西而東流，在今河北曲周縣東注入黄河，故稱衡章。

[5]【顏注】師古曰：柔土曰壤也（蔡琪本、大德本、殿本無“也”字）。【今注】厥：其。　白壤：含有鹽碱而地表呈白色的土壤。案，《尚書·禹貢》將九州土壤按質地和顔色分類。所記土壤有白壤、黑墳、白墳、斥、赤埴墳、塗泥、壤、壚、青黎、黄壤十種，所謂“白”“黑”“赤”“青”“黄”，指土壤的色澤；所謂“壤”“墳”“埴”“壚”“塗泥”等，指土壤的質地。其中，“壤”特指土性和緩而肥美的土壤，“墳”指土性膨鬆隆起而肥沃的土壤，“埴”指粘土，“壚”指土性堅剛的土壤，“黎”指青黑而疏鬆的土壤，“斥”指鹽漬土，“塗泥”指粘質濕土（參見郭文韜等編著《中國農業科技發展史略》，中國科學技術出版社 1988 年版）。

[6]【顏注】師古曰：賦者，發斂土地所生之物以供天子也。上上，第一也。錯，雜也。言第一（言第一，蔡琪本、大德本、殿本作“言賦第一”），又雜出諸品也。【今注】上上：第一等。《禹貢》之制，賦税與田地分爲九等，上上之後依次是上中，第二等；上下，第三等；中上，第四等；中中，第五等；中下，第六等；下上，第七等；下中，第八等；下下，第九等。

[7]【顏注】師古曰：言其高下之形總於九州之中爲第五也。一曰，謂其肥瘠之等差也。它皆類此。【今注】田中中：田地屬第五等。冀州田土居五等，而貢賦爲九州第一，令人費解。劉起釪以

爲，冀州除田畝生産之外，其他經濟較爲發達，故賦斂特多，總爲第一。各州賦入的高低，由各地經濟總體繁榮程度決定（《尚書校釋譯論》第一册，中華書局 2005 年版，第 542—543 頁）。

[8]【顏注】師古曰：恒、衞，二水名。恒水出恒山，衞水在靈壽。大陸，澤名，在鉅鹿北。言恒、衞之水各從故道，大陸之澤已可耕作也。【今注】恒：恒水，源出恒山，東流入滱水，復東流匯入黄河。　衞：衞水，源出今河北靈壽縣東北，南流與滹沱河匯合，東流匯入黄河。胡渭《禹貢錐指》卷二據酈道元《水經注》以爲靈壽以下之滹沱河即爲衞水。　大陸：即大陸澤，又名巨鹿澤、廣阿澤，在今河北任縣、隆堯、鉅鹿、平鄉等縣之間，西納太行山東麓來水，爲華北平原著名湖澤。今淤爲耕地。

[9]【顏注】師古曰：此東北之夷，搏取鳥獸，食其肉而衣其皮也。一説，居在海曲，被服容止皆象鳥也。【今注】鳥夷皮服：泛指居住在冀州東北部的少數民族，以狩獵爲業。一説皮服指東北少數民族向中原王朝進貢的珍禽異獸皮毛。

[10]【顏注】師古曰：碣石，海邊山名也。言禹夾行此山之右而入于河，逆上也。【今注】夾右碣石：碣石，山名。在今河北昌黎縣北。治水者（一説進貢者）由北向南，道經山海之間，渤海在左，碣石山在右，故稱“夾右碣石”。　河：黄河。《禹貢》時代的黄河沿太行山東麓北流，穿過河北平原中部，大致在今河北青縣以東入海。

濟、河惟兗州。[1]九河既道，[2]雷夏既澤，雍、沮會同，[3]桑土既蠶，是降丘宅土。[4]厥土黑墳，[5]中緐木條。[6]厥田中下，[7]賦貞，[8]作十有三年迺同。[9]厥貢漆絲，[10]厥篚織文。[11]浮于濟、漯，通于河。[12]

[1]【顏注】師古曰：濟本濟水之字，從水弃聲（弃，蔡琪本

作"泲")。言此州東南據濟水，西北距河。泲音姊（泲，蔡琪本、殿本作"泲"）。【今注】泲（jǐ）：同"濟"。上古以爲濟水源出今河南濟源市西王屋山，在今河南滎陽市附近橫穿黃河河道而東流，經今山東濟南市北，東流注入渤海。因其獨流入海，故與黃河、長江、淮河並稱"四瀆"。實則其上段爲黃河北岸的一條河流（沇水），經過河南濟源市、沁陽市、溫縣、武陟縣等地匯入黃河；其下游則爲黃河南岸分汊之流，在今河南滎陽市北部分出黃河後，溢成滎澤，又分爲南北二支，經今河南北部、山東西南部進入巨野澤，東北流入渤海。由於上段入黃河處與下段出黃河處位置接近，故時人以爲其爲濟渡黃河的完整河流，稱之爲"濟"。

　[2]【顏注】師古曰：九河，河水分爲九，各從其道。《爾雅》曰："徒駭、大史、馬頰、覆釜、胡蘇、簡、絜、鉤盤、鬲津，是曰九河。"一說，道讀曰導。導，治也。【今注】九河：黃河下游徒駭、太史、馬頰、覆釜、胡蘇、簡、絜、鉤盤、鬲津九道河。或以爲古代黃河下游分流衆多，俗稱"九河"，"九"或言其多，未必實指。

　[3]【顏注】師古曰：雷夏，澤名，在濟陰城陽西北。言此澤還復其故，而雍、沮二水同會其中也。沮音千余反。【今注】雷夏：湖澤名。在今山東菏澤市東北。　雍沮：二水名。皆流入雷夏澤。

　[4]【顏注】師古曰：降，下也。宅，居也。言此地宜桑，先時人衆避水，皆上丘陵，今水害除，得以蠶織，故皆下丘居平土也。

　[5]【顏注】師古曰：色黑而墳起也。墳音扶粉反。【今注】黑墳：色黑而腐殖質多的土壤。墳，土丘。揚雄《方言》："青、幽之間，凡土而高且大者，謂之墳。"

　[6]【顏注】師古曰：屮，古草字也。繇，悅茂也。條，脩暢也。繇音弋昭反。【今注】屮（yáo）繇木條：野草茂盛，樹枝

修長。

[7]【顏注】師古曰：第六也。

[8]【顏注】師古曰：貞，正也。州第九，賦亦正當也。【今注】賦貞：當謂貢賦等級與土田等級一致，均爲第六等。案，《尚書·禹貢》孔穎達疏以爲，"諸州賦無下下，貞即下下，爲第九也"。後世治史者時有異議，《漢書考正》劉敞曰："田中下而言厥賦貞，乃第六明矣，自孔氏固誤之。"何焯《義門讀書記》卷一六曰："賦乃與田正當，不謂與州也。"王先慎則以爲此當連下"作"字爲句，意謂治此州正作不休，十三年乃有賦，與八州同，言其功難，其賦下下。九州之賦，惟缺下下；兗賦至少，固當第九。劉、何說亦非。

[9]【顏注】師古曰：治水十三年，迺同於它州，言用功多也。【今注】有：同"又"。

[10]【顏注】師古曰：貢，獻也。地宜漆林，又善蠶絲，故以獻也。【今注】漆絲：漆、絲皆爲兗州特産，故爲貢獻方物。

[11]【顏注】師古曰：棐與筐同。筐，竹器，筐屬也。織文，錦綺之類，盛於筐篚而獻之。【今注】棐（fěi）：同"篚"。橢圓形盛物竹器。　織文：有文采的絲織品。

[12]【顏注】師古曰：浮，以舟渡也。沛、漯，二水名。漯水出東郡東武陽。因水入水曰通。漯音它合反。【今注】漯（tà）：水名。古黃河支流。故道自今河南浚縣西南宿胥口出黃河，東北流至今山東濱州市、利津縣一帶入海。

海、岱惟青州。[1]嵎夷既略，惟、甾其道。[2]厥土白墳，海瀕廣潟。[3]田上下，賦中上。[4]貢鹽、絺，海物惟錯，[5]岱畎絲、枲、鈆、松、怪石，[6]萊夷作牧，厥棐檿絲。[7]浮于汶，達于沛。[8]

　　［1］【顏注】師古曰：東北據海，西南距岱。岱即大山也。
【今注】岱：泰山。

　　［2］【顏注】師古曰：嵎夷，地名也，即陽谷所在。略，言
用功少也。惟、甾，二水名。皆復故道也。惟水出琅邪箕屋山。
甾水出泰山萊蕪縣。惟字今作濰（濰，蔡琪本作“維”），甾字
或作淄，古今通用也。一曰，道讀曰導。導，治也。【今注】嵎
（yú）夷：居住在東方海濱的東夷族。　　惟甾：二水名。惟水，一
作“濰水”，即今山東境内的濰河，源出山東莒縣西北濰山，北流
至昌邑市東北入海。甾水，又作“菑水”或“淄水”，即今山東境
内的淄河，源出山東萊蕪市原山，下游河道屢變，戰國之前北流入
海，後匯入小清河入海。

　　［3］【顏注】師古曰：瀕，水涯也。潟，鹵鹹之地。瀕音頻，
又音賓。潟音昔。【今注】白墳：腐殖較多而潤濕的灰壤，呈酸
性。　　海瀕：近海之地。　　廣潟：大片的鹽碱土。

　　［4］【顏注】師古曰：田第三，賦第四。

　　［5］【顏注】師古曰：葛之精者曰絺。海中物産既多，故雜
獻。【今注】絺（chī）：細葛布。　　海物惟錯：意謂貢獻物中海産
品種類繁多。

　　［6］【顏注】師古曰：畎，小谷也。枲，麻屬也。鉛，青金
也。怪石，石之次玉美好者也（王，蔡琪本、殿本作“玉”）。
言岱山之谷，出絲、枲、鉛、松、怪石五種，皆獻之。畎音工犬
反。【今注】岱畎（quǎn）：泰山的山谷。指泰山附近的丘陵地帶。
　　枲（xǐ）：麻類植物，纖維可織布。　　鉛：同“鉛”。　　怪石：形
狀奇特的玉石。

　　［7］【顏注】師古曰：萊山之夷，地宜畜牧。檿，檿桑也。
食檿之蠶絲，可以弦琴瑟。檿音烏簟反。【今注】萊夷：古族名。
商周時分布在今山東半島東部地區，曾建立萊國，春秋時爲齊國所
滅。　　作牧：既耕作，又畜牧。　　厥棐檿（yǎn）絲：把柞蠶絲之

類的貢物盛於筐篚而獻。橆，落葉喬木，即山桑，又稱柞樹、櫟樹，木材堅硬，葉可養蠶。

[8]【顏注】師古曰：汶水出泰山郡萊蕪縣原山。言渡汶水西達于泲也。汶音問。【今注】汶（wèn）：水名。古汶水源出今山東萊蕪市北，西南流入濟水。

　　海、岱及淮惟徐州。[1]淮、沂其乂，蒙、羽其藝。[2]大壄既豬，東原底平。[3]厥土赤埴墳，草木漸包。[4]田上中，賦中中。[5]貢土五色，[6]羽畎夏狄，嶧陽孤桐，[7]泗瀕浮磬，[8]淮夷蠙珠泊魚，[9]厥棐玄纖縞。[10]浮于淮、泗，達于河。[11]

[1]【顏注】師古曰：東至海，北至岱，南及淮。【今注】案，徐州之域，東至黃海，北至泰山，南達淮河。淮，即淮水，古“四瀆”之一。源出今河南桐柏山，東流入黃海。

[2]【顏注】師古曰：淮、沂二水已治，蒙、羽二山皆可種藝也。淮出大復山。沂出泰山。沂音牛依反。【今注】沂：水名。即沂水。古沂水源出今山東沂源縣魯山，南流經臨沂市、郯城縣，至江蘇邳州市合泗水，又東南至淮安市淮陰區入淮水。　乂（yì）：治理。　蒙羽：二山名。蒙山，又名蒙陰山，在今山東蒙陰縣西南。羽山，在今山東郯城縣東北。　藝：種植。

[3]【顏注】師古曰：大野即鉅野澤也（大野，蔡琪本作“大壄”）。豬，停水也。東原，地名。底，致也。言大野之水既已停蓄也。東原之地致功而平可耕稼也。【今注】大壄：澤名。即大野澤，又稱巨野澤，在今山東巨野縣境。　豬：同“瀦”。水集聚。　東原：濟水之東、泰山以西的平原。

[4]【顏注】師古曰：埴，黏土也。漸包，言相漸及包裹而生。【今注】赤埴墳：富於黏性的棕壤。　草木漸包：草木茂密叢

生。包，同“苞”。

[5]【顏注】師古曰：田第二，賦第五。

[6]【顏注】師古曰：王者取五色土，封以爲大社（大，殿本作“太”），而此州畢貢之，言備有。【今注】貢土五色：向天子貢獻五色土，用以封賜諸侯。五色土，謂東方青土、南方赤土、西方白土、北方黑土、中央黃土。徐州兼備五色土，每歲貢獻。張守節《史記正義》引《太康地記》：“城陽姑幕有五色土，封諸侯，錫之茅土，用爲社。此土即《禹貢》徐州土也。今屬密州莒縣也。”城陽姑幕，即今山東呂縣。又《太平寰宇記》卷一五《徐州·彭城縣》云：“徐州歲貢五色土各一斗，出彭城縣北三十五里赭土山。”《漢書·郊祀志》云，王莽使徐州歲貢五色土，即此山也。赭土山，在今江蘇徐州市銅山區北。

[7]【顏注】師古曰：羽畎，羽山之谷也。夏狄，狄雉之羽可爲旌旄者也，羽山之谷出焉。嶧陽，嶧山之陽也。山南曰陽。孤桐，特生之桐也，可爲琴瑟，嶧山之南生焉。嶧音驛。【今注】羽畎：羽山之谷。羽山在今山東郯城縣東北。 夏狄：一作“夏翟”，野雉名，羽毛華美，可用作車服飾品。 嶧（yì）陽：嶧山南面。嶧山，又作“繹山”“鄒繹山”“騶嶧山”，在今山東鄒城市南。 孤桐：特殊的桐木，是製作琴瑟的首選木料。孤，特別。

[8]【顏注】師古曰：泗水之涯浮出好石，可爲磬也。泗水出濟陰乘氏（乘氏，蔡琪本、大德本、殿本作“乘氏縣”）。【今注】泗濱：泗水之濱。泗水源出今山東泗水縣東蒙山南麓，四源並發，故名泗水。古泗水南流入淮水。 浮磬：用泗水岸邊的石頭製成的磬。磬，古代的一種打擊樂器，多用石或玉琢磨而成。

[9]【顏注】師古曰：淮夷，淮水上之夷也。蠙珠，珠名。泊，及也。言其地出珠及美魚也。蠙音步千反（步千反，蔡琪本作“蒲千反”），字或作玭。【今注】淮夷：生活在淮水中下游的少數民族。 蠙（pín）珠：蚌珠，珍珠。 泊（jì）：及。案，泊，

蔡琪本、大德本、殿本作"暨"。暨，同"暨"。

[10]【顏注】師古曰：玄，黑也。纖，細繒也。縞，鮮支也，即今所謂素者也。言獻黑細繒及鮮支也。【今注】玄纖縞：黑色的精細絲織物。

[11]【顏注】師古曰：渡二水而入于河。【今注】達于河："河"當爲"菏"之訛誤。淮夷貢獻路綫是從淮水入泗水，從泗水入菏澤，由菏澤入濟水，再由濟水達黃河。王先謙《漢書補注》説"達"字誤，當作"通"。

　　淮、海惟揚州。[1]彭蠡既豬，陽鳥逌居。[2]三江既入，震澤底定。[3]篠簜既敷，[4]中夭木喬。[5]厥土塗泥。[6]田下下，賦下上錯。[7]貢金三品，[8]瑤、琨、篠簜、齒、革、羽毛，[9]鳥夷卉服，[10]厥篚織貝，[11]厥包橘、柚，錫貢。[12]均江海，通于淮、泗。[13]

[1]【顏注】師古曰：北據淮，南距海。

[2]【顏注】師古曰：彭蠡，澤名，在彭澤縣西北。陽鳥，隨陽之鳥也。言彭蠡之水既已蓄聚，則鴻雁之屬所共居之。蠡音禮。【今注】彭蠡：澤名。古彭蠡澤在今湖北黃梅縣、安徽宿州市以南、望江縣西境長江北岸尤感湖、大官湖、泊湖一帶。後人以爲長江以南的鄱陽湖爲彭蠡澤。　陽鳥：古稱鴻雁之類隨季節變換而南北遷移的候鳥。雁性隨陽，故名之曰陽鳥。　逌（yōu）：同"攸"。悠然自得。

[3]【顏注】師古曰：三江，謂北江、中江、南江也。震澤在吳西，即具區也。底，致也。言三江既入，則震澤致定。【今注】三江既入：長江諸流皆導入大海。三江，當指長江下游的衆多支流分汊。"三"言其多，未必確指。或以爲歷史上長江下游確有北、中、南三江，北江從今會稽郡毗陵縣（今江蘇常州市）北入

海；中江從會稽陽羨縣（今江蘇宜興市西南）入海；南江，從會稽郡吳縣（今浙江杭州市）南入海。或以爲三江實爲太湖入海的三條河流，即松江（今吳淞江）、東江（已湮）、婁江（今瀏河）。 震澤：湖澤名。即今江蘇太湖。又名具區、笠澤。

[4]【顏注】師古曰：篠，小竹也。簜，大竹也。敷謂布地而生也。篠音先了反。又簜音蕩（蔡琪本、大德本、殿本無"又"字）。【今注】篠（xiǎo）：細竹。 簜（dàng）：大竹。

[5]【顏注】師古曰：夭，盛貌也。喬，上竦也。夭音於驕反。喬音橋，又音驕。【今注】中夭木喬：百草豐茂，樹木高直。

[6]【顏注】師古曰：瀳洳淉（瀳洳淉，蔡琪本、大德本、殿本句末有"也"字）。【今注】塗泥：粘質濕土。主要分布在今湖南、湖北、江蘇、浙江及安徽南部等地，古屬揚州、荆州之地。

[7]【顏注】師古曰：田第九，賦第七。又雜出諸品。

[8]【顏注】師古曰：金、銀、銅。

[9]【顏注】師古曰：瑤、琨，皆美玉名也。齒，象齒也。革，犀革也。羽旄（羽旄，大德本、殿本作"羽毛"），謂衆鳥之羽可爲旄者也。琨音昆。【今注】革：皮革。此處特指犀牛皮。羽毛：顏師古注用"羽旄"，下文荆州條下亦爲"羽旄"，王先謙《漢書補注》據此以爲"毛"當爲"旄"，後人妄改致誤。

[10]【顏注】師古曰：鳥夷，東南之夷善捕鳥者也。卉服，絺葛之屬。【今注】鳥夷：王先謙《漢書補注》以爲當爲"島夷"。島夷當指居住在海島上的部族，或以爲是日本列島，或以爲是衝繩諸島，或以爲是舟山群島。 卉服：以葛布、葦草等編織成的衣服。卉，百草。

[11]【顏注】師古曰：織謂細布也。貝，水蟲也，古以爲貨。【今注】織貝：有海貝紋樣的織物。一説織爲細布，貝即紫貝。本書卷九五《西南夷兩粤朝鮮傳》記南越王趙佗獻給漢文帝的禮品中有"紫貝五百"，紫貝是産於熱帶海中的一種貝類，質白而有紫

色紋理，大者可用作杯盤器皿。沈欽韓《漢書疏證》引《表異録》
曰："紫貝即砑螺也，儋振夷黎海畔採以爲貨。"

[12]【顏注】師古曰：柚，似橘而大，其味尤酸。橘、柚皆
不耐寒，故包裹而致之也。錫貢者，須錫命而獻之，言不常來也。
柚音弋救反。【今注】錫貢：時或進貢。裴駰《史記集解》引鄭玄
注：錫貢"有錫則貢之，或時乏則不貢"。

[13]【顏注】師古曰：均，平也。通淮、泗而入江海，故云
平。【今注】均江海通于淮泗：意謂順長江入海，循海北上逆入淮
河、泗水，最終達於黃河。均，有"沿""順"之意。孫星衍《尚
書今古文注疏·三中》以爲，"均"或即"沟"字，而"沟"爲
"循"的古字，正有"沿"之意。

　　荆及衡陽惟荆州。[1] 江、漢朝宗于海。[2] 九江孔
殷，[3] 沱、灣既道，雲夢土作乂。[4] 厥土塗泥。田下
中，賦上下。[5] 貢羽旄、齒、革，金三品，[6] 杶、幹、
栝、柏，礪、砥、砮、丹，[7] 惟箘簵、楛，三國厎貢厥
名，[8] 包匭菁茅，[9] 厥篚玄纁璣組，[10] 九江納錫大
龜。[11] 浮于江、沱、灣、漢，逾于洛，至于南河。[12]

[1]【顏注】師古曰：北據荆山，南及衡山之陽也。【今注】
荆：荆山。在今湖北南漳縣西北武當山東南。　衡陽：衡山之南。
此衡山當指今湖南衡山市南嶽區之衡山，又名岣嶁山。

[2]【顏注】師古曰：江、漢二水歸入于海，有似諸侯朝於
天子，故曰朝宗。宗，尊也。【今注】江：長江。古"四瀆"之
一。　漢：水名。即漢水，長江支流。

[3]【顏注】師古曰：孔，甚也。殷，中也。言江水於此州
界分爲九道，甚得地形之中。【今注】九江：此指匯入長江的眾多

支流。　孔殷：江水充沛，水勢甚盛。

[4]【顏注】師古曰：沱、灅，二水名，自江出爲沱，自漢出爲灅。雲夢，澤名。言二水既從其道，則雲夢之土可爲畎畝之治也。沱音徒何反。灅音潛。一曰，道讀曰導。導，治也。【今注】沱灅：二水名。即沱水、灅水。沱水爲長江的別流，灅水爲漢水的別流。上古文獻中，長江別流皆可稱"沱"，漢水別流皆可稱"灅"。　雲夢：湖澤名。在今湖北江陵市江陵區、監利縣、潛江市交界地帶，春秋戰國時期爲楚國"七澤"之一。

[5]【顏注】師古曰：田第八，賦第三。

[6]【顏注】師古曰：自金已上所貢與揚州同（已，蔡琪本、大德本、殿本作"以"）。

[7]【顏注】師古曰：杶木似樗而實。幹，柘也。栝木柏葉而松身。厲，磨也。砥，其尤細者也。砮，石名，可爲矢鏃。丹，赤石也，所謂丹沙者也。杶音丑倫反。栝音古活反。砥音指，又音抵。砮音奴。【今注】杶（chūn）：椿樹。　幹：柘（zhè）木。葉可喂蠶，皮可染黃色，木材質堅而緻密，是貴重的木料。　栝（guā）：檜（guì）樹。木材桃紅色，有香味，可供建築等用。厲砥：俱爲磨刀石。厲，即"礪"，粗磨刀石。砥，細磨刀石。砮：一種可以加工成箭鏃的石頭。　丹：朱砂。可作顏料，亦可入藥。

[8]【顏注】師古曰：箘簬，竹名，楛，木名也，皆可爲矢。言此州界本有三國致貢斯物，其名稱美也。箘音囷。簬音路。楛音怙。【今注】箘（jùn）簬（lù）：竹名。細長而節稀，宜爲箭杆。楛（hù）：荆之類的樹木，莖可用來製箭杆。　三國底貢厥名：意謂當地邦國衹將貢物開列名單，不必如實貢物。三國，荆州境內諸邦國，其名失傳。

[9]【顏注】師古曰：匭，柙也。菁，菜也，可以爲菹。茅可以縮酒。苞其茅匭其菁而獻之。匭音軌。菁音精。【今注】匭

（guǐ）：盛物的小匣子。　菁茅：祭祀時用以縮酒的茅草。《周禮·天官冢宰·甸師》"祭祀，共蕭茅"，鄭玄注引鄭衆曰："蕭字或爲茜，茜讀爲縮。束茅立之祭前，沃酒其上，酒滲下去，若神飲之，故謂之縮。縮，滲也。故齊桓公責楚不貢包茅，王祭不共，無以縮酒。"茅草各地皆有，惟荊楚所産最爲有名。《晉書·地理志》記零陵郡泉陵縣"有香茅，古貢之以縮酒"。《史記》卷二《夏本紀》"包匭菁茅"，張守節《正義》引《括地志》："辰州盧溪縣西南三百五十里有包茅山。《武陵記》云'山際出包茅，有刺而三脊，因名包茅山'。"

[10]【顏注】師古曰：玄，黑色。纁，絳也。璣，珠之不圓者。組，綬類也。纁音勳。璣音機，又音祈。【今注】纁（xūn）：淺紅色。　組：繫玉、冠等用的絲帶。

[11]【顏注】師古曰：大龜尺有二寸，出於九江。錫命而納，不常獻也。【今注】納錫大龜：古有天子賜諸侯大龜之禮，大龜納自荊州九江之地。

[12]【顏注】師古曰：逾，越也。言渡四水而越洛，乃至南河也。南河在冀州南。【今注】逾于洛：由長江諸流登岸陸行，進入洛水。洛，洛水，一作"雒水"，即今河南境内之洛河。源出陝西華山南麓，進入河南偃師市納伊河後稱伊洛水，在鞏義市洛口以北匯入黃河。　南河：古代稱黃河自潼關以下西東流段爲南河。以區別於西河（潼關以上北南流段）、東河（今河南鄭州以下東北流向段）。

荊、河惟豫州。[1]伊、雒、瀍、澗既入于河，[2]滎波既豬，[3]道荷澤，被盟豬。[4]厥土惟壤，下土墳壚。[5]田中上，賦錯上中。[6]貢漆、枲、絺、紵、棐纖纊，[7]錫貢磬錯。[8]浮于洛，入于河。[9]

［1］【顏注】師古曰：西南至荊山，北距河水。

［2］【顏注】師古曰：伊出陸渾山，雒出冢領山，瀍出穀成山，澗出黽池山，四水皆入河。【今注】伊雒瀍（chán）澗：四水名。俱在今河南境内。伊水，即今河南西部伊河，源出伏牛山北麓，東北流經嵩縣、伊川縣，在偃師市匯入洛河。雒水，又稱洛水，即今河南境内洛河。瀍水，源出今河南洛陽市西北，東南流入洛河。澗水，又作"澗水"，上游源出説法不一，下游在今河南洛陽市西匯入洛河。伊、瀍、澗三水匯入雒水之後同歸黃河。

［3］【顏注】師古曰：滎，沇水決出所爲也，即今滎澤是也。波，亦水名。言其水並已過聚矣。一説，謂滎水之波。【今注】滎波：澤名。即滎澤，又稱滎潘，在今河南鄭州市西北古滎鎮北，後淤爲平地。

［4］【顏注】師古曰：荷澤在湖陵。盟豬亦澤名，在荷之東北。言治荷澤之水衍溢，則使被及盟豬，不常入也。道讀曰導。荷音歌。被音被馬之被。盟音孟。【今注】荷澤：澤名。又作"菏澤"。在今山東菏澤市定陶區東北。濟水由西北匯入，東出爲菏水。

盟豬：澤名。一作"孟諸"。在今河南商丘市東北、虞城縣西北。後湮廢。被盟豬，意謂菏澤之水時或溢出，流入盟豬。

［5］【顏注】師古曰：高地則壤，下地則墳。壚謂土之剛黑者也，音盧。【今注】壤：此指土壤表面爲石灰性衝積土。　下土墳壚（lú）：下土，指底層。下土墳壚當指分布於石灰性衝積土底層的深灰粘土和石灰結核。

［6］【顏注】師古曰：田第四，賦第二，雜出第一。

［7］【顏注】師古曰：紵，織紵爲布及絥也。纖纊，細綿也。紵音佇。纊音曠。【今注】紵（zhù）：苧蔴。此指用苧蔴纖維織成的布。　纖纊（kuàng）：纊，絮衣服用的新絲綿。纖纊特指絲綿之精細者。

［8］【顏注】師古曰：錯，治玉之石。磬錯，言可以治磬也。

亦待錫命而貢。【今注】磬錯：可以製作磬的玉石。

[9]【顏注】師古曰：因洛入河也。

　　華陽、黑水惟梁州。[1]嶓、嶓既藝，沱、瀰既道，[2]蔡、蒙旅平，和夷厎績。[3]厥土青黎。[4]田下上，賦下中三錯。[5]貢璆、鐵、銀、鏤、砮、磬，[6]熊、羆、狐、貍、織皮。[7]西頃因桓是俅，[8]浮于瀰，逾于沔，[9]入于渭，亂于河。[10]

　　[1]【顏注】師古曰：東據華山之南，西距黑水。【今注】華：華山。爲秦嶺山脈東段，主峰在今陝西華陰市南。　黑水：古水名。確指何水，衆説不一。《禹貢》梁州之黑水當即今陝西略陽、勉縣二縣境内黑河，爲漢江支流。

　　[2]【顏注】師古曰：嶓，嶓山也。嶓，嶓冢山也。言水已去，二山之土皆可種藝。沱、瀰，二水，治從故道也。嶓音旻。嶓音波。道讀曰導。【今注】嶓（mín）嶓（bō）：二山名。嶓山即岷山，在今四川松潘縣北部，爲岷江發源之地。嶓山即嶓冢山，在今陝西寧強縣東北，爲北漢水發源之地。案，嶓，蔡琪本、殿本作“岷”。

　　[3]【顏注】師古曰：蔡、蒙，二山名。旅，陳也。旅平，言已平治而陳祭也。和夷，地名，亦以致功可耕稼也。【今注】蔡蒙：二山名。蔡山，方位確指不一。胡渭《禹貢錐指》疑爲今四川峨眉山；錢穆《史記地名考》以爲應在今武當山脈中。蒙山，在今四川雅安市。　旅平：道路已經修治。　和夷：地名。顧頡剛《禹貢注釋》以爲當在今湖北武當山一帶（《中國古代地理名著選讀》第1輯，科學出版社1955年版）。一説爲古部族，楊大鈜《禹貢地理今釋》以爲和夷即“和水之夷”，和水即今大渡河，和夷即居處在大渡河流域的部族（江中書局1944年版）。

[4]【顏注】師古曰：色青而細疏。【今注】青黎：色黑而疏鬆有團料組織的土壤，即今成都平原的深灰色無石灰性衝積土地。

[5]【顏注】師古曰：田第七，賦第八，又雜出第七至第九，凡三品。【今注】案，顧頡剛《禹貢注釋》以爲，四川自唐宋以來就很富饒，但在《禹貢》時代田居第七等，賦居第七、八、九等間，或因爲梁州開闢遲的原故，或者是《禹貢》作者沒有詳細調查過，不明白實際情況所致。

[6]【顏注】師古曰：璆，美玉也。鏤，剛鐵也。磬，磬石也。璆音虯。【今注】璆（qiú）：美玉，亦指玉磬。　鏤：可供刻鏤用的剛堅之鐵。案，璆，一作“鏐”。裴駰《史記集解》引鄭玄注曰：“黃金之美者謂之鏐。鏤，剛鐵，可以刻鏤也。”

[7]【顏注】師古曰：織皮，謂羆也。言貢四獸之皮，又貢雜羆。【今注】羆（pí）：熊的一種，即棕熊。　織皮：加工精細的毛織品及毛皮。

[8]【顏注】師古曰：西頃，山名，在臨洮西南。桓，水名也。言治西頃山，因桓水是來，無它道也。頃讀曰傾。【今注】西頃：山名。位於今甘肅東南、青海東部，屬於昆侖山系巴顏喀拉山的支脈。山峰主體位於甘肅甘南藏族自治州境瑪曲、碌曲兩縣之間。　桓：舊説即白水，源出甘肅境内西頃山南，今名白龍江。

[9]【顏注】師古曰：漢上曰沔，音莫踐反。【今注】瀁：水名。漢水所出，即今陝西境内渭水河、褒河等漢水上游支流。　沔（miǎn）：水名。漢水的上游。

[10]【顏注】師古曰：正絶流曰亂。【今注】渭：水名。即今渭河。源出今甘肅渭源縣，東流通過陝西關中地區，匯入黃河。案，漢水與渭水爲秦嶺所隔，無水道溝通，故“浮于瀁，逾于沔，入于渭”令人費解。金履祥《尚書注》即以爲，瀁、沔於渭無水道可通，必逾山而後入渭，故史文當是“入於沔，逾於渭”（轉引自顧頡剛、劉起釪《尚書校釋譯論》第一冊，第737頁）。顧頡剛

《禹貢注釋》則以爲，"入于渭"非指水之入渭，而是人之入渭，即循渭、襃諸水進入漢水，再經舊襃斜道逾過秦嶺進入渭水。

黑水、西河惟雍州。[1]弱水既西，[2]涇屬渭汭。[3]漆、沮既從，酆水逌同。[4]荆、岐既旅，[5]終南、惇物，至于鳥鼠。[6]原隰厎績，至于豬壄。[7]三危既宅，三苗丕叙。[8]厥土黄壤。[9]田上上，賦中下。[10]貢球、琳、琅玕。[11]浮于積石，至于龍門西河，[12]會于渭汭。[13]織皮昆崙、析支、渠叟，西戎即叙。[14]

[1]【顏注】師古曰：西據黑水，東距西河。西河即龍門之河也，在冀州西，故曰西河。【今注】西河：黄河在潼關以上北南流段。因在冀州之西，故名西河。

[2]【顏注】師古曰：治使西流至合黎。【今注】弱水：水名。通常指今甘肅境内由山丹河、甘州河合流後之黑河，又稱張掖河，北流注入居延澤（今内蒙古額濟納旗境内）。

[3]【顏注】師古曰：屬，逮也。水北曰汭。言治涇水入于渭也。屬音之欲反。汭音芮，又音而悦反。【今注】涇：涇水，即今涇河，源出寧夏六盤山東麓，東南流經甘肅，在陝西西安市高陵區附近從北匯入渭河。涇屬渭汭，意謂涇水從渭水北側匯入。

[4]【顏注】師古曰：漆沮，即馮翊之洛水也。酆水出鄠之南山。言漆、沮既從入渭，酆水亦來同也。逌，古攸字也。攸，所也。沮音七余反。【今注】漆沮：二水名。漆水源出今陝西銅川市東北大神山，西南流至銅川市耀州區合沮水。沮水源出今陝西黄陵縣西北子午嶺，東南流經黄帝陵南，又東流與漆水匯，稱石川河，東流至富平縣南交口鎮注入渭水。　酆：酆水，一作"灃水"。源出今陝西西安市鄠邑區秦嶺北麓，北流經今陝西西安市西注入渭河。爲"關中八水"之一，故道今不存。

　　[5]【顏注】師古曰：荆、岐，二山名。荆在岐東。言二山治畢，已旅祭（蔡琪本、大德本、殿本句末有"也"字）。【今注】荆岐：二山名。荆山，即"北條荆山"，在今陝西大荔縣東南。岐山，在今陝西岐山縣東北，以兩山岐出，故名。

　　[6]【顏注】師古曰：終南、惇物二山皆在武功。鳥鼠山在隴西首陽西南。自終南西出至于鳥鼠也。【今注】終南：山名。又名南山、中南山、周南山、太一山，屬秦嶺山脈。　惇物：一説爲山名。本《志》"扶風武功"條下記，漢代武功縣東側之"垂山，古文以爲敦物"，則惇物山當爲今陝西眉縣東南的武功山。又名敳山。一説非山名，惇同"敦"，"終南敦物"意謂終南山高大寬廣，豐於物産。本書卷六五《東方朔傳》説南山"出玉石，金、銀、銅、鐵、豫章、檀、柘，異類之物，不可勝原，此百工所取給，萬民所卬足也。又有秔稻梨栗桑麻竹箭之饒，土宜薑芋，水多鼃魚，貧者得以人給家足，無飢寒之憂"，亦言其包藏萬物。　鳥鼠：山名。在今甘肅渭源縣西南。秦嶺山脈西段主峰之一，渭河源出之地。

　　[7]【顏注】師古曰：高平曰原，下溼曰隰。豬壄，地名。言皆致功也。【今注】原隰（xí）：高而平坦之地爲原，低而濕渥之地爲隰。或以爲特指豳地（今陝西旬邑縣、彬縣一帶）。　豬壄：澤名。本《志》"武威郡武威縣"條下記，武威縣有"休屠澤在東北，古文以爲豬壄澤"。古休屠澤在今甘肅民勤縣東北長城外，今名魚海子，又名白亭海。或以爲"豬壄"是雍州北邊諸多池澤的泛稱，並非獨指古休屠澤。

　　[8]【顏注】師古曰：三危，山名，已可居也。三苗，本有苗氏之族，徙居於此，分而爲三，故言三苗。今皆大得其次叙。【今注】三危：山名。確切所在，説法不一，多以爲在今甘肅敦煌市境内。　三苗：古族名。原分布在江淮、荆山地區，舜時遷至三危山一帶。《尚書·堯典》："竄三苗於三危。"

[9]【今注】黄壤：黄土高原上以原生黄土爲基礎形成的土壤。

[10]【顏注】師古曰：田第一，賦第六。

[11]【顏注】師古曰：球、琳，皆玉名。琅玕，石似珠者也。球音求，又音虬。琳音林。琅音郎。玕音干。【今注】球：玉石名。天子之笏以球玉爲原料。《禮記·玉藻》："笏，天子以球玉，諸侯以象。" 琳：青碧色的美玉，或即翡翠。 琅玕（gān）：形似珠玉的美石。

[12]【顏注】師古曰：積石山在金城西南，龍門山在河東之西界，皆河水所經。【今注】積石：積石山，此指小積石山，爲祁連山餘脈，在今甘肅臨夏回族自治州西北，西北臨黄河。 龍門：龍門山，在今陝西韓城市東北，東臨黄河。

[13]【顏注】師古曰：逆流曰會。自渭北涯逆水西上。【今注】渭汭：在今陝西華陰市東。從黄河轉入渭河，逆流而西上至渭河北側。

[14]【顏注】師古曰：昆崙、析支、渠叟，三國名也。言此諸國皆織皮毛，各得其業。而西方遠戎，並就次叙也。叟讀曰搜。【今注】昆崙析支渠叟：皆爲西戎邦國名。昆崙，當在今陝西、甘肅境内。析支，在今甘肅臨洮縣以西及青海西寧市西北大積石山一帶。渠叟，居處地點不明。

　　道汧及岐，至于荆山，[1]逾于河；[2]壺口、雷首，至于大嶽；[3]厎柱、析城，至于王屋；[4]大行、恒山，至于碣石，入于海。[5]西傾、朱圉、鳥鼠，至于大華；[6]熊耳、外方、桐柏，至于倍尾。[7]道嶓冢，至于荆山；[8]内方，至于大別；[9]岷山之陽，至于衡山，[10]過九江，[11]至于敷淺原。[12]

[1]【顏注】師古曰：自此以下，更說所治山水首尾之次也。治山通水，故舉山言之。汧山在汧縣西。道讀曰導。後皆類此。汧音苦堅反。【今注】道：同"導"。治理。　汧（qiān）：此指汧山，在今陝西隴縣西南，漢代稱"吳山"。　荆山：此指北條荆山。在今陝西大荔縣。

[2]【顏注】師古曰：即梁山龍門。

[3]【顏注】師古曰：自壺口、雷首而至大嶽也。雷首在河東蒲反南。大嶽即所謂嶽陽者。【今注】雷首：山名。今山西中條山脈西南端，主峰在芮城縣西北。　大嶽：山名。即太嶽山，又名霍山、霍太山。主峰在今山西霍州市西南。

[4]【顏注】師古曰：厎柱在陝縣東北，山在河中，形若柱也。析城山在濩澤西南。王屋山在垣縣東北。【今注】厎（dǐ）柱：山名。厎，一作"砥"。原在今河南三門峽市附近黃河中，形若砥柱，故名。酈道元《水經注·河水》："昔禹治洪水，山陵當水者鑿之，故破山以通河。河水分流，包山而過，山見水中若柱然，故曰砥柱也。三穿既決，水流疏分，指狀表目，亦謂之三門矣。"歷來爲黃河行船險惡之處，今已炸毀。　析城：山名。在今山西陽城縣西南，南臨黃河。　王屋：山名。在今山西垣曲縣東北。屬中條山支脈。

[5]【顏注】師古曰：大行山在河內山陽西北（大，蔡琪本、殿本作"太"）。恒山在上曲陽西北。言二山連延，東北接碣石而入于海。行音胡郎反。【今注】大行：太行山，亘於山西高原與河北平原之間，呈東北—西南走向，在古黃河西岸。　恒山：位於今河北曲陽縣西北。

[6]【顏注】師古曰：朱圉山在漢陽冀縣南。大華即今華陽山（大，蔡琪本、大德本、殿本作"太"）。【今注】朱圉（yǔ）：山名。在今甘肅甘谷縣西南。爲秦嶺支脈。　大華：山名。即太華山，今陝西境內華山。

[7]【顏注】師古曰：熊耳在陝東。外方在潁川故縣，即崇高也。桐柏在平氏東南。倍尾在安陸東北。言四山相連也。倍讀曰陪。【今注】熊耳外方桐柏：三山名。熊耳山，西起今河南盧氏縣，東北綿延至伊川縣。爲秦嶺東段支脈。外方山，即嵩山，又稱嵩高山。在今河南登封市北。屬伏牛山脈。一説外方山非嵩山，而是嵩縣東北之陸渾山。桐柏，主峰在今河南桐柏縣西北。　倍尾：山名。一作"負尾"。在今湖北安陸縣北。

[8]【顏注】師古曰：嶓冢山在梁州南。此荆山在南郡臨沮東北。嶓音波。【今注】荆山：此指"南條荆山"，在今湖北南漳縣西北，爲漢水流經之處。

[9]【顏注】師古曰：内方在荆州。大别在盧江安豐（蔡琪本、大德本、殿本句末有"也"字）。【今注】内方：山名。即今湖北鍾祥市西南章山。顧頡剛《禹貢注釋》疑古内方山當即今湖北大洪山。　大别：山名。大别山，在今河南、安徽、湖北三省交界處。本《志》"六安安豐"條下記"大别山在西南"，但此處非漢水所經之地，故後人疑其有誤。

[10]【顏注】師古曰：嶓山在蜀郡湔氏西。衡山在長沙湘南之東南。嶓山，江所出。衡山，江所經。【今注】嶓山：嶓，一作"岷"。此岷山指甘肅天水市西南的嶓冢山。　衡山：顧頡剛《禹貢注釋》以爲此即《山海經·中山經》所謂衡山，在今河南南召縣南。

[11]【今注】九江：此指今湖北長江以北的支流。名目説法不一。

[12]【顏注】師古曰：敷淺原，一名傅易山（傅易山，蔡琪本、大德本作"博陽山"，殿本作"傅陽山"），在豫章歷陵南。【今注】敷淺原：本《志》以爲漢豫章郡歷陵縣南（今江西德安縣東北）之傅陽山，即爲古之敷淺原。顧頡剛《禹貢注釋》以爲不當在江南，當在今安徽霍邱縣南。

　　道弱水，至于合藜，餘波入于流沙。[1]道黑水，至于三危，入于南海。[2]道河積石，至于龍門，[3]南至于華陰，東至于厎柱，[4]又東至于盟津，[5]東過洛汭，至于大伾，[6]北過降水，至于大陸，[7]又北播爲九河，[8]同爲逆河，入于海。[9]嶓冢道漾，東流爲漢，[10]又東爲滄浪之水，[11]過三澨，至于大別，[12]南入于江，[13]東匯澤爲彭蠡，[14]東爲北江，入于海。[15]崏山道江，東別爲沱，[16]又東至于醴，[17]過九江，至于東陵，[18]東迆北會于匯，[19]東爲中江，入于海。[20]道沇水，東流爲泲，[21]入于河，軼爲滎，[22]東出于陶丘北，[23]又東至于荷，[24]又東北會於汶，[25]又北東入于海。[26]道淮自桐柏，[27]東會于泗、沂，[28]東入于海。道渭自鳥鼠同穴，[29]東會于酆，[30]又東至于涇，又東過漆、沮，入于河。道洛自熊耳，[31]東北會于澗、瀍，又東會于伊，又東北入于河。

　　[1]【顏注】師古曰：合藜山在酒泉。流沙在燉煌西（燉，蔡琪本作"敦"）。【今注】合藜：山名。在今甘肅酒泉市、高臺縣北側。　流沙：敦煌以西的沙漠。弱水從合藜山繞東流過之後，古人不知其向北注入居延澤，而以爲注入沙漠，故有此説。

　　[2]【顏注】師古曰：黑水出張掖雞山，南流至燉煌，過三危山，又南流而入于南海。【今注】黑水：甘肅北部的河流不可能越過黃河源頭及橫斷山脈而達於南海，故此黑水乃是古人想象中的西徼大水，實際上並不存在。

　　[3]【顏注】師古曰：積石山在河關西羌中。龍門山在夏陽北。言治河施功，自積石起，鑿山穿地，以通其流，至龍門山也。

【今注】積石：此指小積石山，在今甘肅臨夏回族自治州西側。

[4]【顏注】師古曰：自龍門南流以至華陰，又折而東經底柱。【今注】華陰：華山之北。指今陝西華陰市一帶。

[5]【顏注】師古曰：盟讀曰孟。孟津在洛陽之北，都道所湊，故號孟津。孟，長大也。【今注】盟津：渡口名。即孟津。在今河南孟州市西南古黃河岸邊，爲古代南北交通關津。

[6]【顏注】師古曰：洛汭，洛入河處，蓋今所謂洛口也。山再重曰伾。大伾山在成皋。伾音平鄙反。【今注】洛汭：洛水匯入黃河處，在今河南滎陽市東汜水鎮。 大伾（pī）：山名。又稱大邳山、大岯山、九曲山。在今河南滎陽市西北。

[7]【顏注】師古曰：降水在信都（降，大德本、殿本作"洚"）。大陸在鉅鹿。【今注】降水：水名。又作"絳水""洚水"。源出今山西屯留縣，東流入漳水，注入古黃河。 大陸：即大陸澤。

[8]【顏注】師古曰：播，布也。

[9]【顏注】師古曰：同，合也。九河又合而爲一，名爲逆河，言相迎受也。海即渤海是也。【今注】同爲逆河入于海："九河"共同迎受黃河，然後入海。

[10]【顏注】師古曰：瀁水出隴西氐道，東流過武關山南爲漢。禹治瀁水自嶓冢始也。瀁音恙。【今注】嶓冢道瀁：意謂瀁水從嶓冢山流出。瀁，漢水上游名稱，源出今陝西寧強縣嶓冢山。

[11]【顏注】師古曰：出荊山東南流爲滄浪之水，即漁父所歌者也。浪音琅。【今注】滄浪之水：漢水自湖北均縣滄浪洲至襄陽市段的別稱。《楚辭·漁父》："滄浪之水清兮，可以濯我纓；滄浪之水濁兮，可以濯我足。"

[12]【顏注】師古曰：三澨水在江夏竟陵。澨音筮。【今注】三澨（shì）：一說爲地名，在今湖北襄陽市境，爲淯水（今稱白河）入漢水處。一說爲水名，即三參水，源出今湖北京山縣潼泉

山，東流至漢川市注入漢水。　大別：大別山。

[13]【顏注】師古曰：觸大別山而南入江也。

[14]【顏注】師古曰：匯，迴也，又東迴而爲彭蠡澤也。匯音胡賄反。【今注】彭蠡：古彭蠡澤在長江北岸。

[15]【顏注】師古曰：自彭蠡江分爲三，遂爲北江而入海。【今注】北江：此指漢水入江後又從長江中分出，因其水道在長江之北，故稱北江。

[16]【顏注】師古曰：別而出也，江東南流，沱東行也。沱音徒河反（河，蔡琪本、大德本、殿本作“何”）。【今注】嶓山：岷山。此岷山指甘肅天水市西南的嶓冢山。　沱：凡長江所出之水均可謂“沱”，未必確指某水。

[17]【顏注】師古曰：醴水在荆州。【今注】醴：水名。一作“澧水”。確指何水，説法不一。一説爲今湖南境内之澧水。一説爲溳水（源出今湖北隨州市大洪山）支流，二水同在漢陽入漢水。一説在今河南境内，源出方城縣西北酈山，至漯河市西入沙河。

[18]【顏注】師古曰：東陵，地名。【今注】東陵：地名。當在今湖北武穴市東北及黄梅縣一帶。

[19]【顏注】師古曰：迆，溢也。東溢分流，都共北會彭蠡也（都，蔡琪本作“者”）。迆音弋爾反。【今注】東迆北會于匯：意謂江水向東流溢，在北側聚成湖澤。當指今安徽宿松縣以東長江北側的湖泊。王先謙《漢書補注》以爲“匯”指震澤，即今江蘇太湖。

[20]【顏注】師古曰：亦自彭蠡出。

[21]【顏注】師古曰：泉出王屋山，名爲沇，流去乃爲沛也。沇音弋豎反。【今注】沇（yǎn）水：濟水上游。

[22]【顏注】師古曰：軼與溢同。言濟水入河，並流而南，截河，又並流溢出，乃爲滎澤也。一曰軼，過也，音逸。【今注】

滎：滎澤。

    [23]【顏注】師古曰：陶丘，丘再重也，在濟陰定陶西南。
【今注】陶丘：地名。一作"釜丘"。在今山東菏澤市定陶區西南。

    [24]【顏注】師古曰：即荷澤。

    [25]【顏注】師古曰：濟與汶合。

    [26]【顏注】師古曰：北折而東也。

    [27]【今注】桐柏：桐柏山。

    [28]【今注】泗：泗水。古泗水南流入淮。

    [29]【今注】鳥鼠同穴：鳥鼠山。

    [30]【今注】酆：酆水，亦即"灃水"。

    [31]【今注】洛：洛水，此指今河南境内的洛河。

      九州逌同，[1]四奥既宅，[2]九山桒旅，[3]九川滌
原，[4]九澤既陂，[5]四海會同。[6]六府孔修，[7]庶土交
正，厎慎財賦，[8]咸則三壤，成賦中國。[9]錫土姓："祇
台德先，不距朕行。"[10]

    [1]【顏注】師古曰：各以其所而同法。【今注】逌（yōu）：
同"攸"。意謂"皆"。

    [2]【顏注】師古曰：奥讀曰墺，謂土之可居者也。宅亦居
也。言四方之土已可定居也。墺音於六反。【今注】四奥（ào）：
四方可居之地。   宅：居住。

    [3]【顏注】師古曰：九州之山皆已桒木通道而旅祭也。【今
注】九山：泛指衆山。一説九爲實數，並非泛指。皮錫瑞《今文尚
書考證》卷三以經考史，以爲《禹貢》之山實有九脈：其一爲
"汧及岐，至于荆山"；其二爲"壺口、雷首，至于大嶽"；其三爲
"厎柱、析城，至于王屋"；其四爲"大行、恒山，至于碣石"；其
五爲"西頃、朱圉、鳥鼠，至于太華"；其六爲"熊耳、外方、桐

柏，至于陪尾”；其七爲“嶓冢，至于荆山”；其八爲“内方，至
于大别”；其九爲“岷山之陽，至于衡山”。其數正合於九。　栞
旅：標識出路徑。

[4]【顏注】師古曰：九州泉源皆已清滌無壅塞。【今注】九
川：泛指衆水泉源。一説九爲實數，並非泛指。王先謙《漢書補
注》以爲九川即弱水、黑水、黃河、漾水、長江、沇水、淮水、渭
水、洛水（南洛水）。　滌原：疏通水源。

[5]【顏注】師古曰：九州陂澤皆已隄障無決溢。【今注】九
澤：泛指衆湖澤。一説九爲實數。皮錫瑞《今文尚書考證》卷三以
爲九澤即雷夏澤、大壄澤、彭蠡澤、震澤、雲夢澤、滎波澤、荷
澤、盟豬澤、豬壄澤，正合九數。　陂（bēi）：池塘。九澤既陂，
意謂湖澤已成可蓄水保土的池澤。

[6]【顏注】師古曰：四海之内皆同會京師。

[7]【顏注】師古曰：水、火、金、木、土、穀皆甚治。【今
注】六府：掌管税賦收支的官府機構。殷商時始置。《禮記·曲禮
下》：“天子之六府，曰：司土、司木、司水、司草、司器、司貨，
典司六職。”鄭玄注：“府，主藏六物之税者，此亦殷時制也。”
孔修：意謂税收機構建立甚備。孔，《史記》卷二《夏本紀》作
“甚”。修，齊備。

[8]【顏注】師古曰：言衆土各以其所出，交易有無，而不
失正，致慎貨財，以供貢賦。【今注】案，意謂九州土壤美惡、田
品高下都有明確的等級，據此審慎地確定各地賦税多少。

[9]【顏注】師古曰：言皆隨其土田上中下三品（土田，蔡
琪本、殿本作“土地自”），而成其賦於中國也。中國，京師也。
【今注】咸：皆。　則：依據。

[10]【顏注】師古曰：台，養也。言封諸侯，賜之土田，因
以爲姓。所敬養者，惟德爲先，故無距我之行也。台音怡。【今
注】錫土姓：天子分封諸侯，賜以土地與姓氏。錫，同“賜”。

《左傳》隱公八年："天子建德，因生以賜姓，胙之土而命之氏。"

台（yí）：同"怡"。愉悦。

　　五百里甸服：[1]百里賦内總，[2]二百里内銍，[3]三百里内秸服，[4]四百里粟，五百里米。[5]五百里侯服：[6]百里采，[7]二百里男國，[8]三百里諸侯。[9]五百里綏服：[10]三百里揆文教，[11]二百里奮武衛。[12]五百里要服：[13]三百里夷，[14]二百里蔡。[15]五百里荒服：[16]三百里蠻，[17]二百里流。[18]東漸于海，西被于流沙，朔、南暨，聲教訖于四海。[19]

　　[1]【顏注】師古曰：規方千里（規，蔡琪本作"地"），最近王城者爲甸服，則四面五百里也。甸之爲言田也，主爲王者治田。【今注】甸服：《禹貢》之制，王畿方圓千里，王畿以外的邦國按照距離王畿距離遠近，每五百里分爲一服，由内而外分別是甸、侯、綏、要、荒五服，皆需依照服制不同而履行不同的供職、貢獻義務。甸服爲《禹貢》五服之第一服，四方各五百里。甸，同"田"。爲王者治田。服，爲王者服役。

　　[2]【顏注】師古曰：自此巳下（巳，大德本、殿本作"以"），説甸服之内，以差言之也。總，禾稾總入也。内讀曰納。下皆類此。【今注】百里賦内總：意謂甸服一百里内者，需繳納完整的禾束。賦，此指賦税標準。内，同"納"。總，束禾爲總，即穗、杆俱在的禾束。

　　[3]【顏注】師古曰：銍謂所刈，即禾穗也。銍音窒。【今注】二百里内銍（zhì）：甸服之内二百里者，需繳納禾穗。銍，本爲農人收割莊稼用的一種短鐮，此指禾穗。

　　[4]【顏注】師古曰：秸，稾也。言服者，謂有役則服之耳。

夏音工黠反。【今注】三百里内夏服：甸服之内三百里者，需繳納穀子。夏，《史記》卷二《夏本紀》作"秸"。秸服，爲帶糠皮的穀粒，即穀子。

[5]【顏注】師古曰：精者納少，麤者納多。【今注】四百里粟五百里米：甸服之内四百里者，需繳納糙米；甸服之内五百里者，需繳納精米。粟，即糯米，粗米。米，此指精心挑選不含雜質的上等米。

[6]【顏注】師古曰：此次甸服之外方五百里也。侯，候也，主斥候而服事也。【今注】侯服：《禹貢》五服之第二服，在甸服之外，四方各五百里。一説侯即諸侯；一説侯同"候"，指斥候，負責爲王候望警備，防範盜賊。

[7]【顏注】師古曰：又説侯服内之差次也。采，事也，王事則供之，不主一也。【今注】百里采：侯服之内一百里，爲卿大夫的采地。卿大夫是爲王服役的官員，根據職位高低享有大小不同的采邑，可食其租税，但並不擁有土地與人民的所有權。

[8]【顏注】師古曰：男之言任，任王事者。【今注】二百里男國：侯服之内二百里，建立男國。男國之主亦需服務於王，但擁有土地、人民。男，爵位名。男國，《史記·夏本紀》作"任國"。"任""男"相通。

[9]【顏注】師古曰：三百里同主斥候，故合而言之爲一等。【今注】三百里諸侯：侯服之内三百里，建立侯國，承擔爲王禦侮的義務。侯，爵位名。

[10]【顏注】師古曰：此又次侯服外之五百里也。綏，安也，言其安服王者政教。【今注】綏服：亦稱"賓服"，爲《禹貢》五服之第三服，在侯服之外，四方各五百里。綏，安順。

[11]【顏注】師古曰：揆度王者文教而行之也。三百里皆同。【今注】三百里揆文教：綏服之内前三百里者，做好文治教化之事。揆，掌管，管理。

[12]【顏注】師古曰：奮其武力以衞王者。二百里皆同。【今注】二百里奮武衞：綏服之内後二百里者，振奮武力以藩衞王畿。

[13]【顏注】師古曰：此又次綏服外之五百里也。要，以文教要来之也。要音一遥反。【今注】要服：《禹貢》五服之第四服，在綏服之外，四方各五百里。要，同“徼”。邊境。

[14]【顏注】師古曰：夷，易也，言行平易之法也。三百里皆同。【今注】三百里夷：要服之内前三百里者，要移易舊俗。夷，易，改變。

[15]【顏注】師古曰：蔡，法也，遵刑法而已。二百里皆同。【今注】二百里蔡：要服之内後二百里者，削減其賦。蔡，同“殺”。消減。

[16]【顏注】師古曰：又次要服外五百里，此五服之最在外者也。荒，言其荒忽，各因本俗。【今注】荒服：《禹貢》五服之第五服，在要服之外，四方各五百里，屬戎狄之地。荒，荒遠。

[17]【顏注】師古曰：蠻謂以文德蠻幕而覆之。三百里皆同。【今注】三百里蠻：荒服之内前三百里者，以文德來被覆感化。蠻，意同“被”。被覆。一説蠻即慢，禮簡怠慢，來不距，去不禁。

[18]【顏注】師古曰：任其流移，不考詰也。二百里皆同。【今注】二百里流：荒服之内後二百里者，任其遷徙流移，不必以貢賦爲常制。流，流動無常。

[19]【顏注】師古曰：漸，入也。被，加也。朔，北方也。訖，盡也。言東入于海，西加流沙，北方南方皆及，聲教盡於四海也。一曰，漸，濅；洎，及也。【今注】流沙：西北荒漠之地。或言即古居延澤（今内蒙古額濟納旗境内）。洎（jì）：及。聲教：天子的聲威與教化。

禹錫玄圭，告厥成功。[1]

　　[1]【顏注】師古曰：玄，天色也（天色，殿本作"水色"）。堯以禹治水功成，故賜玄圭以表之也。自此以上，皆《禹貢》之文。【今注】玄圭：黑色的圭。圭即"珪"，古瑞玉名，長條身，首端圓形或劍首形，是帝王典祀常用禮器。《史記》卷二《夏本紀》記爲"於是帝錫禹玄圭，以告成功于天下"。賜禹玄圭者，非堯即舜。案，自"冀州既載壺口"至此，皆爲班固録自《尚書·禹貢》，惟個別文字稍有差異。

後受禪於虞，[1]爲夏后氏。[2]

　　[1]【今注】受禪於虞：禹治水有功，虞舜晚年時將首領位置禪讓給禹。

　　[2]【今注】夏后氏：《史記》卷二《夏本紀》記云："禹於是遂即天子位，南面朝天下，國號曰夏后，姓姒氏。"夏后爲國號，姒爲姓。

　　殷因於夏，[1]亡所變改。周既克殷，監於二代而損益之，[2]定官分職，改禹徐、梁二州合之於雍、青，[3]分冀州之地以爲幽、并。[4]故《周官》有職方氏，[5]掌天下之地，辯九州之國。

　　[1]【今注】殷：商。商代夏，屢次遷都之後，定都於殷（今河南安陽市小屯村一帶），故又稱殷。　因：沿襲，繼承。

　　[2]【今注】監（jiàn）：同"鑒"。借鑒，參考。

　　[3]【顏注】師古曰：省徐州以入青州，并梁州以合雍州。

　　[4]【今注】分冀州之地以爲幽并：以冀州北部土地分置幽州、并州。意謂古冀州之地一分爲冀、幽、并三州。

　　[5]【顏注】師古曰：夏官之屬也。職，主也，主四方之土

地。【今注】周官：書名。即《周禮》。儒家經典之一。傳爲周公所作。今人多認爲是戰國時人所編的一部官制彙編性質的典籍。職方氏：主管四方之官。《周禮·夏官》記云："職方氏掌天下之圖，以掌天下之地。辨其邦國、都鄙、四夷、八蠻、七閩、九貉、五戎、六狄之人民，與其財用、九穀、六畜之數要，周知其利害。"

東南曰揚州：其山曰會稽，[1]藪曰具區，[2]川曰三江，瀸曰五湖；[3]其利金、錫、竹箭；民二男五女；[4]畜宜鳥獸，[5]穀宜稻。

[1]【顏注】師古曰：在山陰縣。【今注】會（kuài）稽：山名。會稽山，位於今浙江境内紹興市、嵊州市、諸暨市、東陽市等地。上古至秦漢所説的會稽山，特指今浙江紹興市東南之山體。

[2]【顏注】師古曰：藪，大澤也。具區在吳也（殿本句末無"也"字）。【今注】藪（sǒu）：水草遍生的大澤。　具區：澤名。即今江蘇太湖。又名震澤、笠澤。

[3]【顏注】師古曰：瀸，古浸字也。川，水之通流者也。浸謂引以灌溉者。五湖在吳。【今注】三江：言河流衆多。　瀸（jìn）：同"浸"。可引流灌溉的水。　五湖：言湖泊衆多。

[4]【今注】民二男五女：此言當地人口的性別比例嚴重失衡，男少而女多。揚州氣候濕熱，不利男性成長，加之賦役多由男子承擔，導致男性死亡率偏高，故成年男性人數明顯少於女性。

[5]【顏注】師古曰：鳥，孔翠之屬。獸，犀象之屬。【今注】案，先秦秦漢時期揚州之地産翠鳥、孔雀、大象、犀牛等珍禽異獸，作爲方物上貢中原帝王。本書卷九五《西南夷兩粤朝鮮傳》記南越王趙佗獻給漢文帝的禮品中有"翠鳥千""犀角十""生翠四十雙""孔雀二雙"。

正南曰荊州：其山曰衡，[1]藪曰雲夢，[2]川曰江、漢，[3]寖曰潁、湛；[4]其利丹、銀、齒、革；[5]民一男二女；[6]畜及穀宜，與揚州同。

[1]【今注】衡：衡山。此指今湖南衡山縣西之衡山，又名岣嶁山。

[2]【今注】雲夢：雲夢澤。

[3]【今注】江漢：江，即今長江。漢，即今漢水。

[4]【顏注】師古曰：潁水出陽城陽乾山，宜屬豫州。許慎又云"湛水，豫州寖"。並未詳也。湛音直林反，又直減反（又直減反，蔡琪本作"又音諶"，大德本、殿本作"又音直減反"）。【今注】潁：水名。即今河南、安徽境内潁河。源出今河南登封市嵩山西南，東南流至安徽壽縣西匯入淮水。 湛(zhàn)：水名。源出今河南魯山縣東南，東南流至今葉縣匯入汝水。

[5]【今注】齒：象牙之類。

[6]【今注】民一男二女：此言當地人口的性別比例嚴重失衡，男少而女多。

河南曰豫州：其山曰華，[1]藪曰圃田，[2]川曰滎、雒，寖曰波、溠；[3]其利林、漆、絲、枲；[4]民二男三女；[5]畜宜六擾，[6]其穀宜五種。[7]

[1]【顏注】師古曰：即華陰之華山也。連延東出，故屬豫州。【今注】華：華山。主峰在今陝西華陰市南。

[2]【顏注】師古曰：在中牟。【今注】圃田：澤名。在今河南中牟縣西。

［3］【顏注】師古曰：滎即沇水所溢者也（沇，蔡琪本、殿本作"流"）。波即上《禹貢》所云滎波者也。溠水在楚，亦不當爲豫州浸也。溠音莊亞反。【今注】滎：水名。滎水爲濟水分流。　雒：洛水，即今河南境内洛河。　波：澤名。即滎波，又稱滎潘、滎澤，在今河南鄭州市西北古滎鎮北，後淤爲平地。　溠（zhà）：水名。源出今湖北隨州市西北鷄鳴山，東南流入郹水。

［4］【今注】案，林，蔡琪本、殿本作"麻"。　絲：蠶絲，爲帛的原材料。　枲：麻纖維，爲麻布的原材料。

［5］【今注】民二男三女：此言當地人口的性别比例輕微失衡，男少而女多。

［6］【顏注】師古曰：馬、牛、羊、豕、犬、鷄也（蔡琪本"鷄"在"犬"字前）。謂之擾者，言人所馴養也。擾音人沼反。【今注】擾：馴順，蓄養。

［7］【顏注】師古曰：黍、稷、菽、麥、稻。

　　正東曰青州：其山曰沂，藪曰孟諸，[1]川曰淮、泗，寖曰沂、沭；[2]其利蒲、魚；[3]民二男三女；其畜宜鷄、狗，穀宜稻、麥。

　　［1］【顏注】師古曰：沂山在蓋縣，即沂水所出也。孟諸，即盟豬也。【今注】沂：沂山。在今山東臨朐、沂水兩縣境内。

　　［2］【顏注】師古曰：沭水出東莞，音術。【今注】沭：水名。一作"術"。即今山東、江蘇境内沭河。

　　［3］【今注】蒲：草名。生長於池澤中，根莖可食，葉可編席。　魚：此當指海魚。

　　河東曰兗州：其山曰岱，[1]藪曰泰壄，[2]其川曰河、泲，[3]浸曰盧、濰；[4]其利蒲、魚；民二男三女；其畜

宜六擾，穀宜四種。^[5]

[1]【今注】岱：泰山。

[2]【顏注】師古曰：即大野。【今注】泰壄：澤名。即大野澤，或稱巨野澤。在今山東巨野縣北。後南部涸爲平地，北部成爲梁山泊的一部分。

[3]【今注】河：黃河。　沛：濟水。

[4]【顏注】師古曰：盧水在濟北盧縣。鄭康成讀曰雷，非也。【今注】盧濰：二水名。盧水，一名久臺水，源出今山東諸城市盧山，北流入濰水。濰水，即今山東境內的濰河。

[5]【顏注】師古曰：馬、牛、羊、豕、犬、雞、黍、稷、稻、麥也（犬，當爲"犬"之訛）。

　　正西曰雍州：其山曰嶽，^[1]藪曰弦蒲，^[2]川曰涇、汭，^[3]其浸曰渭、洛；^[4]其利玉、石；其民三男二女；畜宜牛、馬，穀宜黍、稷。

[1]【顏注】師古曰：即吳嶽也。【今注】嶽：嶽山，即吳山，又名吳嶽山、汧山。在今陝西寶雞市陳倉區西北，北延至隴縣。

[2]【顏注】師古曰：在汧縣。【今注】弦蒲：澤名。在今陝西隴縣西北。

[3]【顏注】師古曰：汭在豳地。《詩·大雅·公劉》之篇曰"汭鞠之即"（曰，蔡琪本作"云"）。【今注】涇：涇水。即今涇河。　汭（ruì）：水名。一作"芮"。又名閣川水。源出今甘肅華亭縣西南隴山，東流經崇城縣，至涇川縣流入涇河。

[4]【顏注】師古曰：洛即漆、沮也，在馮翊。【今注】渭：渭水。即今渭河。　洛：此指北洛水。即今陝西境內洛河。案，

"其浸曰渭洛"，殿本無"其"字。

東北曰幽州：其山曰醫無閭，[1]藪曰貕養，[2]川曰河、泲，浸曰菑、時；[3]其利魚、鹽；[4]民一男三女；畜宜四擾，[5]穀宜三種。[6]

[1]【顏注】師古曰：在遼東。【今注】醫無閭：山名。在今遼寧北鎮市與義縣之間。一作"醫無慮"。《續漢志》於遼東屬國無慮縣條注云："有醫無慮山。"

[2]【顏注】師古曰：在長廣。【今注】貕（xī）養：澤名。在今山東萊陽市東北。"貕"或當爲"奚"。王念孫《讀書雜志·漢書第六》曰："'貕'本作'奚'，此後人依《職方氏》文改之也。杜子春讀'貕'爲'奚'，是'奚'爲本字，'貕'爲借字，故班《志》作'奚'，下文琅邪郡長廣'奚養澤在西，幽州藪'，是其證。《說文》'藪'字注及《風俗通義》並作'奚'。若《志》文作'貕'，則注當云'貕，音奚'。今注內無音，則本是'奚'字明矣。"

[3]【顏注】師古曰：菑出萊蕪。時水出般陽。【今注】菑：菑水，即今山東境內淄河。　時：時水，上游即發源於今山東淄博市臨淄區西南的烏河，東北流匯入淄水。

[4]【今注】魚鹽：當指海魚、海鹽。漢代鹽官多有設於幽州臨海諸郡縣者，如勃海郡章武縣（今河北黃驊市西北）、漁陽郡泉州縣（今天津市武清區南）、遼西郡海陽縣（今河北灤縣西南）、遼東郡平郭縣（今遼寧蓋州市西南）等。

[5]【顏注】師古曰：馬、牛、羊、豕。

[6]【顏注】師古曰：黍、稷、稻。

河內曰冀州：[1]山曰霍，[2]藪曰揚紆，[3]川曰漳，寖曰汾、潞；^[4] 其利松、柏；民五男三女；畜宜牛、羊，穀宜黍、稷。

［1］【今注】河内：冀州之地大體處黃河"西河""南河""東河"之內，故稱河內。

［2］【顏注】師古曰：在平陽永安縣東北。【今注】霍：霍山。又名太嶽、霍太山。主峰在今山西霍州市西南。案，山曰霍，殿本作"其山曰霍"。

［3］【顏注】師古曰：《爾雅》曰"秦有揚紆"，而此以爲冀州，未詳其義及所在。【今注】揚紆：澤名。又作"楊紆""陽紆""楊陓"等，當在今陝西境內，具體地點不詳。

［4］【顏注】師古曰：漳水出上黨長子。汾水出汾陽北山。潞出歸德。【今注】漳：漳水。上游有清漳、濁漳二水。清漳水源頭分出今山西昔陽縣、和順縣。濁漳水源頭分出今山西長子縣、沁縣、榆社縣。二水在今河北涉縣合漳鎮匯合爲漳水，東流注入黃河。　汾：汾水。源出今山西寧武縣管涔山，南流至今新絳縣，折而向西注入黃河。　潞：潞水。一作"潞川"。即漳水上游之一的濁漳水。錢大昕《三史拾遺》卷三以爲北地郡歸德縣所出者乃洛水，非潞水，顏師古注誤。

正北曰并州：其山曰恒山，藪曰昭餘祁，^[1]川曰虖池、嘔夷，寖曰淶、易；^[2]其利布、帛；民二男三女；畜宜五擾，^[3]穀宜五種。^[4]

［1］【顏注】師古曰：在大原鄔縣（大，蔡琪本、大德本、殿本作"太"）。鄔音一戶反，又音於庶反。【今注】昭餘祁：澤名。又作"昭餘池"。在今山西平遙縣西。

［2］【顏注】師古曰：虖池出鹵城。嘔夷出平舒。淶出廣昌。

易出故安。虖音呼。池音徒何反（何，大德本、殿本作"河"）。嘔音於侯反。【今注】虖（hū）池（tuó）：水名。即今滹沱河。源出今山西五臺山東北，西南流至忻州市北，復東流穿越太行山，經河北平原注入渤海。下游河道屢有變遷。　嘔（ǒu）夷（yí）：水名。一説爲祁夷水，即今桑乾河支流壺流河。一説爲㴲水，即今大清河支流唐河。　淶：水名。淶水，即今拒馬河。源出河北淶源縣太行山東麓，東流注入白溝河。　易：水名。易水源出今河北易縣，東南流匯入淶水。

[3]【顏注】師古曰：馬、牛、羊、犬、豕。

[4]【今注】五種：黍、稷、菽、麥、稻。

　　而保章氏掌天文，以星土辯九州之地，所封封域皆有分星，以視吉凶。[1]

[1]【顏注】師古曰：保章氏，春官之屬也。保，守也，言守天文之職也。分音扶問反。【今注】保章氏：《周禮》官名。屬"春官"序列。一説爲周朝設置。職在觀察天象，根據天象變化預測吉凶。　星土：中國古代以星占術爲基礎形成的"分野"觀念認爲，地上州郡邦國和天上相應區域存在着對應關係，天上星位（二十八宿或十二星次）分主九州土地或邦國分域，通過觀察天上星象變化即可判斷地上相應區域內自然或人事變化。　分（fēn）星：邦國州郡所對應的星宿。

　　周爵五等，[1]而土三等：公、侯百里，伯七十里，[2]子、男五十里。不滿爲附庸，[3]蓋千八百國。而大昊、黃帝之後，[4]唐、虞侯伯猶存，帝王圖籍相踵而可知。

　　[1]【今注】周爵五等：公、侯、伯、子、男五等爵位。一説
五等爲天子、公、侯、伯、子男。

　　[2]【今注】七十里：封地疆域長、寬各七十里。

　　[3]【今注】附庸：此指疆域小、人口少的小邦國，不能直接
貢職於王，衹能附屬於諸侯。

　　[4]【今注】大昊：大，同“太”。太昊，亦作“太皞”“太
皓”。或即伏羲氏，傳説爲上古東夷族首領，教民結網漁獵。

　　周室既衰，禮樂征伐自諸侯出，轉相吞滅，數百
年間，列國耗盡。[1]至春秋時，尚有數十國，五伯迭
興，總其盟會。[2]陵夷至於戰國，天下分而爲七，[3]合
從連衡，[4]經數十年，秦遂并兼四海。以爲周制微弱，
終爲諸侯所喪，故不立尺土之封，分天下爲郡縣，盪
滅前聖之苗裔，靡有孑遺者矣。

　　[1]【顔注】師古曰：耗，滅也，音呼到反。【今注】耗
(hào)：同“耗”。消耗。案，殿本作“耗”。

　　[2]【顔注】師古曰：此五伯謂齊桓、宋襄、晉文、秦穆、
楚莊也。迭，互也。伯讀曰霸。迭音徒結反。【今注】五伯（bà）：
伯，同“霸”。此指春秋五霸，通常指齊桓公、宋襄公、晉文公、
秦穆公、楚莊王。

　　[3]【顔注】師古曰：謂秦、韓、魏、趙、燕、齊、楚也。

　　[4]【今注】合從：合縱。從，同“縱”。

　　漢興，因秦制度，崇恩德，行簡易，以撫海内。
至武帝攘卻胡、越，開地斥境，南置交阯，北置朔方
之州，[1]兼徐、梁、幽，并夏、周之制，[2]改雍曰涼，

改梁曰益，凡十三部，置刺史。^[3]先王之迹既遠，地名又數改易，^[4]是以采獲舊聞，考迹《詩》《書》，推表山川，以綴《禹貢》《周官》《春秋》，下及戰國、秦、漢焉。^[5]

[1]【顏注】師古曰：胡廣記云：漢既定南越之地，置交阯刺史，別於諸州，令持節，治蒼梧。分雍州，置朔方刺史。【今注】交阯：刺史部名。漢武帝元封五年（前106）置。轄區包括郁林、蒼梧、南海、交阯、合浦、九真、日南等郡，約當今廣東、廣西的大部及越南北部、中部。　朔方：刺史部名。漢武帝元封五年置。轄區包括朔方、五原、西河、上郡、北地等郡，約當今内蒙古中部、陝北、寧夏大部及甘肅、山西部分地區。

[2]【今注】兼徐梁幽并夏周之制：兼采夏九州之制和周九州之制。夏制即《尚書·禹貢》所謂禹所創設九州：冀州、兗州、青州、徐州、揚州、荆州、豫州、梁州、雍州。武帝改雍州爲涼州，改梁州爲益州。周制即《周禮·職方》所記周朝九州：揚州、徐州、豫州、青州、兗州、雍州、幽州、冀州、并州。其中幽、并二州爲《尚書·禹貢》所無。

[3]【今注】十三部置刺史：漢代地方監察區劃。又稱十三刺史部、十三州部。漢武帝爲加强中央對地方的監察管理，於元封五年實行刺史制度，將都城長安所在及其附近六郡（右内史、左内史、河東郡、河内郡、河南郡、弘農郡）之外的郡國分爲豫、兗、青、徐、冀、幽、并、涼、益、荆、揚、交阯、朔方十三個監察區，各置刺史一人，以皇帝使者身份巡察所部郡國，監察郡國長吏及豪强大族的不法行爲，“以六條問事”。至武帝征和四年（前89），又設司隸校尉一職，負責監察京師百官和京兆尹、左馮翊、右扶風、河東郡、河内郡、河南郡、弘農郡等近畿七郡。故終西漢時期，全國共設十四個監察區。或以爲遠在漢武帝設立十三刺史部

之前很久，州制即已在西漢王朝行用，而且還經歷了由九州到十二州的演變（詳見辛德勇《秦漢政區與邊界地理研究》，中華書局2009年版，第107頁）。

[4]【顏注】師古曰：數音所角反。

[5]【顏注】師古曰：中古以來，說地理者多矣，或解釋經典，或撰述方志，競爲新異，妄有穿鑿，安處互會（互，蔡琪本、大德本、殿本作"附"），頗失其真。後之學者，因而祖述，曾不考其謬論，莫能尋其根本。今並不錄，蓋無尤焉。【今注】案，本書《地理志》所采《禹貢》信息，可與酈道元《水經注》參看。錢大昕《三史拾遺》卷三："《水經》載《禹貢》山川澤地所在，不見於此志者，如河東大陽無砥柱，燉煌燉煌無三危，河南成皋無大邳，南郡邔縣無三澨是也。《志》與《水經》異者，碣石在遼西臨渝，而《志》在右北平驪成；龍門在河東皮氏，而《志》在馮翊夏陽；九江在長沙下雋，而《志》在廬江尋陽；嶓冢在隴西氐道，而《志》在西縣；大別在廬江安豐，而《志》在六安；積石在隴西河關，而《志》在金城；太華在恒農華陰，而《志》在京兆；恒山在中山上曲陽，而《志》在常山曲陽；嵩高在潁川陽城，而《志》屬潁川之崈高；太岳在河東永安，而《志》屬河東之彘。考光武省六安入廬江，順帝改彘名永安，華陰之改屬恒農，河關之改屬隴西，上曲陽之改屬中山，《續漢志》有明文。若右北平之驪城，潁川之崈高，《續漢志》俱不載，則亦世祖所並省。《水經》所據，皆後漢之畺域，似異而實同也。若龍門之在夏陽，九江之在尋陽，西縣之嶓冢，《兩漢志》並同，此其不能強合者。又《志》於《禹貢》山川不稱'《禹貢》'，又不稱'古文'者，京兆華陰之太華，河東蒲坂之雷首，泰山博之岱山，河內懷王之太行，恒農盧氏之熊耳，南郡華容之雲夢，廬江之東陵，丹陽蕪湖之中江，會稽毗陵之北江，山陽鉅野之大野，南郡枝江之江沱。"

　　京兆尹,^[1]故秦内史。^[2]高帝元年屬塞國,^[3]二年更爲渭南郡,^[4]九年罷,復爲内史。^[5]武帝建元六年分爲右内史,^[6]大初元年更爲京兆尹。^[7]元始二年户十九萬五千七百二,口六十八萬二千四百六十八。^[8]縣十二:^[9]長安,^[10]高帝五年置。惠帝元年初城,六年成。^[11]户八萬八百,口二十四萬六千二百。王莽曰常安。^[12]新豐,驪山在南,故驪戎國。秦曰驪邑。高祖七年置。^[13]船司空,^[14]莽曰船利。藍田,^[15]山出美玉,^[16]有虎候山祠,^[17]秦孝公置也。^[18]華陰,^[19]故陰晉,^[20]秦惠文王五年更名寧秦,^[21]高帝八年更名華陰。大華山在南,^[22]有祠,^[23]豫州山。集靈宮,^[24]武帝起,莽曰華壇也。鄭,^[25]周宣王弟鄭桓公邑。有鐵官。^[26]湖,^[27]有周天子祠二所,故曰胡。^[28]武帝建元年更名湖。^[29]下邽,^[30]南陵,^[31]文帝七年置。^[32]沂水出藍田谷,北至霸陵入霸水。^[33]霸水亦出藍田谷,北入渭。師古曰兹水,^[34]秦穆公更名以章霸功,^[35]視子孫。沂音先歷反。視讀曰示。^[36]奉明,^[37]宣帝置也。霸陵,^[38]故芷陽,^[39]文帝更名。莽曰水章也。^[40]杜陵,^[41]故杜伯國,^[42]宣帝更名。^[43]有周右將軍杜主祠四所。^[44]莽曰饒安也。

　　[1]【今注】京兆尹:政區名,亦爲官名。治長安縣(今陝西西安市西北)。據《三輔黃圖》卷一,治所"在故城南尚冠里"。京兆尹與郡同級,但由於是漢都長安所在地,地位特殊,故不稱郡,而以其長官京兆尹之名爲政區名。京兆尹職掌大體如郡太守,但其身份仍有中央官員的性質,地位也遠高於郡守。

　　[2]【今注】故秦内史:漢京兆尹之地,在秦朝屬内史的一部分。内史,本是周官名,戰國秦因之,負責京畿地區的行政管理,後逐漸掌握地方行政,遂以中央官職轉變爲地方行政區名稱。秦内史轄地是以都城咸陽爲中心的關中地區核心部分。故秦,錢大昕

《潛研堂文集》卷一六以爲凡《漢書·地理志》稱"故秦某地"，意謂其地在漢代改用新名。

[3]【今注】高帝元年屬塞國：秦亡（前207）之次年，項羽主持分封諸侯，司馬欣被立爲塞王。塞國以櫟陽（今陝西西安市閻良區武屯鎮）爲都城，據秦內史之東部地區，相當於本《志》之京兆尹、左馮翊二郡。時當漢元年（前206）。

[4]【今注】二年：全祖望《漢書地理志稽疑》以爲當爲元年。《史記·秦楚之際月表》記載，高帝元年八月，司馬欣降漢；九月，其地屬漢，置爲渭南郡、河上郡。 渭南郡：高帝元年置，九年罷，改屬內史。治所當在櫟陽。

[5]【今注】內史：此指漢內史，漢初京畿行政區名稱，與秦內史之地大致相匹。高祖九年罷渭南、河上、中地三郡，復置內史以統京畿之地。據張家山漢簡《二年律令·秩律》，漢初內史轄縣有櫟陽、長安、頻陽、臨晉、杜、高陵、虢、郿、新豐、槐里、雍、好時、邰陽、胡、夏陽、下邽、氂、鄭、雲陽、重泉、華陰、衙、藍田、池陽、汧、杜陽、沭、上雒、商、武城、翟道、鄜、美陽、壞德等縣。

[6]【今注】武帝建元六年分爲右內史：建元，漢武帝年號（前140—前135）。右內史，政區名。亦爲官名。右內史轄故渭南、中地二郡之地。漢內史分爲左、右的時間，本《志》記爲武帝建元六年（前135），但本書《百官公卿表》記爲"景帝二年，分置左右內史"。顏師古注以爲《表》是而《志》誤。周振鶴推斷分立時間當在文帝後元年間（詳見周振鶴《西漢政區地理》，商務印書館2017年版，第143頁）。

[7]【今注】大初：即太初，漢武帝年號（前104—前101）。大，蔡琪本、殿本作"太"。太初元年，改左內史爲左馮翊；右內史一分爲二，東爲京兆尹，西爲右扶風，俗稱"三輔"。京兆尹轄縣十二，治長安縣（今陝西西安市西北）。

[8]【顏注】師古曰：漢之戶口當元始時最爲殷盛，故《志》

舉之以爲數也。後皆類此。【今注】元始：漢平帝年號（1—5）。本《志》郡國户口數字皆出自漢平帝元始二年（2）各郡國户口籍簿，反映的是當時的户口信息。

[9]【今注】縣十二：本《志》郡國縣道信息依據漢成帝元延三年（前10）各郡國的行政版籍，並非西漢立國即建置如此（詳見馬孟龍《西漢侯國地理》，上海古籍出版社2013年版，第75—83頁）。

[10]【今注】長安：縣名。治所在今陝西西安市西北漢城遺址。

[11]【今注】惠帝元年初城六年成：惠帝元年爲公元前194年。初城，初步修建長安城。長安城的修建經歷了較長時間。高祖七年，將秦的興樂宫改爲長樂宫，將都城從櫟陽遷至長安，又令丞相蕭何、將作少府陽成延等在長樂宫以西修建未央宫，立東闕、北闕、前殿，在長樂宫和未央宫之間修建武庫，在長安東南修建太倉。惠帝時建起郭城城墻，並設立西市。武帝時在長安城内修建了桂宫、北宫、明光宫等，在城西新建建章宫，並廣修上林苑，開鑿昆明池，衆建離宫别館，長安城建設進入全盛時期。西漢末及新莽時，在長安城南建立起明堂、辟雍、宗廟、太學等禮制建築，又修復重建了官社、官稷。至此，長安城的建築格局最終形成。

[12]【顔注】師古曰：王莽篡位，改漢郡縣名，普易之也。下皆類此。【今注】常安：據本書卷九九中《王莽傳中》，王莽於始建國元年（9）改長安爲常安；始建國三年，以常安爲新室西都。

[13]【顔注】應劭曰：大上皇思東歸，於是高祖改築城寺街里以象豐，徙豐民以實之，故號新豐。【今注】新豐：縣名。治所在今陝西西安市臨潼區新豐鎮沙河村南。高帝起自泗水郡沛縣豐邑（今江蘇豐縣），入都關中之後，爲解其父劉公思鄉之苦，將豐邑故人遷入驪邑，置縣，依豐邑形制營造，成爲太上皇湯沐邑。驪邑改稱新豐的時間，本《志》記爲高祖七年，《史記》卷八《高祖本

紀》則記爲高祖十年，"七月，太上皇崩於櫟陽宮……更命酈邑曰新豐"。疑當以《史記》爲是。　驪山：又名酈山。秦嶺支脈。在今陝西西安市臨潼區東南。　驪戎：古戎人部族名，因居處於驪山一帶而得名，春秋時爲晉國所滅。　驪邑：秦縣名。治所在今陝西西安市臨潼區東北陰盤城。

[14]【顏注】服虔曰：縣名。師古曰：本主船之官，遂以爲縣。【今注】船司空：縣名。治所在今陝西潼關縣北。船司空本爲主管船務的職官，船庫設於渭水入黃河處，後以其地設縣。陝西西安市相家巷出土秦封泥有"船司空丞"，秦始皇帝陵北魚池秦遺址採集板瓦有"船司空□"印文，可證船司空縣在秦代即已存在。

[15]【今注】藍田：縣名。治所在今陝西藍田縣西。秦獻公六年（前379）即置縣。秦封泥有"藍田丞印"。漢因襲不改。

[16]【今注】山出美玉：山，即藍田山，又稱玉山、覆車山，在今陝西藍田縣東南，屬秦嶺山脈。以産美玉著稱。

[17]【今注】虎候山祠：古祠名。在今陝西藍田縣西虎候山。

[18]【今注】秦孝公置也：秦孝公，戰國時期秦國國君。公元前361年至前338年在位。事迹見《史記》卷五《秦本紀》。《史記·六國年表》記秦獻公"六年，縣藍田"。王先謙《漢書補注》據此疑"孝"爲"獻"之誤，秦孝公當爲秦獻公。案，或可理解爲藍田縣始設於秦獻公六年，虎候山祠始置於秦孝公時。蔡琪本無"也"字。

[19]【今注】華陰：縣名。治所在今陝西華陰市東。因在華山之北，故得名。據《三輔黃圖》卷一，華陰曾爲京輔都尉駐地。

[20]【今注】陰晉：縣名。治所在今陝西華陰市東秦寧秦故城遺址。戰國時本屬魏國，後獻之於秦，秦時更名寧秦。秦封泥有"寧秦丞印"。

[21【今注】秦惠文王：戰國時期秦國國君。公元前337年至前311年在位。事迹見《史記·秦本紀》。陰晉更名爲寧秦的時間，

《秦本紀》及《六國年表》皆記爲惠文王六年（前332），與本《志》不同。

[22]【今注】大華山：即太華山，今陝西境內華山。大，蔡琪本、殿本作"太"。

[23]【今注】祠：太華山祠，設在華陰縣。秦時即爲全國最重要的山川祭祀之一，西漢因之。1995年華山山脚黄甫峪遺址曾出土數件玉璧、玉圭，或即秦及漢初祭祀太華山之物。至武帝時，"五嶽"祭祀進入國家祀典，作爲五嶽之一的西嶽華山亦倍受重視，本書卷六《武紀》載武帝曾於元封元年（前110）祭祀華山。至宣帝神爵元年（前61）將五嶽、四瀆祭祀制度化、常態化，規定祭西嶽華山於華陰，每年一禱三祠，由朝廷派遣使者持節致祭。

[24]【今注】集靈宫：漢武帝所建祀神求仙之所。《西嶽華山廟碑》記云："孝武皇帝脩封禪之禮，思登遐之道，巡省五嶽，禋祀豐備，故立宫其下，宫曰集靈宫，殿曰存僊殿，門曰望僊門。"宫殿遺址在今華山下王到村，曾出土"與華無極""與華相宜"文字瓦當。

[25]【今注】鄭：縣名。治所在今陝西渭南市華州區。

[26]【顔注】應劭曰：宣王母弟友所封也。其子與平王東遷，更稱新鄭。臣瓚曰：周自穆王以下都於西鄭（於，蔡琪本、大德本、殿本作"于"），不得以封桓公也。初桓公爲周司徒，王室將亂，故謀於史伯而寄帑與賄於虢、會之間。幽王既敗，二年而滅會（二，蔡琪本作"三"），四年而滅虢，居於鄭父之丘，是以爲鄭桓公，無封京兆之文也。師古曰：《春秋外傳》云："幽王既敗，鄭桓公死之，其子武公與平王東遷。"故《左氏傳》云："我周之東遷，晉、鄭焉依。"又鄭莊公云"我先君新邑於此"（我，蔡琪本、大德本、殿本作"吾"），蓋道新鄭也。穆王已下無都西鄭之事（已，蔡琪本、大德本、殿本作"以"），瓚説非也。會音工外反。【今注】周宣王弟鄭桓公邑：周宣王，即姬静，

西周第十一代君主。在位期間曾短暫恢復周朝國力，史稱"宣王中興"。事迹見《史記》卷四《周本紀》。鄭桓公，即姬友，周宣王異母弟，受封於鄭（今陝西渭南市華州區），爲鄭國始祖。事迹見《史記》卷四二《鄭世家》。春秋時，秦武公十一年（前687）鄭邑始設爲縣。陝西西安市相家巷出土秦封泥有"鄭丞之印"，雲夢秦墓出土漆鳳形勺烙印有"鄭亭"，皆是秦代設有鄭縣的佐證。　鐵官：官署名。漢武帝時實行鹽鐵專賣，在産鐵地區設置鐵官，負責鐵礦開采、鐵器鑄作及買賣。全國共設鐵官四十八處。隸屬大司農。

[27]【今注】湖：縣名。治所在今河南靈寶市西南。

[28]【今注】周天子祠二所故曰胡：其地有祭祀周天子之祠二所，其中即有周屬王姬胡。其地得名可能與姬胡之名有關。

[29]【今注】武帝建元年更名湖：建元何年，諸本皆脱字。秦封泥有"胡令之印""胡印"，當爲胡縣縣令官印，可證秦時即已設胡縣。張家山漢簡《秦讞書》記有高祖十年"胡狀、丞喜敢讞之"的案例，"胡狀、丞喜"即爲胡縣縣令狀、縣丞喜，可證漢初胡縣沿用舊稱，尚未改名。

[30]【顏注】應劭曰：秦武公伐邽戎，置有上邽，故加下。師古曰：邽音圭，取邽戎之人而來爲此縣。【今注】下邽（guī）：縣名。治所在今陝西渭南市東北。秦武公十年，秦國戰勝活動在今甘肅天水市、隴西縣一帶的邽、冀之戎，在其地置邽縣。又將其部分民衆遷至今渭南市臨渭區之渭河以北，設下邽縣，以示區別。秦封泥有"下邽丞印""下邽少内""下邽右尉"等；秦始皇帝陵附近曾出土秦代"下邽"字迹陶器。

[31]【今注】南陵：縣名。治所在今陝西西安市東南。本爲漢文帝母薄太后陵園（遺址在今陝西西安市東南白鹿原上），景帝時因陵置邑，以奉陵寢。初屬太常，元帝永光三年（前41）改屬京兆尹。

[32]【今注】案，南陵設縣的時間，《史記》卷一一《孝景本紀》記爲景帝二年（前155），與此不同。

[33]【今注】沂水出藍田谷北至霸陵入霸水：段玉裁《經韵樓集》卷五《校漢書地理志注》以爲，"沂水"爲"泥水"之聲誤，今本又脫"滻水"，故此句當作"泥水、滻水皆出藍田谷，北至霸陵入霸"。霸水，又作"灞水"，古名玆水，源出今陝西藍田縣東秦嶺北麓，注入渭河。

[34]【今注】師古曰玆水："師"字衍。錢大昕《廿二史考異·漢書二》："此皆班氏本文，謂霸水古名玆水，秦穆公始更名耳，非師古注也。'師'字後人妄加。"

[35]【今注】秦穆公：春秋時期秦國國君。公元前659年至前621年在位。春秋五霸之一。事迹見《史記》卷五《秦本紀》。

[36]【今注】沂音先歷反視讀曰示：此係顏師古注，因脫"師古曰"三字而闌入班氏本注。錢大昕《廿二史考異·漢書二》："此上當有'師古曰'三字。"

[37]【今注】奉明：縣名。治所在今陝西西安市西北。本名廣明園，爲漢宣帝父史皇孫陵園，宣帝元康元年（前65）增益戶口而設縣。初屬太常管轄，元帝永光三年改屬京兆尹。

[38]【今注】霸陵：縣名。治所在今陝西西安市東北。本爲漢文帝劉恒陵園（遺址在今陝西西安市東南白鹿原上），因陵名縣。初屬太常管轄，元帝永光三年改屬京兆尹。

[39]【今注】芷陽：秦縣名。故城在今陝西西安市臨潼區韓峪鄉東部酈山西麓油王村、洪慶堡村之間，遺址出土"芷陽""芷亭"等陶文。秦封泥有"芷陽丞印"。傳世秦官印有"芷陽少内"。文帝九年（前171）在此修建霸陵，遂改縣名爲霸陵。

[40]【今注】水章：意謂改水名以彰顯霸功。

[41]【今注】杜陵：縣名。治所在今陝西西安市雁塔區曲江街道辦事處三兆村西北。本爲漢宣帝劉詢陵墓，因陵置縣。

[42]【今注】杜伯：西周宣王時杜國君主。後入周朝，任右

將軍，屈死於宣王之手。

[43]【今注】案，秦武公十一年，杜設爲秦縣。秦封泥有"杜丞之印""杜印"，西安市南郊出土秦陶釜有"杜市"戳記文字，皆爲秦設杜縣之證。秦杜縣故城在西安市南郊山門口鄉沈家村一帶。漢宣帝元康元年起陵於杜縣東原上，因改縣名爲杜陵。

[44]【今注】周右將軍杜主祠四：祭祀杜伯之所。《史記·封禪書》記杜縣有三所杜主祠，《郊祀志》記爲五所，皆與本《志》異。

左馮翊，[1]故秦内史，[2]高帝元年屬塞國，二年更名河上郡，[3]九年罷，復爲内史。武帝建元六年分爲左内史，[4]大初元年更名左馮翊。户二十三萬五千一百一，口九十一萬七千八百二十二。縣二十四：高陵，[5]左輔都尉治。[6]莽曰千春。櫟陽，秦獻公自雍徙。莽曰師亭。[7]翟道，[8]莽曰渙。池陽，惠帝四年置。巀嶭山在北。[9]夏陽，[10]故少梁，秦惠文王十一年更名。《禹貢》梁山在西北，龍門山在北。[11]有鐵官。莽曰冀亭。衙，莽曰達昌。[12]粟邑，[13]莽曰粟城。谷口，[14]九嵏山在西，有天齊公、五牀山、僊人、五帝祠四所。莽曰谷喙。[15]蓮勺，[16]鄜，莽曰脩令。[17]頻陽，秦厲公置。[18]臨晉，故大荔，秦獲之，更名。有河水祠。芮鄉，故芮國。莽曰監晉。[19]重泉，[20]莽曰調泉。郃陽，[21]祋祤，景帝二年置。[22]武城，莽曰桓城。[23]沈陽，[24]莽曰制昌。襄德，《禹貢》北條荆山在南，下有彊梁原。洛水東南入渭，雍州浸。莽曰德驩。[25]徵，莽曰氾愛。[26]雲陵，昭帝置也。[27]萬年，高帝置。莽曰異赤。[28]長陵，[29]高帝置。户五萬五十七，口十七萬九千四百六十九。莽曰長平。陽陵，[30]故弋陽，景帝更名。莽曰渭陽。雲陽，[31]有休屠金人及徑路神祠三所，越巫鮐鄞祠三所。[32]

[1]【今注】左馮（píng）翊（yì）：政區名，亦爲官名。治長安縣（今陝西西安市西北）。據《三輔黄圖》卷一，治所在長安城内太上皇廟西南。左馮翊與郡同級，但地處畿輔，地位特殊，故不稱郡，而以其長官左馮翊之名爲政區名。左馮翊職掌大體如郡太守，但其身份有中央官員的性質，地位也高於郡守。

[2]【今注】故秦内史：此指左馮翊轄地相當於秦内史的一部分。

[3]【今注】二年更名河上郡：二年，全祖望《漢書地理志稽疑》以爲當爲元年。《史記·秦楚之際月表》記載，高祖元年（前206）八月，司馬欣降漢；九月，其地屬漢，置爲渭南郡、河上郡。

[4]【今注】武帝建元六年分爲左内史：内史分爲左、右的時間，本《志》記爲武帝建元六年（前135），但本書《百官公卿表上》記爲“景帝二年，分置左内史、右内史”，《志》《表》不同，顏師古注以爲《表》是而《志》誤。周振鶴推斷分立時間當在文帝末、景帝元年（前156）之前（《中國行政區劃通史·秦漢卷（上）》，復旦大學出版社2016年版）。

[5]【今注】高陵：縣名。治所在今陝西西安市高陵區。高陵本秦舊縣，秦孝公時置。秦封泥有“高陵”“高陵丞印”“高陵少内”“高陵司空”“高陵右尉”“高陵左尉”等，傳世秦官印有“高陵右尉”，皆爲秦設高陵縣的佐證。

[6]【今注】左輔都尉治：高陵爲左輔都尉治所。左輔都尉，官名。武帝時期始置。主要職責是佐助左馮翊分管武事，維護境内治安。秩比二千石。與右輔都尉、京輔都尉合稱“三輔都尉”。

[7]【顏注】如淳曰：櫟音藥。【今注】櫟（yuè）陽：縣名。治所在今陝西西安市閻良區。春秋時爲晉之櫟邑，後被秦國攻取。秦獻公二年（前383）至秦孝公十二年（前350）爲秦國國都。獻公十一年正式設縣。秦楚之際，櫟陽爲塞王司馬欣都城。漢二年（前205）至六年（前201），櫟陽爲西漢都城。秦漢櫟陽故城在今陝西西安市閻良區武屯鎮，三號古城遺址曾出土“櫟陽”字樣陶

文。秦封泥有"櫟陽丞印""櫟陽左工室""櫟陽右工室丞"等。

秦獻公：戰國時期秦國國君。公元前 384 年至前 362 年在位。事迹見《史記》卷五《秦本紀》。

[8]【今注】翟（dí）道：縣名。治所在今陝西黃陵縣西北。翟道地名，周時已有。秦封泥有"翟道丞印"，可證秦時即已設縣。

[9]【顏注】應劭曰：在池水之陽。師古曰：巀嶭，即今俗所呼嵯峨山是也，音截嶭。又音才葛反（蔡琪本、大德本、殿本"音"前無"又"字），又五葛反（蔡琪本、殿本"五"前有"音"字）。【今注】池陽：縣名。治所在今陝西涇陽縣西北。　巀（jié）嶭（niè）山：又名嵯峨山、慈峨山。在今陝西涇陽縣西北與三原、淳化二縣交界處。

[10]【今注】夏陽：縣名。治所在今陝西韓城市南。本名少梁。周時屬梁國。春秋時輾轉於秦、晉之間。戰國時屬魏，爲秦所奪。秦惠文王十一年（前 327），更名爲夏陽。今陝西西安市相家巷出土秦封泥有"夏陽丞印"，爲秦設縣佐證。秦漢夏陽故城遺址在今韓城市芝川鎮北（參見呼林貴《陝西韓城秦漢夏陽故城遺址勘察記》，《考古與文物》1987 年第 6 期）。

[11]【今注】梁山：在今陝西韓城市西北，爲黃河西岸大山。龍門山：在今陝西韓城市東北，東臨黃河。

[12]【顏注】如淳曰：衙音牙。師古曰：即《春秋》所云"秦晉戰于彭衙"。【今注】衙：縣名。治所在今陝西白水縣東北。春秋時稱彭衙，又稱彭戲。秦封泥有"衙丞之印"，爲秦設縣佐證。

[13]【今注】粟邑：縣名。治所在今陝西白水縣西北。

[14]【今注】谷口：縣名。治所在今陝西禮泉縣東北。據《史記·漢興以來將相名臣年表》，文帝後元三年（前 161）置縣。

[15]【顏注】師古曰：嵕音子公反，又音子孔反。㷸音許穢反。【今注】九嵕（zōng）山：在今陝西禮泉縣東北。　天齊公五牀山僊人五帝祠四所：本書《郊祀志下》載，宣帝時"京師近縣

鄠，則有勞谷、五牀山、日月、五帝、僊人、玉女祠"。祠祭内容相類而所屬之縣不同，當爲錯簡所致，且谷口縣隔在渭河之北，難符所謂"京師近縣"之稱，故"天齊公、五牀山、僊人、五帝祠四所"當移回鄠縣（參見孔祥軍《漢唐地理志考校》，新世界出版社 2012 年版，第 29 頁）。

[16]【顔注】如淳曰：音輦酌。【今注】蓮勺：縣名。治所在今陝西渭南市臨渭區下邽鎮東北。

[17]【顔注】孟康曰：音敷。【今注】郿（fū）：縣名。治所在今陝西洛川縣西南。

[18]【顔注】應劭曰：在頻水之陽。【今注】頻陽：縣名。治所在今陝西富平縣東北。秦厲公二十一年（前 456）設縣。秦封泥有"頻陽丞印"，秦陶文有"頻市"，皆爲秦設縣佐證。縣北有頻山，故名頻陽。　秦厲公：即秦厲共公，春秋、戰國之際秦國國君。公元前 476 年至前 443 年在位。事迹見《史記·秦本紀》。

[19]【顔注】應劭曰：臨晉水，故曰臨晉。臣瓚曰：晉水在河之間，此縣在河之西，不得云臨晉水也。舊説曰，秦築高壘以臨晉國，故曰臨晉也。師古曰：瓚説是也。説者或以爲魏文侯伐秦始置臨晉，非也。文侯重城之耳，豈始置乎！【今注】臨晉：縣名。治所在今陝西大荔縣朝邑鎮。本大荔戎之地，秦厲公十六年伐大荔戎，取其王城。戰國時一度屬魏國，後復歸秦，更名爲臨晉。秦封泥有"臨晉丞印"，秦始皇帝陵北魚池遺址出土秦陶文"臨晉繆"，皆爲秦設縣佐證。　河水祠：祭祀黄河之所。宣帝時設置。《括地志》："大河祠在朝邑縣南三十里。"　芮鄉：鄉名。屬臨晉縣。在今陝西大荔縣朝邑鎮南。古爲芮國，公元前 640 年爲秦所滅。

[20]【今注】重泉：縣名。治所在今陝西蒲城縣東南。秦簡公六年（前 409）築城於重泉。秦封泥有"重泉丞印"，爲秦設縣佐證。今陝西蒲城縣鈐鉺鄉重泉村有戰國秦漢故城遺址。

[21]【顏注】應劭曰：在郃水之陽也。師古曰：音合。即《大雅‧大明》之詩所謂“在洽之陽”。【今注】郃陽：縣名。一作“合陽”。治所在今陝西合陽縣東南。魏文侯十七年（前429）築城於此。1982年天津市文物管理處發現的秦戈上有“十七年丞相啟狀造，合陽喜，丞兼，庫脾，工邪”“合陽”銘文，足證秦昭襄王十七年（前290）郃陽即已設縣（參見王輝《秦出土文獻編年》，新文豐出版公司2000年版，第69頁）。西漢沿置。

[22]【顏注】師古曰：祋音丁活反，又音丁外反。祤音詡。【今注】祋（duì）祤（xǔ）：縣名。又作“祋栩”。治所在今陝西銅川市耀州區。

[23]【顏注】師古曰：即《左氏傳》所云“秦伐晉取武城”者也。【今注】武城：縣名。治所在今陝西渭南市華州區東。春秋時屬晉，《左傳》文公八年：“秦伐晉，取武城。”其事又見《史記‧秦本紀》：“二年，秦伐晉取武城，報令狐之役。”秦攻取後築城置縣。中國國家博物館藏秦武城銅橢量，器柄刻有“武城”二字。傳世秦兵器有“武城”戈。西漢沿置。

[24]【今注】沈陽：縣名。治所在今陝西渭南市華州區東北。

[25]【顏注】師古曰：襄亦懷字。【今注】襄德：縣名。治所在今陝西大荔縣東南。或作“壞德”“懷德”。秦時即已置縣。秦封泥有“襄德丞印”。西漢沿置。　彊梁原：地名。在今陝西大荔縣朝邑鎮南，洛水經此匯入渭水。

[26]【顏注】師古曰：徵音懲，即今之澄城縣是也。《左傳》所云“取北徵”，謂此地耳，而杜元凱未詳其處也。【今注】徵（chéng）：縣名。治所在今陝西澄城縣西南。春秋時屬晉，後屬秦。《左傳》文公十年：“秦伯伐晉，取北徵。”北徵即秦之徵縣。徵，或作“澂”。《小校經閣金文》池陽宮鐙銘文有“守屬陽、澂邑丞聖，佐博臨”，陳直《漢書新證》以爲志文“徵”字誤。

[27]【今注】雲陵：縣名。治所在今陝西淳化縣東南。漢武

帝時葬鉤弋夫人於雲陽，昭帝繼位後大起雲陵，割雲陽地置縣。初屬太常管轄，元帝永光三年（前41）改屬左馮翊。

〔28〕【顏注】師古曰：《三輔黃圖》云大上皇葬櫟陽北原，起萬年陵是也。【今注】萬年：縣名。漢高祖父太上皇陵墓在櫟陽北原（今陝西西安市臨潼區譚家鄉昌平村與富平縣呂村鄉姚村交界處），稱"萬年陵"，以寓吉祥。又析櫟陽地置縣以奉陵邑，因稱萬年縣。縣置於高祖十年（前197）。初屬太常管轄，元帝永光三年改屬左馮翊。據《三輔黃圖》卷六，"置萬年縣於櫟陽大城内"，則縣治在櫟陽縣中（今陝西西安市閻良區武屯鄉）。 高帝置：案，本《志》標記"高帝置"者凡十九郡國，然實爲高帝置者並不多（詳見王國維《觀堂集林》卷一二《史林四·漢郡考上》）。

〔29〕【今注】長陵：縣名。治所在今陝西咸陽市渭城區韓家灣鄉怡魏村。本爲漢高祖劉邦陵園（遺址在今陝西咸陽市窯店鎮三義村北），高祖十二年（前195）因陵置縣。初屬太常，元帝永光三年改屬左馮翊。

〔30〕【今注】陽陵：縣名。治所在今陝西咸陽市東北。本爲漢景帝劉啓陵園（遺址在今陝西咸陽市渭城區正陽鎮張家灣），陵在弋陽縣，景帝五年（前152）因陵名縣。元帝永光三年隸屬左馮翊。陽陵遺址出土了"陽陵令印"銅印及封泥，另有"陽陵丞印""陽陵右尉"等封泥，均是因陵名縣的例證。

〔31〕【今注】雲陽：縣名。治所在今陝西淳化縣西北。故秦縣，秦封泥有"雲陽""雲陽丞印""雲陽工丞"，故城遺址出土"雲亭""雲市"等陶文。漢沿襲置縣。

〔32〕【顏注】孟康曰：䰠音韋碟之韋，越人祠也。鄭音穰。休音許虬反。屠音除。【今注】休屠金人：匈奴休屠王部祭天時的獨特祭器。武帝元狩二年（前121），霍去病襲破休屠王部，收繳休屠王祭天金人，漢朝將其安置在雲陽甘泉山，立祠供祭。以金人祭天，或以爲是匈奴人的信仰風俗，或以爲是月氏人薩滿信仰與崇

金習俗相結合的産物（參見馬立軍《"休屠金人"小考》，《古代文獻研究》第 10 輯，鳳凰出版社 2007 年版）。　徑路神祠：屬於胡巫系統的祭祀。或以爲"徑路"爲匈奴語，意即寶刀，匈奴人相信其有神秘力量，故立祠祭祀。或以爲是祭祀休屠王之所，如本書《郊祀志》記載："雲陽有徑路神祠，祭休屠王也。"王先謙《漢書補注》進一步以爲，"徑路是休屠王名，没而爲神，故匈奴祠而漢因之，非祠寶刀也。其神遺有寶刀，因名徑路刀耳"。　越巫觚鄮祠：屬於越巫系統的祭祀。秦漢時期越地多迷信，中原人稱越地巫者爲"越巫"。漢武帝時"迷於鬼神，尤信越巫"（《風俗通義‧怪神》語），越巫在國家政治及社會生活中非常活躍（參見王子今《兩漢的"越巫"》，《南都學壇》2005 年第 1 期）。惟觚鄮祠具體内容尚無定論。案，有休屠金人及徑路神祠三所越巫觚鄮祠三所，中華本標點爲"有休屠、金人及徑路神祠三所、越巫觚鄮祠三所"。今兼采衆家勘誤之見，改爲"有休屠金人及徑路神祠三所，越巫觚鄮祠三所"（參見史紅帥《〈漢書‧地理志〉標點辯誤一則》，《中國歷史地理論叢》1998 年第 4 輯；張永帥《〈漢書‧地理志〉標點糾誤一則》，《中國歷史地理論叢》2004 年第 1 輯）。

　　右扶風，[1]故秦内史，[2]高帝元年屬雍國，[3]二年更爲中地郡。九年罷，復爲内史。[4]武帝建元六年分爲右内史，[5]大初元年更名主爵都尉爲右扶風。[6]户二十一萬六千三百七十七，口八十三萬六千七十。縣二十一：渭城，[7]故咸陽，[8]高帝元年更名新城，七年罷，屬長安。武帝元鼎三年更名渭城。有蘭池宫。[9]莽曰京城。槐里，[10]周曰犬丘，[11]懿王都之。[12]秦更名廢丘。[13]高祖三年更名。[14]有黄山宫，[15]孝惠二年起。莽曰槐治。鄠，[16]古國。有扈谷亭。扈，夏啓所伐。[17]鄠水出東南，又有澇水，皆北過上林苑入渭。有萯陽宫，秦文王起。[18]盩厔，[19]有長楊宫，[20]有射熊館，秦昭王起。[21]靈軹渠，[22]武帝穿也。漦，周后稷所封。[23]郁夷，《詩》"周道郁夷"。有汧水祠。莽曰郁平。[24]美陽，[25]《禹貢》岐山在西北。中水鄉，周大王所邑。[26]有高泉宮，[27]秦宣大后起也。[28]郿，成國渠首受渭，東北至上林入蒙籠渠。右輔都尉治。[29]雍，秦惠公都之。有五時，太昊、黃帝以下祠三百三所。橐泉宮，孝公起。祈年宮，惠公起。棫陽宮，昭王起。有鐵官。[30]漆，[31]水在縣西。[32]有鐵官。莽曰漆治。枸邑，有豳鄉，《詩》豳國，公劉所邑。[33]隃麋，有黃帝子祠。莽曰扶亭。[34]陳倉，[35]有上公、明星、黃帝孫、舜妻盲冢祠。[36]有羽陽宮，[37]秦武王起也。[38]杜陽，杜水南入渭。《詩》曰"自杜"。莽曰通杜。[39]汧，吳山在西，古文以爲汧山。雍州山。北有蒲谷鄉弦中谷，雍州弦蒲藪。汧水出西北，入渭。芮水出西北，東入涇。《詩》"芮阮"。雍州川也。[40]好時，堥山在東。有梁山宮，秦始皇起。莽曰好邑。[41]虢，[42]有黃帝子、周文武祠。虢宮，秦宣大后起也。安陵，惠帝置。莽曰嘉平。[43]茂陵，武帝置。戶六萬一千八十七，口二十七萬七千二百七十七。莽曰宣城。[44]平陵，[45]昭帝置。莽曰廣利。武功，[46]大壹山，[47]古文以爲終南。垂山，[48]古文以爲敦物。皆在縣東。斜水出衙領山北，至郿入渭。褒水亦出衙領，至南鄭入沔。有垂山、斜水、淮水祠三所。莽曰新光。[49]

[1]【今注】右扶風：政區名，亦爲官名。治長安縣（今陝西西安市西北）。據《三輔黃圖》卷一，治所在長安城內夕陰街北。政區與郡同級，但地處畿輔，地位特殊，故不稱郡，而以其長官右扶風之名爲政區名。右扶風職掌大體如郡太守，但其身份有中央官員的性質，地位高於郡守。

[2]【今注】故秦內史：此指右扶風轄地相當於秦內史的一

部分。

[3]【今注】雍國：秦漢之際王國名。公元前 206 年春，項羽主持分封諸侯，章邯被立爲雍王，都廢丘（傳統認爲故址即今陝西興平市東南王佐遺址。最新考古發現認爲即今陝西西咸新區灃西新城東馬坊遺址）。地轄原秦内史之西部地區及隴西、北地二郡。同年五月，漢軍攻入關中，占領雍地。次年六月，章邯兵敗自殺，雍國亡。

[4]【今注】九年罷復爲内史：本書《百官公卿表下》記高祖十年（前 197）"中地守宣義爲廷尉"。錢大昭《漢書辨疑》據之疑中地郡並非九年罷。王先謙《漢書補注》以爲《表》"中地守"前當有"故"字。

[5]【今注】武帝建元六年分爲右内史：内史分爲左、右的時間，本《志》記爲武帝建元六年（前 135），但本書《百官公卿表上》記爲"景帝二年，分置左内史、右内史"，《志》《表》不同，顔師古注以爲《表》是而《志》誤。周振鶴推斷分立時間當在文帝末、景帝元年（前 156）之前（《中國行政區劃通史·秦漢卷（上）》，第 148 頁）。

[6]【顔注】師古曰：主爵都尉，本秦之主爵中尉，掌列侯，至大初元年更名右扶風，而治於内史右地。故此《志》追書建元六年分爲右内史，又云更名主爵都尉爲右扶風。【今注】案，大初，蔡琪本、大德本、殿本作"太初"。

[7]【今注】渭城：縣名。治所在今陝西咸陽市渭城區窑店鎮。

[8]【今注】咸陽：秦都城名，亦爲縣名。秦封泥有"咸陽丞印"。自秦孝公十三年（前 349）始都咸陽，至公元前 207 年秦亡，秦都咸陽長達 143 年。故城遺址在今陝西咸陽市渭城區窑店鎮一帶。

[9]【今注】蘭池宮：秦始皇引渭水爲池，東西二百里，南北二十里，號曰蘭池。築山建殿，名爲蘭池宮。漢代沿用。遺址在今

陝西咸陽市東楊家灣一帶。

[10]【今注】槐里：縣名。治所在今陝西興平市東南。

[11]【今注】案，大丘，蔡琪本、大德本、殿本作“犬丘”。

[12]【今注】懿王：西周國君姬囏。在位期間爲戎狄逼侵，將國都自鎬徙於犬丘。事迹見《史記》卷四《周本紀》。

[13]【今注】廢丘：秦縣名。秦封泥有“廢丘丞印”“發丘丞印”（發丘即“廢丘”）。傳世秦印有“廢丘左尉”。傳世秦銅器銘文有“廢丘鼎”。秦亡，雍王章邯以廢丘爲都。

[14]【今注】高祖三年更名：或疑“槐里”之名，古已有之，非高祖三年創設。如王先謙《漢書補注》引吳卓信曰：《世本》“懿王二年，自鎬徙都犬邱”，《紀年》“懿王十五年，自宗周遷於槐里”，是周時已有槐里之名。周既自鎬遷此，豈有天子所都仍名犬丘之理！蓋已更名槐里矣。據《周勃》《樊噲傳》，漢初有廢丘，又有槐里，或其後置縣乃統謂之槐里。

[15]【今注】黃山宮：漢惠帝二年（前193）修建。在今陝西興平市西南。

[16]【今注】鄠（hù）：縣名。治所在今陝西西安市鄠邑區。

[17]【今注】古國有扈谷亭扈夏啓所伐：王念孫《讀書雜志·漢書第六》以爲，“古國”當爲“古扈國”；“扈谷亭”當爲“扈谷、甘亭”。扈，夏時邦國名。

[18]【顏注】師古曰：潏音決。蕢音倍。【今注】酆水：灃水。 潏（jué）水：一作“沈水”。源流秦嶺，北流入渭河。此或爲“潦水”之誤。潦水，源出秦嶺潦谷，北流經今陝西西安市鄠邑區、周至縣交界，注入渭河。 蕢（bèi）陽宮：在今陝西西安市鄠邑區南。《説苑》記載，秦王嬴政曾遷太后於蕢陽宮。本書卷八《宣紀》記載，漢宣帝曾行幸蕢陽宮屬玉殿。秦文王，當指秦惠文王。

[19]【今注】盩（zhōu）厔（zhì）：縣名。治所在今陝西周至縣東終南鎮。陳直《漢書新證》按《小校經閣金文》卷一一有

鼇匜鼎蓋。

[20]【今注】長楊宮：故址在今陝西周至縣東終南鎮東南竹園頭村。《三輔黃圖》卷一："本秦舊宮，至漢修飾之，以備行幸。宮中有垂楊數畝，因爲宮名。門曰射熊觀。秦漢游獵之所。"

[21]【今注】秦昭王：戰國時期秦國國君。即秦昭襄王嬴稷。公元前 306 年至前 251 年在位。事迹見《史記》卷五《秦本紀》。

[22]【今注】靈軹渠：漢代關中水利工程。漢武帝時開鑿，經過今陝西周至縣北，流入渭河。本書《溝洫志》："關中靈軹……引諸川……皆穿渠爲溉田，各萬餘頃。"

[23]【顏注】師古曰：讀與邰同（蔡琪本"讀"前有"釐"字），音胎。【今注】釐（tái）：縣名。治所在今陝西咸陽市楊陵區。其地原爲古邰國，秦時置縣。釐，一作"犛"。秦封泥有"犛丞之印"。秦陶文有"犛市"。 后稷：人名。相傳爲周人始祖。本名棄，長於種植穀物。舜時封於邰，號曰后稷，姬姓。

[24]【顏注】師古曰：《小雅·四牡》之詩曰："四牡騑騑，周道倭遲。"《韓詩》作"郁夷"字，言使臣乘馬行於此道。【今注】郁夷：縣名。治所在今陝西寶雞市東。 汧（qiān）水祠：奉祭汧水之所。祠在今陝西寶雞市東千水入渭處。

[25]【今注】美陽：縣名。治所在今陝西扶風縣東南。秦孝公時即已置縣。秦封泥有"美陽丞印""美陽"。秦始皇帝陵北魚池秦遺址出土秦陶文有"美陽工蒼"。秦漢美陽城址在今陝西扶風縣法門寺一帶。

[26]【今注】周大王："大"同"太"。上古周人領袖。即古公亶父。文王姬昌祖父，武王時追尊爲太王（大王）。事迹見《史記·周本紀》。

[27]【今注】高泉宮：《小校經閣金文》卷一一有"美陽高泉共厨鼎"。據宋敏求《長安志》，宮在美陽城中。

[28]【今注】秦宣大后：大，同"太"。宣太后爲秦惠文王之

妃，昭襄王之母。姓芈，名八子。案，大，蔡琪本、大德本、殿本作"太"。

[29]【顏注】師古曰：郿音媚。【今注】郿（méi）：縣名。治所在今陝西眉縣東北。原爲周邑，秦置縣。秦封泥有"郿丞之印"。漢封泥有"郿右尉印"。　成國渠：漢代關中水利工程。漢武帝時開鑿。自今陝西眉縣東北引渭水入渠，東流經今陝西扶風縣南、咸陽市北，向東注入渭水。　蒙籠渠：漢代關中水利工程。王先謙《漢書補注》以爲，蒙籠渠即靈軹渠。　右輔都尉治：郿縣爲右輔都尉治所。右輔都尉，官名。武帝時期始置。主要職責是佐助右扶風分管武事，維護境内治安。秩比二千石。與左輔都尉、京輔都尉合稱"三輔都尉"。

[30]【顏注】應劭曰：四面積高曰雍。師古曰：棫音域。【今注】雍：縣名。治所在今陝西鳳翔縣南。春秋、戰國時曾爲秦國都城。秦置縣。秦封泥有"雍丞之印"。雍城故城遺址在今陝西鳳翔縣南。　秦惠公："惠"爲"德"之誤。秦德公，春秋時期秦國國君。公元前 678 年至前 676 年在位。在位期間遷都於雍。事迹見《史記·秦本紀》。　五畤：秦及西漢前期國家最高規格的祭祀。包括鄜畤、密畤、上畤、下畤、北畤，祭祀地點都在雍縣。　三百三所：本書《郊祀志》云雍地有"百有餘廟"，又云"舊祠二百三所"。王先謙《漢書補注》據此疑"三百"爲"二百"之誤。　橐泉宮：宮殿名。秦孝公始建。今陝西鳳翔縣孫家南頭堡子遺址當爲秦漢橐泉宮所在地。　祈年宮：宮殿名。"祈"一作"蘄"。秦惠公始建。今陝西鳳翔縣孫家南頭堡子遺址曾出土"蘄年宮當"瓦當，當爲秦漢祈年宮所在地（參見馬振智、焦南峰《蘄年、棫陽、年宮考》，《陝西省考古學會第一屆年會論文集》）。　棫陽宮：宮殿名。在秦雍城遺址南郊，亦即今陝西鳳翔縣城南。秦昭襄王時始建。秦始皇曾遷其母於此宮。

[31]【今注】漆：縣名。治所在今陝西彬縣。秦置縣。秦封

泥有"漆丞之印"。

[32]【今注】水在縣西：水，即漆水。此指今陝西彬縣境内涇河支流水簾河。

[33]【顏注】應劭曰：《左氏傳》曰："畢、原、酆、郇，文之昭也。"郇侯、賈伯伐晉是也。臣瓚曰：《汲郡古文》"晉武公滅荀，以賜大夫原氏黯，是爲荀叔"；又云"文公城荀"。然則荀當在晉之境内，不得在扶風界也。今河東有荀城，古荀國。師古曰：瓚説是也。此栒讀與荀同，自別邑耳，非伐晉者。【今注】栒邑：縣名。治所在今陝西旬邑縣東北。周時即有其地。秦置縣，漢因之。栒，一作"旬"。張家山漢簡《二年律令·秩律》有"楬邑"，或即栒邑。 豳鄉：古邑名。治所在今陝西旬邑縣。 公劉：周族領袖。率周人遷居於豳，定居農耕，周族由此興盛。事迹見《史記·秦本紀》。案，所邑，"邑"字蔡琪本、大德本、殿本作"都"。

[34]【顏注】師古曰：隃音踰。【今注】隃（yú）麋：縣名。治所在今陝西千陽縣東。因其地有隃麋澤而得名。 黃帝子祠：祭祀黃帝的祠所。緯書《河圖握矩記》曰："黃帝名軒。母附寶，生軒，胸文曰'黃帝子'。"緯書始西漢，知漢人尊黃帝稱"黃帝子"。黃帝子祠奉祀黃帝，非黃帝之子（詳見周振鶴《漢書地理志匯釋》，安徽教育出版社2006年版）。

[35]【今注】陳倉：縣名。治所在今陝西寶雞市東。

[36]【今注】上公明星黃帝孫舜妻盲冢祠：明星，古史傳説中人物。名女媧，太白上公之妻，居南斗，天下祠祀，稱之爲"明星"。黃帝孫，疑當爲"黃帝子"（詳見周振鶴《漢書地理志匯釋》）。舜妻盲冢，《竹書紀年》載舜"三十年，葬后育於渭"，梁玉繩以爲"育"乃后名，"盲"必"育"之誤。中華本據之改"盲"爲"育"，可從。

[37]【今注】羽陽宮：宮殿名。秦武王時始建，西漢時修葺

延用。今陝西寶鷄市金臺區中山東路一帶曾出土刻有"羽陽臨渭""羽陽千歲""羽陽千秋""羽陽萬歲"文字的漢代瓦當，當爲羽陽宫遺址所在。陳直《漢書新證》疑"羽陽"爲"雨暘"二字的假借。

［38］【今注】秦武王：戰國時期秦國國君。姓嬴，名蕩。公元前311年至前307年在位。事迹見《史記・秦本紀》。

［39］【顏注】師古曰：《大雅・緜》之詩曰："人之初生，自土、漆、沮。"《齊詩》作"自杜"。言公劉避狄而來居杜與漆、沮之地。【今注】杜陽：縣名。治所在今陝西麟游縣西北。在杜水之南，故名。秦置縣，漢因之。傳世秦印有"杜陽左尉"。陝西西安市相家巷出土秦封泥有"杜陽丞印"。西漢封泥有"杜陽之印""杜陽丞印"。　杜水：今稱漆水河。源出今陝西麟游縣西招賢鎮，經縣城南東流復南流，在武功縣注入渭河。　自杜：語出《詩・大雅・緜》"人之初生，自杜漆沮"，指公劉爲避狄人威脅而移居杜水與沮漆水之地。案，"《詩》曰'自杜'"，蔡琪本、大德本、殿本無此句。

［40］【顏注】師古曰：阮讀與鞠同。《大雅・公劉》之詩曰："止旅乃密，芮鞫之即。"《韓詩》作"芮"。阮言公劉止其軍旅，欲使安静，乃就芮阮之閒耳。【今注】汧（qiān）：縣名。治所在今陝西隴縣東。秦置縣。秦封泥有"汧丞之印"。秦始皇帝陵遺址出土"汧南"秦陶文。　吳山：又名嶽山、吳嶽山、汧山。在今陝西寶鷄市陳倉區西北，北延至隴縣。　汧水：今稱千河。源出今陝西隴縣西南汧山南麓，至寶鷄市東注入渭河。　芮水：一作"汭水"，又名閣川水。源出今甘肅華亭縣西南隴山，東流經崇信縣，至涇川縣流入涇河。

［41］【顏注】師古曰：塊音丘毀反。【今注】好畤：縣名。治所在今陝西乾縣東好畤村。秦孝公十三年置縣。漢因之。因縣東有祭祀場所好畤而得名。秦封泥有"好畤""好畤丞印"。漢封泥

有"好畤丞印"。　堆（guǐ）山：在今陝西乾縣東北。　梁山宫：秦始皇修建。遺址在今陝西乾縣西北五鳳山麓。

[42]【今注】虢（guó）：縣名。治所在今陝西寶雞市西。本爲西周諸侯西虢國之地。西周滅亡，西虢一部分東遷至今河南三門峽市一帶；一部分留居原地，稱"小虢"。春秋時，秦武公滅小虢，以其地置虢縣。漢因之。

[43]【顏注】師古曰：闞駰以爲本周之程邑也。【今注】安陵：縣名。治所在今陝西咸陽市東北。本爲漢惠帝劉盈之陵（遺址在今陝西咸陽市東北白廟村南），因陵置縣。初屬太常管轄，元帝永光三年（前41）改屬右扶風。

[44]【顏注】師古曰：《黄圖》云"本槐里之茂鄉"。【今注】茂陵：縣名。治所在今陝西興平市東北。本爲槐里縣之茂鄉，漢武帝建元二年（前139）於其地修建茂陵，因陵置縣。初屬太常管轄，元帝永光三年改屬右扶風。

[45]【今注】平陵：縣名。治所在今陝西咸陽市西北。其地本屬槐里縣，昭帝割地以修建平陵，因陵爲縣。漢封泥有"平陵獄丞"。初屬太常管轄，元帝永光三年改屬右扶風。

[46]【今注】武功：縣名。治所在今陝西眉縣東。

[47]【今注】大壹山："大"即"太"。太壹山即太乙山，今稱太白山，在今陝西眉縣南。

[48]【今注】垂山："垂"當爲"岳"之誤（詳見錢坫《新斠注地理志》卷二）。岳山，即今陝西眉縣西南武功山。

[49]【顏注】師古曰：斜音弋奢反。衙音牙。【今注】斜水：又名斜谷水。源出陝西太白縣南太白山，東北流至岐山縣匯入渭河。　衙領山：在今陝西太白縣東。屬秦嶺太白山西段。　淮水：當爲"褒水"。　新光：漢平帝元始五年（5），以武功縣爲安漢公王莽采邑，稱爲"漢光邑"。其後新莽代漢，復改其名爲"新光"。

弘農郡，[1]武帝元鼎四年置。[2]莽曰右隊。[3]戶十一萬八千九十一，口四十七萬五千九百五十四。有鐵官，在黽池。縣十一：弘農，[4]故秦函谷關。[5]衙山領下谷，[6]爛水所出，[7]北入河。盧氏，熊耳山在東。伊水出，東北入雒，過郡一，行四百五十里。又有育水，南至順陽入沔。又有洱水，東南至魯陽，亦入沔。皆過郡二，行六百里。莽曰昌富。[8]陝，[9]故虢國。[10]有焦城，故焦國。[11]北虢在大陽，[12]東虢在滎陽，[13]西虢在雍州。[14]莽曰黃眉。宜陽，[15]在黽池有鐵官也。[16]黽池，高帝八年復黽池中鄉民。景帝中二年初城，徙萬家為縣。穀水出穀陽谷，東北至穀城入雒。莽曰陝亭。[17]丹水，水出上雒冢領山，東至析入鈞。密陽鄉，故商密也。[18]新安，[19]《禹貢》澗水在東，南入雒。商，[20]秦相衛鞅邑也。[21]析，黃水出黃谷，鞠水出析谷，俱東至酈入湍水。莽曰君亭。[22]陸渾，《春秋》遷陸渾戎於此。有關。[23]上雒。《禹貢》雒水出冢領山，東北至鞏入河，過郡二，行千七十里，豫州川。又有甲水，出秦領山，東南至錫入沔，過郡三，行五百七十里。熊耳獲輿山在東北。[24]

[1]【今注】弘農郡：治弘農縣（今河南靈寶市北）。漢武帝元鼎四年（前113）析河南郡、南陽郡及右內史屬縣而設弘農郡。據《太平寰宇記》卷六《河南道》："義取宏大農桑為名。"弘農郡得名於此。

[2]【今注】元鼎四年：本書卷六《武紀》記武帝元鼎三年冬"徙函谷關於新安。以故關為弘農縣"。錢坫《新斠注地理志》疑弘農郡設立時間當在武帝元鼎三年而非四年（卷三）。

[3]【今注】案，據本書卷九九上《王莽傳上》，新莽改制，以河東、河內、弘農、河南、潁川、南陽為六隊郡。弘農為右隊。

　　［4］【今注】弘農：縣名。治所在今河南靈寶市北。漢武帝元鼎三年置縣。

　　［5］【今注】函谷關：關隘名。有“故關”“新關”之分。“故關”在今河南靈寶市王垛村一帶，戰國秦置。其地南依崤山，北帶黃河，道路嵌在峽谷之中，自東至西形如函匣，故名函谷關，是河洛通往關中的必經之地。漢武帝元鼎三年，將關隘東徙至新安（今河南澠池縣東），是爲“新關”。

　　［6］【今注】衙山領：當爲“衡嶺”之誤（詳見段玉裁《經韻樓集》卷五《校〈漢書·地理志注〉》）。衡嶺，山名。在今河南靈寶市南。

　　［7］【今注】爛水：一作“燭水”。源出今河南靈寶市南崤山西北麓，北流入黃河。

　　［8］【顏注】師古曰：洱音耳。【今注】盧氏：縣名。治所在今河南盧氏縣。　過郡一：王先謙《漢書補注》云：《志》叙水道無“過郡一”者，本郡則不可言過也。“一”是“二”之缺訛。郡二，弘農、河南。　育水：一作“均水”。源出今河南盧氏縣南，南流匯入丹江。　洱水：源出今河南盧氏縣熊耳山，經南陽市東南流，匯淯水，注入漢水。

　　［9］【今注】陝：縣名。治所在今河南三門峽市西。春秋時屬晉，戰國時屬魏，秦惠文王時攻取歸秦。

　　［10］【今注】故虢國：此指南虢。西周初建，封文王之弟虢叔於雍邑（今陝西寶雞市東），史稱西虢。西周厲王、宣王時期，西虢東遷至上陽（今河南三門峽市一帶），史稱南虢，又稱上陽之虢。公元前 655 年爲晉國所滅。

　　［11］【今注】焦國：西周姬姓封國。在今河南三門峽市陝州區老城東。

　　［12］【今注】北虢在大陽：大陽，縣名。故城在今山西平陸縣西南。因在大河（黃河）之北，故得名。公元前 767 年，東虢爲鄭國所滅，後裔西遷至大陽，與南虢隔黃河相望，故稱北虢。北虢

勢力寡弱，依附於南虢。

[13]【今注】東虢在滎陽：西周初建，封文王之弟虢仲於制邑（今河南滎陽市汜水鎮附近），史稱東虢。公元前767年爲鄭國所滅。

[14]【今注】西虢在雍州：雍，即雍縣。王念孫《讀書雜志‧漢書第六》以爲"州"字衍。西虢東遷之後，部分國人留居故地，後世稱小虢，春秋中葉爲秦國所滅。

[15]【今注】宜陽：縣名。治所在今河南宜陽縣西。戰國時屬韓國，置縣，秦武王時歸秦。

[16]【今注】在黽池有鐵官也：此句費解。《漢書考證》齊召南以爲，"在黽池有鐵官也"七字乃郡戶口下自注"有鐵官，在黽池"誤衍於此。王先謙《漢書補注》疑"在"字爲"有"之誤。

[17]【顏注】師古曰：黽音莫踐反，又音莫忍反。【今注】黽（miǎn）池：縣名。治所在今河南澠池縣西。戰國時先屬鄭國，後屬韓，復歸秦。　中鄉：黽池縣下屬之鄉。王先謙《漢書補注》言高祖八年（前199）復除中鄉賦役，至景帝中二年（前148）又大規模築城移民，將黽池縣治遷至中鄉。　穀陽谷：在今河南澠池縣西南，穀水所出。

[18]【顏注】師古曰：鈞亦水名也，音均。【今注】丹水：縣名。治所在今河南淅川縣西。　水出上雒冢領山東至析入鈞：水，此指丹水，源出冢領山，東流至析縣（今河南西峽縣），注入鈞水。冢領山，又稱冢嶺山，在今陝西商洛市商州區、洛南縣與藍田縣之間，屬秦嶺山脈。　密陽鄉：丹水縣下屬鄉。古稱商密，春秋時爲鄀國都城，後爲楚國所有。《左傳》僖公二十五年（前635）："秦、晉伐鄀。楚鬬克、屈禦寇以申、息之師戍商密。"

[19]【今注】新安：縣名。治所在今河南澠池縣東。

[20]【今注】商：縣名。治所在今陝西丹鳳縣。

[21]【今注】衛鞅：衛人公孫鞅，秦孝公時入秦，爲相十年，

變法圖强，受封於商之地，號爲商君，故又稱商鞅。傳見《史記》卷六九。

[22]【顏注】師古曰：析音先歷反。鞠水即今所謂菊潭也。酈音持益反。湍音專。【今注】析：縣名。治所在今河南西峽縣。 黃谷：在今河南西峽縣東南。黃水所出。 析谷：在今河南西峽縣東北。鞠水所出。 酈（lì）：南陽郡屬縣。治所在今河南內鄉縣西北。 湍水：源出今河南內鄉縣北界與嵩縣、西峽縣交界處，南流經內鄉縣東、鄧州市北，至新野縣北匯入白河。

[23]【顏注】師古曰：渾音胡昆反。【今注】陸渾：縣名。治所在今河南嵩縣東北。春秋時爲陸渾戎之地，漢置縣。 陸渾戎：古戎人部族名。亦稱“允姓之戎”。原居於河西走廊西端瓜州一帶，春秋時東遷至今河南伊河流域，後爲晉所滅。 關：此指陸渾關。在今河南宜陽縣東北。

[24]【顏注】師古曰：錫音陽。【今注】上雒：縣名。治所在今陝西商洛市商州區。 過郡二：指弘農、河南二郡。 甲水：源出今陝西柞水縣北終南山，南流至白河縣西入沔水（今漢水）。即今陝西東南部及湖北西北部金錢河。 過郡三：錢坫《新斠注地理志》卷二云甲水過弘農、漢中二郡。疑“三”爲“二”之誤。

河東郡，[1]秦置。[2]莽曰兆陽。[3]有根倉、溼倉。[4]户二十三萬六千八百九十六，口九十六萬二千九百一十二。縣二十四：安邑，[5]巫咸山在南。[6]鹽池在西南。[7]魏絳自魏徙此，[8]至惠王徙大梁。[9]有鐵官、鹽官。[10]莽曰河東。大陽，吳山在西，上有吳城，周武王封大伯後於此，是爲虞公，爲晉所滅。有天子廟。莽曰勤田。[11]猗氏，[12]解，[13]蒲反，有堯山、首山祠。雷首山在南。故曰蒲，秦更名。莽曰蒲城。[14]河北，[15]《詩》魏國，[16]晉獻公滅之，[17]以封大夫畢萬，曾孫絳徙安邑也。左邑，莽曰兆亭。[18] 汾陰，[19] 介山在南。[20] 聞喜，故曲沃。晉武公自晉陽徙此。武帝元鼎六年行過，更名。[21] 濩澤，《禹貢》析城山在西南。[22] 端氏，[23] 臨汾，[24] 垣，《禹貢》王屋山在東北，沇水所出，東南至武德入河，軼出滎陽北地中，又東至琅槐入海，過郡九，行千八百四十里。[25] 皮氏，[26] 耿鄉，[27] 故耿國，[28] 晉獻公滅之，以賜大夫趙夙。[29] 後十世獻侯徙中牟。[30] 有鐵官。莽曰延平。長脩，[31] 平陽，韓武子玄孫貞子居此。有鐵官。莽曰香平。[32] 襄陵，有班氏鄉亭。莽曰幹昌。[33] 彘，霍大山在東，冀州山，周厲王所奔。莽曰黃城。[34] 楊，莽曰有年亭。[35] 北屈，《禹貢》壺口山在東南。莽曰朕北。[36] 蒲子，[37] 絳，晉武公自曲沃徙此。有鐵官。[38] 狐讘，[39] 騏。侯國。[40]

[1]【今注】河東郡：治安邑縣（今山西夏縣西北）。與河內郡、河南郡並稱"三河"，屬司隸校尉。

[2]【今注】秦置：據《史記》卷五《秦本紀》，秦昭襄王二十一年（前286）置河東郡。錢大昕《潛研堂文集》卷一六以爲凡《漢書·地理志》稱"秦置"，意謂漢代沿用其名而未作更改。

[3]【今注】兆陽：當爲"兆隊"之誤。據本書卷九九上《王莽傳上》，新莽設六隊郡，河東爲兆隊。

[4]【今注】根倉溼倉：皆爲河東郡境內糧倉。山西省博物館藏"溼倉平斛"爲新莽時期溼倉使用的量器。

[5]【今注】安邑：縣名。治所在今山西夏縣西北。戰國時曾爲魏國都城。公元前286年屬秦，置縣。漢因之。秦封泥有"安邑丞印"。

[6]【今注】巫咸山：在今山西夏縣境內。

[7]【今注】鹽池：在今山西運城市西南。許慎《説文解字》

說河東鹽池袤五十一里，廣七里，周百十六里。

[8]【今注】魏絳：春秋晚期晉國重臣，即魏昭子。據《史記》卷四四《魏世家》，魏絳之父魏悼子將都城從魏遷至霍，魏絳復從霍遷至安邑，與本《志》有異。

[9]【今注】惠王徙大梁：魏惠王六年（前364），魏國遷都大梁（今河南開封市）。魏惠王，戰國時期魏國國君，又稱梁惠王，公元前370年至前319年在位。事迹見《史記·魏世家》。

[10]【今注】鹽官：官署名。漢武帝時實行鹽鐵專賣，在產鹽地區設置鹽官，負責食鹽采製、買賣。全國共設鹽官三十七處。隸屬大司農。

[11]【顏注】應劭曰：在大河之陽。【今注】大陽：縣名。治所在今山西平陸縣西南。因在大河（黃河）之北而得名。 吳山：此指今山西平陸縣北之山，爲中條山支脈。又有虞山、虞阪、吳阪、鹽阪、顛軨阪等名。

[12]【今注】猗氏：縣名。治所在今山西臨猗縣南。高祖八年（前199）封陳遫爲猗氏侯。景帝四年（前153）除國爲縣。

[13]【顏注】師古曰：音蟹。【今注】解（xiè）：縣名。治所在今山西臨猗縣西南。張家山漢簡《二年律令·秩律》有“解陵”，周振鶴疑即此縣，或後更名爲“解”（《中國行政區域通史·秦漢卷（上）》，第250頁）。

[14]【顏注】應劭曰：秦始皇東巡見長坂，故加“反”云。孟康曰：本蒲也，晉文公以略秦，後秦人還蒲，魏人喜曰“蒲反矣”。謂秦名之，非也。臣瓚曰：《秦世家》云“以垣爲蒲反”，然則本非蒲也。師古曰：應說是。【今注】蒲反：縣名。治所在今山西永濟市西南。 堯山首山：二山名。首山即雷首山。《括地志》：“中條山西起雷首，東至吳城，長數百里，隨地異名。”堯山、首山並在今山西永濟市西南，皆屬中條山脈。堯山祠爲祭堯之所，首山祠當爲祭伯夷、叔齊之所。

［15］【今注】河北：縣名。治所在今山西芮城縣。地在黄河北岸，故得名。宣帝本始元年（前73）至地節二年（前68）爲博陸侯霍光益封之邑，後復爲縣。

［16］【今注】魏：本爲西周封國，姬姓。春秋時爲晉獻公所滅，以其地封大夫畢萬，後世遂以魏爲氏。

［17］【今注】晉獻公：春秋時期晉國國君。公元前677年至前652年在位。事迹見《史記》卷三九《晉世家》。

［18］【今注】左邑：縣名。治所在今山西聞喜縣。

［19］【今注】汾陰：縣名。治所在今山西萬榮縣西南。漢初曾爲汾陰侯周昌封地。

［20］【今注】介山：在今山西萬榮縣西南。王先謙《漢書補注》以爲此介山非介子推所隱之綿山，而是俗所謂“孤山”。

［21］【顏注】應劭曰：今曲沃也。秦改爲左邑。武帝於此聞南越破，改曰聞喜。【今注】聞喜：縣名。治所在今山西聞喜縣東北。本爲左邑縣桐鄉，漢武帝元鼎六年（前111）巡行經過，適聞漢軍攻破南越國的喜訊，遂將桐鄉從左邑析出，另立爲縣，取名“聞喜”。　曲沃：古爲晉邑。晉成侯自鄂遷都於此。秦改爲左邑縣，漢因之。　晉武公自晉陽徙此：王念孫《讀書雜志·漢書第六》以爲，徙都於曲沃者乃晉成侯而非晉武公。

［22］【顏注】應劭曰：有濩澤，在西北。師古曰：濩音烏號反。【今注】濩（huò）澤：縣名。治所在今山西陽城縣西。

［23］【今注】端氏：縣名。治所在今山西沁水縣東北。

［24］【今注】臨汾：縣名。治所在今山西襄汾縣趙康鎮東。

［25］【顏注】師古曰：琅音郎。槐音回。【今注】垣：縣名。治所在今山西垣曲縣東南。景帝中元三年（前147）至後元二年（前142）爲侯國，封匈奴降王賜。後復爲縣。　沇水：濟水。武德：河内郡屬縣。治所在今河南武陟縣東南。　琅槐：千乘郡屬縣。治所在今山東廣饒縣東北。　過郡九：王先謙《漢書補注》以

爲“九”當爲“十”：河東、河內、河南、陳留、濟陰、東郡、泰山、濟南、齊郡、千乘。

［26］【今注】皮氏：縣名。治所在今山西河津市。

［27］【今注】耿鄉：皮氏縣下屬鄉。在今山西河津市東南。

［28］【今注】耿國：西周封國名。姬姓。公元前661年爲晉獻公所滅。

［29］【今注】趙夙：春秋時晉國大夫。受命攻滅霍、魏、耿三國，以功封於耿。

［30］【今注】獻侯：趙獻侯，即趙獻子，戰國初趙國國君，公元前423年至前409年在位。 中牟：河南郡屬縣。治所在今河南中牟縣東。

［31］【今注】長脩：縣名。治所在今山西新絳縣西北。高祖十一年（前196）封杜恬爲長脩侯，至景帝中元元年（前149）國除，復爲縣。

［32］【顏注】應劭曰：堯都也，在平河之陽。【今注】平陽：縣名。治所在今山西臨汾市西南。高祖六年封曹參爲平陽侯，至武帝征和二年（前91）國除，復爲縣。哀帝元壽二年（前1）紹封曹參後人爲平陽侯。 韓武子玄孫貞子：韓武子，春秋時期晉國重臣，晉卿韓氏先祖。

［33］【顏注】應劭曰：襄陵在西北。師古曰：晉襄公之陵，因以名縣。【今注】襄陵：縣名。治所在今山西臨汾市東南。 班氏鄉亭：鄉亭名。酈道元《水經注·汾水》：“汾水又南歷襄陵縣故城西，晉大夫郤犫之邑也，故其地有犫氏鄉亭矣。”據此，“班”當爲“犫”之誤（並見王念孫《讀書雜志·漢書第六》、錢大昕《三史拾遺》卷三）。

［34］【顏注】應劭曰：順帝改曰永安。【今注】彘：縣名。治所在今山西霍州市。 霍大山：霍太山，又名霍山、太嶽山，主峰在今山西霍州市西南。 周厲王：西周國君姬胡。公元前841年

"國人暴動"，厲王出奔於彘。

[35]【顏注】應劭曰：楊侯國。【今注】楊：縣名。治所在今山西洪洞縣西南。

[36]【顏注】應劭曰：有南故稱北。臣瓚曰：《汲郡古文》"翟章救鄭，次于南屈"。師古曰：屈音居勿反。即晉公子夷吾所居。【今注】北屈：縣名。治所在今山西吉縣北。《禹貢》壺口山在東南。莽曰朕北。

[37]【顏注】應劭曰：故蒲反舊邑，武帝置。師古曰：重耳所居也。應說失之。【今注】蒲子：縣名。治所在今山西隰縣。

[38]【顏注】應劭曰：絳水出西南。【今注】絳：縣名。治所在今山西侯馬市東鳳城古城。高祖六年封周勃爲絳侯，文帝後元元年（前163）國除，復爲縣。平帝元始二年（2）紹封絳侯國。

[39]【顏注】師古曰：讘音之涉反。【今注】狐讘（niè）：縣名。治所在今山西永和縣西南。《史記·建元以來侯者年表》作"瓠讘"，"瓠"與"狐"同。武帝元封四年（前107）封小月氏王扜者爲瓠讘侯，天漢二年（前99）國除，復爲縣。

[40]【顏注】師古曰：音其。【今注】騏：縣名。治所在今山西鄉寧縣東南。據本書《景武昭宣元成功臣年表》，武帝元鼎五年（前112）封駒幾爲騏侯，成帝陽朔二年（前23）國除，侯國在北屈，則騏縣係由北屈縣析地置縣。

　　大原郡，[1]秦置。[2]有鹽官，在晉陽。屬并州。戶十六萬九千八百六十三，口六十八萬四百八十八。有家馬官。[3]縣二十一：晉陽，故《詩》唐國，周成王滅唐，封弟叔虞。龍山在西北。有鹽官。晉水所出，東入汾。[4]葰人，[5]界休，莽曰界美。[6]榆次，涂水鄉，晉大夫知徐吾邑。梗陽鄉，魏戊邑。莽曰大原亭。[7]中都，[8]于離，[9]莽曰于合。茲氏，[10]莽曰兹同。狼孟，[11]莽曰狼調。鄔，九澤在北，是爲昭餘祁，并州藪。晉大夫司馬彌牟邑。[12]盂，[13]晉大夫孟丙邑。[14]平陶，[15]莽曰多穰。汾陽，[16]北山，[17]汾水所出，西南至汾陰入河，過郡二，[18]行千三百四十里，冀州浸。京陵，莽曰致城。[19]陽曲，[20]大陵，[21]有鐵官。莽曰大寧。原平，[22]祁，[23]晉大夫賈辛邑。莽曰示。上艾，綿曼水，東至蒲吾，入虖池水。[24]慮虒，[25]陽邑，[26]莽曰繁穰。廣武。河主、賈屋山在北。都尉治。莽曰信桓。[27]

[1]【今注】大原郡：大原即太原，出土秦漢簡牘或寫作“泰原”“大元”。治晉陽縣（今山西太原市西南）。屬并州刺史部。案，大，蔡琪本、大德本、殿本作“太”。

[2]【今注】秦置：戰國時屬趙國。秦莊襄王二年（前248）攻取，次年置郡。楚漢之際屬魏國。漢二年（前205）屬漢，六年徙韓王信都晉陽（後移馬邑），以太原郡三十一縣爲韓國，同年國除，復爲漢郡。高祖十一年（前196）屬劉恒代國，爲代國內史。文帝元年（前179）復爲漢郡。二年以太原郡立皇子劉參爲太原王。四年其地歸代國，太原仍爲代國內史。武帝元鼎三年（前114）代國除，復爲太原郡。

[3]【顏注】臣瓚曰：漢有家馬厩，一厩萬匹，時以邊表有事，故分來在此。家馬後改曰桐馬也（桐，蔡琪本、大德本、殿本作“挏”，後同不注）。師古曰：桐音動。【今注】家馬官：家馬，即家馬厩，中央養馬諸厩之一。屬太僕。本書《百官公卿表》記載：“武帝太初元年，更名家馬爲挏馬。”意即專養乳馬。家馬長官爲家馬令，六百石。下有丞、尉、監等屬官。

[4]【顏注】臣瓚曰：所謂唐，今河東永安是也，去晉四百里。師古曰：瓚説是也。【今注】晉陽：縣名。治所在今山西太原市西南。在晉水之陽，故得名。　周成王：西周君主姬誦，武王之

子。事迹見《史記》卷四《周本紀》。　龍山：又名懸甕山，在晉陽故城西南，晉水所出。　有鹽官：錢大昭《漢書辨疑》以爲上文已云太原郡"有鹽官，在晉陽"，此三字當衍。

［5］【顏注】如淳曰：音礫。師古曰：又音山寡反。【今注】葰人：縣名。治所在今山西繁峙縣東。

［6］【顏注】師古曰：休音許虬反。【今注】界休：縣名。治所在今山西介休市東南。

［7］【顏注】師古曰：涂音塗。梗音鯁。【今注】榆次：縣名。治所在今山西晉中市榆次區。　涂水鄉：榆次縣下屬鄉，在今山西晉中市榆次區修文鎮一帶。因涂水流經而得名。　梗陽鄉：榆次縣下屬鄉，在今山西清徐縣。

［8］【今注】中都：縣名。治所在今山西平遥縣西南。漢文帝劉恒爲代王時，曾將都城自晉陽徙於中都。

［9］【今注】于離：縣名。治所或在今山西汾陽市一帶。

［10］【今注】茲氏：縣名。治所在今山西汾陽市東南。

［11］【今注】狼孟：縣名。治所在今山西陽曲縣。

［12］【顏注】師古曰：音一户反，又音於據反。【今注】鄔：縣名。治所在今山西平遥縣西南、介休市東北。

［13］【今注】盂：縣名。治所在今山西陽曲縣東北。

［14］【今注】盂丙：當爲"盂丙"。封丙爲盂大夫，以邑爲姓，故名盂丙。

［15］【今注】平陶：縣名。治所在今山西文水縣西南。

［16］【今注】汾陽：縣名。治所在今山西静樂縣西。

［17］【今注】北山：在今山西寧武、岢嵐、五寨等縣交界處，屬吕梁山脈。汾水所出。

［18］【今注】過郡二：太原、河東二郡。

［19］【顏注】師古曰：即九京。【今注】京陵：縣名。治所在今山西平遥縣東。

［20］【顏注】應劭曰：河千里一曲，當其陽，故曰陽曲也。師古曰：隋文帝自以姓陽，故惡曲之號（曲，蔡琪本、大德本、殿本作"陽曲"），乃改此縣爲陽直。今則復舊名焉。【今注】陽曲：縣名。治所在今山西定襄縣東。

［21］【今注】大陵：縣名。治所在今山西文水縣東北。

［22］【今注】原平：縣名。治所在今山西原平市東。

［23］【今注】祁：縣名。治所在今山西祁縣東南。高祖六年（前201）封繒賀爲祁侯，武帝元光二年（前133）國除，復爲縣。

［24］【顏注】師古曰：膚音呼。池音徒何反。【今注】上艾：縣名。治所在今山西平定縣東南。　緜曼水：源出今山西壽陽縣東。　蒲吾：常山郡屬縣。治所在今河北平山縣東南。　膚（hū）池（tuó）水：今滹沱河。

［25］【顏注】師古曰：音盧夷。【今注】慮（lú）虒（yí）：縣名。治所在今山西五臺縣北。

［26］【今注】陽邑：縣名。治所在今山西太谷縣東北。

［27］【顏注】師古曰：賈屋山，即《史記》所云"趙襄子北登夏屋"者。【今注】廣武：縣名。治所在今山西代縣西南。爲太原郡都尉治所。　河主：當爲"句注"之誤（詳見王念孫《讀書雜志·漢書第六》）。句注山，又名陘嶺、西陘山，在今山西代縣西北。屬恒山山脈。　賈屋山：或作"夏屋山"，在今山西代縣北之草垛山。屬恒山山脈。

上黨郡，秦置，屬并州。有上黨關、壺口關、石研關、天井關。[1]户七萬三千七百九十八，口三十三萬七千七百六十六。縣十四：長子，周史辛甲所封。鹿谷山，濁漳水所出，東至鄴入清漳。[2]屯留，桑欽言"絳水出西南，東入海"。[3]余吾，[4]銅鞮，有上虒亭，下虒聚。[5]沾，大黽谷，清漳水所出，東北至邑成入大河，過郡五，行千六百八十里，冀州川。[6]涅氏，涅水也。[7]襄垣，[8]莽曰上黨亭。壺關，有羊腸阪。沾水東至朝歌入淇。[9]泫氏，揚谷，絶水所出，南至壄王入沁。[10]高都，莞谷，丹水所出，東南入絶水。有天井關。[11]潞，[12]故潞子國。猗氏，[13]陽阿，[14]穀遠。羊頭山世靡谷，沁水所出，東南至滎陽入河，過郡三，行九百七十里。莽曰穀近。[15]

[1]【顔注】師古曰：研音形。【今注】上黨郡：治所在今山西長子縣西。屬并州刺史部。　秦置：戰國時屬韓國，公元前 262 年降趙國，復爲秦所得。楚漢之際屬趙歇代國。漢二年（前 205）歸漢。　有上黨關壺口關石研關天井關：並上黨周圍關隘。上黨關，在今山西屯留縣西。壺口關，即壺關，在今山西長治市東南，山勢形如壺口，故得名。石研關，即井陘關，又名土門關，在今河北井陘縣西北，扼太行山東西交通要衝。天井關，一名太行關，在今山西晉城市南，扼太行山南北交通要衝。

[2]【顔注】師古曰：長讀曰長短之長，今俗爲長幼之長，非也。【今注】長子：縣名。治所在今山西長子縣西南。　辛甲：人名。據劉向《別録》，辛甲爲商紂王之臣，棄商投周，爲太史，後被封於長子。　鹿谷山：在今山西長子縣西。濁漳水所出。鄣：魏郡屬縣。治所在今河北臨漳縣西南。

[3]【顔注】師古曰：屯音純。【今注】屯留：縣名。治所在今山西屯留縣南。　桑欽言絳水出西南東入海：桑欽，字君長，西漢學者，治《尚書》，博識地理山川。東入海，王念孫《讀書雜志·漢書第六》以爲當作“東入漳”。

[4]【今注】余吾：縣名。治所在今山西屯留縣西北余吾鎮。敦煌懸泉漢簡編號Ⅰ90DXT0112③：11A 簡文有“上黨郡餘吾邑東鄉官□城東里周解”（甘肅簡牘博物館等編《懸泉漢簡（壹）》，中西書局 2019 年版，第 151 頁）。餘吾，即余吾。

[5]【顏注】師古曰：䣏音斯。【今注】銅鞮（dī）：縣名。治所在今山西沁縣南。　上䣏亭：在今山西襄垣縣西北䣏亭鎮西。下䣏聚：在今山西襄垣縣西。

[6]【顏注】應劭曰：沾水出壺關。師古曰：沾音他兼反。【今注】沾：縣名。治所在今山西昔陽縣西南。　大黽谷：王念孫《讀書雜志·漢書第六》以爲當爲“大要谷”。許慎《説文解字》：“清漳出沾少山大要谷，北入河。”大要谷爲沾少山（一作“沾山”）山谷，在今山西昔陽縣西南。　案，邑成入大河，大德本作“邑成入北河”，殿本作“阜成入大河”。　過郡五：王先謙《漢書補注》以爲“五”當爲“六”，即上黨、魏、廣平、鉅鹿、信都、河間六郡。

[7]【顏注】師古曰：涅水出焉，故以名縣也。涅音乃結反。【今注】涅（niè）氏涅水也：王先謙《漢書補注》以爲“此涅縣，非涅氏縣。‘氏’字連下‘涅水也’爲句”。甚是。涅，縣名。治所在今山西武鄉縣西北。涅水，源出今山西武鄉縣護甲山，東南流，注入濁漳水。

[8]【今注】襄垣：縣名。治所在今山西襄垣縣北。案，垣，蔡琪本、殿本作“柤”。

[9]【顏注】應劭曰：黎侯國也，今黎亭是。【今注】壺關：縣名。治所在今山西長治市北。呂后元年（前187）封惠帝子劉武爲壺關侯，五年國除，復爲縣。　羊腸阪：其説有三。此指今山西壺關縣東南太行山山間道路，阪長三里，盤曲如羊腸。　沾水：源出今山西壺關縣東南，東流經河南林州市東南入淇河。　朝歌：河内郡屬縣。治所在今河南淇縣。

[10]【顏注】應劭曰：《山海經》泫水所出者也。師古曰：泫音工玄反。【今注】泫（xuàn）氏：縣名。治所在今山西高平市。　揚谷：在今山西高平市西北。案，揚，蔡琪本、大德本同，殿本作“楊”。　絶水所出南至轑王入沁：絶水，源出今山西高平

市北，南流至今河南沁陽市與沁河匯合，東流入黃河。王先謙《漢書補注》以爲野王爲河内郡屬縣，非絕水所經，《志》文有誤。

[11]【顏注】師古曰：芫音丸。【今注】高都：縣名。治所在今山西晉城市。　芫谷：在今山西晉城市西北，丹水所出。　丹水：此指山西境内丹水。源出高平市西北，經晉城市，流入沁河。案，絕水，殿本作"泫水"。

[12]【今注】潞：縣名。治所在今山西潞城市東北。

[13]【顏注】師古曰：音於義反。【今注】陭（yī）氏：縣名。治所在今山西安澤縣南。

[14]【今注】陽阿：縣名。治所在今山西陽城縣西北大陽鎮。

[15]【顏注】師古曰：今沁水至懷州武陟縣界入河。此云至滎陽，疑轉寫錯誤（轉，殿本作"傳"）。【今注】榖遠：縣名。治所在今山西沁源縣。敦煌懸泉漢簡編號Ⅰ90DXT0110③：14＋T0110④：6簡文"戍卒上黨郡□遠里賈博出"（甘肅簡牘博物館等編《懸泉漢簡（壹）》，第82頁）。□遠，即榖遠。　羊頭山：在今山西沁源縣東北。　過郡三：指上黨、河内、河南三郡。

河内郡，[1]高帝元年爲殷國，二年更名。[2]莽曰後隊。屬司隸。[3]户二十四萬一千二百四十六，口百六萬七千九十七。縣十八：懷，[4]有工官。[5]莽曰河内。汲，[6]武德，[7]波，[8]山陽，東大行山在西北。[9]河陽，[10]莽曰河亭。州，[11]共，故國。北山，淇水所出，東至黎陽入河。[12]平皋，[13]朝歌，[14]紂所都。[15]周武王弟康叔所封，更名衛。莽曰雅歌。脩武，[16]温，[17]故國，己姓，蘇忿生所封也。[18]壄王，[19]大行山在西北。衛元君爲秦所奪，[20]自濮陽徙此。莽曰平壄。獲嘉，[21]故汲之新中鄉，武帝行過更名也。[22]軹，[23]沁水，[24]隆慮，國水東北至信成入張甲河，過郡三，行千八百四十里。有鐵官。[25] 蕩陰。蕩水東至内黄澤。西山，羑水所出，亦至内黄入蕩。有羑里城，西伯所拘也。[26]

[1]【今注】河内郡：治懷縣（今河南武陟縣西南）。屬司隸校尉。與河東郡、河南郡並稱"三河"。

[2]【今注】高帝元年爲殷國二年更名：戰國秦即設河内郡。楚漢之際屬司馬卬殷國，都朝歌縣。漢二年（前205）歸漢。

[3]【今注】屬司隸：漢武帝末屬司隸校尉監察，昭帝始元元年（前86）屬冀州，未幾復故（全祖望：《漢書地理志稽疑》卷二）。

[4]【今注】懷：縣名。治所在今河南武陟縣西南。

[5]【今注】工官：官署名。是負責造作武器、日常生活器物及工藝品的官營生產管理機構，設於蜀郡、廣漢、河南、河内等郡，由令、長、丞等管理。西漢諸工官隸屬少府。河内工官設在懷縣，以生產弩等兵器爲主。出土或傳世西漢弩機銘文中屢見"河内工官"字樣，如福建武夷山市崇安城村漢城内高胡南坪甲組建築群遺址出土多件"河内工官"銘文弩機，其中一件爲"河内工官，千四百五十八，丁"。雲南李家川漢墓群三號墓出土的一件弩機上，機郭、懸刀、牙和樞上都有"河内工官二百□十□"銘文。漢長安城出土漢代骨簽中有刻"五年河内工□"字樣者，"工"下之字應補作"官"。（詳見張戈《漢長安城骨簽校注》，首都師範大學2012年碩士論文，第78頁）

[6]【今注】汲：縣名。治所在今河南衛輝市西南。漢高祖十一年（前196）封公上不害爲汲侯。武帝元光五年（前130）國除，復爲縣。

[7]【顏注】孟康曰：始皇東巡置，自以武德定天下。【今注】武德：縣名。治所在今河南武陟縣東南。

[8]【顏注】孟康曰：今有絺城，晉文公所得賜者。【今注】

波：縣名。治所在今河南濟源市東南。

[9]【顏注】師古曰：行音胡郎反。【今注】山陽：縣名。治所在今河南焦作市東。漢景帝中元二年（前148）封張當居爲山陽侯，武帝元朔五年（前124）國除，復爲縣。 大行山：即太行山。大，蔡琪本、殿本作“太”。

[10]【今注】河陽：縣名。治所在今河南孟州市西。高祖六年（前201）封陳涓爲河陽侯，文帝四年（前176）國除，復爲縣。

[11]【今注】州：縣名。治所在今河南武陟縣西。

[12]【顏注】孟康曰：共伯入爲三公者也。師古曰：共音恭。【今注】共（gōng）：縣名。治所在今河南輝縣市。高祖八年（前199）封旅罷師（一作“盧罷師”）爲共侯，宣帝元康四年（前62）國除，復爲縣。 故國：此指共國，周封國，春秋時爲衛國所滅。據《竹書紀年》：周厲王奔彘，共伯和攝行天子事。太子靖爲王，共伯和歸國。 北山：一作“大號山”，在今河南輝縣市西北、林州市西南、山西陵川縣東，屬太行山支脈。《淮南子·地形訓》“淇出大號”，高誘注：“大號山在河內共縣北，或曰在臨慮西。” 淇水：源出今山西陵川縣，東南流經今河南衛輝市東北淇門鎮，南入黃河。即今淇河。 黎陽：魏郡屬縣。治所在今河南浚縣東。

[13]【顏注】應劭曰：邢侯自襄國徙此。當齊桓公時，衛人伐邢，邢遷于夷儀，其地屬晉，號曰邢丘。以其在河之皋，處埶平夷，故曰平皋。臣瓚曰：《春秋傳》狄人伐邢，邢遷于夷儀，不至此也。今襄國西有夷儀城，去襄國百餘里。邢是丘名，非國也。師古曰：應説非也。《左氏傳》曰：“晉侯送女于邢丘。”蓋謂此耳。【今注】平皋：縣名。治所在今河南温縣東。高祖七年封項佗爲平皋侯，武帝元鼎五年（前112）國除，復爲縣。

[14]【今注】朝歌：縣名。治所在今河南淇縣。

[15]【今注】紂：商朝末代君主。事迹見《史記》卷三《殷

本紀》。

[16]【顔注】應劭曰：晉始啓南陽，今南陽城是也，秦改曰脩武。臣瓚曰：《韓非書》："秦昭王越趙長平，西伐脩武。"時秦未兼天下，脩武之名久矣。師古曰：瓚説是也。【今注】脩武：縣名。治所在今河南獲嘉縣。

[17]【今注】溫：縣名。治所在今河南溫縣東。

[18]【顔注】孟康曰：故邘國也，今邘亭是也。師古曰：行音胡郎反。邘音于。【今注】蘇忿生：顓頊後裔，居溫地，周武王時爲司寇。

[19]【今注】壄王：縣名。一作"野王"。治所在今河南沁陽市。

[20]【今注】衞元君：戰國時衞國國君。公元前 252 年至前 241 年在位。詳《史記》卷三七《衞康叔世家》。

[21]【今注】獲嘉：縣名。治所在今河南新鄉市西。

[22]【今注】案，據本書卷六《武紀》，元鼎六年（前 111）春，武帝東巡至河內郡汲縣新中鄉，聞漢軍獲南越國丞相呂嘉首級，遂以其地置縣，更名爲獲嘉。

[23]【顔注】孟康曰：原鄉，晉文公所圍是也。師古曰：音只。【今注】軹（zhǐ）：縣名。治所在今河南濟源市東南。呂后元年（前 187）曾封惠帝子劉朝爲軹侯，四年，劉朝改封常山王，軹復爲縣。文帝元年（前 179）封薄昭爲軹侯，國除之年不詳。

[24]【顔注】師古曰：沁音千浸反。【今注】沁水：縣名。治所在今河南濟源市東北。

[25]【顔注】應劭曰：隆慮山在北，避殤帝名改曰林慮也。師古曰：慮音盧。【今注】隆慮（lú）：縣名。治所在今河南林州市。高祖六年封周竈爲隆慮侯，景帝中元元年（前 149）國除。景帝中元五年復封陳融爲隆慮侯，武帝元鼎元年（前 116）國除，復爲縣。　信成：清河郡屬縣。

[26]【顏注】師古曰：蕩音湯。羑音羊九反。【今注】蕩(tāng) 陰：縣名。治所在今河南湯陰縣。 蕩水東至内黄澤：王念孫《讀書雜志・漢書第六》以爲，此作當作"蕩水東至内黄，入黄澤"。蕩水，源出今河南湯陰縣西，東流至内黄縣，注入黄澤。 西山：在今河南湯陰縣西北。羑水所出。 羑里城：在今河南湯陰縣北，爲殷紂王囚拘西伯姬昌之處。

河南郡，[1]故秦三川郡，[2]高帝更名。雒陽戶五萬二千八百三十九。[3]莽曰保忠信鄉，[4]屬司隸也。戶二十七萬六千四百四十四，口一百七十四萬二百七十九。[5]有鐵官、工官。敖倉在滎陽。[6]縣二十二：雒陽，周公遷殷民，是爲成周。《春秋》昭公二十二年，晉合諸侯于狄泉，以其地大成周之城，居敬王。莽曰宜陽。[7]滎陽，卞水、馮池皆在西南。有狼湯渠，首受泲，東南至陳入潁，過郡四，行七百八十里。[8]偃師，尸鄉，殷湯所都。莽曰師成。[9]京，[10]平陰，[11]中牟，圃田澤在西，豫州藪。有筦叔邑，趙獻侯自耿徙此。[12]平，[13]莽曰治平。[14]陽武，有博狼沙。莽曰陽桓。[15]河南，故郟鄏地。周武王遷九鼎，周公致太平，營以爲都，是爲王城，至平王居之。[16]緱氏，劉聚，周大夫劉子邑。有延壽城、仙人祠。莽曰中亭。[17]卷，[18]原武，[19]莽曰原桓。鞏，[20]東周所居。[21]穀成，《禹貢》瀍水出潛亭北，東南入雒。[22]故市，[23]密，故國。有大騩山，潧水所出，南至臨潁入潁。[24]新成，惠帝四年置。[25]蠻中，故戎蠻子國。[26]開封，逢池在東北，或曰宋之逢澤也。[27]成皋，故虎牢，或曰制。[28]苑陵，莽曰左亭。[29]梁，曼狐聚，秦滅西周，徙其君於此。陽人聚，秦滅東周，徙其君於此。[30]新鄭。《詩》鄭國，鄭桓公之子武公所國，後爲韓所滅，韓自平陽徙都之。[31]

[1]【今注】河南郡：治雒陽（今河南洛陽市東北）。屬司隸校尉。與河内郡、河東郡並稱"三河"。

[2]【今注】三川郡：戰國晚期，秦以東周故地（河南、洛陽、穀城、平陰、偃師、鞏、緱氏等七縣）及韓國成臯、滎陽等縣置郡，因境内有黄河、洛水、伊水三川，故名。秦封泥有"叁川尉印""叁川邸丞"等。領有今河南三門峽市以東，封丘縣、開封市以西之地，西南在欒川與南陽郡分界，東南以臨汝、登封一綫與潁川郡接壤（詳周振鶴《中國行政區劃通史·秦漢卷（上）》，第32頁）。錢大昕《潛研堂文集》卷一六以爲"凡《漢志》稱'故秦某郡'，謂因其地而改其名者也"，然秦三川郡轄地與漢河南郡差異頗大。楚漢之際其地屬瑕丘申陽之河南國，都洛陽。漢二年（前205），河南王申陽降漢，以其地爲河南郡。

[3]【今注】雒陽户五萬二千八百三十九：本《志》記録户口之縣邑有十個：京兆尹之長安縣，左馮翊之長陵縣，右扶風之茂陵縣，河南郡之雒陽縣，潁川郡之陽翟縣、傿陵縣，南陽郡之宛縣，蜀郡之成都縣，魯國之魯縣，楚國之彭城縣，其户口信息皆繫於縣下，惟雒陽繫於郡下，且有户數而無口數。

[4]【今注】保忠信鄉：當爲"保忠信卿"。以官名爲政區名，一如三輔之京兆尹、左馮翊、右扶風。王莽欲以洛陽爲都，有意提高河南郡地位，故以"卿"秩其官，以"保忠信"美其名。據本書卷九九中《王莽傳中》，新莽以河南爲六隊郡之一，更名河南大尹爲保忠信卿，同時將河南郡東部滎陽等縣劃入祈隊。

[5]【今注】户二十七萬六千四百四十四口一百七十四萬二百七十九：本《志》記載西漢平帝元始二年（2）全國總户數12233062，總口數59594987，平均每户4.87口。河南郡户均6.3口，與全國平均數相去甚遠。若"户二十七萬六千四百四十四"之"二十七萬"爲"三十七萬"，則户均4.62口，庶幾相匹。疑

"二"當爲"三"。

　　[6]【今注】敖倉：秦漢時期最重要的國家倉廩之一。建在滎陽北敖山之上，故得名。

　　[7]【顏注】師古曰：魚豢云：漢火行忌水（行，蔡琪本、殿本作"德"），故去洛"水"而加"隹"。如魚氏説，則光武以後改爲"雒"字也。【今注】雒陽：縣名。故城在今河南洛陽市東北。今河南境内之洛河即古之洛水，城在洛水之北，故名洛陽。三國曹魏魚豢在《魏略》中提出，漢爲火德，忌水，故改"洛"爲"雒"。曹魏黄初元年（220）正式下詔，改"雒"爲"洛"，後世沿用。王先謙《漢書補注》云："《職方》：'雒，豫州川。洛，雍州浸。'本志及《説文》並不相混。魚氏謬説，疑誤後人。"　　成周：城名。西周初建，在今河南洛陽地區修建西、東二城：西爲王城，爲西周之東都，時稱雒邑，春秋時稱王城；東爲成周，遷殷商頑愚於城中，以便控制。或以爲成周爲大郭，王城爲小城，王城在成周之中〔童書業：《春秋王都辨疑》，《禹貢》（半月刊）第七卷第6、7期，1937年〕。　　狄泉：又作"翟泉"。在今河南洛陽市東北漢魏洛陽故城中。本爲成周城外之地，公元前509年晉魏舒與諸侯之大夫在此會盟，並以其地擴建成周城，以安置周敬王。　　敬王：東周國君姬匄。公元前519年，在晉國擁戴下入繼爲王，在位四十四年（詳《史記》卷四《周本紀》）。

　　[8]【顏注】應劭曰：故虢國，今虢亭是也。師古曰：狼音浪。湯音宕。沛音子禮反，本濟水字。【今注】滎陽：縣名。治所在今河南滎陽市東北。王先謙《漢書補注》以爲"滎"原作"熒"。張家山漢簡《二年律令・秩律》即作"熒陽"。　　卞水：一作"汴水"。源出滎陽西南，東北流入狼湯渠。　　狼湯渠：又作"蒗蕩渠""莨蕩渠"，即楚漢分界之鴻溝。本名鴻溝。故渠自今河南滎陽市北引黄河水，東流注入潁水。　　陳：淮陽郡屬縣。治所在今河南商丘市睢陽區。　　過郡四：河南、陳留、汝南、淮陽四郡。

　　[9]【顏注】臣瓚曰：湯居亳，今濟陰縣是也。今亳有湯冢，己氏有伊尹冢，皆相近也。師古曰：瓚説非也。又如皇甫謐所云湯都在穀熟，事並不經。劉向云：“殷湯無葬處。”安得湯冢乎？【今注】偃師：縣名。治所在今河南偃師市東。　尸鄉：在今河南偃師市西。相傳殷湯曾建都於此。

　　[10]【顏注】師古曰：即鄭叔段所居也（蔡琪本、大德本、殿本“叔”前有“共”字）。【今注】京：縣名。治所在今河南滎陽市東南。

　　[11]【顏注】應劭曰：在平城南，故曰平陰。【今注】平陰：縣名。治所在今河南孟津縣東北。在黃河南岸。

　　[12]【顏注】師古曰：筦與管同。【今注】中牟：縣名。治所在今河南中牟縣東。　圃田澤：湖澤名。又名原圃。故址在今河南中牟縣與鄭州市之間，已淤平。　筦叔邑：筦同“管”。周武王滅商之後，封其弟姬鮮於管（在今鄭州），監督殷商遺民，是爲管叔。　趙獻侯自耿徙此：趙獻侯即趙獻子，戰國初趙國君主，公元前423年至前409年在位。《史記》卷四三《趙世家》記載：“獻侯少即位，治中牟。”據全祖望、趙一新、王先謙等考證，趙之中牟在黃河之北，非本《志》河南郡之中牟（詳見王先謙《漢書補注》）。

　　[13]【今注】平：縣名。治所在今河南孟津縣東。高祖六年（前201）封工師喜爲平侯，景帝中元五年（前145）國除，復爲縣。

　　[14]【今注】治平：陳直《漢書新證》以爲當爲“治平”傳抄之誤。

　　[15]【顏注】師古曰：狼音浪。【今注】陽武：縣名。治所在今河南原陽縣東南。　博狼（làng）沙：又作“博浪沙”，在陽武故城東南，今河南中牟縣西北。據本書卷四〇《張良傳》，張良與客曾在此謀刺秦始皇。

[16]【顔注】師古曰：郟音夾。鄏音辱。【今注】河南：縣名。治所在今河南洛陽市西小屯村。　郟（jiá）鄏（rǔ）：在今河南洛陽市西王城公園附近。《左傳》宣公三年（前606）："成王定鼎於郟鄏。"周公於其地營建王城，以爲周之東都。許慎《説文解字》："鄏，河南縣直城門官陌地也。"皇甫謐《帝王世紀》："城西有郟鄏陌。"　王城至平王居之：平王，東周國君姬宜曰。公元前771年至前720年在位。其時都城鎬京殘破，東遷至雒邑，史稱東周。從平王到景王共十一世，皆以王城爲都。至敬王時，子朝作亂，王城據，敬王不得入，遂擴建成周城而以之爲都。

[17]【顔注】師古曰：緱音工侯反。【今注】緱（gōu）氏：縣名。治所在今河南偃師市緱氏鎮東南。緱氏故城本爲古滑國都城費邑，戰國時改稱緱氏城。　劉聚：聚落名。在漢緱氏故城西南。故周大夫劉子封地。　延壽城仙人祠：酈道元《水經注·雒水》："休水又逕延壽城南，緱氏縣治，故滑費，《春秋》滑國所都也，王莽更名中亭，即緱氏城也。城有仙人祠，謂之仙人觀。"據此，延壽城即緱氏城，仙人祠在城中。本書《郊祀志》記載，漢武帝元鼎六年（前111）冬，"公孫卿候神河南，言見僊人迹緱氏城上，有物如雉，往來城上。天子親幸緱氏視迹……於是郡國各除道，繕治宮館名山神祠所，以望幸矣"。"延壽城"之得名，"仙人祠"之修建，皆當與此有關。

[18]【顔注】師古曰：音去權反。【今注】卷：縣名。治所在今河南原陽縣西。

[19]【今注】原武：縣名。治所在今河南原陽縣。

[20]【今注】鞏：縣名。治所在今河南鞏義市西北。

[21]【今注】東周所居：此指東周惠公姬班所居之地。王先謙《漢書補注》曰："《周紀》，西周桓公卒，子威公立。威公卒，子惠公立。惠公封少子班於鞏，號東周惠公；而班之兄仍父爵，居王城，爲西周武公。韓、趙分周地爲二之後，顯王雖在成周，特建

空名。蓋東、西周之名，前後三變。平王東遷後，豐鎬爲西周，河南爲東周。考王封桓公後，河南爲西周，雒陽爲東周。惠公封班後，河南爲西周，鞏爲東周也。"

[22]【顏注】師古曰：即今新安。晉音潛。【今注】穀成：縣名。治所在今河南洛陽市西北。 晉（qián）亭：在穀成縣北。

[23]【今注】故市：縣名。治所在今河南鄭州市西北。高祖六年（前201）封閻澤赤爲故市侯，武帝元鼎五年（前112）國除，復爲縣。本書《高惠高后文功臣表》作"敬市"，誤。

[24]【顏注】應劭曰："密人不恭"，密須氏姞姓之國也。臣瓚曰：密，姬姓之國也，見《世本》。密須，今安定陰密是也。師古曰：應、瓚二説皆非也。此密即《春秋》僖六年"圍新密"者也，蓋鄭地。而《詩》所云"密人"，即《左傳》所謂"密須之鼓"者也，在安定陰密。鄶音隗。潩音翼，又音昌力反。【今注】密：縣名。治所在今河南新密市東南。 故國：古有二密國，一在今甘肅涇川縣。一在今河南新密市。此故國指河南密國。 大騩（guī）山：又名具茨山，在今河南新密市東南。 潩（yì）水：源出今河南新密市東南，東南流經許昌市西，至臨潁縣東注入潁水。
臨潁：潁川郡屬縣。治所在今河南許昌市。

[25]【今注】新成：縣名。治所在今河南伊川縣西南。

[26]【今注】蠻中故戎蠻子國：蠻中，新成縣鄉邑名。古爲蠻子國之地，在今河南臨汝縣西南汝水南岸。蠻子是戎族的一支，一作"鄸子"，春秋時爲楚國所滅。

[27]【顏注】臣瓚曰：《汲郡古文》梁惠王發逢忌之藪以賜民，今浚儀有逢陂忌澤是也。【今注】開封：縣名。治所在今河南開封市祥符區西南。本名啓封，取"啓拓封疆"之意，後因避漢景帝劉啓諱而改爲開封。初爲潁川郡屬縣。高祖十一年（前196）封陶舍爲啓封侯，武帝元鼎三年（前114）國除，復爲縣，改屬河南郡。 逢池：湖澤名。古稱逢澤，先秦時期先屬宋國，後歸魏國。

在今河南開封市東南。

[28]【顏注】師古曰：《穆天子傳》云：“七萃之士生捕獸，即獻天子，天子畜之東虢，號曰獸牢。”【今注】成皋：縣名。治所在今河南滎陽市西北。　虎牢：春秋時稱“虎牢”，又稱“制”，戰國時始稱成皋。唐代避唐高祖李淵祖父李虎諱，改稱“獸牢”。

[29]【今注】苑陵：縣名。治所在今河南新鄭市東北。初爲潁川郡屬縣，漢武帝元鼎三年改屬河南郡。

[30]【顏注】應劭曰：《左傳》曰“秦取梁”。梁，伯翳之後，與秦同祖。臣瓚曰：秦取梁，後改曰夏陽，今馮翊夏陽是也。此梁周之小邑，見於《春秋》。師古曰：瓚說是也。惡音乃旦反。【今注】梁：縣名。治所在今河南汝州市西南。　惡狐聚：古鄉邑名。據《史記》卷四《周本紀》、卷五《秦本紀》，公元前256年，周赧王、周武公並卒，秦據西周之地而遷西周文公於此。酈道元《水經注·汝水》：“三里水出梁縣西北，東南流，逕縣故城西，故惡狐聚也。《地理志》云‘秦滅西周，徙其君於此’，因乃縣之。”據此，漢梁縣治所即古惡狐聚。　陽人聚：古鄉邑名。在今河南汝州市西。據《史記·周本紀》《秦本紀》，公元前249年，秦軍攻取東周七邑，將東周君安置於此。

[31]【顏注】應劭曰：《國語》曰：“鄭桓公爲周司徒，王室將亂，寄帑與賄於虢、會之間。幽王敗，桓公死之，其子武公與平王東遷洛邑，遂伐虢、會而并其地，而邑於此。”【今注】新鄭：縣名。治所在今河南新鄭市。

東郡，[1]秦置。[2]莽曰治亭。屬兗州。户四十萬一千二百九十七，口百六十五萬九千二十八。縣二十二：濮陽，衞成公自楚丘徙此。故帝丘，顓頊虛。莽曰治亭。[3]畔觀，莽曰觀治。[4]聊城，[5]頓丘，莽曰順丘。[6]發干，[7]莽曰戢楯。范，[8]莽曰建睦。茬平，莽曰功崇。[9]東武陽，禹治漯水，東

北至千乘入海，過郡三，行千二十里。莽曰武昌。[10] 博平，[11]
莽曰加睦。黎，莽曰黎治。[12] 清，莽曰清治。[13] 東阿，都尉
治。[14] 離狐，莽曰瑞狐。[15] 臨邑，有涑廟。莽曰穀城亭。[16]
利苗，[17] 須昌，故須句國，大昊後，風姓。[18] 壽良，蚩尤祠
在西北涑上。有朐城。[19] 樂昌，[20] 陽平，[21] 白馬，[22] 南燕，
南燕國，姞姓，黃帝後。[23] 廩丘。[24]

[1]【今注】東郡：治濮陽縣（今河南濮陽市華龍區西南）。
屬兗州刺史部。

[2]【今注】秦置：戰國時地屬魏國。秦王嬴政五年（前
242），秦攻取魏二十城，因置郡。秦在西，郡在東，故名東郡，領
二十縣。楚漢之際屬項羽楚國。高祖五年（前202）屬漢。高祖十
一年郡罷，呂后元年（前187）復置。

[3]【顏注】應劭曰：濮水南入鉅野。師古曰：虛讀曰墟。
【今注】濮陽：縣名。治所在今河南濮陽市華龍區西南。　衛成公：
春秋時期衛國國君姬鄭。公元前635年至前600年在位。見《史
記》卷三七《衛康叔世家》）。　楚丘：在今河南滑縣東北。春秋時
衛國曾建都於此。《左傳》僖公二年："諸侯城楚丘而封衛焉。"其
後衛爲狄人所逼，於公元前629年遷都帝丘。　故帝丘顓頊虛：虛
同"墟"，廢棄之所。帝顓頊所居之地，故曰帝丘。

[4]【顏注】應劭曰：夏有觀扈，世祖更名衛國，以封周後。
師古曰：觀音工喚反。【今注】畔觀：二縣名。觀縣治所在今河南
清豐縣西。畔縣確治無考，推斷當在今山東聊城市附近（參見周振
鶴《中國行政區劃通史·秦漢卷（上）》，第289頁）。治學者或
以爲"畔觀"爲一縣，如顧祖禹、惠棟、全祖望等；或以爲"畔"
字衍，如陳景雲、王先謙等。段玉裁則提出："《地理志》畔、觀本
二縣名，自宋刻已聯綴不分……蓋東郡下本二十三縣，因'畔'
'觀'不分，遂改爲二十二縣，以數計之，今本適合，不復疑故也。

諸書多言‘觀’，絕無言‘畔觀’者。畔縣不見《後志》，蓋有省並。《地形志》‘平原郡聊城’下云‘有畔城’，亦古畔不連觀之證也。”（《經韻樓集》卷五《校〈漢書·地理志注〉》）其後學者依據出土文字，如趙明誠《金石錄》卷一二“周陽家鍾銘”銘文“畔邑家，今周陽家鍾……”，居延漢簡簡文“戍卒東郡畔東成里……”，《再續封泥考略》“觀丞之印”，益證“畔”“觀”各自爲縣。陳直疑“觀”“畔”初各爲一縣，後合併改爲畔觀。（陳直：《漢書新證》；周振鶴：《中國行政區劃通史·秦漢卷（上）》，第289頁）今案，敦煌懸泉漢簡編號Ⅰ90DXT0114③：52簡文“戍卒東郡觀武陽里張□”（甘肅簡牘博物館等編《懸泉漢簡（壹）》，中西書局2019年版，第227頁），“觀”，即觀縣。

〔5〕【今注】聊城：縣名。治所在今山東聊城市東昌府區西北。

〔6〕【顏注】師古曰：以丘名縣也。丘一成爲頓丘，謂一頓而成也。或曰成重也，一重之丘也。【今注】頓丘：縣名。治所在今河南清豐縣西。

〔7〕【今注】發干：縣名。治所在今山東冠縣東。

〔8〕【今注】范：縣名。治所在今山東梁山縣西北。本屬大河郡，宣帝甘露二年（前52）改屬東郡。

〔9〕【顏注】應劭曰：在茌山之平地者也。師古曰：音仕疑反。【今注】茌平：縣名。治所在今山東茌平縣西南。肩水金關漢簡有“東郡茬平”“東郡茬平邑”，茬平即茌平。

〔10〕【顏注】應劭曰：武水之陽也。師古曰：漯音它合反。【今注】東武陽：縣名。治所在今山東莘縣南。漢宣帝即位時以縣益封霍光以爲博陸侯別邑，地節二年（前68）國除，別邑罷，復爲縣。　千乘：此指千乘郡屬縣千乘縣（今山東高青縣東南）。

過郡三：王先謙《漢書補注》以爲當作“過郡四”，即東郡、平原、濟南、千乘四郡。

[11]【今注】博平：縣名。治所在今山東茌平縣西北。漢宣帝地節四年（前66）封外祖母王媼爲博平君，以博平、蠡吾二縣爲湯沐邑。

[12]【顏注】孟康曰：《詩》黎侯國，今黎陽也。臣瓚曰：黎陽在魏郡，非黎縣也。師古曰：瓚説是。【今注】黎：縣名。治所在今山東鄆城縣西。本屬濟陰郡，漢宣帝甘露二年改屬東郡。

[13]【顏注】應劭曰：章帝更名樂平。【今注】清：縣名。治所在今山東聊城市東昌府區西。

[14]【顏注】應劭曰：衞邑也。有西，故稱東。【今注】東阿：縣名。治所在今山東陽穀縣東北阿城鎮。爲西漢東郡都尉治所。春秋戰國時爲齊國阿邑，或作“柯邑”。趙地有西阿（葛城），故稱齊之阿邑爲東阿。

[15]【今注】離狐：縣名。治所在今河南濮陽市東南。本屬濟陰郡，漢宣帝甘露二年改屬東郡。

[16]【顏注】師古曰：泲亦濟水字也。其後並同。【今注】臨邑：縣名。治所在今山東東阿縣。 泲廟：祠祀濟水之所。漢宣帝神爵元年（前61）建。泲，同“沛”。濟水。

[17]【今注】利苗：縣名。治所不詳。本書卷九九中《王莽傳中》“以利苗男訢爲大司馬”，如淳曰：“利苗，邑名。”

[18]【顏注】師古曰：句音劬。【今注】須昌：縣名。治所在今山東東平縣西。本屬大河郡，漢宣帝甘露二年改屬東郡。 須句：西周封國。一作“須胊”。風姓，子爵。公元前639年邾人滅須句，須句國君投奔魯國。次年魯伐邾，取須句。 大昊：大，同“太”。亦作“太皞”，即伏羲氏。案，大昊，蔡琪本作“太昊”。

[19]【顏注】應劭曰：世祖叔父名良，故曰壽張。【今注】壽良：縣名。治所在今山東東平縣西南。本屬大河郡，漢宣帝甘露二年改屬東郡。東漢時避光武帝劉秀叔父劉良諱，改爲壽張。 蚩尤祠：奉祀蚩尤之所。在壽良西北濟水邊。宣帝時立。 胊城：古

須朐國城。王先謙《漢書補注》引酈道元《水經注·濟水》：“濟水又北逕梁山東，又逕須朐城西。城臨側濟水，故須朐國也。《地理志》曰‘有朐城’是也。”

[20]【今注】樂昌：縣名。治所在今河南南樂縣西北。吕后八年（前180）封張壽爲樂昌侯。旋免，國除，復爲縣。

[21]【今注】陽平：治所在今山東莘縣。漢景帝中元五年（前145）至武帝元封三年（前108），昭帝元平元年（前74）至宣帝本始四年（前70），元帝初元元年（前48）至漢末，先後爲杜相夫、蔡義、王禁侯國。

[22]【今注】白馬：縣名。治所在今河南滑縣東。

[23]【顏注】師古曰：姑音其乙反。【今注】南燕：“南”字衍。燕，縣名。治所在今河南延津縣東北。　南燕國：古邦國名。相傳爲黄帝之子伯儵封國。春秋時依附衛國，戰國時屬魏國，後歸秦，置燕縣，漢因之。

[24]【今注】廩丘：縣名。治所在今山東鄆城縣西北。本屬濟陰郡，漢宣帝甘露二年改屬東郡。

陳留郡，[1]武帝元狩元年置。[2]屬兗州。户二十九萬六千二百八十四，口一百五十萬九千五十。縣十七：陳留，魯渠水首受狼湯渠，東至陽夏，入渦渠。[3]小黄，[4]成安，[5]寧陵，莽曰康善。[6]雍丘，[7]故杞國也。[8]周武王封禹後東樓公，先春秋時徙魯東北，二十一世簡公爲楚所滅。酸棗，[9]東緍，[10]莽曰東明。襄邑，有服官。莽曰襄平。[11]外黄，都尉治。[12]封丘，濮渠水首受泲，東北至都關，入羊里水，過郡三，行六百三十里。[13]長羅，侯國。莽曰惠澤。[14]尉氏，[15]傿，[16]莽曰順通。長垣，莽曰長固。[17]平丘，[18]濟陽，[19]莽曰濟前。浚儀。故大梁。魏惠王自安邑徙此。睢水首受狼湯水，東至取慮入泗，過郡四，行千三百六十里。[20]

[1]【今注】陳留郡：治陳留縣（今河南開封市祥符區東南）。屬兗州刺史部。

[2]【今注】武帝元狩元年置：西漢前期，地屬梁國。景帝中元六年（前144），梁國析爲梁、濟東、山陽、濟陰、濟川五國，以梁孝王子劉明爲濟川王，治濟陽縣。武帝建元三年（前138），除濟川國爲郡。元狩元年（前122），更濟川郡名爲陳留，徙治陳留縣。元帝永光三年（前41），立皇子劉康爲濟陽王，陳留郡更爲濟陽國，復治濟陽縣。建昭五年（前34），國除，復爲陳留郡，復徙治陳留縣。本書卷九九中《王莽傳中》載王莽給陳留大尹、太尉下達詔書，要求“以益歲以南付新平。新平，故淮陽。以雍丘以東付陳定。陳定，故梁郡。以封丘以東付治亭。治亭，故東郡。以陳留以西付祈隧。祈隧，故滎陽。陳留已無復有郡矣”。則新莽時已無陳留郡建置。

[3]【顏注】孟康曰：留，鄭邑也，後爲陳所并，故曰陳留。臣瓚曰：宋亦有留，彭城留是也。留屬陳，故稱陳留也。師古曰：瓚說是也。渦音戈。【今注】陳留：縣名。治所在今河南開封市祥符區東南陳留鎮。　魯渠：古河渠名。即酈道元《水經注·渠水》之“魯溝”。在陳留縣（今河南開封市祥符區東南）接狼湯渠水，東南流至陽夏縣（今河南太康縣西北）進入渦渠。　渦（guō）渠：古河渠名。即渦水。在今河南太康縣西受湯渠水，東南流，至今安徽懷遠縣東入淮水。

[4]【今注】小黃：縣名。治所在今河南開封市祥符區東北。本屬河南郡，漢元帝建昭五年改屬陳留郡。

[5]【今注】成安：縣名。治所在今河南蘭考縣東。

[6]【顏注】孟康曰：故葛伯國，今葛鄉是。【今注】寧陵：縣名。治所在今河南寧陵縣南。本屬濮陽郡，宣帝元康三年（前

63）改屬陳留郡，元帝永光三年改屬河南郡，元帝建昭五年復屬陳留郡。

〔7〕【今注】雍丘：縣名。治所在今河南杞縣。

〔8〕【今注】杞國：西周封國，姒姓。開國之君爲夏禹後裔東樓公。杞地初在今河南杞縣一帶，後北遷，先後至今山東昌樂縣、安丘市。至簡公時爲楚國所滅。

〔9〕【今注】酸棗：縣名。治所在今河南原陽縣東北。漢武帝元狩元年始屬陳留郡，元帝永光三年改屬河南郡，建昭五年復屬陳留郡。以其地盛産酸棗而得名。

〔10〕【今注】東緍：縣名。治所在今河南蘭考縣北。

〔11〕【顏注】應劭曰：《春秋傳》曰"師于襄牛"是也。師古曰：圈稱云："襄邑，宋地，本承匡襄陵鄉也。宋襄公所葬，故曰襄陵。秦始皇以承匡卑溼，故徙縣於襄陵，謂之襄邑，縣西三十里有承匡城。"然則應説以爲襄牛，誤也。【今注】襄邑：縣名。治所在今河南商丘市睢陽區。　服官：官署名。主要負責織造服飾，以供宮廷之用，由縣丞典領其事。襄邑服官以生産錦綉著名。

〔12〕【顏注】張晏曰：魏郡有内黃，故加外。臣瓚曰：縣有黃溝，故氏之也。師古曰：《左氏傳》曰："惠公敗宋師于黃。"杜預以爲外黃縣東有黃城，即此地也。【今注】外黃：縣名。治所在今河南蘭考縣東南。西漢陳留郡都尉治所。

〔13〕【顏注】孟康曰：《春秋傳》"敗狄于長丘"，今翟溝是。【今注】封丘：縣名。治所在今河南封丘縣西南。　濮渠水：又稱濮水。上游有二支：一支於今河南封丘縣西受濟水，一支在今河南原陽縣北受黃河，二支在河南長桓縣西合流。東流經河南長桓縣北，至滑縣東南，復分爲二支：一支經山東東明縣北，東北流，至山東鄄城縣東注入瓠子河；一支經東明縣南，向東經山東菏澤市北注入巨野澤。　都關：在山陽縣境内。　羊里水：瓠子河的別稱。

過郡三：王先謙《漢書補注》以爲"三"當爲"四"，即陳留郡、東郡、濟陰郡、山陽郡。

[14]【今注】長羅：侯國名。治所在今河南長垣縣東北。漢宣帝本始四年（前70），封常惠爲長羅侯。元帝永光三年改屬河南郡，建昭五年復屬陳留郡。

[15]【顏注】應劭曰：古獄官曰尉氏，鄭之別獄也。臣瓚曰：鄭大夫尉氏之邑，故遂以爲邑。師古曰：鄭大夫尉氏亦以掌獄之官故爲族耳。應說是也。【今注】尉氏：縣名。治所在今河南尉氏縣北。本屬潁川郡，漢武帝元狩元年改屬陳留郡。元帝永光三年改屬河南郡，建昭五年復屬陳留郡。

[16]【顏注】應劭曰："鄭伯克段於鄢"是也。師古曰：鄢音偃（鄢，大德本、殿本作"鄢"）。【今注】鄢（yān）：縣名。治所在今河南柘城縣北。

[17]【顏注】孟康曰：《春秋》"會于匡"，今匡城是。【今注】長垣：縣名。治所在今河南長垣縣東北。

[18]【今注】平丘：縣名。治所在今河南封丘縣東。

[19]【今注】濟陽：縣名。治所在今河南蘭考縣東北。

[20]【顏注】應劭曰：魏惠王自安邑徙此，號曰梁。師古曰：取慮，縣名也，音秋盧。取又音趣。【今注】浚儀：縣名。治所在今河南開封市。　大梁：戰國時期魏國都城。魏惠成王六年（前364），將都城自安邑（今山西夏縣西北）徙至大梁。　睢水：鴻溝支脈之一。自今河南開封市東南分出，東南流經今河南杞縣、商丘、永城、安徽濉溪、宿州、靈璧、江蘇睢寧等市縣，於安徽宿遷市南注入古泗水。　取慮：臨淮郡屬縣。治所在今安徽靈璧縣東北。　過郡四：王先謙《漢書補注》以爲"四"當爲"五"，即陳留郡、梁國、山陽郡、沛郡、臨淮郡。

　　潁川郡，秦置。高帝五年爲韓國，六年復故。莽曰左隊。陽翟有工官。屬豫州。[1]戶四十三萬二千四百九十一，口二百二十一萬九百七十三。縣二十：陽翟，夏禹國。周末，韓景侯自新鄭徙此。户四萬一千六百五十，口十萬九千。莽曰潁川。[2]昆陽，[3]潁陽，[4]定陵，有東不羹。莽曰定城。[5]長社，[6]新汲，[7]襄城，[8]有西不羹。[9]莽曰相城。郾，[10]郟，[11]舞陽，[12]潁陰，[13]崈高，武帝置，以奉大室山，是爲中岳。有大室、少室山廟。古文以崇高爲外方山也。[14]許，[15]故國，姜姓，四岳後，大叔所封，二十四世爲楚所滅。傿陵，户四萬九千一百一，口二十六萬一千四百一十八。莽曰左亭。[16]臨潁，莽曰監潁。[17]父城，應鄉，故國，周武王弟所封。[18]成安，[19]侯國也。周承休，侯國，元帝置，元始二年更名鄭公。莽曰嘉美。[20]陽城，陽城山，洧水所出，東南至長平入潁，過郡三，行五百里。陽乾山，潁水所出，東至下蔡入淮，過郡三，行千五百里，荆州寖。有鐵官。[21]綸氏。[22]

[1]【顏注】孟康曰：夏啓有鈞臺之饗，今鈞臺在南。【今注】潁川郡：治陽翟縣（今河南禹州市）。屬豫州刺史部。“潁”通“穎”，穎川即潁川。傳世文獻多作“潁川”，間有“穎川”；封泥、簡牘文字往往作“穎川”，如《封泥考略》《古封泥集成》中之“穎川太守”“穎川太守章”與嶽麓秦簡中之“穎川”郡名。戰國時爲韓地。公元前230年爲秦國所攻取，置穎川郡。楚漢之際屬鄭昌韓國。高祖五年（前202），以穎川郡爲韓國，封韓王信。次年，韓國徙太原郡，潁川復爲郡。高祖十一年（前196）罷郡，益封於劉友淮陽國。惠帝元年（前194），淮陽國國除，復爲潁川郡。

[2]【顏注】應劭曰：夏禹都也。臣瓚曰：《世本》禹都陽城，《汲郡古文》亦云居之，不居陽翟也。師古曰：陽翟本禹所受封耳。應、瓚之說皆非。【今注】陽翟：縣名。治所在今河南禹州市。　韓景侯：戰國初韓國國君。公元前409年至前400年在位。

〔3〕【顏注】應劭曰：昆水出南陽。【今注】昆陽：縣名。治所在今河南葉縣。因在昆水之北而得名。

〔4〕【顏注】應劭曰：潁水出陽城。【今注】潁陽：縣名。治所在今河南許昌市建安區西南。因在潁水之陽而得名。秦封泥有"潁陽丞印"。張家山漢簡《二年律令·秩律》作"潁陽"。居延漢簡有"潁陽邑"。

〔5〕【顏注】師古曰：羹音郎。其後亦同。【今注】定陵：縣名。治所在今河南舞陽縣東北。　東不羹：古邑名。故址在今河南舞陽縣東北章化鄉古城村。本爲小國，春秋時爲楚國所滅，營造成爲楚國北方邊邑。

〔6〕【顏注】應劭曰："宋人圍長葛"是也。其社中樹暴長，更名長社。師古曰：長讀如本字。【今注】長社：縣名。治所在今河南長葛市東。

〔7〕【顏注】師古曰：闞駰云本汲鄉也，宣帝神爵三年置。以河內有汲，故加新也。【今注】新汲：縣名。治所在今河南扶溝縣西南。

〔8〕【今注】襄城：縣名。治所在今河南襄城縣。呂后元年（前187）封惠帝子劉義爲襄成侯，次年晉爲常山王，襄城復爲縣。襄成即襄城。

〔9〕【今注】西不羹：古邑名。故址在今河南襄城縣范湖鄉宋莊堯城崗。本爲小國，春秋時爲楚國所滅，營造成爲楚國北方邊邑。

〔10〕【顏注】師古曰：音一戰反。【今注】郾（yǎn）：縣名。治所在今河南漯河市郾城區南。郾，張家山漢簡《二年律令·秩律》作"偃"。

〔11〕【顏注】師古曰：音夾。【今注】郟（jiá）：縣名。治所在今河南郟縣。

〔12〕【顏注】應劭曰：舞水出南。【今注】舞陽：縣名。治

所在今河南舞陽縣西。高祖六年（前 201）封樊噲爲舞陽侯，景帝中元六年（前 144）國除，復爲縣。

[13]【今注】潁陰：縣名。治所在今河南許昌市。

[14]【顏注】師古曰：崈，古崇字。【今注】崈（chóng）高：縣名。治所在今河南登封市。武帝元封元年（前 110）爲奉祠崇高山而置。崈爲"嵩"之古字，崇高又作"嵩高"，即今河南登封市北之嵩山，五嶽之一。 大室少室山廟：俱爲奉祀中嶽之所。嵩山東峰稱太室山，西峰稱少石室，二峰相距約十公里，皆有廟。

[15]【今注】許：縣名。治所在今河南許昌市建安區東。

[16]【顏注】李奇曰：六國爲安陵。師古曰：傿音偃。【今注】傿陵：縣名。治所在今河南鄢陵縣西北。

[17]【今注】臨潁：縣名。治所在今河南臨潁縣西北。

[18]【顏注】應劭曰：《韓詩外傳》"周成王與弟戲，以桐葉爲圭，'吾以此封汝'。周公曰：'天子無戲言。'王應時而封，故曰應侯鄉"是也。臣瓚曰：《呂氏春秋》曰："成王以戲授桐葉爲圭，以封叔虞。"非應侯也。《汲郡古文》殷時已自有國，非成主之所造也。師古曰：武王之弟自封應國，非桐圭之事也。應氏之説蓋失之焉。又據《左氏傳》云，"邘、晉、應、韓，武之穆也"。是則應侯武王之子，又與志説不同。【今注】父城：縣名。治所在今河南寶豐縣東。本名城父，或因沛郡亦有城父縣而更名爲父城（參見周振鶴《中國行政區劃通史·秦漢卷（上）》，第 260 頁）

應鄉：父城縣所轄之鄉，在今河南魯山縣東。西周時本應國之地，春秋時爲楚邑，秦漢置鄉。

[19]【今注】成安：侯國名。治所在今河南汝州市東南。武帝元鼎五年（前 112）封韓延年爲成安侯，元封六年（前 105）國除，復爲縣。昭帝元鳳三年（前 78）封郭忠爲成安侯。

[20]【顏注】休音許虯反（錢大昭《漢書辨疑》云，此爲師古注，"休"字上脱"師古曰"三字）。【今注】周承休：侯國名。

治所在今河南汝州市東，當爲析長社縣地而置。武帝元鼎四年（前113），以三十里地封周室後裔姬嘉，號“周子南君”，地位擬於列侯，以奉周祀。宣帝地節三年（前67），君姬當有罪棄市。宣帝元康元年（前65），紹封姬當弟姬萬年爲周子南君。元帝初元五年（前44），更封爲周承休侯，位次諸侯王。成帝綏和元年（前8），進爵爲周承休公，益封地滿百里。平帝元始四年（4），改爲鄭公。

元始二年：當爲平帝元始四年（詳王念孫《讀書雜志·漢書第六》）。

〔21〕【顏注】師古曰：乾音干。洧音于軌反。【今注】陽城：縣名。治所在今河南登封市東南。　陽城山：在今河南登封市東，爲嵩山支脈，俗稱車嶺山。　洧水：源出今河南登封市東陽城山，東流至西華縣西，注入潁水。　陽乾山：在今河南登封市西南。過郡三：洧水流經潁川、汝陽、沛三郡。

〔22〕【今注】綸氏：縣名。治所在今河南登封市西南。

汝南郡，[1]高帝置。[2]莽曰汝汾，[3]分爲賞都尉。[4]屬豫州。戶四十六萬一千五百八十七，口二百五十九萬六千一百四十八。縣三十七：平輿，[5]陽安，[6]陽城，[7]侯國。莽曰新安。㶏强，[8]富波，[9]女陽，[10]鮦陽，[11]吳房，[12]安成，[13]侯國。莽曰至成。南頓，故頓子國，姬姓。[14]朗陵，[15]細陽，莽曰樂慶。[16]宜春，[17]侯國。莽曰宜孱。女陰，[18]故胡國。[19]都尉治。莽曰汝墳。新蔡，[20]蔡平侯自蔡徙此，[21]後二世徙下蔡。[22]莽曰新遷。新息，莽曰新德。[23]灈陽，[24]期思，[25]慎陽，[26]慎，[27]莽曰慎治。召陵，[28]弋陽，侯國。[29]西平，有鐵官。莽曰新亭。[30]上蔡，[31]故蔡國，周武王弟叔度所封。度放，成王封其子胡，十八世徙新蔡。𩵽，莽曰閏治。[32]西華，[33]莽曰華望。長平，[34]

莽曰長正。宜禄，^[35]莽曰賞都亭。項，^[36]故國。^[37]新郪，莽曰新延。^[38]歸德，^[39]侯國。宣帝置。莽曰歸惠。新陽，莽曰新明。^[40]安昌，^[41]侯國。莽曰始成。安陽，侯國。莽曰均夏。^[42]博陽，^[43]侯國。莽曰樂家。成陽，^[44]侯國。莽曰新利。定陵。^[45]高陵山，^[46]汝水出，東南至新蔡入淮，過郡四，^[47]行千三百四十里。

[1]【今注】汝南郡：治平輿縣（今河南平輿縣北）。屬豫州刺史部。

[2]【今注】高帝置：王國維以爲汝南郡置於高帝時事不足徵（《觀堂集林》卷一二《漢郡考》）。周振鶴以爲置郡在文帝十二年（前168），其時分淮陽國爲淮陽、汝南二郡。（《中國行政區劃通史・秦漢卷（上）》，第258頁）景帝二年（前155）封劉非爲汝南王，次年劉非改王江都國，汝南復爲郡。

[3]【今注】汝汾：當爲“汝墳”（詳周壽昌《漢書注校補》）。

[4]【今注】賞都尉：當爲“賞都郡”。本書卷九九下《王莽傳下》有“賞都大尹王欽”，可證賞都爲郡無疑。其置郡緣由，或與王莽之子封賞都侯有關。據本書《外戚恩澤侯表》，平帝元始四年（4）封王莽子王臨爲賞都侯，食邑二千户。又據本書卷九九上《王莽傳上》，孺子居攝三年（8）太后下詔，“進攝皇帝子褒新侯安爲新舉公，賞都侯臨爲褒新公”，王臨由賞都侯晉升爲褒新公，賞都侯國或即於此時轉爲賞都郡。案，錢大昕《三史拾遺》卷三以爲“賞都”爲郡名，“尉”字爲後人妄增。

[5]【顏注】應劭曰：故沈子國。今沈亭是也。輿音豫。【今注】平輿：縣名。治所在今河南平輿縣北。本屬淮陽國，文帝十二年爲汝南郡治所。

[6]【顏注】應劭曰：道國也。今道亭是。【今注】陽安：縣

名。治所在今河南確山縣東北。本屬南陽郡，文帝十二年改屬汝南郡。成帝綏和二年（前 7）封丁明爲陽安侯，平帝元始元年（1）國除，復爲郡。

[7]【今注】陽城：侯國名。治所在今河南商水縣西。宣帝地節四年（前 66），封劉德爲陽城侯。

[8]【顏注】應劭曰：溵水出潁川陽城。師古曰：溵音於謹反，又音殷。【今注】溵（yīn）強：縣名。治所在今河南臨潁縣東南。本屬淮陽國，文帝十二年改屬汝南郡。案，強，大德本、殿本作“彊”。

[9]【今注】富波：縣名。治所在今安徽阜南縣東南。

[10]【顏注】應劭曰：汝水出弘農，入淮。師古曰：女讀曰汝。其下汝陰亦同。【今注】女（rǔ）陽：縣名。即汝陽。治所在今河南商水縣西。故城在汝水支流之北，故得名。

[11]【顏注】應劭曰：在銅水之陽也。孟康曰：銅音紂（銅音紂，蔡琪本、大德本、殿本作“銅音紂紅反”）。【今注】銅陽：縣名。治所在今安徽臨泉縣西。

[12]【顏注】孟康曰：本房子國。楚靈王遷房於楚。吳王闔閭弟夫槩奔楚，楚封於此，爲堂谿氏。以封吳，故曰吳房，今吳房城堂谿亭是。【今注】吳房：縣名。治所在今河南遂平縣西。本屬南陽郡，文帝十二年改屬汝南郡。高祖八年（前 199）封斬殺項羽有功的都尉楊武爲吳房侯，景帝後元三年（前 141）國除爲縣。

[13]【今注】安成：侯國名。治所在今河南汝南縣東。成帝建始元年（前 32）封帝舅王崇爲安成侯。

[14]【顏注】應劭曰：頓迫於陳，其後南徙，故號南頓。故城尚在。【今注】南頓：縣名。治所在今河南項城市西南。本屬淮陽國，宣帝元康三年（前 63）改屬汝南郡。　頓子國：西周封國，子爵，姬姓。都城原在今河南商水縣東南，後爲陳國侵逼而南遷至今河南項城市西南，故稱南頓。爲楚附庸。公元前 496 年爲楚國

所滅。

　　[15]【顏注】應劭曰：朗陵山在西南。【今注】朗陵：縣名。
治所在今河南確山縣西南。本屬南陽郡，文帝十二年改屬汝南郡。

　　[16]【顏注】師古曰：居細水之陽，故曰細陽。細水本出新
郪。郪音千私反。【今注】細陽：縣名。治所在今安徽太和縣東
南。本屬淮陽國，文帝十二年改屬汝南郡。

　　[17]【今注】宜春：侯國名。治所在今河南汝南縣西南。武
帝元朔五年（前124），封衛青子衛伉爲宜春侯，元鼎元年（前
116）國除。昭帝元鳳四年（前77），封王訢爲宜春侯。

　　[18]【今注】女（rǔ）陰：縣名。即汝陰。治所在今安徽阜
陽市。爲汝南郡都尉治所。

　　[19]【今注】胡國：西周邦國。在今安徽阜陽市一帶。歸姓。
公元前495年爲楚所滅。

　　[20]【今注】新蔡：縣名。治所在今河南新蔡縣。本屬淮陽
國，文帝十二年改屬汝南郡。

　　[21]【今注】蔡平侯自蔡徙此：蔡平侯，即蔡平公，春秋時
期蔡國國君姬廬。公元前529年至前521年在位。蔡國初都蔡邑
(今河南上蔡縣西南)，平侯時遷至新蔡。

　　[22]【今注】後二世徙下蔡：蔡昭侯時，爲遠楚近吳，將都
城從新蔡遷至州來，稱下蔡（今安徽鳳臺縣）。

　　[23]【顏注】孟康曰：故息國，其後徙東，故加新云。【今
注】新息：縣名。治所在今河南息縣。

　　[24]【顏注】應劭曰：灈水出吳房，東入瀙也。師古曰：灈
音劬。瀙音楚人反，又音楚刃反。【今注】灈陽：縣名。治所在今
河南遂平縣東。

　　[25]【顏注】師古曰：故蔣國。【今注】期思：縣名。治所在
今河南淮濱縣東南。本屬淮南國。高祖十二年封賁赫爲期思侯，文
帝十四年國除。

［26］【顏注】應劭曰：慎水出東北，入淮。師古曰：慎字本作滇，音真，後誤爲慎耳。今猶有真丘、真陽縣，字並單作真，知其音不改也。闞駰云永平五年失印更刻，遂誤以“水”爲“心”。【今注】慎陽：縣名。治所在今河南正陽縣東北。高祖十一年封樂説爲慎陽侯，武帝元狩五年（前118）國除爲縣。本屬南陽郡，文帝十二年改屬汝南郡。

［27］【今注】慎：縣名。治所在今安徽潁上縣江口鎮。

［28］【顏注】師古曰：即齊桓公伐楚“次于召陵”者也。召讀曰邵。【今注】召（shào）陵：縣名。治所在今河南漯河市郾城區東。

［29］【顏注】應劭曰：弋山在西北。故黃國，今黃城是。【今注】弋陽：侯國名。治所在今河南潢川縣西北。昭帝元鳳元年（前80）封任宮爲弋陽侯，食邑二千户。

［30］【顏注】應劭曰：故柏子國也，今柏亭是。【今注】西平：縣名。治所在今河南西平縣西。

［31］【今注】上蔡：縣名。治所在今河南上蔡縣西南。

［32］【顏注】應劭曰：孫叔敖子所邑之寢丘是也。世祖更名固始。師古曰：寑音子衽反。【今注】寑（jìn）：縣名。治所在今安徽臨泉縣。本屬淮陽國，文帝十二年改屬汝南郡。

［33］【今注】西華：縣名。治所在今河南西華縣南。本屬淮陽國，宣帝元康三年改屬汝南郡。

［34］【今注】長平：縣名。治所在今河南西華縣東北。本屬淮陽國，宣帝元康三年改屬汝南郡。

［35］【今注】宜禄：縣名。治所在今河南鄲城縣東南。本屬淮陽國，宣帝元康三年改屬汝南郡。

［36］【今注】項：縣名。治所在今河南沈丘縣。本屬淮陽國，宣帝元康三年改屬汝南郡。

［37］【今注】故國：項國爲西周封國，姞姓。公元前643年爲

魯國所滅，其地後屬楚國。

[38]【顏注】應劭曰：秦伐魏，取郾丘。漢興爲新郪。章帝封殷（蔡琪本、大德本、殿本"殷"後有"後"字），更名宋。臣瓚曰：光武既封殷後于宋（于，殿本作"於"；大德本無"臣瓚曰光武既封殷後于宋"句），又封新郪。師古曰：封於新郪，號爲宋國耳。瓚說非（大德本無"瓚說非"三字）。【今注】新郪：縣名。治所在今安徽太和縣北。

[39]【今注】歸德：侯國名。治所不詳。宣帝神爵三年（前59），封匈奴降王賢撣爲歸德侯。

[40]【顏注】應劭曰：在新水之陽。【今注】新陽：縣名。治所在今安徽界首市北。本屬淮陽國，宣帝元康三年改屬汝南郡。

[41]【今注】安昌：侯國名。治所在今河南確山縣西。成帝河平四年（前25），封帝師丞相張禹爲安昌侯。食邑六百一十七户，益户四百。

[42]【顏注】應劭曰：故江國，今江亭是。【今注】安陽：侯國名。治所在今河南正陽縣南。成帝鴻嘉元年（前20），封大司馬車騎將軍王音爲安陽侯，食邑一千六百户。

[43]【今注】博陽：侯國名。治所在今河南商水縣東南。宣帝元康三年封御史大夫丙吉爲博陽侯，食邑一千三百三十户。甘露元年（前53）國除。成帝鴻嘉元年（前20）紹封丙吉之孫丙昌爲博陽侯。

[44]【今注】成陽：侯國名。治所在今河南信陽市北。分新息縣置。高祖十二年封功臣奚息爲成陽侯，食邑六百户。武帝建元元年（前140）國除。成帝永始元年（前16）封皇后父趙臨爲成陽侯，食邑二千户。哀帝建平元年（前6）國除。平帝元始元年（1）復置。

[45]【今注】定陵：侯國名。治所在今河南漯河市郾城區西北。成帝元延三年（前10）封侍中衛尉淳于長爲定陵侯，食邑一

千户。綏和元年（前8）國除。

　　[46]【今注】高陵山：在今河南魯山縣西，屬伏牛山支脈。王先謙《漢書補注》以爲“高陵山汝水出東南至新蔡入淮”十三字應置於南陽郡魯山縣下。

　　[47]【今注】過郡四：南陽、河南、潁川、汝南四郡。

　　南陽郡，[1]秦置。[2]莽曰前隊。屬荆州。户三十五萬九千三百一十六，口一百九十四萬二千五十一。縣三十六：宛，[3]故申伯國。[4]有屈申城。[5]縣南有北筮山。[6]户四萬七千五伯四十七。[7]有工官、鐵官。莽曰南陽。犨，[8]杜衍，[9]莽曰閏衍。酈，侯國。莽曰南庚。[10]育陽，有南筮聚，在東北。[11]博山，侯國。哀帝置。故順陽。[12]涅陽，莽曰前亭。[13]陰，[14]堵陽，莽曰陽城。[15]雉，衡山，澧水所出，東至酈入汝。[16]山都，[17]蔡陽，莽之母功顯君邑。[18]新野，[19]筑陽，故榖伯國。莽曰宜禾。[20]棘陽，[21]武當，[22]舞陰，[23]中陰山，淠水所出，東至蔡入汝。[24]西鄂，[25]穰，莽曰農穰。[26]酈，育水出西北，南入漢。[27]安衆，[28]侯國。故宛西鄉。冠軍，武帝置。故穰盧陽鄉、宛臨駣聚。[29]比陽，[30]平氏，[31]《禹貢》桐柏大復山在東南，[32]淮水所出，東南至淮陵入海，[33]過郡四，[34]行三千二百四十里，青州川。莽曰平善。隨，故國。厲鄉，故厲國也。[35]葉，楚葉公邑。有長城，號曰方城。[36]鄧，故國。都尉治。[37]朝陽，莽曰厲信。[38]魯陽，有魯山。古魯縣，御龍氏所遷。魯山，滍水所出，東北至定陵入汝。又有昆水，東南至定陵入汝。[39]舂陵，侯國。故蔡陽白水鄉。上唐鄉，故唐國。[40]新都，[41]侯國。莽曰新林。湖陽，故廖國也。[42]紅陽，侯國。莽曰紅俞。[43]樂成，[44]侯國。博望，[45] 侯國。莽曰宜樂。復陽。侯國。故湖陽樂鄉。[46]

［1］【今注】南陽郡：治宛縣（今河南南陽市宛城區）。屬荆州刺史部。

［2］【今注】秦置：南陽郡原爲韓、楚、魏三國交界之地，秦昭襄王三十五年（前272）合其地而置郡。據《釋名》，在中國之南而居陽地，故以爲名。楚漢之際屬楚國，高祖五年（前202）爲漢郡。

［3］【今注】宛：縣名。治所在今河南南陽市宛城區。

［4］【今注】申伯國：古國名。在今河南南陽市境内。傳爲伯夷之後，姜姓。

［5］【今注】屈申城：春秋時期申國城邑。在今河南南陽市北。

［6］【今注】北筮山：在今河南南陽市南。酈道元《水經注·淯水》：“淯水左右舊有二澨，所謂南澨、北澨者，水側之濆。”王念孫《讀書雜志·漢書第六》據此以爲“北筮山”當爲“北筮聚”。

［7］【今注】伯：同“百”。

［8］【顏注】師古曰：音昌牛反。【今注】犫（chōu）：縣名。治所在今河南魯山縣東南。犫，亦作“犨”。西漢封泥有“犫丞之印”，張家山漢簡《二年律令·秩律》有“犫”縣。

［9］【今注】杜衍：縣名。治所在今河南南陽市臥龍區西南。高祖七年封郎中王翳爲杜衍侯，武帝元狩五年（前118）國除，復爲縣。

［10］【顏注】孟康曰：音讚。師古曰：即蕭何所封。【今注】酇（zàn）：侯國名。治所在今湖北老河口市西北。高祖五年封相國蕭何爲酇侯，封國爲沛郡酇縣（今河南永城市）。後嗣徙封南陽酇侯國。

[11]【顏注】應劭曰：育水出弘農盧氏，南入于沔。【今注】育陽：縣名。治所在今河南南陽市宛城區。 南筮聚：村落名。在今河南南陽市南白河東岸。

[12]【顏注】應劭曰：漢明帝改曰順陽，在順水之陽也。師古曰：順陽，舊名。應説非。【今注】博山：侯國名。治所在今河南淅川縣東南順陽堡。哀帝綏和二年（前7）封孔光爲博山侯，邑千户。平帝元始元年（1）益萬户。 故順陽：本書卷七一《平當傳》記平當"察廉爲順陽長"，則西漢元帝時即有順陽縣。

[13]【顏注】應劭曰：在涅水之陽。師古曰：涅音乃結反。【今注】涅陽：縣名。治所在今河南鄧州市穰東鎮和鎮平縣侯集鎮之間。高祖七年封吕勝爲涅陽侯，文帝五年（前175）國除爲縣。

[14]【顏注】師古曰：即《春秋左氏傳》所云"遷陰於下陰"者也，與鄾相近。今襄州有陰城縣，縣有鄾城鄉。【今注】陰：縣名。治所在今湖北老河口市北。

[15]【顏注】韋昭曰：堵音者。【今注】堵（zhě）陽：縣名。治所在今河南方城縣東。秦及漢初爲陽成（亦作"陽城"）縣，後改爲堵陽。

[16]【顏注】師古曰：舊讀雉音弋爾反。而《大康地志》云即陳倉人所逐二童子名寶雞者（大，蔡琪本、大德本、殿本作"太"），雄止陳倉爲石，雌止此縣，故名雉縣，疑不可據也。酈音屋。【今注】雉：縣名。治所在今河南南召縣東南。 衡山：此指南陽雉衡山，在今河南南召縣東，非南嶽衡山。 澧水：一作"醴水"。即今河南中部澧水，源出葉縣西南，東流至漯河市郾城區入汝水。 酈：當爲"酈"之訛誤（詳見王先謙《漢書補注》）。酈即潁川郡酈縣（今河南漯河市郾城區南）。

[17]【今注】山都：縣名。治所在今湖北襄陽市襄城區西北。吕后四年（前184）封王恬開爲山都侯，武帝元封元年（前110）國除。

[18]【顏注】應劭曰：蔡水所出，東入淮。【今注】蔡陽：縣名。治所在今湖北棗陽市西南。　莽之母功顯君邑：平帝元始四年，賜安漢公王莽母親號爲功顯君，食邑二千户。

[19]【今注】新野：縣名。治所在今河南新野縣。

[20]【顏注】應劭曰：筑水出漢中房陵，東入沔。師古曰：《春秋》云“穀伯綏來朝”是也。今襄州有穀城縣，在筑水之陽。筑音逐。【今注】筑陽：縣名。治所在今湖北穀城縣東北。吕后二年，封蕭何少子蕭延爲築陽侯。文帝二年更爲鄅侯，築陽遂爲縣（參見周振鶴《中國行政區劃通史·秦漢卷（上）》，第425頁）。

穀伯國：古邦國名。在今湖北穀城縣。嬴姓。春秋時爲楚國所滅。

[21]【顏注】應劭曰：在棘水之陽。【今注】棘陽：縣名。治所在今河南新野縣東北。高祖七年封杜得臣爲棘陽侯，食邑二千户。武帝元朔五年（前124）國除爲縣。

[22]【今注】武當：縣名。治所在今湖北丹江口市西北。

[23]【今注】舞陰：縣名。治所在今河南泌陽縣西北。

[24]【今注】中陰山瀙（qìn）水所出東至蔡入汝：中陰山，在今河南泌陽縣東北。瀙水，源出今河南遂平縣西，東流經上蔡縣，入汝水。蔡，王念孫《讀書雜志·漢書第六》以爲其前脱一“上”字，上蔡爲汝南郡屬縣。

[25]【顏注】應劭曰：江夏有鄂，故加西云。【今注】西鄂：縣名。治所在今河南南陽市北。

[26]【顏注】師古曰：今鄧州穰縣是也。音人羊反。【今注】穰（ráng）：縣名。治所在今河南鄧州市。

[27]【顏注】如淳曰：酈音蹢躅之蹢。【今注】酈：縣名。治所在今河南内鄉縣西北。

[28]【今注】安衆：侯國名。治所在今河南鄧州市東北。本南陽郡宛縣西鄉地，武帝以其地封長沙定王子劉丹安衆侯。

［29］【顏注】應劭曰：武帝以封霍去病。去病仍出征匈奴，功冠諸軍，故曰冠軍。駣音桃。【今注】冠軍：侯國名。治所在今河南鄧州市西北。本南陽郡穰縣盧陽鄉、宛縣臨駣聚地，武帝元朔六年以其地封霍去病爲冠軍侯，元封元年國除爲縣。

［30］【顏注】應劭曰：比水所出，東入蔡。【今注】比陽：縣名。治所在今河南泌陽縣。

［31］【今注】平氏：縣名。治所在今河南桐柏縣平氏鎮。

［32］【今注】大復山：在今河南桐柏縣東，爲桐柏山支峰。

［33］【今注】淮陵：《漢書考證》齊召南以爲“淮陵”當作“淮浦”，各本俱誤。王先謙《漢書補注》以齊説爲是。中華本據改，今從。

［34］【今注】過郡四：王先謙《漢書補注》以爲“四”當爲“七”。淮水所過七郡爲：南陽、汝南、六安、九江、沛、泗水、臨淮。

［35］【顏注】師古曰：屬讀曰賴。【今注】隨：縣名。治所在今湖北隨州市。　故國：此指隨國。西周封國，姬姓。都城在今湖北隨州市。戰國初爲楚所滅。　厲國：春秋時小國，姜姓。在今湖北隨州市東北。公元前538年爲楚國所滅。

［36］【顏注】師古曰：音式涉反。【今注】葉（shè）：縣名。治所在今河南葉縣西南。故屬楚，秦昭襄王時攻取。秦封泥有“葉丞之印”，可知秦時已經置縣。　楚葉公邑：春秋時，葉爲楚國公子高封邑。　方城：春秋戰國時期楚國在北界構築的長城。主體在今河南南陽市境內。

［37］【顏注】應劭曰：鄧侯國。【今注】鄧：縣名。治所在今湖北襄陽市樊城區。南陽郡都尉治所。　故國：此指春秋時期的鄧國，公元前678年爲楚國所滅。

［38］【顏注】應劭曰：在朝水之陽。【今注】朝陽：縣名。治所在今河南新野縣西南。

[39]【顏注】師古曰：即《淮南》所云“魯陽公與韓戰，日反三舍”者也。瀧音峙，又音雉。【今注】魯陽：縣名。治所在今河南魯山縣。 魯山：王念孫《讀書雜志·漢書第六》以爲當爲“堯山”。古魯縣御龍氏所遷：相傳堯之後裔劉累善養龍，爲避夏后求索，遷至魯縣，立堯祠於西山，謂之堯山。 瀧水：一名泜水。源出今河南魯山縣西，東流至舞陽縣西北入汝河。 昆水：一名輝河。源出今河南魯山縣東南，東流至舞陽縣北舞渡入汝水。

[40]【顏注】師古曰：《漢記》云：“元朔五年，以零陵泠道之舂陵鄉封長沙王子買爲舂陵侯。至戴侯仁，以舂陵地形下溼，上書徙南陽。元帝許之，以蔡陽白水鄉徙仁爲舂陵侯。”【今注】舂陵：侯國名。治所在今湖北棗陽市南。本南陽郡蔡陽縣白水鄉地，元帝初元元年（前48）將舂陵侯劉仁封國從零陵郡徙至此地。

唐國：西周封國。姬姓。在今湖北隨州市西北。公元前505年爲楚國所滅。

[41]【今注】新都：侯國名。治所在今河南新野縣東。本爲南陽郡新野縣都鄉地，成帝永始元年（前16）封外戚王莽爲新都侯。

[42]【顏注】師古曰：廖音力救反。《左氏傳》作飂字，其音同耳。【今注】湖陽：縣名。治所在今河南唐河縣南。張家山漢簡《二年律令·秩律》作“胡陽”。 廖國：“廖”亦作“蓼”。蓼國爲春秋時小國，曾居今河南唐河縣南。後爲楚國所滅。

[43]【顏注】師古曰：俞音踰。【今注】紅陽：侯國名。治所在今河南葉縣南。成帝河平二年（前27）封王太后弟王立爲紅陽侯。

[44]【今注】樂成：侯國名。治所在今河南鄧州市西南。本爲平氏縣地。高祖六年封丁禮爲樂成侯，食邑千户，武帝元鼎五年（前112）國除。宣帝元康二年（前64）封外戚許延壽爲樂成侯，食邑一千五百户，元帝永光五年（前39）國除。成帝元延二年

（前11）紹封許恭爲樂成侯，食邑一千户。

[45]【今注】博望：侯國名。治所在今河南方城縣西南。武帝元朔六年，封張騫爲博望侯，元狩二年國除。宣帝元康二年封外戚許舜爲博望侯。

[46]【顏注】應劭曰：在桐柏下復山之陽（下，殿本作“大”）。師古曰：復音房目反（房，蔡琪本作“芳”，殿本作“方”）。【今注】復陽：侯國名。治所在今河南桐柏縣西北。本南陽郡湖陽縣樂鄉地，宣帝元康元年封長沙頃王子劉年爲復陽侯。在大復山之陽，故稱復陽。

南郡，[1]秦置，[2]高帝元年更爲臨江郡，[3]五年復故。[4]景帝二年復爲臨江，中二年復故。[5]莽曰南順。屬荊州。户十二萬五千五百七十九，口七十一萬八千五百四十。有發弩官。[6]縣十八：江陵，[7]故楚郢都。[8]楚文王自丹陽徙此，[9]後九世平王城之，[10]後十世秦拔我郢，[11]徙東。[12]莽曰江陵。[13]臨沮，《禹貢》南條荊山在東北，漳水所出，東至江陵入陽水，陽水入沔，行六百里。[14]夷陵，都尉治。莽曰居利。[15]華容，雲夢澤在南，荊州藪。夏水首受江，東入沔，行五百里。[16]宜城，[17]故鄢，惠帝三年更名。[18]鄀，[19]楚別邑故鄀。[20]莽曰鄀亭。邔，[21]當陽，[22]中廬，[23]枝江，故羅國。江沱出西，東入江。[24]襄陽，莽曰相陽。[25]編，有雲夢官。莽曰南順。[26]秭歸，歸鄉，故歸國。[27]夷道，莽曰江南。[28]州陵，莽曰江夏。[29]若，楚昭王畏吳，自郢徙此，後復還郢。[30]巫，夷水東至夷道入江，過郡二，行五百四十里。有鹽官。[31]高成。洈山，洈水所出，東入繇。繇水南至華容入江，過郡二，行五百里。莽曰言程。[32]

[1]【今注】南郡：治江陵縣（今湖北江陵縣）。屬荊州刺史部。

[2]【今注】秦置：南郡之地以楚都郢爲中心，秦昭襄王二十九年（前278）攻取並置郡，因方位而得名。秦南郡治江陵縣。

[3]【今注】高帝元年更爲臨江郡：文誤。楚漢之際，項羽以南郡之地建臨江國，分封楚柱國共敖爲臨江王。其時臨江爲國而非郡，亦不當繫於漢高祖劉邦名下。

[4]【今注】五年復故：臨江王共敖死後，其子共尉嗣立爲王。高祖五年（前202）十二月，漢軍俘虜共尉，臨江國亡，其地復爲南郡。

[5]【今注】景帝二年復爲臨江中二年復故：景帝二年（前155）以南郡爲臨江國，封皇子劉閼爲臨江王，立三年而薨，無後，國除。景帝七年復封皇子劉榮爲臨江王，中二年（前148）有罪自殺，國除，復爲南郡。

[6]【顏注】師古曰：主教放弩也。【今注】發弩官：培訓弓弩射術的官署機構。

[7]【今注】江陵：縣名。治所在今湖北江陵縣。

[8]【今注】郢都：春秋戰國時期楚國都城。今湖北荊州市江陵縣紀南城遺址當即楚郢都故城。

[9]【今注】楚文王：春秋時期楚國國君熊貲。公元前690年至前677年在位。　丹陽：楚國早期都城。地望衆説不一，或以爲湖北當陽市季家湖城址即丹陽故城（參見湖北省博物館編《當陽季家湖楚城遺址》，《文物》1980年第10期）。

[10]【今注】平王：楚平王，春秋時期楚國國君熊居。公元前529年至前516年在位。

[11]【今注】後十世秦拔我郢："我"字衍。周壽昌《漢書注校補》以爲係《漢書》作者徑引《史記》卷四〇《楚世家》"秦將白起遂拔我郢"所致。

[12]【今注】徙東：《漢書考證》齊召南説"東"當作"陳"。

陳，戰國後期楚國國都，在今河南商丘市睢陽區。

［13］【今注】案，江陵，蔡琪本、殿本均作“江陸”。底本誤。

［14］【顏注】應劭曰：沮水出漢中房陵，東入江。師古曰：沮水即《左傳》所云“江、漢、沮、漳，楚之望（蔡琪本、大德本、殿本‘望’後有‘也’字）”。音千余反。【今注】臨沮：縣名。治所在今湖北南漳縣東南。

［15］【顏注】應劭曰：夷山在西北。【今注】夷陵：縣名。治所在今湖北宜昌市東南。南郡都尉治所。

［16］【顏注】應劭曰：《春秋》“許遷于容城”是。【今注】華容：縣名。治所在今湖北鄂州市華容區。 雲夢澤在南荆州藪：王先謙《漢書補注》以爲“雲”前當有《禹貢》二字。 夏水：古河道。從今湖北荆州市東南分長江水東出，流經監利縣北，東北流至仙桃市附近入漢水。此段水道及自此以下之漢水，亦稱爲夏水。

［17］【今注】宜城：縣名。治所在今湖北宜城市南。荆州松柏漢墓出土《南郡免老簿》作“宜成”。

［18］【今注】故鄢惠帝三年更名：鄢，戰國時期曾爲楚國都城。今湖北宜城市東南楚皇城遺址，或即楚鄢故城。秦昭襄王二十八年，秦攻取鄢。睡虎地雲夢秦簡《編年紀》記錄墓主喜曾任“鄢令吏”，“治獄鄢”，可證秦統一前已置鄢縣。漢初因秦舊制，至惠帝三年（前192）始改縣名“鄢”爲“宜城”。

［19］【今注】郢：縣名。治所在今湖北荆州市荆州區。今郢城鎮郢城遺址當即秦漢郢縣故城。

［20］【今注】楚別邑故郢：意謂故爲楚國城邑，亦以“郢”爲名，但並非郢都。

［21］【顏注】孟康曰：音忌。師古曰：音其已反。【今注】邔（qǐ）：縣名。治所在今湖北宜城市北。高祖十二年（前195）

封黃極中爲邛侯，武帝元鼎五年（前 112）國除爲縣。北京大學藏秦簡中有"邛鄉"，周振鶴據此推斷其地秦末仍爲鄉聚，至漢初立邛侯國時方改爲縣（《中國行政區劃通史·秦漢卷（上）》，第 432 頁）。

［22］【今注】當陽：縣名。治所在今湖北荆門市南。

［23］【顏注】師古曰：在襄陽縣南，今猶有次廬村。以隋室諱忠，故改忠爲次。【今注】中廬：縣名。治所在今湖北襄陽市襄州區西南。漢初爲襄平侯國別邑，即荆州松柏漢墓《南郡免老簿》"襄平侯中廬"。武帝元封元年（前 110）襄平侯國除，中廬由侯國別邑改爲縣。

［24］【顏注】師古曰：沱即江別出者也。音徒何反。【今注】枝江：縣名。治所在今湖北枝江市東北。　羅國：古小國名。與楚同祖，春秋時爲楚所滅，其遺民被遷至今湖北枝江市一帶，後又被遷至湖南平江縣一帶。　江沱：本《志》"江沱"有二，一爲荆州之沱，一爲梁州之沱。此指荆州之沱。自今湖北枝江市東分長江正流，東流至江口鎮，又歸入長江正流。原長江正流後來式微，江沱反成正流。

［25］【顏注】應劭曰：在襄水之陽。【今注】襄陽：縣名。治所在今湖北襄陽市襄州區。

［26］【顏注】孟康曰：編音鞭。【今注】編：縣名。治所在今湖北荆門市北。　雲夢官：官署名。或爲都水機構，兼掌雲夢澤苑囿漁獵諸務。江夏郡西陵縣亦置。

［27］【顏注】孟康曰：秭音姊。【今注】秭歸：縣名。治所在今湖北秭歸縣。　歸國：西周邦國，芈姓。春秋時遷至今湖北秭歸縣東南，後爲楚國所滅。歸，一作"夔"。

［28］【顏注】應劭曰：夷水出巫，東入江。【今注】夷道：縣名。治所在今湖北宜都市。漢武帝伐西南夷，道由此出，故名夷道。

[29]【今注】州陵：縣名。治所在今湖北洪湖市東北。

[30]【顏注】師古曰：《春秋傳》作鄀，其音同。【今注】鄀：縣名。治所在今湖北宜城市東南。　楚昭王：春秋時期楚國國君熊珍。公元前516年至前489年在位。

[31]【顏注】應劭曰：巫山在西南。【今注】巫：縣名。治所在今重慶市巫山縣北。　夷水：今湖北境内清江。　過郡二：南郡、武陵。

[32]【顏注】師古曰：洈音危。繇讀曰由。【今注】高成：侯國名。治所在今湖北松滋市南。　洈（wéi）山：在今湖北松滋市西南。一名起龍山。　洈水：古洈水大體相當於今洈水（古繇水）之北源。源出今湖北松滋市西，東南流至街河入今洈水。　過郡二：武陵、南郡。

　　江夏郡，高帝置。屬荆州。[1]户五萬六千八百四十四，口二十一萬九千二百一十八。縣十四：西陵，[2]有雲夢官。莽曰江陽。竟陵，[3]章山在東北，[4]古文以爲内方山。郫鄉，[5]楚郫公邑。莽曰守平。西陽，[6]襄，[7]莽曰襄非。邾，衡山王吳芮都。[8]軑，故弦子國。[9]鄂，[10]安陸，[11]横尾山在東北，古文以爲倍尾山。[12]沙羡，[13]蘄春，[14]鄳，[15]雲杜，[16]下雉，莽曰閏光。[17]鍾武。[18]侯國。莽曰當利。

　　[1]【顏注】應劭曰：沔水自江别至南郡華容爲夏水，過郡入江，故曰江夏。【今注】江夏郡：屬荆州刺史部。郡治有爭議，或以爲西陵，或以爲安陸，或以爲先安陸，後徙西陵。酈道元《水經注·江水》記江夏郡“舊治安陸”，嚴耕望依據本《志》首縣即爲郡治成例，推斷西漢以安陸縣爲郡治，西漢後期徙治西陵縣。黄盛璋依據雲夢古城考古發現，認爲“古城東外城的擴建當在設立江

夏郡並以安陸爲郡治的時候……東外城的放棄，縮收到西外城之內，應在西漢末年失去郡治地位之後”（黃盛璋：《雲夢秦墓兩封家信中有關歷史地理的問題》，《文物》1980 年第 8 期）。徐龍國依據 1992 年雲夢楚王城發掘成果，支持西漢末年由安陸移治西陵説（詳見徐龍國《秦漢城邑考古學研究》，中國社會科學出版社 2013 年版，第 122 頁）。周振鶴比較安陸、西陵二地的考古發現，認爲安陸地區漢古城規模較大，且西漢時期墓葬較多，西陵則東漢時期遺存較爲多見，“故暫將安陸定爲治所”（《中國行政區劃通史·秦漢卷（上）》，第 434 頁）。　高帝置：此説誤。漢初無江夏郡。武帝元狩元年（前 122），以衡山郡西部數縣與南郡東部數縣合置江夏郡。

〔2〕【今注】西陵：縣名。治所在今湖北武漢市新洲區西。本屬衡山國，武帝元狩元年衡山國除，歸屬江夏郡。

〔3〕【顔注】師古曰：音云。【今注】竟陵：縣名。治所在今湖北潛江市西北。

〔4〕【今注】章山：在今湖北鍾祥市南，即《禹貢》所謂“内方山”。

〔5〕【今注】鄖（yún）鄉：古鄖國之地，春秋時爲楚國鄖公辛之封邑，漢置鄉，屬竟陵縣。酈道元《水經注·沔水》以爲鄖鄉乃竟陵縣治。

〔6〕【今注】西陽：縣名。治所在今河南光山縣西。

〔7〕【今注】襄：縣名。治所不詳。《史記》卷八《高祖本紀》記秦楚之際有“襄侯王陵”，或與襄縣有關。

〔8〕【顔注】師古曰：音朱，又音誅。【今注】邾（zhū）：縣名。治所在今湖北黃岡市北。　吴芮：秦番陽縣令，舉兵反秦，項羽封之爲衡山王，以邾縣爲都。漢定天下，徙封爲長沙王，都臨湘縣。

〔9〕【顔注】孟康曰：音汰。師古曰：又音徒系反。【今注】

軑（dài）：縣名。治所在今河南光山縣與羅山縣之間。惠帝二年（前193）封長沙國丞相利倉（一作"利蒼"）爲軑侯，武帝元封元年（前110）國除爲縣。　弦子國：西周封國。在今河南光山縣西北。子爵，隗姓。公元前655年爲楚國所滅。

[10]【顏注】師古曰：音五各反。【今注】鄂：縣名。治所在今湖北鄂州市。

[11]【今注】安陸：縣名。治所在今湖北雲夢縣。今雲夢縣城關楚王城遺址，當爲戰國、秦及西漢時期安陸故城。平帝元始元年（1）封楚思王子劉平爲安陸侯，八年免。周振鶴疑此安陸侯國未必盡食一縣，侯國之外，餘地仍爲安陸縣（《中國行政區劃通史·秦漢卷（上）》，第434頁）。

[12]【今注】倍尾山：《禹貢》中之倍尾山，一説爲今湖北安陸市北之橫尾山，一説爲今山東泗水縣東之陪尾山。

[13]【顏注】晉灼曰：美音夷。【今注】沙羨：縣名。治所在今湖北武漢市武昌區西。

[14]【顏注】晉灼曰：音祈。【今注】蘄春：縣名。治所在今湖北蘄春縣西南。

[15]【顏注】蘇林曰：音盲。師古曰：音萌，又音莫耿反。【今注】䢵（méng）：縣名。治所在今河南羅山縣西。

[16]【顏注】應劭曰：《左傳》"若敖取於䢵（於，大德本、殿本作"棄"）"，今䢵亭是也。師古曰：䢵音云。【今注】雲杜：縣名。治所在今湖北京山縣。

[17]【顏注】如淳曰：音羊氏反。【今注】下雉：縣名。治所在今湖北陽新縣東。南陽郡有雉縣，此在江漢之下，故名"下雉"以別之。

[18]【今注】鍾武：侯國名。治所在今河南信陽市東南。宣帝元康元年（前65）封長沙頃王子劉度爲鍾武侯。本《志》零陵郡下亦有鍾武。

　　盧江郡，故淮南，文帝十六年別爲國。金蘭西北有東陵鄉，淮水出。屬揚州。盧江出陵陽東南，[1]北入江。戶十二萬四千三百八十三，口四十五萬七千三百三十三。有樓船官。縣十二：舒，[2]故國。[3]莽曰昆鄉。居巢，[4]龍舒，[5]臨湖，[6]雩婁，決水北至蓼入淮，又有灌水，亦北至蓼入決，過郡二，行五百一十里。[7]襄安，[8]莽曰盧江亭也。樅陽，[9]尋陽，[10]《禹貢》九江在南，皆東合爲大江。灊，天柱山在南。有祠。沘山，沘水所出，北至壽春入芍陂。[11]皖，有鐵官。[12]湖陵邑，北湖在南。[13]松茲。[14]侯國。莽曰誦善。

　　[1]【顏注】應劭曰：故盧子國。【今注】盧江郡：治舒縣（今安徽盧江縣西南）。屬揚州刺史部。戰國時屬楚地，後歸秦。嶽麓秦簡與里耶秦簡中均有"盧江"地名，推斷秦始皇三十五年（前212）之前即已置郡。楚漢之際屬英布九江國。　淮南：淮南國。高祖五年（前202）改封九江王英布爲淮南王。其後英布叛亂身死，高祖十一年，漢封皇子劉長爲淮南王，轄九江、衡山、盧江、豫章四郡之地。文帝七年（前173），劉長謀反，淮南國除，盧江等四郡歸漢。文帝十二年，徙封城陽王劉喜爲淮南王，盧江郡復歸淮南國。文帝十六年，復徙劉喜爲城陽王，將故淮南國之地一分爲三，封劉安爲淮南王，劉勃爲衡山王，劉賜爲盧江王。故盧江郡地屬盧江國。景帝四年（前153），盧江國除，故盧江郡屬漢。武帝元狩二年（前121），故盧江郡之地析入丹揚、豫章二郡。武帝元狩元年，衡山國除爲衡山郡。元狩二年，衡山郡析爲二部：東部數縣劃入東夏郡，其餘諸縣另立爲盧江郡。此盧江郡在長江以北，故盧江郡全在江南。　金蘭：當爲盧江郡屬縣，本《志》失載。周壽昌《漢書注補正》曰："《志》無金蘭縣，疑轉寫脫漏。綜郡國領縣核之，校《百官表》及本《志》後序之數，尚少九縣，

此蓋其一也。"金蘭治所當在今河南商城縣南。　廬江：今安徽東南部青弋江。　陵陽：丹陽郡屬縣。治所在今安徽青陽縣南。

　　[2]【今注】舒：縣名。治所在今安徽廬江縣西南。

　　[3]【今注】故國：此指舒國，西周、春秋時的小國，又稱"群舒"，偃姓，在今安徽廬江縣西南。後爲楚國所滅。

　　[4]【顏注】應劭曰：《春秋》"楚人圍巢"。巢，國也。【今注】居巢：縣名。治所在今安徽桐城市南。

　　[5]【顏注】應劭曰：群舒之邑。【今注】龍舒：縣名。治所在今安徽舒城縣西南。

　　[6]【今注】臨湖：縣名。治所在今安徽無爲縣西南臨湖圩。

　　[7]【顏注】師古曰：雩音許于反。婁音力于反。【今注】雩（xū）婁：縣名。治所在今河南固始縣東南。秦代即已置縣。秦封泥有"虖婁丞印"，虖婁即雩婁。　決水：源出今安徽金寨縣西南牛山，名牛山河，北流經河南固始縣境，今稱史河，北流至縣東北界入淮河。　蓼：六安國屬縣，治所在今河南固始縣東北。　灌水：今河南固始縣西南之灌河。　過郡二：廬江、六安。

　　[8]【今注】襄安：縣名。治所在今安徽無爲縣西南。

　　[9]【顏注】師古曰：音七容反。【今注】樅（zōng）陽：縣名。治所在今安徽樅陽縣。

　　[10]【今注】尋陽：縣名。治所在今湖北黃梅縣西南。

　　[11]【顏注】晉灼曰：音潛。師古曰：沘音比，又音布几反。芍音酌，又音鵲。【今注】灊（qián）：縣名。治所在今安徽霍山縣東北。秦代已置縣。秦封泥有"灊丞之印"。　天柱山：又名霍山，在今安徽霍山縣南。《史記·封禪書》：武帝元封五年（前106）"上巡南郡，至江陵而東。登禮灊之天柱山，號曰南岳"。　沘（bǐ）山：在今安徽霍山縣南。　沘水：源出大別山，北流至今安徽壽縣西匯入淮河。　壽春：九江郡屬縣。治所在今安徽壽縣。　芍陂：古湖澤名。故址在今安徽壽縣。

[12]【顏注】師古曰：音胡管反。【今注】晥（huǎn）：縣名。治所在今安徽潛山縣。

[13]【今注】湖陵邑：縣邑名。治所在今安徽太湖縣東南。北湖：一説即今安徽望江縣西、太湖縣南、宿松縣北之泊湖。

[14]【今注】松兹：侯國名。治所在今安徽宿松縣東北。

九江郡，秦置，高帝四年更名爲淮南國，武帝元狩元年復故。莽曰延平。屬揚州。戶十五萬五十二，口七十八萬五百二十五。有陂官、湖官。[1]縣十五：壽春邑，[2]楚考烈王自陳徙此。[3]浚遒，[4]成德，[5]莽曰平阿。橐皋，[6]陰陵，[7]莽曰陰陸。歷陽，[8]都尉治。莽曰明義。當塗，侯國。莽曰山聚。[9]鍾離，莽曰蠶富。[10]合肥，[11]東城，[12]莽曰武城。博鄉，[13]侯國。莽曰揚陸。曲陽，侯國。莽曰延平亭。[14]建陽，[15]全椒，[16]阜陵。[17]莽曰阜陸。

[1]【顏注】應劭曰：江自廬江尋陽分爲九。【今注】九江郡：治壽春邑（今安徽壽縣）。屬揚州刺史部。　秦置：本楚淮南地，後歸秦，置郡。秦九江郡界地跨長江南北，至秦始皇二十八年（前219）析其江南之地置廬江郡，九江郡界域有所縮小。楚漢之際，屬英布九江國。　高帝四年更名爲淮南國武帝元狩元年復故：高祖五年（前202）改封九江王英布爲淮南王，郡治在六縣（今安徽六安市）；高祖十一年封皇子劉長爲淮南王，九江郡爲淮南國四郡之一，郡治當徙至壽春。文帝七年（前173），劉長謀反，淮南國除，九江等四郡歸漢。文帝十二年，徙封城陽王劉喜爲淮南王，九江復歸淮南國。文帝十六年，復徙劉喜爲城陽王，將故淮南國之地一分爲三，封劉安爲淮南王，劉勃爲衡山王，劉賜爲廬江王。故九江郡地屬劉安淮南國。武帝元狩元年（前122），淮南王劉安謀

反，國除爲九江郡。　陂（bēi）官：西漢時期朝廷設在郡國管理陂池水利的官署。從目前所見傳世文獻來看，惟置九江郡一處。湖官：西漢時期朝廷設在郡國管理湖澤水利的官署。從目前所見傳世文獻來看，惟置九江郡一處。

　　[2]【今注】壽春邑：或稱壽春，縣名。治所在今安徽壽縣。

　　[3]【今注】楚考烈王：戰國時期楚國國君熊元。公元前263年至前238年在位。公元前241年爲避强秦而將國都從陳（今河南商丘市睢陽區）遷至壽春，改名爲"郢"。

　　[4]【顏注】晉灼曰：音莤熟之莤（莤，蔡琪本作"道"）。師古曰：浚音峻。道音才由反。【今注】浚（jùn）遒：縣名。治所在今安徽肥東縣東。

　　[5]【今注】成德：縣名。治所在今安徽壽縣南。

　　[6]【顏注】孟康曰：音柘姑。【今注】橐（zhè）皋（gū）：縣名。治所在今安徽巢湖市西北。

　　[7]【今注】陰陵：縣名。治所在今安徽定遠縣西北。

　　[8]【今注】歷陽：縣名。治所在今安徽和縣。漢九江郡都尉治所。楚漢之際，項羽封范增爲歷陽侯。

　　[9]【顏注】應劭曰：禹所娶塗山侯國也。有禹虚。【今注】當塗：侯國名。治所在今安徽懷遠縣南。武帝征和二年（前91）封魏不害爲當塗侯。

　　[10]【顏注】應劭曰：鍾離子國。【今注】鍾離：縣名。治所在今安徽鳳陽縣東。

　　[11]【顏注】應劭曰：夏水出父城東南，至此與淮合，故曰合肥。【今注】合肥：縣名。治所在今安徽合肥市。酈道元《水經注·施水》記："夏水出城父東南，至此與肥合，故曰合肥。"

　　[12]【今注】東城：縣名。一作"東成"，漢封泥有"東成丞印"。治所在今安徽定遠縣東南。文帝八年封淮南屬王劉長子劉良爲東城侯，十五年國除。武帝元封元年（前110）封故東粵繇王居

股爲東成侯，征和三年國除，復爲縣。

[13]【今注】博鄉：侯國名。治所在今安徽六安市西。元帝竟寧元年（前33）封六安繆王子劉交爲博鄉侯。

[14]【顏注】應劭曰：在淮曲之陽。【今注】曲陽：侯國名。治所在今安徽淮南市東。成帝河平二年（前27）封外戚王根爲曲陽侯。秦代即已置縣。秦封泥有“曲陽左尉”。

[15]【今注】建陽：縣名。治所在今安徽來安縣南。

[16]【今注】全椒：縣名。治所在今安徽全椒縣。

[17]【今注】阜陵：縣名。治所在今安徽和縣西。文帝八年封淮南厲王劉長子劉安爲阜陵侯，十六年國除。

山陽郡，[1]故梁。[2]景帝中六年別爲山陽國。[3]武帝建元五年別爲郡。莽曰鉅野。屬兗州。戶十七萬二千八百四十七，口八十萬一千二百八十八。[4]有鐵官。[5]縣二十三：昌邑，[6]武帝天漢四年更山陽爲昌邑國。有梁丘鄉。[7]《春秋傳》曰“宋、齊會于梁丘”。南平陽，莽曰黽平。[8]成武，[9]有楚丘亭。[10]齊桓公所城，遷衛文公於此。子成公徙濮陽。莽曰成安。湖陵，《禹貢》“浮于泗、淮，通于河”，水在南。莽曰湖陸。[11]東緡，[12]方與，[13]橐，莽曰高平。[14]鉅野，[15]大壄澤在北，[16]兗州藪。單父，都尉治。莽曰利父。[17]薄，[18]都關，[19]城都，[20]侯國。莽曰城穀。黃，[21]侯國。爰戚，[22]侯國。莽曰戚亭。郜成，[23]侯國。莽曰告成。中鄉，[24]侯國。平樂，[25]侯國。包水東北至沛入泗。[26]鄭，[27]侯國。瑕丘，[28]甾鄉，侯國。[29]栗鄉，[30]侯國。莽曰足亭。曲鄉，[31]侯國。西陽。侯國。[32]

[1]【今注】山陽郡：治昌邑縣（今山東巨野縣東南昌邑故

城）。屬兗州刺史部。武帝天漢四年（前97），封皇子劉髆爲昌邑王，以山陽郡置昌邑國，益之以大河郡樊縣等地。昭帝元平元年（前74），昌邑王劉賀徵入長安爲帝，旋被廢，昌邑國除爲山陽郡。元帝竟寧元年（前33），復置山陽國，徙濟陽王劉康爲山陽王。成帝河平四年（前25），山陽王劉康徙爲定陶王，山陽國復除爲山陽郡。

〔2〕【今注】故梁：高祖五年（前202）封彭越爲梁王，梁國轄秦碭郡之地。高祖十一年誅彭越，封皇子劉恢爲梁王，復以東郡之地益梁國。呂后七年（前181），劉恢徙爲趙王，呂王呂産被徙爲梁王。呂后八年，太后去世，呂氏梁國之地復爲漢郡。文帝二年（前178），以碭郡之地封皇子劉揖爲梁王。十一年，劉揖死。十二年，徙淮陽王劉武爲梁王。景帝中元六年（前144），梁孝王劉武死，梁國之地析分爲梁、濟川、濟東、山陽、濟陰等五國。“故梁”意謂山陽郡之地故屬梁國。

〔3〕【今注】山陽國：景帝中元六年，梁孝王劉武子劉定被封爲山陽王，都昌邑（今山東巨野縣東南昌邑故城）。武帝建元五年（前136），梁王劉定薨，國除爲郡。

〔4〕【今注】案，本書卷七六《張敞傳》記載，宣帝時山陽郡太守張敞上書，言“山陽郡戶九萬三千，口五十萬以上”。戶口數字與本《志》差異明顯。

〔5〕【今注】有鐵官：本書卷一〇《成紀》記載，成帝永始三年（前14）十二月，“山陽鐵官徒蘇令等二百二十八人攻殺長吏，盜庫兵，自稱將軍”。1964年山東滕縣薛城皇殿崗村冶鐵遺址出土“山陽二”銘文鐵鏟陶範，可知西漢時期山陽郡確實設有鐵官，且至少設有兩處鐵工場。

〔6〕【今注】昌邑：縣名。治所在今山東巨野縣東南昌邑故城。

〔7〕【今注】梁丘鄉：昌邑縣下屬鄉。春秋時爲梁丘邑。在今山東成武縣東北。

[8]【顏注】孟康曰：郜庶期以漆来奔，又城漆（城，蔡琪本作"成"），今漆鄉是。【今注】南平陽：縣名。治所在今山東鄒城市。泰山郡有東平陽，故此稱南平陽。

[9]【今注】成武：縣名。治所在今山東成武縣。

[10]【今注】楚丘亭：成武縣下屬亭，在今山東曹縣東。下文"齊桓公所城，遷衛文公於此"，係指《左傳》僖公二年（前658）"諸侯城楚丘而封衛焉"之楚丘，在今河南滑縣東北，與本處楚丘並非一地。《志》文誤。

[11]【顏注】應劭曰：《尚書》一名湖。章帝封東平王倉子爲湖陵侯，更名湖陵。【今注】湖陵：縣名。一作"胡陵"。治所在今山東魚臺縣東南。　　通于河：當作"通於菏"。菏即菏水。據酈道元《水經注·泗水》，菏水自菏澤分流，東南流經今山東巨野縣、金鄉縣，注入泗水。其水今湮。

[12]【顏注】師古曰：《春秋》僖二十三年"齊侯伐宋圍緡"，即謂此。音旻。【今注】東緡（mín）：縣名。治所在今山東金鄉縣。

[13]【顏注】晉灼曰：音房豫。【今注】方與：縣名。治所在今山東魚臺縣西北。

[14]【顏注】臣瓚曰：音拓。【今注】橐：縣名。治所在今山東微山縣西北。居延漢簡有"田卒昌邑國邴成里公士公丘異""田卒昌邑國邴靈里公士朱廣年二十四"，疑邴即橐字之簡寫，從石存其聲，從邑存其義。詳陳直《漢書新證》。

[15]【今注】鉅野：縣名。治所在今山東巨野縣東北。

[16]【今注】大野澤：湖澤名。即"巨野澤"，又名"大野"。在今山東巨野縣北。

[17]【顏注】師古曰：音善甫。【今注】單（shàn）父：縣名。治所在今山東單縣。爲山陽郡都尉治所。

[18]【顏注】臣瓚曰：湯所都。【今注】薄：縣名。治所在今

山東曹縣東南。

[19]【今注】都關：縣名。治所在今山東鄄城縣東北。

[20]【今注】城都：侯國名。又名“成都”。治所在今山東鄄城縣西南。成帝河平二年（前27），封皇太后弟王商爲成都侯。成帝綏和二年（前7）免。

[21]【今注】黃：侯國名。治所在今河南民權縣東南。元帝建昭元年（前38）封梁敬王子劉順爲黃侯。

[22]【今注】爰戚：侯國名。治所在今山東嘉祥縣南。宣帝地節二年（前68）封平陵大夫趙長年爲爰戚侯。

[23]【今注】郜成：侯國名。治所在今山東成武縣東南。案，郜，當爲“邞”之誤（詳見段玉裁《說文解字注》）。尹灣漢簡中亦有“山陽郡邞成”，可證段玉裁之説至確（詳馬孟龍《西漢侯國地理》，上海古籍出版社2013年版，第489頁）。

[24]【今注】中鄉：侯國名。治所今地無考。元帝建昭元年封梁敬王子劉延年爲中鄉侯。

[25]【今注】平樂：侯國名。治所在今山東單縣東。元帝建昭元年封梁敬王子劉遷爲平樂侯。

[26]【今注】包水：酈道元《水經注・泗水》引作“泡水”。源出今江蘇豐縣西南獲水，東北流，至沛縣東南注入泗水。

[27]【今注】鄭：侯國名。治所今地無考。元帝建昭元年封梁敬王子劉罷軍爲鄭侯。

[28]【顏注】應劭曰：瑕丘在西南。【今注】瑕丘：侯國名。治所在今山東濟寧市兗州區北。武帝元朔三年（前126）封魯共王子劉政（一作“劉貞”）爲瑕丘侯。

[29]【顏注】師古曰：音側其反。【今注】甾鄉：侯國名。治所今地無考。元帝建昭元年封梁敬王子劉就爲甾鄉侯。

[30]【今注】栗鄉：侯國名。治所今地無考。成帝鴻嘉元年（前20）封東平思王子劉護爲栗鄉侯。

　　[31]【今注】曲鄉：侯國名。治所今地無考。成帝永始三年
（前 14）封梁荒王子劉鳳爲曲鄉侯。

　　[32]【今注】西陽：侯國名。治所今地無考。成帝元延元年
（前 12）封東平思王子劉並爲西陽侯。

　　濟陰郡，故梁。景帝中六年別爲濟陰國。宣帝甘露二年更
名定陶。《禹貢》荷澤在定陶東。屬兗州。[1]戶二十九萬二十
五，口百三十八萬六千二百七十八。縣九：定陶，[2]故
曹國，[3]周武王弟叔振鐸所封。《禹貢》陶丘在西南。陶丘亭。[4]
冤句，[5]莽改定陶曰濟平，冤句縣曰濟平亭。呂都，[6]莽曰祈
都。葭密，[7]成陽，[8]有堯冢靈臺。《禹貢》雷澤在西北。鄄
城，莽曰鄄良。[9]句陽，[10]秺，莽曰萬歲。[11]乘氏。泗水東
南至睢陵入淮，過郡六，行千一百一十里。[12]

　　[1]【顏注】師古曰：荷音柯。【今注】濟陰郡：治定陶縣
（今山東菏澤市定陶區西北）。屬兗州刺史部。　故梁：意謂濟陰郡
之地故屬梁國。　景帝中六年別爲濟陰國：景帝中元六年（前
144），梁國之地一分爲五，其中即有濟陰國，梁孝王之子劉不識被
封爲濟陰王。次年國除爲濟陰郡。　宣帝甘露二年更名定陶：宣帝
甘露二年（前 52）以濟陰郡之地建定陶國，封皇子劉囂爲定陶王。
宣帝黃龍元年（前 49），徙定陶王爲楚王，定陶國除，復爲濟陰
郡。　荷澤：一作“菏澤”。

　　[2]【今注】定陶：縣名。治所在今山東菏澤市定陶區西北。

　　[3]【今注】曹國：周武王弟姬振鐸之封國。都陶（今山東菏
澤市定陶區西北）。公元前 487 年爲宋國所滅。

　　[4]【今注】陶丘亭：定陶縣下屬亭。傳說堯曾居此，故號陶
唐氏。王念孫《讀書雜志·漢書第六》以爲“陶丘亭”後脫“在
南”二字。

〔5〕【顏注】師古曰：句音劬。【今注】冤句（qú）：縣名。亦作“宛句”。治所在今山東曹縣西北。

〔6〕【今注】吕都：縣名。治所在今山東菏澤市牡丹區吕陵鎮。

〔7〕【顏注】師古曰：葭音家。【今注】葭密：縣名。治所在今山東菏澤市牡丹區葭密寨村。

〔8〕【今注】成陽：縣名。治所在今山東鄄城縣東南。

〔9〕【顏注】師古曰：鄄音工掾反。【今注】鄄城：縣名。治所在今山東鄄城縣北。

〔10〕【顏注】應劭曰：《左氏》“句瀆之丘”也（左氏，蔡琪本、大德本、殿本作“左氏傳”）。師古曰：音鉤（鉤，蔡琪本、大德本、殿本作“鈎”）。【今注】句（gōu）陽：縣名。治所在今山東菏澤市牡丹區西北。

〔11〕【顏注】孟康曰：音妒。【今注】秺（dù）：縣名。治所在今山東成武縣西北。武帝征和二年（前91），封商丘成爲秺侯，後元二年（前87）國除。昭帝始元二年（前85），復封金日磾爲秺侯，元帝永光元年（前43）國除。

〔12〕【顏注】應劭曰：《春秋》“敗宋師于乘丘”是也。師古曰：睢音雖。【今注】乘氏：縣名。治所在今山東巨野縣西南。睢陵：臨淮郡屬縣。治所今地無考。　過郡六：濟陰、山陽、沛、楚、臨淮、東海六郡。

沛郡，[1]故秦泗水郡。[2]高帝更名。[3]莽曰吾符。屬豫州。户四十萬九千七十九，口二百三萬四百八十。縣三十七：相，[4]莽曰吾符亭。龍亢，[5]竹，莽曰篤亭。[6]穀陽，[7]蕭，[8]故蕭叔國，[9]宋別封附庸也。向，故國。《春秋》曰“莒人入向”。姜姓，炎帝後。[10]銍，[11]廣戚，[12]侯國。莽曰力聚。下蔡，[13]故州來國，[14]爲楚所滅，後吴取之，至夫差遷昭侯於此，後四世侯齊竟爲楚所滅。豐，[15]莽曰吾豐。鄲，莽曰單城。[16]譙，[17]莽曰延成亭。蘄，銍鄉，高祖破黥布。都尉治。莽曰蘄城。[18]㽕，莽曰貢。[19]輒與，[20]莽曰華樂。山桑，[21]公丘，侯國。故滕國，周懿王子錯叔繡文公所封，三十一世爲齊所滅。[22]符離，[23]莽曰符合。敬丘，侯國。[24]夏丘，[25]莽曰歸思。洨，侯國。垓下，高祖破項羽。莽曰育成。[26]沛，[27]有鐵官。芒，莽曰博治。[28]建成，[29]侯國。城父，[30]夏肥水東南至下蔡入淮，[31]過郡二，[32]行六百二十里。莽曰思善。建平，[33]侯國。莽曰田平。酇，莽曰贊治。[34]栗，[35]侯國。莽曰成富。扶陽，[36]侯國。莽曰合治。高，[37]侯國。高柴，[38]侯國。漂陽，[39]平阿，[40]侯國。莽曰平寧。東鄉，[41]臨都，[42]義成，[43]祈鄉。[44]侯國。莽曰會穀。

[1]【今注】沛郡：治相縣（今安徽濉溪縣西北），屬豫州刺史部。

[2]【今注】秦泗水郡：其地戰國時屬宋，後歸楚。秦滅楚，置四川郡，郡治沛縣（今江蘇沛縣）。秦封泥有"四川大守""四川水丞""四川輕車"，嶽麓秦簡中亦有"四川郡"，知秦郡名爲"四川"而非"泗水"。

[3]【今注】高帝更名：《志》文有誤。秦四川郡楚漢之際屬項羽西楚，入漢前後更爲彭城郡，漢初先後屬韓信楚國、劉交楚國。景帝三年（前154）平吳楚七國之亂，析楚彭城郡置沛郡。

[4]【今注】相：縣名。治所在今安徽濉溪縣西北。《魏書·地形志》載相縣有相山廟，故縣名因山而來。

[5]【顔注】晉灼曰：亢音岡。【今注】龍亢：縣名。治所在今安徽懷遠縣西北。

[6]【顔注】李奇曰：今竹邑。【今注】竹：縣名。治所在今

安徽宿州市埇橋區符離鎮。

[7]【顏注】應劭曰：在穀水之陽。【今注】穀陽：縣名。治所在今安徽固鎮縣西北。

[8]【今注】蕭：縣名。治所在今安徽蕭縣西北。

[9]【今注】蕭叔國：蕭爲春秋時期宋國之附庸國，在今安徽蕭縣西北。子姓，始封之君爲蕭叔大心。公元前 597 年爲楚國所滅。

[10]【顏注】師古曰：音餉。【今注】向：縣名。治所在今安徽懷遠縣西北。　故國：此指向國，西周封國，姜姓，春秋初爲莒國所滅。

[11]【顏注】師古曰：銍音竹乙反。【今注】銍（zhì）：縣名。治所在今安徽濉溪縣南。

[12]【今注】廣戚：侯國名。治所舊以爲在江蘇沛縣東，今考證在山東微山縣夏鎮（詳見鄭威《西漢東海郡所轄戚縣、建陵、東安侯國地望考辨》，《中國歷史地理論叢》2006 年第 2 輯）。武帝元朔元年（前 128）封魯共王子劉將爲廣戚侯。元鼎五年（前 112）國除。成帝河平三年（前 26）復封楚孝王子劉勛爲廣戚侯。

[13]【今注】下蔡：縣名。治所在今安徽鳳臺縣下蔡鎮。

[14]【今注】州來國：古國名。春秋時爲楚國所滅，後又歸吳國。公元前 493 年，吳王夫差遷蔡昭侯於此，遂改稱下蔡。

[15]【今注】豐：縣名。治所在今江蘇豐縣。

[16]【顏注】孟康曰：音多。【今注】酇（dān）：縣名。治所在今安徽渦陽縣丹城集鄉。景帝中元元年（前 149）紹封周繹子周應爲酇侯，武帝元鼎三年國除爲縣。

[17]【今注】譙：縣名。治所在今安徽亳州市譙城區。

[18]【顏注】師古曰：靁音直志反。【今注】蘄：縣名。治所在今安徽宿州市埇橋區蘄縣鎮。爲沛郡都尉治所。　垂（chuí）鄉：故城在今宿州市埇橋區蘄縣鎮。高祖十二年（前 195）劉邦曾

於此擊敗淮南王英布叛軍。鄩，本書卷一《高紀》作"缶"；《史記》卷八《高祖本紀》作"甀"。

[19]【顏注】師古曰：㲋亦音貢。【今注】㲋（gòng）：縣名。治所在今安徽五河縣西。本書卷八一《孔光傳》作"虹"。

[20]【今注】輒與：縣名。治所今地無考。

[21]【今注】山桑：縣名。治所在今安徽蒙城縣北。

[22]【顏注】師古曰：《左氏傳》云"郜、雍、曹、滕，文之昭也"，《系本》亦云"錯叔繡，滕文王子（滕文王子，蔡琪本、大德本、殿本作"文王子"）"，而此《志》云懿王子，未詳其義耳。【今注】公丘：侯國名。治所在今山東滕州市西南。武帝元朔三年（前126），以魯國滕縣之下鄉聚封魯共王子劉順爲公丘侯國。

[23]【今注】符離：縣名。治所在今安徽宿州市埇橋區東北。

[24]【顏注】應劭曰：《春秋》"遇于大丘"（大，大德本作"犬"），明帝更名大丘。【今注】敬丘侯國：治所在今河南永城市西北。本書《王子侯表》未見有封國於敬丘者，而有武帝封魯共王子劉政爲瑕丘侯者，故錢大昕、王先謙于俱疑敬丘即瑕丘（詳見王先謙《漢書補注》）。然《尹灣漢墓漢牘·東海郡下轄長吏名籍》中有"沛郡敬丘淳于賞，故侯門大夫，以功遷"，可證西漢成帝時確有敬丘侯國，惟封侯建國年代不詳。

[25]【今注】夏丘：縣名。治所在今安徽泗縣。

[26]【顏注】應劭曰：洨水所出，南入淮。師古曰：洨音肴。【今注】洨：侯國名。治所在今安徽固鎮縣東。呂后曾封呂產爲洨侯（一作"郊侯"）。武帝征和元年（前92）封趙敬肅王子劉周舍爲洨侯。 垓下：聚落名。在今安徽靈璧縣東南。王念孫《讀書雜志·漢書第六》以爲"垓下"二字後脫一"聚"字。

[27]【今注】沛：縣名。治所在今江蘇沛縣。

[28]【顏注】應劭曰：世祖更名臨睢。睢水出焉。師古曰：

芒音莫郎反。睢音雖。【今注】芒：縣名。治所在今河南永城市北。

[29]【今注】建成：侯國名。治所在今河南永城市東南。宣帝五鳳三年（前55），封丞相黃霸爲建成侯。

[30]【今注】城父：縣名。治所在今安徽亳州市譙城區城父鎮。

[31]【今注】夏肥水：淮河支流。源出今河南鹿邑縣西南清水河，東南流經安徽利辛縣西，復東南流至鳳臺縣西注入淮河。今稱西淝河。

[32]【今注】過郡二：夏肥水流經沛、汝南二郡。

[33]【今注】建平：侯國名。治所在今河南虞城縣西南。昭帝元鳳元年（前80）封杜延年爲建平侯。

[34]【顏注】應劭曰：音嵯（音嵯，殿本作“音嗟”）。師古曰：此縣本爲酇，應音是也。中古以來借酇字爲之耳，讀皆爲酇，而莽呼爲贊治，則此縣亦有贊音。【今注】酇（cuó）：縣名。治所在今河南永城市酇城鎮。

[35]【今注】栗：侯國名。治所在今河南夏邑縣。武帝征和元年（前92）封趙敬肅王子劉樂爲栗侯。

[36]【今注】扶陽：侯國名。治所在今安徽淮北市北。宣帝本始三年（前71）封丞相韋賢爲扶陽侯。

[37]【今注】高：侯國名。治所今地無考。元帝建昭元年（前38）封梁敬王子劉舜爲高侯。

[38]【今注】高柴：侯國名。治所今地無考。元帝建昭元年封梁敬王子劉發爲高柴侯。

[39]【顏注】如淳曰：漂音票（漂音票，蔡琪本、殿本作“溧音栗”）。【今注】漂陽：侯國名。治所今地無考。元帝建昭元年封梁敬王子劉欽爲漂陽侯。本《志》失注“侯國”二字。案，漂陽，蔡琪本、殿本作“溧陽”。

[40]【今注】平阿：侯國名。治所在今安徽懷遠縣西南。成

帝河平二年（前27）封外戚王譚爲平阿侯。

　　[41]【今注】東鄉：侯國名。治所今地無考。元帝建昭元年封梁敬王子劉方爲東鄉侯。本《志》失注“侯國”二字。

　　[42]【今注】臨都：侯國名。治所今地無考。元帝建昭元年封梁敬王子劉未央爲臨都侯。本《志》失注“侯國”二字。

　　[43]【今注】義成：侯國名。治所在今安徽懷遠縣東北。元帝竟寧元年（前33）封甘延壽爲義成侯。孺子嬰居攝二年（7）更名爲誅郅支侯國。

　　[44]【今注】祁鄉：侯國名。治所在今河南夏邑縣北。成帝永始二年（前15）封梁夷王子劉賢爲祁鄉侯。

　　魏郡，[1]高帝置。[2]莽曰魏城。屬冀州。户二十一萬二千八百四十九，口九十萬九千六百五十五。縣十八：鄴，[3]故大河在東北入海。[4]館陶，[5]河水別出爲屯氏河，[6]東北至章武入海，[7]過郡四，[8]行千五百里。斥丘，莽曰利丘。[9]沙，[10]内黄，清河水出南。[11]清淵，[12]魏，都尉治。莽曰魏城亭。[13]繁陽，[14]元城，[15]梁期，[16]黎陽，莽曰黎蒸。[17]即裴，侯國。莽曰即是。[18]武始，漳水東至邯鄲入漳。又有拘澗水，東南至邯鄲入白渠。[19]邯會，侯國。[20]陰安，[21]平恩，[22]侯國。莽曰延平。邯溝，侯國。[23]武安。欽口山，白渠水所出，東至列人入漳。又有㽸水，東北至東昌入虖池河，過郡五，行六百一里。有鐵官。莽曰桓安。[24]

　　[1]【今注】魏郡：治鄴縣（今河北臨漳縣西南）。屬冀州刺史部。

　　[2]【今注】高帝置：此説誤。高帝時並無魏郡。景帝中元三年（前147），分清河郡南部諸縣及河内郡、上黨郡數縣置魏郡

（詳見周振鶴《中國行政區劃通史・秦漢卷（上）》，第 383 頁）。

［3］【今注】鄴：縣名。治所在今河北臨漳縣西南。

［4］【今注】大河：黃河。

［5］【今注】館陶：縣名。治所在今河北館陶縣。

［6］【今注】屯氏河：漢武帝元封年間黃河在館陶縣東北決口，分出支流，因其地有屯氏邑，故名屯氏河。屯氏河東北流經今山東臨清、武城等市縣，到河北吳橋縣，復匯入黃河故道。

［7］【今注】章武：勃海郡屬縣。治所在今河北黃驊市西北。

［8］【今注】過郡四：屯氏河在館陶附近從黃河分出，東北經魏、清河、信都、勃海四郡入海。

［9］【顏注】應劭曰：斥丘在西南也。師古曰：闞駰云地多斥鹵，故曰斥丘。【今注】斥丘：縣名。治所在今河北成安縣東南。

［10］【今注】沙：當爲“涉”字之誤（詳王念孫《讀書雜志・漢書第六》）。《戰國策・趙策一》記“韓欲有宜陽，必以路涉、端氏賄趙”，張家山漢簡《二年律令・秩律》亦作“涉”。涉縣治所在今河北涉縣西北。

［11］【顏注】應劭曰：《春秋》“吳子、晉侯會于黃池”。今黃澤在西。陳留有外黃，故加內云。臣瓚曰：《國語》曰“吳子會諸侯於黃池，掘溝於齊、唐之間（唐，蔡琪本、大德本、殿本作“魯”）”。今陳外黃有黃溝是也。《史記》曰“伐宋取黃池”。然則不得在魏郡明矣。師古曰：瓚説是也，應説失之。【今注】內黃：縣名。治所在今河南內黃縣西北。　清河水：王先謙《漢書補注》據酈道元《水經注・淇水》“淇水東過內黃縣南，爲白溝”，以爲白溝又歷魏、館陶、平恩三縣，至清淵縣，爲清淵，清河之名即由此始。班氏所謂“清河水出南”者，溯其源耳。

［12］【顏注】應劭曰：清河在西北。【今注】清淵：縣名。治所在今河北館陶縣東北。

［13］【顏注】應劭曰：魏武侯別都。【今注】魏：縣名。治

所在今河北大名縣西南。魏郡都尉治所。

[14]【顏注】應劭曰：在繁水之陽。張晏曰：其界爲繁淵。【今注】繁陽：縣名。治所在今河南內黃縣西北。敦煌懸泉漢簡編號Ⅰ90DXT0112③：108A簡文"戍卒魏郡燔陽安世里"（甘肅簡牘博物館等編《懸泉漢簡（壹）》，第165頁）。"燔陽"即繁陽。

[15]【顏注】應劭曰：魏武侯公子元食邑於此，因而遂氏焉。【今注】元城：縣名。治所在今河北大名縣東。宣帝時曾爲富平侯張安世別邑（詳見馬孟龍《松柏漢墓35號木牘侯國問題初探》，《中國史研究》2011年第2期）。

[16]【今注】梁期：縣名。治所在今河北磁縣東北。武帝元鼎五年（前112）封任破胡爲梁期侯，太始四年（前93）國除爲縣。

[17]【顏注】晉灼曰：黎山在其南，河水經其東。其山上碑取山之名（蔡琪本、大德本作"取山之名"前有"云縣"二字），取水在其陽以爲名。【今注】黎陽：縣名。治所在今河南浚縣東。

[18]【顏注】應劭曰：裴音非。【今注】即裴：侯國名。治所在今河北邯鄲市肥鄉區西南。武帝征和元年（前92）封趙敬肅王子劉道爲揤裴侯。揤裴，即即裴。肩水金關漢簡編號73EJT21：438簡亦作"揤裴"。

[19]【顏注】應劭曰：拘音矩。【今注】武始：縣名。治所在今河北邯鄲市西南。武帝元朔三年（前126）封趙敬肅王子劉昌爲武始侯。武帝征和元年，劉昌嗣爲趙王，武始國除爲縣。　漳水東至邯鄲入漳：漳水入漳，《志》文疑誤。段玉裁以爲前一"漳"當作"澄"，"今澄水北流入溥沱"（《經韻樓集》卷五《校〈漢書·地理志注〉》）。周振鶴進一步研究認爲，澄水在西漢中期以前確在邯鄲入漳水，因爲其時邯鄲尚未分置邯會、邯溝、邯平等侯國入魏郡，澄水正在邯鄲以東入漳水之別（《〈水經·濁漳水注〉的一處錯簡》，《歷史地理》第1輯，上海人民出版社1981年版）。　拘

潤水：在今河北邯鄲市南。據酈道元《水經注·濁漳水》，拘潤水導源武始縣東山白渠北。案，東南至邯鄲入白渠，"東南"二字殿本作"東北"。

[20]【顏注】張晏曰：漳水之別，自城西南與邯山之水會，今城旁猶有溝渠在也。師古曰：邯音下安反。【今注】邯會：侯國名。治所在今河北邯鄲市肥鄉區西南。武帝元朔二年（前127）封趙敬肅王子劉仁爲邯會侯。

[21]【今注】陰安：縣名。治所在今河南清豐縣北。武帝元朔五年封衛青子衛不疑爲陰安侯，元鼎五年國除。

[22]【今注】平恩：侯國名。治所在今河北邱縣西南。宣帝地節三年（前67）封外戚許廣漢爲平恩侯，侯七年，無後國除。元帝初元元年（前48）復紹封許嘉爲平恩侯。

[23]【顏注】師古曰：邯水之溝。【今注】邯溝：侯國名。治所在今河北邯鄲市肥鄉區西。宣帝地節二年（前68）封趙頃王子趙偃爲邯溝侯。

[24]【顏注】師古曰：寖音子衽反。庨音呼。池音徒何反（何，蔡琪本作"河"）。其下並同。【今注】武安：縣名。治所在今河北武安市西南。　欽口山：在今河北武安市南，白渠水源出於此。　列人：廣平郡屬縣。治所在今河北邯鄲市肥鄉區東北。寖水：寖，一作"浸"。王先謙《漢書補注》以爲浸水即濁漳水。
過郡五：王先謙《漢書補注》以爲"五"當爲"四"。浸水所過四郡即魏、廣平、鉅鹿、信都。

鉅鹿郡，[1]秦置。[2]屬冀州。戶十五萬五千九百五十一，口八十二萬七千一百七十七。縣二十：鉅鹿，《禹貢》大陸澤在北。紂所作沙丘臺在東北七十里。[3]癭南，莽曰富平。[4]廣阿，[5]象氏，[6]侯國。莽曰寧昌。廮陶，[7]宋子，[8]莽曰宜子。楊氏，[9]莽曰功陸。臨平，[10]下曲陽，都尉治。[11]貰，[12]鄡，莽曰秦聚。[13]新市，[14]侯國。莽曰市樂。堂陽，有鹽官。嘗分爲經縣。[15]安定，[16]侯國。敬武，[17]歷鄉，[18]侯國。莽曰歷聚。樂信，[19]侯國。武陶，[20]侯國。柏鄉，[21]侯國。安鄉。[22]侯國。

[1]【今注】鉅鹿郡：治鉅鹿縣（今河北平鄉縣南）。屬冀州刺史部。

[2]【今注】秦置：戰國時屬趙地。秦滅趙，析其地置鉅鹿郡。秦始皇三十三年（前214）以鉅鹿郡地置清河、河間二郡，鉅鹿郡似廢棄不存。西漢初亦不見鉅鹿郡建制，至武帝征和二年（前91）以廣平郡北部諸縣復置鉅鹿郡（詳見周振鶴《中國行政區劃通史·秦漢卷（上）》，第24—28頁）。

[3]【顏注】應劭曰：鹿，林之大者也。臣瓚曰：山足曰鹿。師古曰：應說是。【今注】鉅鹿：縣名。治所在今河北平鄉縣南。

大陸澤：又名鉅鹿澤、廣阿澤，在今河北任縣東北，後淤爲平地。　沙丘臺：商紂王所建宮苑。遺址在今河北廣宗縣大平臺村南。

[4]【顏注】孟康曰：欒音良全反。【今注】南欒（luán）：縣名。治所在今河北鉅鹿縣北。武帝時封趙敬肅王子劉佗爲南欒侯，征和二年國除。

[5]【今注】廣阿：縣名。治所在今河北隆堯縣東舊城村。

[6]【今注】象氏：侯國名。治所在今河北隆堯縣北。武帝元朔三年（前126）封趙敬肅王子劉賀爲象氏侯。

[7]【顏注】師古曰：廮音一井反。【今注】廮（yǐng）陶：縣名。治所在今河北寧晉縣西南。

[8]【今注】宋子：縣名。治所在今河北趙縣東北。

[9]【今注】楊氏：縣名。治所在今河北寧晉縣。

[10]【今注】臨平：縣名。治所在今河北晉州市東南。

[11]【顏注】應劭曰：晉荀吳滅鼓，今鼓聚昔陽亭是也（昔，蔡琪本作"晉"）。師古曰：常山有上曲陽，故此云下。【今注】下曲陽：縣名。治所在今河北晉州市西。鉅鹿郡都尉治所。

[12]【顏注】師古曰：音式制反。【今注】貰（shì）：縣名。治所在今河北辛集市西南。

[13]【顏注】師古曰：音苦么反（苦，殿本作"若"），又差枭反（差，蔡琪本作"羌"）。【今注】鄡（qiāo）：縣名。治所在今河北辛集市東南。鄡，一作"鄡"。

[14]【今注】新市：侯國名。治所在今河北新河縣北。昭帝元鳳五年（前76）封廣川繆王子劉吉爲新市侯。

[15]【顏注】應劭曰：在堂水之陽。【今注】堂陽：縣名。治所在今河北新河縣北。

[16]【今注】安定：侯國名。治所在今河北辛集市東北。宣帝本始元年（前73）封燕剌王子劉賢爲安定侯。

[17]【今注】敬武：縣名。治所在今河北趙縣范莊鎮。

[18]【今注】歷鄉：侯國名。治所在今河北寧晉縣東。宣帝神爵四年（前58）封廣川繆王子劉必勝爲歷鄉侯。

[19]【今注】樂信：侯國名。治所在今河北辛集市東。宣帝神爵三年（前59）封廣川繆王子劉强爲樂信侯。

[20]【今注】武陶：侯國名。治所今地無考。宣帝五鳳元年（前57）封廣川繆王子劉朝爲武陶侯。

[21]【今注】柏鄉：侯國名。治所在今河北柏鄉縣西南。元帝竟寧元年（前33）封趙哀王子劉買爲柏鄉侯。

[22]【今注】安鄉：侯國名。治所今地無考。元帝竟寧元年封趙哀王子劉喜爲安鄉侯。

常山郡，高帝置。莽曰井關。屬冀州。[1]户十四萬一千七百四十一，口六十七萬七千九百五十六。縣十八：

元氏，泜水首受中丘西山窮泉谷，東至堂陽入黄河。莽曰井關亭。[2]石邑，井陘山在西，洨水所出，東南至廮陶入泜。[3]桑中，[4]侯國。靈壽，[5]中山桓公居此。[6]《禹貢》衞水出東北，東入虖池。蒲吾，有鐵山。大白渠水首受縣曼水，東南至下曲陽入斯洨。[7]上曲陽，恒山北谷在西北。有祠。并州山。《禹貢》恒水所出，東入滱。莽曰常山亭。[8]九門，莽曰久門。[9]井陘，[10]房子，贊皇山，石濟水所出，東至廮陶入泜。莽曰多子。[11]中丘，[12]逢山長谷，[13]渚水所出，[14]東至張邑入濁。[15]莽曰直聚。封斯，[16]侯國。關，[17]平棘，[18]鄗，世祖即位，更名高邑。莽曰禾成亭。[19]樂陽，[20]侯國。莽曰暢苗。平臺，[21]侯國。莽曰順臺。都鄉，[22]侯國。有鐵官。莽曰分鄉。南行唐。[23]牛飲山白陸谷，[24]滋水所出，[25]東至新市入虖池水。[26]都尉治。莽曰延億。

[1]【顏注】張晏曰：恒山在西，避文帝諱，故改曰常山。【今注】常山郡：治元氏縣（今河北元氏縣西北）。屬冀州刺史部。
高帝置：其地秦時初屬邯鄲郡，後分邯鄲郡北部置恒山郡。楚漢之際屬張耳恒山國（常山國）。漢初屬趙國。吕后元年（前187）以趙之恒山郡置恒山國，惠帝子三人相繼爲恒山王。公元前180年，吕后崩，文帝劉恒入繼大統，恒山國除爲郡，避天子諱而改稱常山郡。文帝元年（前179）劃歸劉遂趙國。景帝二年（前155）削趙常山郡歸漢。次年，析常山郡十餘縣侯國置中山國。景帝中元五年（前145）封皇子劉舜爲常山王。武帝元鼎三年（前114）常山國除，復爲郡。

[2]【顏注】師古曰：闞駰云趙公子元之封邑，故曰元氏。【今注】元氏：縣名。治所在今河北元氏縣西北。 泜水："泜"當爲"泜"之誤（詳王念孫《讀書雜志·漢書第六》）。泜水源出今

河北贊皇縣西南，東北流經元氏縣南，復東南流經寧晉縣南，注入滏陽河。　　中丘：常山郡屬縣。案，蔡琪本作“申丘”。　　窮泉谷：在今河北内丘縣西。　　黄河：當爲“漳河”之誤（詳王念孫《讀書雜志·漢書第六》）。

[3]【顔注】師古曰：泜音效，又音爻。泜音脂，又音丁計反。其後亦同。【今注】石邑：縣名。治所在今河北石家莊市鹿泉區東南。　　井陘山：在今河北井陘縣西北。山勢四面高聳，中間低下，狀如井，故名。上有井陘關，爲東出太行山進入華北平原之要隘。　　洨水：源出井陘山，東南流注入槐河。

[4]【今注】桑中：侯國名。治所在今河北平山縣南。宣帝地節二年（前68）封趙頃王子趙廣漢爲桑中侯。

[5]【今注】靈壽：縣名。治所在今河北靈壽縣西北。

[6]【今注】中山桓公：戰國時期中山國國君。在位近四十年。公元前381年從魏國手中恢復中山國，後將都城從顧（今河北定州市）遷至靈壽。

[7]【顔注】應劭曰：蒲水出中山蒲陰，東入河。【今注】蒲吾：縣名。治所在今河北平山縣東南。　　案，有鐵山，蔡琪本作“有鐵南山”。

[8]【顔注】應劭曰：滱音彄。【今注】上曲陽：縣名。治所在今河北曲陽縣西。　　恒水：即今河北曲陽縣北之横河。源出恒山，東流匯入滱河，二水合流後通稱恒水，注入渤海。

[9]【今注】九門：縣名。治所在今河北石家莊市藁城區西北。　　案，久門，蔡琪本作“天門”。

[10]【顔注】應劭曰：井陘山在南，音刑。【今注】井陘：縣名。治所在今河北井陘縣西北。

[11]【顔注】師古曰：濟音子詣反。【今注】房子：縣名。治所在今河北高邑縣西南倉房村。　　贊皇山：在今河北贊皇縣西南。　　石濟水：王念孫《讀書雜志·漢書第六》據《説文解字》

《風俗通義》及《續漢書·郡國志》，以爲“石”字爲衍。

［12］【今注】中丘：縣名。治所在今河北内丘縣西。

［13］【今注】逢山：在今河北内丘縣西。今稱逢鵲山。

［14］【今注】渚水：源出今河北内丘縣西，東流經内丘縣南，又東流至任縣江北入渦水（今之沙河）。案，渚，蔡琪本、大德本、殿本作“諸”。

［15］【今注】東至張邑入濁：張邑，即張縣，廣平郡屬縣。濁，當爲“渦”之誤。渦水，源出今河北邢臺市西，東流經南和縣南，折北流，於隆堯縣南注入大陸澤。渦水中下游今稱沙河。案，濁，蔡琪本、殿本作“蜀”。

［16］【今注】封斯：侯國名。治所在今河北趙縣西北。武帝元朔二年（前127）封趙敬肅王子劉胡傷爲封斯侯。

［17］【今注】關：縣名。治所在今河北石家莊市欒城區西北董堡丘。

［18］【顏注】應劭曰：“伐晉取棘蒲”也。師古曰：《功臣表》棘蒲侯陳武、平棘侯林摯，是則平棘、棘蒲非一地也。應説失之。【今注】平棘：縣名。治所在今河北趙縣東南。

［19］【顏注】師古曰：鄗音呼各反。【今注】鄗：縣名。治所在今河北柏鄉縣北。　案，世祖，蔡琪本、殿本作“高祖”。

［20］【今注】樂陽：侯國名。治所在今河北石家莊市鹿泉區東北。宣帝地節二年封趙頃王子劉説爲樂陽侯。

［21］【今注】平臺：侯國名。治所今地無考。宣帝元康二年（前64）封外戚史玄爲平臺侯。

［22］【今注】都鄉：侯國名。治所今地無考。宣帝甘露二年（前52）封趙頃王子劉景爲都鄉侯。

［23］【今注】南行唐：縣名。治所在今河北行唐縣北。常山郡都尉治所。

［24］【今注】牛飲山白陸谷：牛飲山，在今河北阜平縣西。

白陸谷，王念孫《讀書雜志・漢書第六》以爲當作"白陘谷"。

　　［25］【今注】滋水：源出今河北阜平縣西南南坨，東南流經行唐縣南、新樂市南，至無極縣西南入虖池河。即今河北西部磁河。

　　［26］【今注】案，虖池水，殿本無"水"字。

　　清河郡，[1]高帝置。[2]莽曰平河。屬冀州。户二十萬一千七百七十四，口八十七萬五千四百二十二。縣十四：清陽，[3]王都。[4]東武城，[5]繹幕，[6]靈，河水別出爲鳴犢河，東北至蓨入屯氏河。莽曰播。[7]厝，莽曰厝治。[8]鄃，莽曰善陸。[9]貝丘，都尉治。[10]信成，[11]張甲河首受屯氏別河，東北至蓨入漳水。[12]惖題，[13]東陽，[14]侯國。莽曰胥陵。信鄉，侯國。[15]繚，[16]棗彊，[17]復陽。莽曰樂歲。[18]

　　［1］【今注】清河郡：治清陽縣（今河北清河縣東南）。屬冀州刺史部。

　　［2］【今注】高帝置：秦封泥有"清河大守""清河水印"，嶽麓秦簡中有"清河"郡名，則秦時即已置郡，漢因之。漢初屬趙國。景帝三年（前154）趙國參與"七國之亂"，事敗國除，清河轉爲漢郡。景帝中元三年（前147）封皇子劉乘爲清河王。武帝建元五年（前136）國除，復爲郡。武帝元鼎三年（前114）徙代王劉義爲清河王。宣帝地節四年（前66）國除，復爲郡。元帝初元二年（前47）封皇弟劉竟爲清河王，永光元年（前43）復爲郡。

　　［3］【今注】清陽：縣名。治所在今河北清河縣東南。

　　［4］【今注】王都：意謂清陽爲清河國之都。

　　［5］【今注】東武城：縣名。治所在今河北故城縣南。

　　［6］【顏注】應劭曰：繹音亦。師古曰：本音弋尺反。【今

注】繹幕：縣名。治所在今山東平原縣西北。

[7]【顔注】師古曰：蓨音條。其下亦同。【今注】靈：縣名。治所在今山東高唐縣南。　鳴犢河：漢元帝永光五年黃河於清河郡靈縣鳴犢口（今山東高唐縣南）一帶決口成流，稱鳴犢河。其水北流至今德州市北與屯氏河合，又東流至東光縣西南復入黃河。

蓨（tiáo）：一作“脩”，勃海郡屬縣，治所在今河北景縣南。

[8]【顔注】應曰：安帝以孝德皇后葬于厝，改曰甘陵也。師古曰：音趨亦反。【今注】厝：縣名。治所在今山東臨清市東。

[9]【顔注】師古曰：音輸。【今注】鄃：縣名。治所在今山東平原縣西南。呂后、景帝時期，呂它、欒布先後受封爲鄃侯。

[10]【顔注】應劭曰：《左氏傳》“齊襄公田于貝丘”是。【今注】貝丘：縣名。治所在今山東臨清市東南。清河郡都尉治所。

[11]【今注】信成：縣名。治所在今河北清河縣西北。

[12]【今注】張甲河：在今河北清河縣西南分故屯氏別河，東北流，至景縣西南入古絳水，復東北流注入黃河。

[13]【顔注】師古曰：愬，古莎字。【今注】愬（suō）題：縣名。治所在今河北棗强縣西南。陳直《漢書新證》以爲“愬題二字不連繫，疑爲莎堤之假借”。

[14]【今注】東陽：侯國名。治所在今山東武城縣東北。高祖六年（前201）封張相如爲東陽侯，景帝四年國除爲縣。宣帝本始四年（前70）封清河綱王子劉弘爲東陽侯。

[15]【顔注】孟康曰：順帝更名安平。【今注】信鄉：侯國名。治所在今山東臨清市西北。宣帝本始四年封清河綱王子劉豹爲信鄉侯。信鄉，本書《王子侯表下》作“新鄉”。

[16]【顔注】師古曰：音良笑反。【今注】繚：縣名。治所在今河北南宮市東南。

[17]【今注】棗彊：縣名。治所在今河北棗强縣東南。武帝元朔三年（前126）封廣川惠王子劉晏爲棗强侯。

[18]【顏注】應劭曰：音腹。【今注】復陽：縣名。治所在今河北故城縣西。

涿郡，[1]高帝置。[2]莽曰垣翰。屬幽州。户十九萬五千六百七，口七十八萬二千七百六十四。有鐵官。縣二十九：涿，桃水首受淶水，分東至安次入河。[3]遒，莽曰遒屏。[4]穀丘，[5]故安，閻鄉，易水所出，東至范陽入濡也，并州籔。水亦至范陽入淶。[6]南深澤，[7]范陽，莽曰順陰。[8]蠡吾，[9]容城，[10]莽曰深澤。易，[11]廣望，[12]侯國。鄭，莽曰言符。[13]高陽，莽曰高亭。[14]州鄉，[15]侯國。安平，[16]都尉治。莽曰廣望亭。樊輿，[17]侯國。莽曰握符。成，[18]侯國。莽曰宜家。良鄉，侯國。[19]垣水南東至陽鄉入桃。[20]莽曰廣陽。利鄉，[21]侯國。莽曰章符。臨鄉，[22]侯國。益昌，[23]侯國。莽曰有秩。陽鄉，[24]侯國。莽曰章武。西鄉，[25]侯國。莽曰移風。饒陽，[26]中水，[27]武垣，莽曰垣翰亭。[28]阿陵，[29]莽曰阿陸。阿武，[30]侯國。高郭，[31]侯國。莽曰廣隄。新昌。[32]侯國。

[1]【今注】涿郡：治涿縣（今河北涿州市）。屬幽州刺史部。

[2]【今注】高帝置：此説有誤。其地漢初屬燕國之廣陽郡。武帝元狩六年（前117）析廣陽郡置涿郡，屬漢。

[3]【顏注】應劭曰：涿水出上谷涿鹿縣。師古曰：淶音來。【今注】涿：縣名。治所在今河北涿州市。　桃水：源出今河北涿州市西拒馬河（淶水），東流經涿州市北分爲二支，支流經廊坊市安次區入治水；主流經固安縣東、永清縣東入黃河。　淶水：源出今河北淶源縣太行山東麓，東流注入白溝河。即今拒馬河。　安次：勃海郡屬縣。治所在今河北廊坊市安次區西北。

　　［4］【顏注】師古曰：逎字（蔡琪本、大德本、殿本作“逎古道字”），音字由反。【今注】逎（qiú）：縣名。治所在今河北淶水縣。景帝中元三年（前147）封匈奴降王陸彊爲逎侯，武帝後元元年（前88）國除爲縣。

　　［5］【今注】穀丘：縣名。治所在今河北安平縣西南。

　　［6］【顏注】師古曰：言易水又至范陽入淶也。濡音乃官反。【今注】故安：縣名。治所在今河北易縣東南。文帝後元三年（前161）封申屠嘉爲故安侯。　閻鄉：在今河北易縣西。　濡：濡水。王先謙《漢書補注》以爲此爲北濡水，即今河北易縣西北之北易水。據酈道元《水經注·易水》：濡水“出故安縣西北窮獨山南谷……濡水又東南流，於容城縣西北大利亭，東南合易水而注拒馬水也”。　水亦至范陽入淶：王念孫《讀書雜志·漢書第六》以爲“水”前脱一“濡”字。

　　［7］【今注】南深澤：縣名。治所在今河北深澤縣東南。

　　［8］【顏注】應劭曰：在范水之陽。【今注】范陽：縣名。治所在今河北定興縣西南固城鎮。景帝中元三年封匈奴降王代爲范陽侯，武帝元光四年（前131）國除爲縣。

　　［9］【顏注】師古曰：蠡音禮。【今注】蠡吾：縣名。治所在今河北博野縣西南。

　　［10］【今注】容城：縣名。治所在今河北容城縣北城子村。景帝中元三年封匈奴降王唯徐盧爲容城侯，武帝後元二年國除爲縣。

　　［11］【今注】易：縣名。治所在今河北雄縣西北。

　　［12］【今注】廣望：侯國名。治所在今河北清苑縣西南。武帝元狩二年（前121）封中山靖王子劉忠爲廣望侯。

　　［13］【顏注】應劭曰：音莫。【今注】鄚（mò）：縣名。治所在今河北任丘市鄚城鎮。成帝元延元年（前12）紹封劉異衆爲鄚侯。

［14］【顏注】應劭曰：在高河之陽。【今注】高陽：縣名。治所在今河北高陽縣東。

［15］【今注】州鄉：侯國名。治所在今河北河間市東北。武帝元朔三年（前126）封河間獻王子劉禁爲州鄉侯。

［16］【今注】安平：縣名。治所在今河北安平縣。涿郡都尉治所。

［17］【今注】樊輿：侯國名。治所在今河北保定市徐水區東南。武帝元狩六年封中山靖王子劉脩爲樊輿侯。

［18］【今注】成：侯國名。治所今地無考。昭帝元鳳五年（前76）封中山康王子劉喜爲成侯，哀帝建平元年（前6）國除。

［19］【今注】良鄉侯國：周振鶴以爲“侯國”二字乃衍注（詳見《中國行政區劃通史·秦漢卷（上）》，第510頁）。良鄉縣治所在今北京市房山區竇店鎮古城遺址。

［20］【今注】垣水：源出今北京市房山區。即今河北涿州市北拒馬河支流胡良河。案，垣水，蔡琪本作“桓水”。

［21］【今注】利鄉：侯國名。治所今地無考。宣帝甘露元年（前53）封中山頃王子劉安爲利鄉侯。

［22］【今注】臨鄉：侯國名。治所在今河北固安縣南。元帝初元五年（前44）封廣陽頃王子劉雲爲臨鄉侯。

［23］【今注】益昌：侯國名。治所在今河北霸州市東北。元帝永光三年（前41）封廣陽頃王子劉嬰爲益昌侯。

［24］【今注】陽鄉：侯國名。治所在今河北固安縣西北。元帝初元五年封廣陽頃王子劉雲爲臨鄉侯。

［25］【今注】西鄉：侯國名。治所在今北京市房山區西南長溝古城（詳見周正義主編《北京地區漢代城址調查與考證》，北京燕山出版社2009年版，第102—106頁）。元帝初元五年封廣陽頃王子劉容爲西鄉侯。

［26］【顏注】應劭曰：在饒河之陽。【今注】饒陽：縣名。

治所在今河北饒陽縣東北。

[27]【顏注】應劭曰：在易、淲二水之間，故曰中水。【今注】中水：縣名。治所在今河北獻縣西北。

[28]【顏注】應劭曰：垣水出良鄉，東入桃。【今注】武垣：縣名。治所在今河北肅寧縣東南。

[29]【今注】阿陵：縣名。治所在今河北任丘市東北。

[30]【今注】阿武：侯國名。治所在今河北獻縣西北。武帝元朔三年封河間獻王子劉豫爲阿武侯。

[31]【今注】高郭：侯國名。治所在今河北任丘市西北。宣帝地節二年（前68）封河間獻王子劉晅爲高郭侯。

[32]【今注】新昌：侯國名。治所在今河北高碑店市東南。宣帝本始四年（前70）封燕剌王子劉慶爲新昌侯。

勃海郡，高帝置。莽曰迎河。屬幽州。[1]户二十五萬六千三百七十七，口九十萬五千一百一十九。縣二十六：浮陽，[2]莽曰浮城。陽信，[3]東光，[4]有胡蘇亭。阜城，[5]莽曰吾城。千童，[6]重合，[7]南皮，莽曰迎河亭。[8]定，[9]侯國。章武，[10]有鹽官。莽曰桓章。中邑，[11]莽曰檢陰。高成，[12]都尉治也。高樂，[13]莽曰爲鄉。參户，[14]侯國。成平，[15]虖池河，民曰徒駭河。[16]莽曰澤亭。柳，[17]侯國。臨樂，[18]侯國。莽曰樂亭。東平舒，[19]重平，[20]安次，[21]脩市，侯國。莽曰居寧。[22]文安，[23]景成，[24]侯國。束州，[25]建成，[26]章鄉，[27]侯國。蒲領。[28]侯國。

[1]【顏注】師古曰：在勃海之濱，因以爲名。【今注】勃海郡：治浮陽縣（今河北滄州市舊州鎮）。屬幽州刺史部。 高帝置：此説有誤。其地主體漢初屬趙國之河間郡。文帝十五年（前165）

析河間地置勃海郡。

[2]【今注】浮陽：縣名。治所在今河北滄州市舊州鎮。

[3]【今注】陽信：縣名。治所在今山東無棣縣東北。

[4]【今注】東光：縣名。治所在今河北東光縣東。

[5]【今注】阜城：縣名。治所在今河北阜城縣東。

[6]【顏注】應劭曰：靈帝改曰饒安。【今注】千童：縣名。治所在今河北南皮縣東南。

[7]【今注】重合：縣名。治所在今山東樂陵市西南。武帝征和二年（前91）封莽通爲重合侯，後元二年（前87）國除。

[8]【顏注】師古曰：闞駰云章武有北皮亭，故此云南。【今注】南皮：縣名。治所在今河北南皮縣東北。文帝後元七年（前157）封外戚竇彭祖爲南皮侯，武帝元鼎五年（前112）國除。

[9]【今注】定：侯國名。治所在今山東樂陵市東北。武帝元朔三年（前126）封齊孝王子劉越爲定侯。

[10]【今注】章武：縣名。治所在今河北黃驊市西北。文帝後元七年封外戚竇廣國爲章武侯，武帝元狩元年（前122）國除。

[11]【今注】中邑：縣名。治所在今河北滄州市東北。高祖四年（前203）封朱進爲中邑侯，景帝後元三年（前141）國除爲縣。

[12]【今注】高成：縣名。治所在今河北鹽山縣東南。勃海郡都尉治所。

[13]【今注】高樂：縣名。治所在今河北南皮縣東南。

[14]【今注】參户：侯國名。治所在今河北青縣西南。武帝元朔三年封河間獻王子劉免爲參户侯。

[15]【今注】成平：縣名。治所在今河北泊頭市北。武帝元朔三年封河間獻王子劉禮爲成平侯。元狩三年（前120）國除爲縣。成平，本書《王子侯表上》作“平城”，誤。《史記·建元以來王子侯者年表》作“成平”，是。

[16]【今注】虖池河民曰徒駭河：徒駭河，古爲黄河下游"九河"之一，故道經今河北青縣，至天津市静海區入渤海。與今之徒駭河不同。民曰，王念孫《讀書雜志·漢書第六》以爲當作"或曰"。

[17]【今注】柳：侯國名。治所在今河北鹽山縣東北。武帝元朔三年封齊孝王子劉陽已爲柳侯。

[18]【今注】臨樂：侯國名。治所在今河北南皮縣東南。武帝元朔四年封中山靖王子劉光之爲臨樂侯。

[19]【顔注】師古曰：代郡有平舒，故此加東。【今注】東平舒：縣名。治所在今河北大城縣。

[20]【今注】重平：縣名。治所在今山東寧津縣東。

[21]【今注】安次：縣名。治所在今河北廊坊市安次區西北。

[22]【顔注】應劭曰：音條。【今注】脩市：侯國名。治所在今河北景縣西北。宣帝本始四年（前70）封清河綱王子劉寅爲脩市侯。

[23]【今注】文安：縣名。治所在今河北文安縣東北。

[24]【今注】景成：侯國名。治所在今河北泊頭市北。宣帝地節二年（前68）封河間獻王子劉雍爲景成侯。

[25]【今注】束州：縣名。治所在今河北河間市東北。

[26]【今注】建成：縣名。治所在今河北泊頭市北。

[27]【今注】章鄉：侯國名。治所在今山東樂陵市西北。章鄉，當作"童鄉"（詳見譚其驤《〈漢書·地理志〉選釋》，《長水集下》，人民出版社2009年版，第388頁）。成帝永始四年（前13）封鍾祖爲童鄉侯。

[28]【今注】蒲領：侯國名。治所在今河北阜城縣東北。昭帝始元六年（前81）封清河綱王子劉禄爲蒲領侯。

平原郡，[1]高帝置。[2]莽曰河平。屬青州。户十五萬四千三百八十七，口六十六萬四千五百四十三。縣十九：
平原，[3]有篤馬河，東北入海，五百六十里。[4]鬲，平當以爲
鬲津。莽曰河平亭。[5]高唐，桑欽言漯水所出。[6]重丘，[7]平
昌，[8]侯國。羽，[9]侯國。莽曰羽貞。般，莽曰分明。[10]樂
陵，都尉治。莽曰美陽。[11]祝阿，[12]莽曰安成。瑗，[13]莽曰
東順亭。阿陽，[14]漯陰，莽曰翼成。[15]朸，莽曰張鄉。[16]富
平，侯國。莽曰樂安亭。[17]安慰，[18]合陽，[19]侯國。莽曰宜
鄉。樓虛，侯國。龍頟，侯國。莽曰清鄉。[20]安。侯國。[21]

[1]【今注】平原郡：治平原縣（今山東平原縣南）。屬青州
刺史部。

[2]【今注】高帝置：此説有誤。其地漢初屬齊國之濟北郡。
文帝二年（前178）以濟北郡爲濟北國。文帝三年，濟北王劉興居
反，國除爲漢濟北郡。景帝四年（前153）析濟北郡地置平原郡。

[3]【今注】平原：縣名。治所在今山東平原縣南。

[4]【今注】有篤馬河東北入海五百六十里：王先謙《漢書補
注》以爲“海”字後脱“行”字。篤馬河，在今山東平原縣西南
自黃河分出，東北流經樂陵市、無棣縣，東北流入渤海。

[5]【顏注】師古曰：讀與隔同。【今注】鬲（gé）：縣名。
治所在今山東德州市東南。

[6]【顏注】師古曰：漯音它合反。【今注】高唐：縣名。治
所在今山東禹城市西。　桑欽言漯水所出：王先謙《漢書補注》以
爲“桑説非也。班氏録之，以廣異聞”。

[7]【今注】重丘：縣名。治所在今山東德州市陵城區東北。

[8]【今注】平昌：侯國名。治所在今山東臨邑縣東北。宣帝
地節四年（前66）封王無故爲平昌侯。

[9]【今注】羽：侯國名。治所在今山東禹城市西南。武帝元

朔三年（前 126）封濟北王子劉成爲羽侯。

［10］【顏注】如淳曰：音面般之般（蔡琪本、大德本、殿本作"般音如面般之般"）。韋昭曰：音版（蔡琪本、大德本、殿本作"音道垣反"）。師古曰：《爾雅》説九河云"鉤般"，郭璞以爲水曲如鉤，流般桓也。然今其土俗用如、韋之音。【今注】般：縣名。治所在今山東樂陵市西南。

［11］【顏注】師古曰：樂音来各反。【今注】樂陵：縣名。治所在今山東樂陵市東南。

［12］【今注】祝阿：縣名。治所在今山東濟南市槐蔭區西。

［13］【今注】瑗：縣名。治所在今山東禹城市南。

［14］【今注】阿陽：縣名。治所在今山東禹城市西南。

［15］【顏注】應劭曰：漯水出東武陽，東北入海。師古曰：漯音它合反。【今注】漯陰：縣名。治所在今山東臨邑縣南。漯陰，又作"濕陰"。據本書《景武昭宣元成功臣表》，武帝元狩三年（前 120）封率衆來降的匈奴昆邪王爲濕陰侯，元封五年（前 106）無後國除。其事《史記·建元以來侯者年表》、本書卷五五《衛青霍去病傳》並作"漯陰"。王先謙《漢書補注》據《説文》以爲，"𩔖"，正字"漯"，隸省"濕"。漢封泥有"濕陰丞印"，亦證"濕陰""漯陰"並用。

［16］【顏注】應劭曰：音力。【今注】朸（lì）：縣名。治所在今山東商河縣東北。

［17］【顏注】應劭曰：明帝更名厭次。【今注】富平：侯國名。治所在今山東德州市陵城區西南。本爲厭次縣，東方朔即平原郡厭次縣人。據本書卷五九《張湯傳》記載，宣帝時富平侯張延壽上書請減户，天子以爲有讓，徙封平原，並食一邑，此食邑即厭次縣，改爲富平侯國。

［18］【顏注】師古曰：悳，古德字。【今注】安悳：縣名。治所在今山東平原縣東北。

［19］【今注】合陽：侯國名。治所今地無考。宣帝元康四年（前62）封梁喜爲合陽侯。

［20］【顏注】師古曰：今書本額字，或作額，而崔浩云有龍額村，作額者非。【今注】樓虛：侯國名。治所在今山東茌平縣東北。成帝永始四年（前13）封訾順爲樓虛侯。　龍額：侯國名。治所在今山東齊河縣西北。武帝元朔五年（前124）封韓説爲龍額侯，元鼎五年（前112）國除。武帝後元元年（前88）復置，成帝鴻嘉元年（前20）國除。龍額，亦作“龍雒”。

［21］【今注】安：侯國名。治所今地無考。武帝元朔三年封濟北王子劉樂爲安侯。

千乘郡，高帝置。莽曰建信。屬青州。[1]户十一萬六千七百二十七，口四十九萬七百二十。有鐵官、鹽官、均輸官。[2]縣十五：千乘，[3]有鐵官。東鄒，[4]溼沃，[5]莽曰延亭。平安，[6]侯國。莽曰鴻睦。博昌，時水東北至鉅定入馬車瀆，幽州藪。[7]蓼城，[8]都尉治。莽曰施武。建信，[9]狄，莽曰利居。[10]琅槐，[11]樂安，[12]被陽，侯國。[13]高昌，[14]繁安，[15]侯國。莽曰瓦亭。高宛，[16]莽曰常鄉。延鄉。[17]

［1］【顏注】應劭曰：和帝更名樂安。【今注】千乘郡：治千乘縣（今山東高青縣東南）。屬青州刺史部。　高帝置：此説有誤。其地漢初屬齊國。武帝元封元年（前110），齊國國除，析其地置千乘郡。

［2］【今注】均輸官：西漢武帝時始設，各郡國皆置。職掌調劑轉運地方貢輸之物。長官爲均輸長，由大司農屬官均輸令統一調度。

［3］【今注】千乘：縣名。治所在今山東高青縣東南。

[4]【今注】東鄒：縣名。治所在今山東高青縣西南。

[5]【今注】溼沃：溼，當作"濕"。濕沃縣治所在今山東濱州市西北。

[6]【今注】平安：侯國名。治所在今山東博興縣南。元帝初元元年（前48）封外戚王舜爲平安侯。本書《外戚恩澤侯表》記爲"安平夷侯舜"，錢大昕《廿二史考異·漢書三》以爲"安平"爲"平安"之誤。可從。

[7]【顏注】應劭曰：昌水出東萊昌陽。臣瓚曰：從東萊至博昌，經歷宿水，不得至也。取其嘉名耳。師古曰：瓚説是。【今注】博昌：縣名。治所在今山東博興縣東南。　時水：又稱如水。上游即今發源於山東淄博市臨淄區西南的烏河。自臨淄西北以下，古分二支，一支西流經今桓臺縣西北入濟水，旱時乾涸，故又稱幹（乾）時，久湮。另一支北流折東略循今小清河合淄水入海。　鉅定：齊郡屬縣。治所在今山東廣饒縣北。　馬車瀆：又名馬車瀆水。源出今山東廣饒縣東鉅定澤，北流會時水，東北流入萊州灣。

[8]【今注】蓼城：縣名。治所在今山東利津縣西南。千乘郡都尉治所。

[9]【今注】建信：縣名。治所在今山東高青縣西北。

[10]【顏注】應劭曰：安帝更名曰臨濟。【今注】狄：縣名。治所在今山東高青縣東南。

[11]【顏注】師古曰：槐音回。【今注】琅槐：縣名。治所在今山東廣饒縣東北。

[12]【今注】樂安：縣名。治所在今山東博興縣東北。

[13]【顏注】如淳曰：一作疲，音罷軍之罷。師古曰：音皮彼反。【今注】被（pí）陽：侯國名。治所在今山東高青縣高城鎮。武帝元朔三年（前126）封齊孝王子劉燕爲被陽侯。被陽，《史記·建元以來王子侯者年表》作"披陽"。

[14]【今注】高昌：治所在今山東博興縣西南。宣帝地節四

年（前66）封董忠爲高昌侯，哀帝元壽二年（前1）國除。周振鶴以爲本《志》失注“侯國”二字（《中國行政區劃通史·秦漢卷（上）》，第326頁）。

［15］【今注】繁安：侯國名。治所今地無考。武帝元朔三年封齊孝王子劉忠爲繁安侯。

［16］【今注】高宛：縣名。治所在今山東鄒平縣北。

［17］【今注】延鄉：治所在今山東鄒平縣東。成帝永始四年（前13）封李譚爲延鄉侯。周振鶴以爲本《志》失注“侯國”二字（《中國行政區劃通史·秦漢卷（上）》，第326頁）。

濟南郡，[1]故齊。[2]文帝十六年別爲濟南國。景帝二年爲郡。[3]莽曰樂安。屬青州。戶十四萬七百六十一，口六十四萬二千八百八十四。縣十四：東平陵，[4]有工官、鐵官。鄒平，[5]臺，[6]莽曰臺治。梁鄒，[7]土鼓，[8]於陵，[9]都尉治。莽曰於陸。陽丘，[10]般陽，[11]莽曰濟南亭。菅，[12]朝陽，[13]侯國。莽曰脩治。歷城，[14]有鐵官。猇，侯國。莽曰利成。[15]著，[16]宜成。[17]侯國。

［1］【今注】濟南郡：治東平陵縣（今山東濟南市章丘區西北）。屬青州刺史部。

［2］【今注】故齊：其地秦時屬齊郡。漢初屬齊國。呂后元年（前187）割齊國之濟南郡爲呂王呂台奉邑。呂后七年改呂國爲濟川國，封惠帝子劉太爲濟川王。次年復爲濟南郡，仍屬齊國。文帝十五年（前165）齊哀王劉襄死，國除，濟南郡屬漢。

［3］【今注】景帝二年爲郡：“二”當爲“三”。景帝三年（前154），濟南國參與吳楚七國之亂，事敗，國除爲郡。

［4］【今注】東平陵：縣名。治所在今山東濟南市章丘區西北。

［5］【今注】鄒平：縣名。治所在今山東鄒平縣北。

　　[6]【今注】臺：縣名。治所在今山東濟南市歷城區東北。高祖六年（前201）封戴野爲臺侯，景帝三年國除。

　　[7]【今注】梁鄒：縣名。治所在今山東鄒平縣北。高祖六年封武虎爲梁鄒侯，武帝元鼎五年（前112）國除。

　　[8]【今注】土鼓：縣名。治所在今山東濟南市章丘區東。

　　[9]【今注】於陵：縣名。治所在今山東鄒平縣東南。濟南郡都尉治所。

　　[10]【今注】陽丘：縣名。治所在今山東濟南市章丘區北。據本書《王子侯表》，文帝四年封齊悼惠王子劉安爲楊丘侯，景帝四年國除。“楊丘”即“陽丘”。

　　[11]【顏注】應劭曰：在般水陽（般水陽，蔡琪本、大德本、殿本作“般水之陽”）。師古曰：般音盤。【今注】般（pán）陽：縣名。治所在今山東淄博市西南。

　　[12]【顏注】應劭曰：音姦。【今注】菅：縣名。治所在今山東濟南市章丘區西北。據本書《王子侯表》，文帝四年封齊悼惠王子劉罷軍爲管侯，景帝三年國除。“管”即“菅”。

　　[13]【顏注】應劭曰：在朝水之陽。【今注】朝陽：侯國名。治所在今山東鄒平縣西北。高祖七年（前200）封辛寄爲朝陽侯，武帝元朔二年（前127）國除。宣帝本始元年（前73）封廣陵厲王子劉聖爲朝陽侯。

　　[14]【今注】歷城：縣名。治所在今山東濟南市西。高祖八年封程黑爲歷侯，景帝中元元年（前149）國除。歷，一作“磨”。漢封泥有“磨城丞印”。

　　[15]【顏注】應劭曰：音箆。蘇林曰：音爻。今東朝陽有猇亭。蔡謩音由，音鴞。師古曰：蔡音是，音于虯反。【今注】猇：侯國名。治所在今山東濟南市章丘區北。武帝征和元年（前92）封趙敬肅王子劉起爲猇侯。

　　[16]【顏注】師古曰：音竹庶反，又直庶反（蔡琪本、大德

本、殿本"直"前有"音"字)。而韋昭誤以爲蓍龜之蓍字，乃音紀咨反（紀，蔡琪本、殿本作"弛"），失之遠矣。【今注】蓍：縣名。治所在今山東濟陽縣西。蓍，一作"菁"。漢封泥有"菁丞之印"。

[17]【今注】宜成：侯國名。治所在今山東商河縣南。武帝元朔二年封菑川懿王子劉偃爲宜成侯，太初元年（前104）國除。昭帝元鳳元年（前80）封燕倉爲宜成侯。

泰山郡，[1]高帝置。[2]屬兗州。户十七萬二千八十六，口七十二萬六千六百四。有工官。汶水出萊母，西入濟。[3]縣二十四：奉高，[4]有明堂，[5]在西南四里，武帝元封二年造。[6]有工官。博，[7]有泰山廟。[8]岱山在西北，求山上。[9]茌，[10]盧，[11]都尉治。濟北王都也。[12]肥成，[13]蛇丘，隧鄉，故隧國。《春秋》曰"齊人殲于隧"也。[14]剛，故闡。莽曰柔。[15]柴，[16]蓋，臨樂子山，洙水所出，西北至蓋入池水。又沂水南至下邳入泗，過郡五，行六百里，青州寖。[17]梁父，[18]東平陽，[19]南武陽，冠石山，治水所出，南至下邳入泗，過郡二，行九百四十里。莽曰桓宣。[20]萊蕪，原山，甾水所出，東至博昌入泲，幽州寖。又《禹貢》汶水出西南入泲。汶水，桑欽所言。[21]鉅平，有亭亭山祠。[22]嬴，有鐵官。[23]牟，故國。[24]蒙陰，[25]《禹貢》蒙山在西南，[26]有祠。顓臾國在蒙山下。[27]莽曰蒙恩。華，[28]莽曰翼陰。寧陽，[29]侯國。莽曰寧順。乘丘，[30]富陽，[31]桃山，[32]侯國。莽曰哀魯。[33]桃鄉，[34]侯國。莽曰鄣亭。式。[35]

[1]【今注】泰山郡：治奉高邑（今山東泰安市東）。屬兗州

刺史部。

　　[2]【今注】高帝置：此説有誤。其地漢初屬齊國之濟北郡。文帝二年（前178）以濟北郡封劉興居爲濟北王，次年國除爲郡。文帝十六年，復以濟北郡爲國，封劉立爲濟北王。武帝元狩元年（前122）以濟北王所獻泰山及其旁邑，並濟南郡南部之地，置泰山郡。

　　[3]【顔注】師古曰：汶音問。母與無同。【今注】汶水出萊母西入濟：古汶水源出今山東萊蕪市北，匯入濟水。母，通“毋”，萊母即萊毋，又作“萊蕪”。案，汶水出萊西入濟，錢大昕《三史拾遺》卷三以爲“汶水”前當有“禹貢”二字，“濟”當爲“泲”。

　　[4]【今注】奉高：縣名。治所在今山東泰安市東。

　　[5]【今注】明堂：古代天子宣明政教的場所。武帝造明堂事，詳見本書《郊祀志下》。

　　[6]【今注】元封：漢武帝年號（前110—前105）。

　　[7]【今注】博：縣名。治所在今山東泰安市東南。楚漢之際濟北王田安都博陽，博陽縣即博縣。

　　[8]【今注】泰山廟：祠祀東嶽泰山神之所，在今山東泰安市。

　　[9]【今注】岱山在西北求山上：岱山，即泰山。錢大昕《廿二史考異·漢書三》以爲“求山上”三字蓋“兗州山”之訛。

　　[10]【顔注】應劭曰：茌山在東北。音淄。師古曰：又音仕疑反。【今注】茌：縣名。治所在今山東濟南市長清區東南。

　　[11]【今注】盧：縣名。治所在今山東濟南市長清區西南。泰山郡都尉治所。

　　[12]【今注】濟北王都：文帝十六年封淮南屬王子劉勃爲濟北王，都盧。

　　[13]【顔注】應劭曰：肥子國。【今注】肥成：縣名。治所在今山東肥城市。

[14]【顏注】師古曰：蛇音移。隧音遂。【今注】蛇（yí）丘：縣名。治所在今山東肥城市南。蛇，一作“虵”。 隧國：春秋時小國。在今山東肥城市南。公元前 681 年爲齊國所滅。漢於其地置隧鄉。全祖望《漢書地理志稽疑》卷三以爲“隧”當作“遂”。

[15]【顏注】應劭曰：《春秋》“秋取鄆及闡”，今闡亭是也。師古曰：鄆音驛。【今注】剛：縣名。治所在今山東寧陽縣堽城鎮。 闡：春秋時魯國之邑。在今山東寧陽縣西北。

[16]【今注】柴：治所在今山東新泰市西。武帝元朔四年（前 125）封齊孝王子劉代爲柴侯。錢大昕《廿二史考異·漢書二》以爲本《志》失注“侯國”二字。

[17]【顏注】師古曰：蓋讀如本字，又音古盍反。洙音殊。【今注】蓋：縣名。治所在今山東沂源縣東南。景帝中元五年（前 145）封外戚王信爲蓋侯，武帝元鼎五年（前 112）國除。案，“臨樂子山洙水所出西北至蓋入泡水”句多有訛誤（詳見王先謙《漢書補注》）。 過郡五：王先謙《漢書補注》以爲“五當爲四”，即泰山、琅邪、城陽、東海四郡。

[18]【顏注】師古曰：以山名縣也。父音甫。【今注】梁父（fǔ）：縣名。治所在今山東新泰市西。

[19]【今注】東平陽：縣名。治所在今山東新泰市。

[20]【顏注】應劭曰：武水所出，南入泗。【今注】南武陽：縣名。治所在今山東平邑縣。 冠石山：在今山東平邑縣北。 治水：此指今山東平邑縣東南浚河。 過郡二：治水過泰山、東海二郡。 行九百四十里：錢坫《新斠注地理志》卷八以爲自南武陽至下邳，不當有九百四十里，其中當有誤字。

[21]【顏注】師古曰：沛音子禮反。【今注】萊蕪：縣名。治所在今山東淄博市南。漢封泥有“萊無丞印”“來無丞印”，萊無、來無，皆即萊蕪。 原山：在今山東萊蕪市東北。又名飴山、

馬耳山。

　　［22］【顏注】應劭曰：《左氏傳》"陽虎入于讙陽關以叛"，今陽關亭是也。【今注】鉅平：縣名。治所在今山東泰安市南。亭亭山祠：在今山東泰安市南五十里古亭山。王先謙《漢書補注》引酈道元《水經注·汶水》，"汶水自博來，西南逕亭亭山東，黃帝所禪也。山有神廟"。

　　［23］【顏注】師古曰：音盈。【今注】嬴：縣名。治所在今山東萊蕪市西北。

　　［24］【顏注】應劭曰：附庸也。師古曰：《春秋》桓十五年"牟人來朝"，即此也。【今注】牟：縣名。治所在今山東萊蕪市東。　故國：此指古牟國，春秋時魯國之附庸國。在今山東萊蕪市東。

　　［25］【今注】蒙陰：縣名。治所在今山東蒙陰縣。

　　［26］【今注】蒙山：又名蒙陰山，在今山東蒙陰縣。

　　［27］【今注】顓臾國：風姓古國，受周天子之命奉祀蒙山，春秋時淪爲魯國附庸。

　　［28］【今注】華：縣名。治所在今山東費縣東北。

　　［29］【今注】寧陽：侯國名。治所在今山東寧陽縣南。武帝元朔三年（前126）封魯共王子劉恬爲寧陽侯。

　　［30］【顏注】師古曰：《春秋》莊公十五年"公敗宋師于乘丘"，即此是也。【今注】乘丘：縣名。治所在今山東濟寧市兗州區西。

　　［31］【今注】富陽：縣名。治所在今山東東平縣。成帝永始三年（前14）封東平思王子劉萌爲富陽侯。

　　［32］【今注】桃山：侯國名。治所今地無考。成帝永始四年（前13）封城陽孝王子劉欽爲桃山侯。

　　［33］【今注】案，衰魯，蔡琪本、殿本作"襄魯"。

　　［34］【今注】桃鄉：侯國名。治所在今山東汶上縣東北。成

帝鴻嘉二年（前 19）封東平思王子劉宣爲桃鄉侯。

[35]【今注】式：縣名。治所今地無考。元帝初元元年（前48）封城陽荒王子劉憲爲式侯，成帝鴻嘉元年（前 20）國除。成帝元延元年（前 12）紹封劉萌爲式侯。

　　齊郡，[1]秦置。[2]莽曰濟南。屬青州。户十五萬四千八百二十六，口五十五萬四千四百四十四。縣十二：臨淄，師尚父所封。如水西北至梁鄒入泲。有服官、鐵官。莽曰齊陵。[3]昌國，[4]德會水西北至西安入如。利，[5]莽曰利治。西安，[6]莽曰東寧。鉅定，[7]馬車瀆水首尾受鉅定，[8]東北至琅槐入海。廣，[9]爲山，[10]濁水所出，[11]東北至廣饒入鉅定。廣饒，[12]昭南，[13]臨朐，有逢山祠。石膏山，洋水所出，東北至廣饒入鉅定。莽曰監朐。[14]北鄉，[15]侯國。莽曰禹聚。平廣，[16]侯國。臺鄉。[17]

　　[1]【今注】齊郡：治臨淄縣（今山東淄博市臨淄區齊都鎮）。屬青州刺史部。

　　[2]【今注】秦置：秦所置乃臨淄郡而非齊郡（詳見楊樹達《漢書窺管》）。楚漢之際屬田都齊國。漢初沿襲臨淄郡名。高祖六年（前 201）封劉肥爲齊王，臨淄爲齊之内史。武帝元朔二年（前 127）齊國除爲齊郡，元狩二年（前 121）復爲齊國，元封元年（前 110）復國除爲齊郡。

　　[3]【顏注】應劭曰：齊獻公自營丘徙此。臣瓚曰：臨淄即營丘也。故晏子曰："始爽鳩氏居之，逢伯陵居之，大公居之（大，蔡琪本、大德本、殿本作"太"，本段下同）。"又曰："先君大公築營之丘。"今齊之城中有丘，即營丘也。師古曰：瓚説是也。築營之丘，言於營丘地築城邑。【今注】臨淄：縣名。治所在

今山東淄博市臨淄區齊都鎮。案，漢封泥有“臨菑”“臨菑左尉”“臨菑右尉”“臨菑市丞”“臨菑司馬”“臨菑守印”“臨菑丞印”“臨菑采鐵”“臨菑卒尉”“臨菑發弩”等，字皆作“菑”而非“淄”，《漢書·地理志》作“淄”，誤（詳見楊樹達《漢書窺管》）。

［4］【今注】昌國：縣名。治所在今山東淄博市東南。

［5］【今注】利：縣名。治所在今山東博興縣東。

［6］【今注】西安：縣名。治所在今山東淄博市東北。

［7］【今注】鉅定：縣名。治所在今山東廣饒縣北。

［8］【今注】案，“馬車瀆水首尾受鉅定”句，蔡琪本、大德本、殿本及酈道元《水經注·淄水》皆無“尾”字。底本衍。

［9］【今注】廣：縣名。治所在今山東青州市西南。高祖六年封召歐爲廣侯，文帝後元七年（前157）國除。元帝竟寧元年（前33）封菑川孝王子劉便爲廣侯。

［10］【今注】爲山：在今山東青州市西。

［11］【今注】濁水：源出今山東青州市西，東流至青州折北，注入鉅定澤。

［12］【今注】廣饒：治所在今山東廣饒縣、壽光市交界處。武帝元鼎元年（前116）封菑川王子劉國爲廣饒侯。錢大昕《廿二史考異·漢書二》以爲本《志》失注“侯國”二字。

［13］【今注】昭南：縣名。治所今地無考。

［14］【顏注】應劭曰：臨朐山焉有伯氏駢邑。師古曰：朐音劬。洋音祥。【今注】臨朐：縣名。治所在今山東臨朐縣。武帝元朔二年封菑川懿王子劉奴爲臨朐侯。　逢山祠：奉祀逢山神之所。漢宣帝時所置，在今山東臨朐縣。一作“蓬山祠”。　石膏山：在今山東青州市西南，因石色潤澤如膏，故名。　洋水：即今山東北部彌河。故道源出今山東臨朐縣西，東流經臨朐縣折北流，至壽光市以東又折西北流，注入鉅定澤。

[15]【今注】北鄉：侯國名。治所在今山東淄博市東北及廣饒縣南一帶。元帝建昭四年（前35）封菑川孝王子劉譚爲北鄉侯。

[16]【今注】平廣：侯國名。治所今地無考。元帝竟寧元年封菑川孝王子劉服爲平廣侯。

[17]【今注】臺鄉：縣名。治所在今山東廣饒縣東。成帝元延二年（前11）封菑川孝王子劉軯爲臺鄉侯。

北海郡，[1]景帝中二年置。[2]屬青州。户十二萬七千，口五十九萬三千一百五十九。縣二十六：營陵，或曰營丘。莽曰北海亭。[3]劇魁，[4]侯國。莽曰上符。安丘，莽曰誅郅。[5]瓡，侯國。莽曰道德。[6]淳于，[7]益，[8]莽曰探陽。平壽，[9]劇，[10]侯國。都昌，[11]有鹽官。平望，[12]侯國。莽曰所聚。平的，侯國。[13]柳泉，[14]侯國。莽曰弘睦。壽光，有鹽官。莽曰翼平亭。[15]樂望，[16]侯國。饒，[17]侯國。斟，[18]故國，[19]禹後。桑犢，覆甑山，溉水所出，東北至都昌入海。[20]平城，[21]侯國。密鄉，[22]侯國。羊石，[23]侯國。樂都，[24]侯國。莽曰拔壘，一作杕，一作枝也。石鄉，[25]侯國。一作止鄉也。[26]上鄉，[27]侯國。新成，[28]侯國。成鄉，[29]侯國。莽曰石樂。膠陽。[30]侯國。

[1]【今注】北海郡：治營陵縣（今山東昌樂縣東南）。屬青州刺史部。

[2]【今注】景帝中二年置："中"字衍。其地主體漢初屬齊國之膠西郡。文帝十六年（前164）屬膠西國。景帝二年（前155）膠西王劉印因"賣爵有奸"而被削六縣，漢以其地置北海郡（詳見周振鶴《中國行政區劃通史·秦漢卷（上）》，第310頁）。

[3]【顏注】應劭曰：師尚父封於營丘，陵亦丘也。臣瓚曰：

營丘即臨淄也。營陵，《春秋》謂之緣陵。師古曰：臨淄、營陵，皆舊營丘地。【今注】營陵：縣名。治所在今山東昌樂縣東南。

[4]【今注】劇魁：侯國名。治所在今山東昌樂縣西北。武帝元朔二年（前127）封菑川懿王子劉黑爲劇魁侯。

[5]【顏注】孟康曰：今渠丘是。【今注】安丘：縣名。治所在今山東安丘市西南。

[6]【顏注】師古曰：瓡即執字。【今注】瓡（zhí）：侯國名。治所今地無考。武帝元鼎元年（前116）封城陽頃王子劉息爲瓡侯。

[7]【顏注】應劭曰：《春秋》"州公如曹"，《左氏傳》曰"淳于公如曹"。臣瓚曰：州，國名也，淳于公國之所都。【今注】淳于：縣名。治所在今山東安丘市東北。

[8]【今注】益：縣名。治所在今山東壽光市南。

[9]【顏注】應劭曰：古斟尋，禹後，今斟城是也。臣瓚曰：斟尋在河南，不在此也。《汲郡古文》云"大康居斟尋，羿亦居之，桀亦居之"（大，蔡琪本、殿本作"太"，下同不注）。《尚書序》云"大康失邦，昆弟五人，須于洛汭"，此即大康所居爲近洛也。又吳起對魏武侯曰"昔夏桀之居，左河濟，右大華，伊闕在其南，羊腸在其北"，河南城爲值之。又《周書·度邑篇》曰武王問大公曰："吾將因有夏之居，南望過于三塗，北瞻望于有河。"有夏之居，即河南是也。師古曰：應氏止云斟尋本是禹後耳，何豫夏國之都乎？瓚説非也。斟音斟。【今注】平壽：縣名。治所在今山東昌樂縣東南。

[10]【今注】劇：侯國名。治所在今山東昌樂縣西。武帝元朔二年封菑川懿王子劉錯爲劇侯。

[11]【今注】都昌：縣名。治所在今山東昌邑縣西。高祖六年（前201）封朱軫爲都昌侯，景帝中元元年（前149）國除爲縣。

[12]【今注】平望：侯國名。治所在今山東壽光市東北。武

帝元朔二年封菑川懿王子劉賞爲平望侯。

［13］【顏注】師古曰：的音丁歷反，其字從白。【今注】平的：侯國名。治所今地無考。武帝元朔二年封菑川懿王子劉强爲平的侯。

［14］【今注】柳泉：侯國名。治所今地無考。宣帝地節四年（前66）封膠東戴王子劉强爲柳泉侯。

［15］【顏注】應劭曰：古斟灌，禹後，今灌亭是。【今注】壽光：縣名。治所在今山東壽光市東北。

［16］【今注】樂望：侯國名。治所今地無考。宣帝地節四年封膠東戴王子劉光爲樂望侯。

［17］【今注】饒：侯國名。治所今地無考。宣帝地節四年封膠東戴王子劉成爲饒侯。

［18］【今注】斟：縣名。治所在今山東濰坊市東南。

［19］【今注】故國：此指古斟尋國。姒姓，禹之後。在今山東昌樂縣東南。

［20］【顏注】師古曰：溉音功代反。【今注】桑犢：縣名。治所在今山東濰坊市南。　覆甑山：在今山東濰坊市東南。溉水所出，故又名溉源山。

［21］【今注】平城：侯國名。治所在今山東昌邑市東南。成帝建始二年（前31）封膠東頃王子劉邑爲平城侯。

［22］【今注】密鄉：侯國名。治所在今山東昌邑市東南。成帝建始二年封膠東頃王子劉林爲密鄉侯。

［23］【今注】羊石：侯國名。治所今地無考。元帝永光三年（前41）封膠東頃王子劉回爲羊石侯。

［24］【今注】樂都：侯國名。治所今地無考。成帝建始二年封膠東頃王子劉訢爲樂都侯。

［25］【今注】石鄉：侯國名。治所今地無考。元帝永光三年封膠東頃王子劉理爲石鄉侯。

[26]【今注】案，一作止鄉也，蔡琪本、大德本、殿本無“也”字。

[27]【今注】上鄉：侯國名。治所今地無考。元帝永光三年封膠東頃王子劉歆爲上鄉侯。

[28]【今注】新成：侯國名。治所今地無考。元帝永光三年封膠東頃王子劉根爲新成侯。

[29]【今注】成鄉：侯國名。治所在今山東安丘市北。成帝建始二年封高密頃王子劉安爲成鄉侯。

[30]【今注】膠陽：侯國名。治所在今山東高密市西北。成帝建始二年封高密頃王子劉恁爲膠陽侯。

東萊郡，高帝置。屬青州。[1]戶十萬三千二百九十二，口五十萬二千六百九十三。縣十七：掖，[2]莽曰掖通。腄，有之罘山祠。居上山，聲洋丹水所出，丹東北入海。[3]平度，[4]莽曰利盧。黃，[5]有萊山松林萊君祠。[6]莽曰意母。臨朐，有海水祠。莽曰監朐。[7]曲成，[8]有參山、萬里沙祠。[9]陽丘山，[10]治水所出，南至沂入海。[11]有鹽官。牟平，[12]莽曰望利。東牟，[13]有鐵官、鹽官。莽曰弘德。嵫，有百支萊王祠。有鹽官。[14]育犁，[15]昌陽，[16]有鹽官。莽曰鳳敬亭。不夜，有成山日祠。莽曰夙夜。[17]當利，[18]有鹽官。莽曰東萊亭。盧鄉，[19]陽樂，[20]侯國。莽曰延樂。陽石，[21]莽曰識命。徐鄉。[22]

[1]【顏注】師古曰：故萊子國也。【今注】東萊郡：治掖縣（今山東萊州市）。屬青州刺史部。　高帝置：此說有誤。其地秦時屬琅邪郡。漢初屬齊國之膠東郡。文帝十六年（前164）屬膠東國。景帝三年（前154）膠東國參與吳楚七國之亂，國除爲郡。次

年析膠東郡地置東萊郡。

[2]【今注】掖：縣名。治所在今山東萊州市。掖，又作"夜"。秦封泥有"夜丞之印"，漢封泥有"夜印""夜丞之印"。

[3]【顏注】師古曰：腄音直瑞反。洋音祥。　【今注】腄（zhuì）：縣名。治所在今山東烟臺市福山區。　之罘山祠：之罘山，又作"芝罘山"，在今山東烟臺市東北。之罘山祠爲祠祀陽主之所。　居上山：一作"居止山"。在今山東棲霞市東南。　聲洋丹水所出：王先謙《漢書補注》以爲"丹"字衍。聲洋水即清陽河（又稱清洋河），源出今山東棲霞市東南之翠屏山。

[4]【今注】平度：治所在今山東平度市西北。武帝元朔二年（前127）封菑川懿王子劉行爲平度侯。錢大昕《廿二史考異·漢書二》以爲本《志》失注"侯國"二字。

[5]【今注】黃：縣名。治所在今山東龍口市東。

[6]【今注】萊山：在今山東龍口市東。　松林萊君祠：宣帝時，祠萊山爲月主，有月主真人祠。

[7]【顏注】師古曰：齊郡已有臨朐，而東萊又有此縣，蓋各以所近爲名也。斯類非一。【今注】臨朐：治所在今山東萊州市東。齊郡已有臨朐，東萊之臨朐當爲武帝元狩六年（前117）徙來，本《志》失注"侯國"二字（詳見周振鶴《中國行政區劃通史·秦漢卷（上）》，第330頁）。　海水祠：在今山東萊州市。當爲祠祀海神之所。

[8]【今注】曲成：縣名。治所在今山東招遠市西北。高祖六年（前201）封蟲逢爲曲成侯，武帝元鼎二年（前115）國除爲縣。

[9]【今注】參山萬里沙祠：參山祠，秦漢時期祠祀陰主之所。本書《郊祀志下》記載宣帝時"祠參山八神於典成"。參山在今山東萊州市東北，又名三山。萬里沙祠，在今山東萊州市東北。《史記》卷一二《孝武本紀》記武帝元封元年（前110）巡幸東萊，"乃禱萬里沙"。裴駰《集解》注引應劭曰："萬里沙，神祠也，在

東萊曲城。"注引孟康曰："沙徑三百餘里。"萬里沙當爲海邊大片沙灘之地，漢人以爲有神靈而祠祀之。

[10]【今注】陽丘山：在今山東招遠市東北，又稱羅山（騾山）。

[11]【今注】治水所出南至沂入海：王念孫《讀書雜志·漢書第六》以爲"沂"當爲"計斤"之誤。計斤爲琅邪郡屬縣。治水即小沽河，源出今山東招遠市東北羅山，南流至今平度市東南，與大沽河匯合，南流經即墨市、膠州市入海。

[12]【今注】牟平：治所在今山東烟臺市西。武帝元朔四年（前125）封齊孝王子劉渫爲牟平侯。錢大昕《廿二史考異·漢書二》以爲本《志》失注"侯國"二字。

[13]【今注】東牟：縣名。治所在今山東烟臺市牟平區。

[14]【顏注】師古曰：嶔音堅。【今注】嶔：縣名。治所在今山東龍口市東南。 百支萊王祠：古祠名。《續漢書·郡國志》劉昭注引《地道記》作"百枝萊君祠"。

[15]【今注】育犁：縣名。治所在今山東萊州市西。育犁，又作"育黎"。西漢封泥有"育黎右尉"。

[16]【今注】昌陽：縣名。治所在今山東威海市文登區南。

[17]【顏注】師古曰：《齊地記》云古有日夜出，見於東萊，故萊子立此城，以不夜爲名。【今注】不夜：縣名。治所在今山東榮成市北。 成山日祠：漢代祠祀日主之所。成山，在今山東榮成市東北。

[18]【今注】當利：縣名。治所在今山東萊州市西南。

[19]【今注】盧鄉：縣名。治所今地無考。

[20]【今注】陽樂：侯國名。治所在今山東萊州市西南。成帝建始二年（前31）封膠東頃王子劉獲爲陽樂侯。

[21]【今注】陽石：縣名。治所在今山東萊州市南。

[22]【今注】徐鄉：治所在今山東龍口市西北。成帝元延二

年（前11）封膠東共王子劉炔爲徐鄉侯。錢大昕《廿二史考異·漢書三》以爲本《志》失注"侯國"二字。

琅邪郡，秦置。莽曰填夷。屬徐州。[1]户二十二萬八千九百六十，口一百七萬九千一百。有鐵官。縣五十一：東武，[2]莽曰祥善。不其，有太一、僊人祠九所，及明堂，武帝所起。[3]海曲，[4]有鹽官。贛榆，[5]朱虛，凡山，丹水所出，東北至壽光入海。東泰山，汶水所出，東至安丘入維。有三山、五帝祠。[6]諸，莽曰諸并。[7]梧成，[8]靈門，有高栔山。壺山，浯水所出，東北入淮。[9]姑幕，都尉治。或曰薄姑。莽曰季睦。[10]虛水，侯國。[11]臨原，[12]侯國。莽曰填夷亭。琅邪，越王句踐嘗治此，起館臺。有四時祠。[13]祓，侯國。[14]柜，根艾水東入海。莽曰祓同。[15]鉼，侯國。[16]邞，膠水東至平度入海。莽曰純德。[17]雩叚，侯國。[18]黔陬，故介國也。[19]雲，[20]侯國。計斤，莒子始起此，後徙莒。有鹽官。[21]稻，[22]侯國。皐虞，[23]侯國。莽曰盈廬。平昌，[24]長廣，[25]有萊山萊王祠。[26]奚養澤在西，[27]秦地圖曰劇清地。[28]幽州藪。有鹽官。橫，故山，久台水所出，東南至東武入淮。莽曰令丘。[29]東莞，術水南至下邳入泗，過郡三，行七百一十里，青州藪。[30]魏其，[31]侯國。莽曰青泉。昌，[32]有環山祠。[33]兹鄉，[34]侯國。箕，[35]侯國。《禹貢》維水北至昌都入海，[36]過郡三，[37]行五百二十里，兖州藪也。椑，夜頭水南至海。莽曰識命。[38]高廣，[39]侯國。高鄉，[40]侯國。柔，[41]侯國。即來，[42]侯國。莽曰盛睦。麗，[43]侯國。武鄉，[44]侯國。莽曰順理。伊鄉，[45]侯國。新山，[46]侯國。高陽，[47]侯國。昆山，[48]侯國。參封，[49]侯國。折泉，[50]侯國。折泉水北至莫入淮。[51]博石,[52]侯國。房山,[53]侯國。慎鄉,[54]侯國。
駟望,侯國。莽曰泠鄉。[55]安丘,[56]侯國。莽曰寧鄉。高
陵,[57]侯國。莽曰蒲陸。臨安,[58]侯國。莽曰誠信。石山。
侯國。[59]

[1]【顏注】師古曰:填音竹人反。【今注】琅邪郡:治東武
縣(今山東諸城市)。一説在琅邪縣(今山東青島市黃島區西南)。
屬徐州刺史部。 秦置:秦始皇二十六年(前221)秦滅齊,以齊
國東部之地置琅邪郡,後又分置即墨郡。秦封泥有"琅邪水丞"
"琅邪左鹽""琅邪司馬""琅邪都水""琅邪發弩""即墨大守"
等,里耶秦簡亦有"琅邪假守",均可佐證秦置琅邪郡及即墨郡。
秦琅邪郡治費縣(今山東費縣),即墨郡治即墨縣(今山東平度
市)。楚漢之際,其地分屬膠東、齊二國。高祖六年(前201)屬
劉肥齊國。呂后七年(前181)封劉澤爲琅邪王。文帝元年(前
179)劉澤徙爲燕王,琅邪國復爲漢郡。

[2]【今注】東武:縣名。治所在今山東諸城市。高祖六年封
郭蒙爲東武侯,景帝六年(前151)國除爲縣。

[3]【顏注】如淳曰:其音基。【今注】不其:縣名。治所在
今山東即墨市西南。呂后七年更封呂種爲不其侯,次年國除爲縣。
封泥有"弟其丞印",弟其,即"不其"。

[4]【今注】海曲:縣名。治所在今山東日照市西。

[5]【顏注】師古曰:贛音紺。榆音踰。【今注】贛榆:縣
名。治所在今江蘇連雲港市贛榆區北。榆,當爲"揄"之訛誤,封
泥有"贛揄令印""贛揄丞印"(詳見楊樹達《漢書窺管》)。

[6]【顏注】師古曰:前言汶水出萊蕪入濟,今此又言出朱
虛入維,將桑欽所説有異,或者有二汶水乎?五帝祠在維水之上。
【今注】朱虛:縣名。治所在今山東臨朐縣東南。呂后二年封齊悼
惠王子劉章爲朱虛侯,文帝二年國除爲縣。 凡山:在今山東昌樂

縣西南。一作"丸山"。　　東泰山：此指今山東中部沂山。　　維：同"濰"。指濰水。

[7]【顏注】師古曰：《春秋》"城諸及鄆"者。【今注】諸：縣名。治所在今山東諸城市西南。

[8]【今注】梧成：縣名。治所在今山東安丘市西南。

[9]【顏注】師古曰：枖即柘字也。浯音吾。【今注】靈門：縣名。治所在今山東安丘市南。　　高枖山：在今山東諸城市西北。

壷山浯水所出東北入淮：王先謙《漢書補注》以爲"淮"字爲"濰"之省。壷山即"浯山"，又作"峿山"，在今山東安丘市西南。浯水出浯山，東北流經今安丘、諸城二市，至高密市入濰水。

[10]【顏注】應劭曰：《左氏傳》曰"薄姑氏因之，而後大公因之（大，蔡琪本、大德本、殿本作"太"）"。【今注】姑幕：縣名。治所在今山東安丘市東南。琅邪郡都尉治所。

[11]【顏注】如淳曰：虛音墟。【今注】虛水：同"虚水"。侯國名。治所今地無考。武帝元鼎元年（前116）封城陽頃王子劉禹爲虛水侯。

[12]【今注】臨原：侯國名。治所在今山東臨朐縣東。武帝元朔二年（前127）封菑川懿王子劉始昌爲臨原侯。

[13]【顏注】師古曰：《山海經》云琅邪臺在琅邪之東。【今注】琅邪：縣名。治所在今山東青島市黃島區西南。　　越王句踐嘗治此起館臺：句踐，即勾踐，春秋戰國之際越國君主，事迹詳《史記》卷四一《越王句踐世家》。據《越絕書》《吳越春秋》等記載，越王句踐於公元前473年滅吳之後，從會稽徙都於琅邪，"起觀臺，周七里，以望於海"。　　四時祠：祠祀四時主之場所。四時主爲戰國以來齊地民間祭祀"八神"之一，掌管春、夏、秋、冬四季。古人認爲日由東所升，歲氣之運行亦由春開始，春對應的方位是東方，琅邪又在齊地之東，故齊人把居國內東邊之山與歲時曆法運行對應，再加以人格化，爲四時主（詳見楊英《祈望和諧：周秦兩漢

王朝祭禮的演進及其規律》，商務印書館 2009 年版，第 242 頁）。

[14]【顏注】師古曰：音廢。【今注】袚：侯國名。治所在今山東臨朐縣東。據本書《王子侯表》，武帝元鼎元年封城陽頃王子劉霸爲挾侯。王先謙《漢書補注》以爲 "挾侯" 即 "袚侯"。

[15]【顏注】如淳曰：音巨。【今注】柜：縣名。治所在今山東膠州市南。　根艾水：錢大昕《廿二史考異・漢書二》以爲 "根" 當爲 "柜"。柜艾水即今山東膠州市境内洋河。

[16]【顏注】如淳曰：音瓶。【今注】缾：侯國名。治所在今山東臨朐縣東南。文帝十四年封孫單爲缾侯，景帝三年國除。武帝元鼎元年封菑川靖王子劉成爲缾侯。

[17]【顏注】師古曰：音夫，又音扶。【今注】邞：縣名。治所在今山東膠州市西南。　膠水東至平度入海：膠水源出今山東膠州市之膠山，北流經膠州、高密、平度市，在今萊州市西北入海。王念孫《讀書雜志・漢書第六》以爲 "東至" 當依酈道元《水經注・膠水》作 "北至"。

[18]【顏注】師古曰：雩音許于反。叚音工下反。【今注】雩叚：侯國名。治所今地無考。武帝元鼎元年封城陽頃王子劉澤爲雩叚侯。雩叚，本書《王子侯表》作 "虖葭"，《史記・建元以來侯者年表》作 "雩殷"。

[19]【顏注】師古曰：陬音子侯反。【今注】黔陬：縣名。治所在今山東膠州市西南。　故介國：春秋時期東夷小國。在今山東膠州市西南，後併入齊國。《春秋》僖公二十九年（前 631）："介葛盧來。"

[20]【今注】雲：侯國名。治所今地無考。武帝元朔四年封齊孝王子劉信爲雲侯。

[21]【顏注】師古曰：即《春秋左氏傳》所謂介根也，語音有輕重。【今注】計斤：縣名。治所在今山東膠州市西南。　莒子始起此後徙莒：莒子，即兹輿期，西周時期莒國開國君主。莒國初

都計斤，春秋初遷都於莒（今山東莒縣），公元前431年爲楚國所滅。

　　［22］【今注】稻：侯國名。治所在今山東高密市西。武帝元朔四年封齊孝王子劉定爲稻侯。

　　［23］【今注】臯虞：侯國名。治所在今山東即墨市東北。武帝元封元年（前110）封膠東康王子劉建爲臯虞侯。

　　［24］【今注】平昌：縣名。治所在今山東諸城市西北。

　　［25］【今注】長廣：縣名。治所在今山東萊陽市東。

　　［26］【今注】萊山萊王祠：在今山東萊陽市北萊山，爲祠祀萊山之所。宣帝時移祀於東萊郡黃縣之萊山。

　　［27］【今注】奚養澤：古湖澤名。又名猇養澤、夷安潭。在今山東萊陽市東。

　　［28］【今注】案，地，蔡琪本、殿本作“池”。

　　［29］【顏注】師古曰：台音怡。【今注】橫：縣名。治所在今山東諸城市東南。　故山：在今山東諸城市東南。　久台水所出東南至東武入淮：久台水，一名盧水。源出今山東諸城市東南，北流至高密市匯入濰水，復北流注入萊州灣。“東南”當爲“東北”，“入淮”當爲“入濰”（詳見王先謙《漢書補注》）。

　　［30］【顏注】孟康曰：故鄆邑，今鄆亭是也。師古曰：莞音官。術水即沭水也，音同。【今注】東莞：縣名。治所在今山東莒縣東。武帝元朔二年封城陽共王子劉吉爲東莞侯，元朔五年國除爲縣。　過郡三：王先謙《漢書補注》以爲“三”當爲“四”，即琅邪、城陽、東海、臨淮四郡。

　　［31］【今注】魏其：侯國名。治所今地無考。高祖六年封周止爲魏其侯，景帝三年國除。景帝三年六月，封竇嬰爲魏其侯，武帝元光四年（前131）國除。武帝元封元年封膠東康王子劉昌爲魏其侯。

　　［32］【今注】昌：縣名。治所在今山東諸城市東南。高祖八

年封旅卿（一作"盧卿"）爲昌侯，景帝三年國除爲縣。武帝元鼎元年封城陽頃王子劉差爲昌侯，元鼎三年國除。

［33］【今注】環山祠：在今山東諸城市東北。祠祀内容不詳。

［34］【今注】兹鄉：侯國名。治所在今山東莒縣南。宣帝甘露四年（前50）封城陽荒王子劉弘爲兹鄉侯。

［35］【今注】箕：侯國名。治所在今山東莒縣北。宣帝甘露四年封城陽荒王子劉文爲箕侯。

［36］【今注】禹貢維水北至昌都入海：王先謙《漢書補注》："昌都"爲"都昌"誤倒。都昌，北海郡屬縣。案，維，殿本作"濰"；昌都，殿本作"都昌"。

［37］【今注】過郡三：王先謙《漢書補注》以爲"三"當爲"四"，即琅邪、高密、膠東、北海四郡。

［38］【顔注】應劭曰：音裨。【今注】椑：縣名。治所在今山東莒縣東南。

［39］高廣：侯國名。治所在今山東莒縣南。宣帝甘露四年封城陽荒王子劉勛爲兹鄉侯。

［40］【今注】高鄉：侯國名。治所在今山東莒縣南。宣帝甘露四年封城陽荒王子劉休爲高鄉侯。

［41］【今注】柔：侯國名。治所今地無考。宣帝甘露四年封城陽荒王子劉山爲柔侯。

［42］【今注】即來：侯國名。治所今地無考。宣帝甘露四年封城陽荒王子劉佼爲即來侯。

［43］【今注】麗：侯國名。治所今地無考。成帝建始二年（前31）封高密頃王子劉賜爲麗侯。

［44］【今注】武鄉：侯國名。治所今地無考。成帝建始二年封高密頃王子劉慶爲武鄉侯。

［45］【今注】伊鄉：侯國名。治所今地無考。元帝永光三年（前41）封城陽戴王子劉遷爲伊鄉侯。

［46］【今注】新山：侯國名。治所在今山東莒縣西南。成帝

永始四年（前13）封稱忠爲新山侯。

［47］【今注】高陽：侯國名。治所在今山東莒縣東南。成帝鴻嘉元年（前20）封丞相薛宣爲高陽侯，綏和二年（前7）國除。

［48］【今注】昆山：侯國名。治所在今山東五蓮縣東。元帝初元元年（前48）封城陽荒王子劉光爲昆山侯。

［49］【今注】參封：侯國名。治所今地無考。元帝永光三年封城陽戴王子劉嗣爲參封侯。

［50］【今注】折泉：侯國名。治所在今山東五蓮縣西北。元帝初元元年封城陽荒王子劉根爲折泉侯。折泉，又作"析泉"。

［51］【今注】折泉水北至莫入淮：王先謙《漢書補注》以爲當作"折泉水北至箕入濰"。據酈道元《水經注·濰水》，析泉水源出析泉縣北松山，東南流經縣東，下入箕。

［52］【今注】博石：侯國名。治所今地無考。元帝初元元年封城陽荒王子劉淵爲博石侯。

［53］【今注】房山：侯國名。治所今地無考。元帝初元元年封城陽荒王子劉勇爲房山侯。

［54］【今注】慎鄉：侯國名。治所今地無考。據本書《王子侯表》，成帝建始二年封膠東頃王子劉共爲順陽侯。順陽當即慎鄉。

［55］【顏注】師古曰：泠音零。【今注】駟望：侯國名。治所今地無考。成帝鴻嘉元年封泠廣爲駟望侯。

［56］【今注】安丘：侯國名。治所在今山東安丘市東南。成帝鴻嘉元年封高密頃王子劉常爲安丘侯。

［57］【今注】高陵：侯國名。治所今地無考。成帝永始二年（前15）封丞相翟方進爲高陵侯，孺子嬰居攝元年（6）國除。

［58］【今注】臨安：侯國名。治所今地無考。成帝永始四年封膠東共王子劉閔爲臨安侯。

［59］【今注】石山：侯國名。治所今地無考。元帝永光三年封城陽戴王子劉玄爲石山侯。

東海郡，高帝置。莽曰沂平。屬徐州。[1]户三十五萬八千四百一十四，口百五十五萬九千三百五十七。縣三十八：郯，故國，少昊後，盈姓。[2]蘭陵，莽曰蘭東。[3]襄賁，莽曰章信。[4]下邳，葛嶧山在西，古文以爲嶧陽。有鐵官。莽曰閏儉。[5]良成，侯國。莽曰承翰。[6]平曲，[7]莽曰平端。戚，[8]朐，[9]秦始皇立石海上以爲東門闕。[10]有鐵官。開陽，故鄅國。莽曰厭虜。[11]費，故魯季氏邑。都尉治。莽曰順從。[12]利成，[13]莽曰流泉。海曲，[14]莽曰東海亭。蘭祺，[15]侯國。莽曰溥睦。繒，[16]故國，[17]禹後。莽曰繒治。南成，[18]侯國。山鄉，[19]侯國。建鄉，[20]侯國。即丘，莽曰就信。[21]祝其，[22]《禹貢》羽山在南，鯀所殛。莽曰猶亭。臨沂，[23]厚丘，[24]莽曰祝其亭。容丘，[25]侯國。祠水東南至下邳入泗。[26]東安，[27]侯國。莽曰業亭。合鄉，[28]莽曰合聚。承，莽曰承治。[29]建陽，[30]侯國。莽曰建力。曲陽，莽曰從羊。[31]司吾，莽曰息吾。[32]于鄉，[33]侯國。平曲，[34]侯國。莽曰端平。都陽，侯國。[35]陰平，[36]侯國。邳鄉，侯國。莽曰徐亭。[37]武陽，[38]侯國。莽曰弘亭。新陽，[39]侯國。莽曰博聚。建陵，[40]侯國。莽曰付亭。昌慮，侯國。莽曰慮聚。[41]都平。[42]侯國。

[1]【顔注】應劭曰：秦郯郡。【今注】東海郡：治郯縣（今山東郯城縣西）。屬徐州刺史部。　高帝置：此説有誤。秦代即置東海郡。秦封泥有“東晦大守”“東晦都水”，“東晦”即“東海”。應劭所謂“秦郯郡”，或因郯爲東海郡治，故時人以“郯郡”爲東海郡之代稱。東海郡漢初屬楚國。景帝三年（前154），楚國參與七國之亂，事敗，東海郡削爲漢郡。據尹灣漢簡，成帝元延年間東

海郡所轄縣級行政區三十八個（縣十八、侯國十八、湯沐邑二），有一百七十個鄉、二千五百四十四個里、六百八十八個亭、三十四個郵。

〔2〕【顏注】應劭曰：音談。【今注】郯（tán）：縣名。治所在今山東郯城縣西。據尹灣漢簡《東海郡吏員簿》《東海郡下轄長吏名籍》，成帝時郯縣置縣令，有吏員九十五人。　故國：此指郯國，相傳爲少昊後裔所建，盈姓，在今山東郯城縣北。戰國初爲越國所滅。　案，盈姓，蔡琪本作“嬴姓”。

〔3〕【顏注】孟康曰：次室亭魯伯是。【今注】蘭陵：縣名。治所在今山東蘭陵縣西南。據尹灣漢簡《東海郡吏員簿》《東海郡下轄長吏名籍》，成帝時蘭陵置縣令，有吏員八十八人。

〔4〕【顏注】應劭曰：賁音肥。【今注】襄賁：縣名。治所在今山東蘭陵縣長城鎮。據尹灣漢簡《東海郡吏員簿》《東海郡下轄長吏名籍》，成帝時襄賁置縣令，有吏員六十四人。

〔5〕【顏注】應劭曰：邳在薛，其後徙此，故曰下。臣瓚曰：有上邳，故曰下邳也。師古曰：瓚説是。【今注】下邳：縣名。治所在今江蘇邳州市南。據尹灣漢簡《東海郡吏員簿》《東海郡下轄長吏名籍》，成帝時下邳置縣令，有吏員一百零七人。　葛嶧山：又名葛陽山，《禹貢》稱之爲“嶧陽”，即今江蘇北部邳州市與睢寧縣交界處的岠山。

〔6〕【顏注】師古曰：《左氏傳》所謂“晉侯會吳子于良”，即此是。【今注】良成：侯國名。治所在今江蘇邳州市東。昭帝始元五年（前82）封魯安王子劉文德爲良成侯。據尹灣漢簡《東海郡吏員簿》《東海郡下轄長吏名籍》，成帝時良成國置相，有吏員五十人。

〔7〕【今注】平曲：縣名。治所在今江蘇東海縣東南。本《志》東海郡下有二平曲，當是置侯國時僅取縣之一部分，名爲平曲侯國；餘地仍在，名爲平曲縣（詳見周振鶴《中國行政區劃通

史·秦漢卷（上）》，第342頁）。

[8]【顔注】鄭氏曰：音憂戚。【今注】戚：縣名。治所在今山東臨沂市附近。

[9]【今注】朐：縣名。治所在今江蘇連雲港市西南。尹灣漢簡作“朐邑”。據《東海郡吏員簿》《東海郡下轄長吏名籍》，成帝時朐置縣令，有吏員八十二人。

[10]【今注】秦始皇立石海上以爲東門闕：《史記》卷六《秦始皇本紀》記載：“於是立石東海上朐界中，以爲秦東門。”王先謙《漢書補注》以爲《志》注“闕”字當衍。然《東海高碑》有“闕者，秦始皇所立，名之秦東門闕。事在《史記》”（見洪适《隸釋》卷二），陳直《漢書新證》據之以爲《志》文“闕”字衍文之説不足信。

[11]【顔注】師古曰：鄅音禹。厭音一涉反。【今注】開陽：縣名。治所在今山東臨沂市北。春秋至漢初稱“啓陽”，當是避景帝劉啓諱而改稱開陽。 鄅國：西周封國，妘姓，在今山東臨沂市蘭山區鄅古城村一帶。公元前524年被邾國襲破。

[12]【顔注】師古曰：音祕。【今注】費（bì）：縣名。治所在今山東費縣北。東海郡都尉治所。高祖六年（前201）封陳賀爲費侯。景帝後元三年（前141）國除。 魯季氏邑：費本爲魯國大夫費伯食邑，春秋中期以後爲魯國季孫氏私邑。《左傳》僖公元年（前659）：“公賜季友汶陽之田及費。”

[13]【今注】利成：縣名。治所在今江蘇連雲港市贛榆區西。

[14]【今注】海曲：據《續漢書·郡國志》《宋書·州郡志》及尹灣漢簡，“曲”爲“西”之誤。海西縣治所在今江蘇灌南縣東南。武帝太初四年（前101）封李廣利爲海西侯，征和三年（前90）國除。據尹灣漢簡《東海郡吏員簿》《東海郡下轄長吏名籍》，成帝時海西爲置令大縣，有吏員一百零七人。

[15]【今注】蘭祺：侯國名。一作“蘭旗”。治所在今山東棗

莊市臺兒莊區蘭城店鄉。昭帝始元五年封魯安王子劉臨朝爲蘭旗侯。

〔16〕【今注】繒：縣名。治所在今山東蘭陵縣西。

〔17〕【今注】故國：此指鄫國，傳爲大禹後人所建，姒姓，在今山東蘭陵縣西北，公元前 567 爲莒國所滅。

〔18〕【今注】南成：侯國名。治所在今山東費縣西南。武帝元朔四年（前 125）封城陽頃王子劉貞爲南成侯。

〔19〕【今注】山鄉：侯國名。治所在今山東棗莊市北。宣帝甘露四年（前 50）封魯孝王子劉縮爲山鄉侯。

〔20〕【今注】建鄉：侯國名。治所今地無考。成帝陽朔四年（前 21）封魯頃王子劉康之爲建鄉侯。

〔21〕【顏注】孟康曰：古祝丘。【今注】即丘：縣名。治所在今山東郯城縣北。

〔22〕【今注】祝其：縣名。治所在今江蘇連雲港市贛榆區西。一說在今連雲港市海州區和贛榆區之間（詳見周運中《漢代縣治考：江淮篇》，載《秦漢研究》第 4 輯，陝西人民出版社 2010 年版）。祝其，洪适《隸釋》卷二《魯相謁孔廟殘碑》作“況基”；《尹灣漢墓漢牘》作“況其”。

〔23〕【今注】臨沂：縣名。治所在今山東臨沂市北。

〔24〕【今注】厚丘：縣名。治所在今江蘇沭陽縣北。一說在今山東臨沂市東（詳見周運中《漢代縣治考：江淮篇》）。

〔25〕【今注】容丘：侯國名。治所在今江蘇邳州市南。昭帝始元五年封魯安王子劉方山爲容丘侯。

〔26〕【今注】祠水：酈道元《水經注·泗水》作“桐水”。源出今山東蒼山縣西北，南流至江蘇邳州市南，注入泗水。

〔27〕【今注】東安：侯國名。治所在今山東棗莊市山亭區。宣帝甘露四年封魯孝王子劉強爲東安侯。

〔28〕【今注】合鄉：縣名。治所在今山東滕州市東。

〔29〕【顏注】應劭曰：音證。【今注】承：縣名。治所在今山

東棗莊市嶧城區嶧城鎮西北。宣帝甘露四年封魯孝王子劉當爲承鄉侯，成帝鴻嘉二年（前19）國除。封泥有"承丞之印"。

［30］【今注】建陽：侯國名。治所在今山東棗莊市嶧城區西北。宣帝甘露四年封魯孝王子劉咸爲建陽侯。

［31］【顏注】應劭曰：在淮曲之陽。【今注】曲陽：縣名。治所在今江蘇沭陽縣東。一說在今江蘇東海縣曲陽鎮（詳見周運中《漢代縣治考：江淮篇》，載《秦漢研究》第4輯，陝西人民出版社2010年版）。案，莽曰從羊，"羊"字蔡琪本、殿本作"陽"。

［32］【顏注】應劭曰：《左傳》"吳執鍾吾子"。【今注】司吾：縣名。治所在今江蘇宿遷市北。

［33］【今注】于鄉：侯國名。治所今地無考。元帝永光三年（前41）封泗水勤王子劉定爲於鄉侯，其子劉聖嗣位，後免。于鄉，《尹灣漢墓漢牘》作"干鄉"。

［34］【今注】平曲：侯國名。治所在今江蘇東海縣東南。景帝六年（前151）封公孫昆爲平曲侯，中元四年（前146）國除，後元元年（前143）紹封周勃子周堅爲平曲侯，武帝元鼎五年（前112）國除。宣帝本始元年（前73）封廣陵屬王子劉曾爲平曲侯，五鳳四年（前54）免，後復封。平曲，錢大昕《三史拾遺》卷三以爲，此郡平曲縣重出，以莽所更名推之，此"平曲"當爲"曲平"。

［35］【顏注】應劭曰：《春秋》"齊人遷陽"是。【今注】都陽：侯國名。治所在今山東臨沂市北。元帝永光三年（前41）封城陽戴王子劉音爲都陽侯。

［36］【今注】陰平：侯國名。治所在今山東棗莊市嶧城區西南。成帝陽朔二年（前23）封楚孝王子劉回爲陰平侯。

［37］【顏注】師古曰：鄔音吾，又音魚。【今注】鄔鄉：侯國名。治所在今山東泗水縣西南。成帝陽朔四年（前21）封魯頃王子劉閔爲鄔鄉侯，哀帝建平三年（前4）國除。平帝元始元年

（1）復封楚思王子劉光爲郚鄉侯。

［38］【今注】武陽：侯國名。治所在今山東蘭陵縣西南。成帝鴻嘉元年（前20）封左將軍史丹爲武陽侯。

［39］【今注】新陽：侯國名。治所在今山東滕州市南。成帝鴻嘉二年封魯頃王子劉永爲新陽侯。

［40］【今注】建陵：侯國名。治所在今山東棗莊市嶧城區西。宣帝甘露四年封魯孝王子劉遂爲建陵侯。

［41］【顏注】師古曰：慮音盧。【今注】昌慮：侯國名。治所在今山東滕州市東南。宣帝甘露四年封魯孝王子劉弘爲昌慮侯。

［42］【今注】都平：侯國名。治所今地無考。宣帝甘露四年封城陽荒王子劉丘爲都平侯。

臨淮郡，[1]武帝元狩六年置。[2]莽曰淮平。户二十六萬八千二百八十三，口百二十三萬七千七百六十四。縣二十九：徐，[3]故國。[4]盈姓。至春秋時徐子章禹爲楚所滅。莽曰徐調。取慮，[5]淮浦，游水北入海。莽曰淮敬。[6]盱眙，都尉治。莽曰武匡。[7]厹猶，莽曰秉義。[8]僮，[9]莽曰成信。射陽，莽曰監淮亭。[10]開陽，[11]贅其，[12]高山，[13]睢陵，莽曰睢陸。[14]鹽瀆，[15]有鐵官。淮陰，[16]莽曰嘉信。淮陵，[17]莽曰淮陸。下相，莽曰從德。[18]富陵，[19]莽曰櫟虜。櫟音朔。[20]東陽，[21]播旌，[22]莽曰著信。西平，[23]莽曰永聚。高平，[24]侯國。莽曰成丘。開陵，[25]侯國。莽曰成鄉。昌陽，[26]侯國。廣平，[27]侯國。莽曰平寧。蘭陽，[28]侯國。莽曰建節。襄平，[29]侯國。莽曰相平。海陵，[30]有江海會祠。[31]莽曰亭閒。興，[32]莽曰美德。堂邑，[33]有鐵官。樂陵。[34]侯國。

[1]【今注】臨淮郡：治徐縣（今江蘇泗洪縣南）。

[2]【今注】武帝元狩六年置：漢武帝元狩六年（前117）分廣陵郡、沛郡之地置臨淮郡。

[3]【今注】徐：縣名。治所在今江蘇泗洪縣南。

[4]【今注】故國：此指徐國。西周方國，在今江蘇泗洪縣南徐大臺子一帶。《春秋》昭公三十年（前512）："吳滅徐，徐子章羽奔楚。"

[5]【顔注】師古曰：取音趨，又音秋。慮音廬。【今注】取慮：縣名。治所在今安徽靈璧縣北。

[6]【顔注】應劭曰：淮涯（淮涯，蔡琪本、大德本、殿本作"淮涯也"）。【今注】淮浦：縣名。治所在今江蘇漣水縣西。
游水：即今江蘇漣水縣北之漣河。

[7]【顔注】應劭曰：音吁怡。【今注】盱（xū）眙（yí）：縣名。治所在今江蘇盱眙縣東北。臨淮郡都尉治所。本書《王子侯表》載武帝元鼎元年（前116）封江都易王子劉象之（象之，一作"蒙之"）爲盱台侯，元鼎五年（前112）國除爲縣。漢封泥有"盱台丞印"，則盱眙亦作"盱台"。楊樹達《漢書窺管》以爲"盱台"正而"盱眙"誤。

[8]【顔注】師古曰：厹音仇。【今注】厹（qiú）猶：縣名。治所在今江蘇宿遷市西南。

[9]【今注】僮：縣名。治所在今安徽泗縣東北。

[10]【顔注】應劭曰：在射水之陽。【今注】射陽：縣名。治所在今江蘇寶應縣東。

[11]【今注】開陽：縣名。治所今地無考。

[12]【顔注】師古曰：贅音之銳反。【今注】贅其：縣名。治所在今江蘇盱眙縣西南。

[13]【顔注】應劭曰：亭山在東南（亭，蔡琪本、大德本、殿本作"高"）。【今注】高山：縣名。治所在今江蘇盱眙縣南。

[14]【顏注】師古曰：睢音雖。【今注】睢陵：縣名。治所在今江蘇泗洪縣東南。武帝元光三年（前 132）封張廣國爲睢陵侯，武帝太初二年（前 103）國除。

[15]【今注】鹽瀆：縣名。治所在今江蘇鹽城市。

[16]【今注】淮陰：縣名。治所在今江蘇淮安市淮陰區西南。高祖六年（前 201）封韓信爲淮陰侯，十一年國除。

[17]【今注】淮陵：縣名。治所在今安徽明光市東北。武帝元朔元年（前 128）封江都易王子劉定國爲淮陵侯，元鼎五年國除。

[18]【顏注】應劭曰：相水出沛國，故加下。【今注】下相：縣名。治所在今江蘇宿遷市西南。

[19]【今注】富陵：縣名。治所在今江蘇淮安市洪澤區西北。

[20]【今注】樧音朔：此爲顏師古注語，上脱“師古曰”三字。樧，當爲“槊”字之訛（詳見錢大昕《三史拾遺》卷三）。

[21]【今注】東陽：縣名。治所在今江蘇盱眙縣東。

[22]【今注】播旌：縣名。治所今地無考。

[23]【今注】西平：治所今地無考。宣帝甘露三年（前 51）封丞相于定國爲西平侯。錢大昕《廿二史考異·漢書二》以爲本《志》失注“侯國”二字。

[24]【今注】高平：侯國名。治所在今江蘇泗洪縣東南。宣帝地節三年（前 67）封丞相魏相爲高平侯，甘露元年國除。成帝河平二年（前 27）封外戚王逢時爲高平侯。

[25]【今注】開陵：侯國名。治所今地無考。武帝元封元年（前 110）封故東越建成侯敖爲開陵侯，征和三年（前 90）國除。又據本書卷九六《西域傳》，武帝天漢二年（前 99）封匈奴降王成娩爲開陵侯。

[26]【今注】昌陽：侯國名。治所今地無考。成帝永始四年（前 13）封泗水戻王子劉霸爲昌陽侯。

　　[27]【今注】廣平：侯國名。治所今地無考。元帝建昭五年
（前34）封廣陵孝王子劉德爲廣平侯。

　　[28]【今注】蘭陽：侯國名。治所今地無考。元帝建昭五年
封廣陵孝王子劉宣爲蘭陽侯。

　　[29]【今注】襄平：侯國名。治所今地無考。元帝永光五年
（前39）封廣陵屬王子劉曡爲襄平侯。

　　[30]【今注】海陵：縣名。治所在今江蘇泰州市。

　　[31]【今注】江海會祠：在長江入海處設立的祠祀場所。

　　[32]【今注】輿：縣名。治所在今江蘇儀征市北。

　　[33]【今注】堂邑：縣名。治所在今江蘇南京市六合區西北。

　　[34]【今注】樂陵：侯國名。治所今地無考。宣帝地節四年
史高爲樂陵侯。

　　會稽郡，[1]秦置。[2]高帝六年爲荆國，[3]十二年更名吳。[4]
景帝四年屬江都。[5]屬揚州。户二十二萬三千三十八，口
百三萬二千六百四。縣二十六：吳，[6]故國，[7]周大伯所
邑。[8]具區澤在西，[9]揚州藪，古文以爲震澤。南江在南，[10]東
入海，揚州川。莽曰泰德。曲阿，[11]故雲陽。[12]莽曰鳳美。烏
傷，[13]莽曰烏孝。毗陵，季札所居。北江在北，東入海，揚州
川。莽曰毗壇。[14]餘暨，蕭山，潘水所出，東入海。莽曰餘
衍。[15]陽羨，[16]諸暨，[17]莽曰疏虜。無錫，[18]有歷山，[19]
春申君歲祠以牛。[20]莽曰有錫。山陰，會稽山在南，上有禹冢、
禹井，揚州山。越王句踐本國。有靈文園。[21]丹徒，[22]餘
姚，[23]婁，[24]有南武城，闔閭所起以候越。莽曰婁治。上
虞，[25]有仇亭。[26]柯水東入海。[27]莽曰會稽。海鹽，[28]故武
原鄉。[29]有鹽官。莽曰展武。剡，莽曰盡忠。[30]由拳，柴辟，
故就李鄉，吳、越戰地。[31]大末，穀水東北至錢唐入江。莽曰

末治。[32]烏程，有歐陽亭。[33]句章，[34]渠水東入海。[35]餘
杭，莽曰進睦。[36]鄞，有鎮亭，有鮚埼亭。東南有天門水入海，
有越天門山。莽曰謹。[37]錢唐，[38]西部都尉治。武林山，[39]武
林水所出，東入海，行八百三十里。[40]莽曰泉亭。鄮，莽曰海
治。[41]富春，[42]莽曰誅歲。治，[43]回浦。[44]南部都尉治。

　　[1]【今注】會稽郡：治吳縣（今江蘇蘇州市）。屬揚州刺
史部。
　　[2]【今注】秦置：《史記》卷六《秦始皇本紀》記載：秦始
皇二十五年“王翦遂定荆江南地，降越君，置會稽郡”。秦置會稽
郡時間在秦王政二十五年（前222）。
　　[3]【今注】高帝六年爲荆國：會稽郡漢初屬韓信楚國，高祖
六年（前201）屬劉賈荆國。
　　[4]【今注】十二年更名吳：高祖十一年荆王劉賈爲淮南王英
布叛軍所殺。次年，以荆國地更置吳國，立沛侯劉濞爲吳王，會稽
郡屬吳國。
　　[5]【今注】景帝四年屬江都：此説有誤。景帝三年（前154）
七國之亂，吳爲首謀，事敗國除，其地入爲漢郡。其後復以吳之東
陽郡、鄣郡置江都國，徙汝南王劉非爲江都王，會稽郡仍爲漢郡。
　　[6]【今注】吳：縣名。治所在今江蘇蘇州市。
　　[7]【今注】故國：此指吳國，西周封國，姬姓。始祖是周太
王之子太伯、仲雍。初都蕃離（一作“梅里”，今江蘇無錫市東
南），後都於吳（今江蘇蘇州市）。春秋後期，破楚勝越，國力强
盛。公元前473年爲越國所滅。
　　[8]【今注】周大伯：即吳太伯。詳《史記》卷三一《吳太伯
世家》。案，大，蔡琪本作“太”。
　　[9]【今注】具區澤：又名笠澤、震澤，即今江蘇太湖。
　　[10]【今注】南江：長江下流入海“三江”之一，流經吳縣

（今江蘇蘇州市）南，東入海。或即今吳淞江。

　　［11］【今注】曲阿：縣名。治所在今江蘇丹陽市。

　　［12］【今注】雲陽：王先謙《漢書補注》引《太康地記》：曲阿“本名雲陽，秦時望氣者云有王氣，鑿之以敗其勢，截其直道，使之阿曲，故曰曲阿”。

　　［13］【今注】烏傷：縣名。治所在今浙江義烏市。

　　［14］【顏注】師古曰：舊延陵，漢改之。【今注】毗陵：縣名。治所在今江蘇常州市。　季札：春秋時吳國王子，曾封於延陵，人稱延陵季子。漢於延陵置縣，改稱毗陵。　北江：錢大昭曰：閩本江上有北字，是。朱一新曰：汪本、監本有北字。王先謙曰：《禹貢》山水澤地篇，北江在毗陵北界，東入海，與《志》合。《續志》亦作“北江在北”。此與吳下南江在南，東入海，書法同（詳見王先謙《漢書補注》）。北江爲長江下流入海“三江”之一，在毗陵縣（今江蘇常州市）北東入海。或即今長江下游主流。案，北江，蔡琪本、大德本、殿本作“江”，無“北”字。

　　［15］【顏注】應劭曰：吳王闔閭弟夫槩之所邑。師古曰：應説非也。暨音既。下諸暨亦同。潘音甫元反。【今注】餘暨：縣名。治所在今浙江杭州市蕭山區。　蕭山：一名蕭然山。即今浙江杭州市蕭山區西之蕭山。　潘水：諸説不一，或以爲即浦陽江之別名。酈道元《水經注・浙江水》云浦陽江東北逕永興縣（漢之餘暨縣，今浙江杭州市蕭山區），與浙水合，謂之浦陽江，東入海。

　　［16］【今注】陽羨：縣名。治所在今江蘇宜興市西南。高祖十二年封靈常爲陽羨侯，文帝十二年（前168）國除爲縣。

　　［17］【今注】諸暨：縣名。治所在今浙江諸暨市。

　　［18］【今注】無錫：縣名。治所在今江蘇無錫市。

　　［19］【今注】歷山：在今江蘇無錫市西北惠山。

　　［20］【今注】春申君：即黃歇，戰國時期楚國權臣，戰國四公子之一。楚考烈王時拜相，封以淮北十二縣之地，號爲春申君。

後以故吳墟爲都邑。事詳《史記》卷七八《春申君列傳》。

〔21〕【顏注】師古曰：靈文侯，薄大后父（大，蔡琪本作"太"）。【今注】山陰：縣名。治所在今浙江紹興市。 會稽山：此指今浙江紹興市東南之會稽山山體。

〔22〕【顏注】師古曰：即《春秋》云"朱方"也。【今注】丹徒：縣名。治所在今江蘇鎮江市丹徒區東。

〔23〕【今注】餘姚：縣名。治所在今浙江餘姚市。

〔24〕【今注】婁：縣名。治所在今江蘇昆山市北。

〔25〕【今注】上虞：縣名。治所在今浙江紹興市上虞區。

〔26〕【今注】仇亭：上虞縣下轄亭名。在今浙江紹興市上虞區東北。

〔27〕【今注】柯水：即今浙江曹娥江。

〔28〕【今注】海鹽：縣名。治所在今浙江平湖市東。

〔29〕【今注】故武原鄉：據《元和郡縣志》卷二五《江南道》記載，海鹽"本秦縣，漢因之。其後縣城陷爲柘湖，移於武原鄉"。可知武原本爲海鹽縣屬鄉，後爲縣治。

〔30〕【顏注】師古曰：音上冉反。【今注】剡：縣名。治所在今浙江嵊州市西南。

〔31〕【顏注】應劭曰：古之檇李也。師古曰：拳音權。辟讀曰壁。檇音子遂反。【今注】由拳：縣名。治所在今浙江嘉興市南。 柴辟：由拳縣下轄亭名。 故就李鄉吳越戰地：就李，又作"雋李""檇李"。《穀梁春秋》定公十四年（前496）："五月，於越敗吳于檇李。"

〔32〕【顏注】孟康曰：大音如闥（蔡琪本、殿本句末有"反"字）。【今注】大末：縣名。治所在今浙江龍游縣。

〔33〕【顏注】師古曰：歐音烏侯反。【今注】烏程：縣名。治所在今浙江湖州市西南。

〔34〕【今注】句章：縣名。治所在今浙江餘姚市東南。

[35]【今注】渠水：説法不一。王先謙《漢書補注》以爲渠水即姚江，慈溪江的上流。

[36]【顔注】孟康曰：杭音行伍之行。【今注】餘杭：縣名。治所在今浙江杭州市餘杭區西南。

[37]【顔注】師古曰：鄞音牛斤反。鮚音結，蚌也，長一寸，廣二分，有一小蟹在其腹中。埼，曲岸也，其中多鮚，故以名亭。埼音鉅依反。【今注】鄞：縣名。治所在今浙江寧波市鄞州區東南。　天門水：即鄞江。源出今浙江餘姚市四明山，流經今浙江寧波市鄞州區，東南流注入奉化江，奉化江又東北流爲甬江，至寧波市鎮海區入海。　越天門山：在今浙江象山縣東南石浦鎮東南東門島，兩峰對峙，其狀若門，故名。

[38]【今注】錢唐：縣名。治所在今浙江杭州市西。會稽郡西部都尉治所。

[39]【今注】武林山：又名靈隱山，在今浙江杭州市西湖畔。

[40]【今注】武林水：王先謙《漢書補注》以爲即今浙江杭州市西湖，古稱明聖湖。

[41]【顔注】孟康曰：音貿。【今注】鄮：縣名。治所在今浙江寧波市東。

[42]【今注】富春：縣名。治所在今浙江杭州市富陽區。

[43]【顔注】師古曰：本閩越地。【今注】治：底本及諸本多作“治”，惟殿本作“冶”。齊召南、王先謙並云當以“冶”爲是（詳見王先謙《漢書補注》），中華本據改，可從。冶縣治所在今福建福州市。

[44]【今注】回浦：縣名。治所在今浙江臨海市東南。會稽郡南部都尉治所。

丹揚郡，[1] 故鄣郡。屬江都。[2] 武帝元封二年更名丹揚。[3] 屬揚州。户十萬七千五百四十一，口四十萬五千一百七十。有銅官。[4]縣十七：宛陵,[5]彭澤聚在西南。[6]
清水西北至無湖入江。[7]莽曰無宛。於朁,[8]江乘,[9]莽曰相
武。春穀,[10]秣陵,[11]莽曰宣亭。故鄣,莽曰候望。[12]句
容,[13]涇,[14]丹楊,[15]楚之先熊繹所封,十八世,文王徙郢。
石城,[16]分江水首受江,東至餘姚入海,過郡二,[17]行千二百
里。胡孰,[18]陵陽,[19]桑欽言淮水出東南,北入大江。蕪
湖,[20]中江出西南,東至陽羨入海,揚州川。黝,漸江水出南
蠻夷中,東入海。成帝鴻嘉二年爲廣德王國。莽曰愬虜。[21]溧
陽,[22]歙,都尉治。[23]宣城。[24]

[1]【今注】丹揚郡：治宛陵縣（今安徽宣城市宣州區）。屬
揚州刺史部。

[2]【今注】故鄣郡屬江都：秦時分會稽郡西部地,置故鄣
郡。其地漢初先後屬韓信楚國、劉賈荊國及劉濞吳國。景帝三年
（前 154）吳國參與“七國之亂”,事敗國除,故鄣郡改屬劉非江都
國。武帝元狩二年（前 121）江都王劉建謀反,江都國除,其地屬
漢。故鄣郡,或以爲當作“故秦故鄣郡”,故鄣爲秦郡名,本
《志》佚失“故秦”二字（詳見趙志强《從〈漢書・地理志〉體例
看郡國沿革》,《中國歷史地理論叢》2015 年第 2 輯）。

[3]【今注】武帝元封二年更名丹揚：“元封二年”當爲“元
狩二年”之誤。周振鶴《漢書地理志彙釋》以爲,漢郡更名均在
國除或郡境有所變動之時,若元封二年,鄣郡無所變得,不得無故
改名。元狩元、二年之間接連廢除衡山、淮南、江都三國,武帝於
是對故淮南、江都別郡進行一番調整,鄣郡於此時增縣四（春穀、
宣城、涇縣、陵陽）,纔更名丹揚。

[4]【今注】銅官：西漢設置在丹揚郡的采銅冶鑄機構。據本
《志》,西漢銅官惟丹揚一處。

［5］【今注】宛陵：縣名。治所在今安徽宣城市宣州區。

［6］【今注】彭澤聚：古聚落名。在今安徽宣城市宣州區西南。

［7］【今注】清水：古稱泠水。即今安徽清弋江。　案，無湖，蔡琪本、大德本、殿本作"蕪湖"。

［8］【顏注】師古曰：暜音潛。【今注】於暜：縣名。治所在今浙江臨安市西。

［9］【今注】江乘：縣名。治所在今江蘇句容市北。

［10］【今注】春穀：縣名。治所在今安徽繁昌縣西北。

［11］【今注】秣陵：縣名。治所在今江蘇南京市江寧區南秣陵關。武帝元朔元年（前128）封江都易王子劉纏爲秣陵侯，元鼎四年（前113）國除爲縣。

［12］【顏注】師古曰：鄣音章。【今注】故鄣：縣名。治所在今浙江安吉縣西北。當爲秦故鄣郡治所。

［13］【今注】句容：縣名。治所在今江蘇句容市。武帝元光六年（前129）封江都易王子劉黨爲句容侯。

［14］【顏注】韋昭曰：涇水出毋湖（毋，蔡琪本、大德本、殿本作"蕪"）。【今注】涇：縣名。治所在今安徽涇縣西北。

［15］【今注】丹楊：縣名。治所在今安徽當塗縣東北。武帝元朔元年封江都易王子劉敢爲丹陽侯。

［16］【今注】石城：縣名。治所在今安徽馬鞍山市東。

［17］【今注】過郡二：過丹揚、會稽二郡。

［18］【今注】胡孰：縣名。治所在今江蘇南京市江寧區東南。武帝元朔元年封江都易王子劉胥行爲胡孰侯，元鼎五年（前112）國除爲縣。

［19］【今注】陵陽：縣名。治所在今安徽青陽縣南。

［20］【今注】蕪湖：縣名。治所在今安徽蕪湖市東。

［21］【顏注】師古曰：黝音伊，字本作黟。其音同。【今注】

黝：諸本或作"黝"，或作"黟"。王念孫《讀書雜志・漢書第六》以爲"黟"是而"黝"誤。黝縣治所在今安徽黟縣東。　漸江水出南蠻夷中：漸江水，源出今安徽與江西交界處的懷玉山，東北流經今安徽黄山市屯溪區、歙縣、浙江淳安縣、建德市、桐廬縣、杭州市富陽區，至杭州市東入海。南蠻夷中，王先謙《漢書補注》疑"夷"字衍。　成帝鴻嘉二年爲廣德王國：成帝鴻嘉二年（前19），以黝縣封中山憲王劉福弟孫劉雲客爲廣德王，奉憲王祀。

　　［22］【顏注】應劭曰：溧水所出南湖也。師古曰：音栗。【今注】溧陽：縣名。治所在今江蘇溧陽市西北。

　　［23］【顏注】師古曰：音攝。【今注】歙：縣名。治所在今安徽歙縣。丹陽郡都尉治所。

　　［24］【今注】宣城：縣名。治所在今安徽宣城市宣州區西。

　　豫章郡，[1]高帝置。[2]莽曰九江。屬揚州。戶六萬七千四百六十二，口三十五萬一千九百六十五。縣十八：南昌，[3]莽曰宜善。廬陵，[4]莽曰桓亭。彭澤，[5]《禹貢》彭蠡澤在西。鄱陽，武陽鄉，右十餘里有黄金采。鄱水西入湖漢。莽曰鄉亭。[6]歷陵，傅易山、傅易川在南，古文以爲傅淺原。莽曰蒲亭。[7]餘汗，餘水在北，至鄡陽入湖漢。莽曰治干。[8]柴桑，[9]莽曰九江亭。艾，[10]脩水東北至彭澤入湖漢，行六百六十里。莽曰冶翰。[11]贛，豫章水出西南，北入大江。[12]新淦，都尉治。莽曰偶亭。[13]南城，盱水西北至南昌入湖漢。[14]建成，[15]蜀水東至南昌入湖漢。莽曰多聚。宜春，[16]南水東至新淦入湖漢。莽曰脩曉。海昏，莽曰宜生。[17]雩都，湖漢東至彭澤入江，行千九百八十里。[18]鄡陽，[19]莽曰豫章。南壄，[20]彭水東入湖漢。安平，[21]侯國。莽曰安寧。

　　[1]【今注】豫章郡：治南昌縣（今江西南昌市）。屬揚州刺史部。

　　[2]【今注】高帝置：其地秦時屬廬江郡。楚漢之際屬英布九江國。漢初分廬江郡置豫章郡，先後屬英布淮南國、劉長淮南國。文帝七年（前173）淮南國除，豫章入爲漢郡。文帝十六年（前164）改屬廬江國。景帝四年（前153）復爲漢郡。

　　[3]【今注】南昌：縣名。治所在今江西南昌市。

　　[4]【今注】廬陵：縣名。治所在今江西泰和縣西北。

　　[5]【今注】彭澤：縣名。治所在今江西湖口縣東。

　　[6]【顏注】孟康曰：鄱音婆。師古曰：采者，謂采取金之處。【今注】鄱陽：縣名。治所在今江西鄱陽縣東。　鄱水：源出今安徽祁門縣，西南流經今江西景德鎮市、鄱陽縣，西北流匯入湖漢水（今贛江）。

　　[7]【顏注】師古曰：傅讀曰敷。易，古陽字。【今注】歷陵：縣名。治所在今江西德安縣東北。　傅易山：又作“傅陽山”“博陽山”。在今江西德安縣西北。　傅淺原：《禹貢》作“敷淺原”。

　　[8]【顏注】應劭曰：汗音干。師古曰：鄡音口堯反。【今注】餘汗（gān）：縣名。治所在今江西餘干縣。

　　[9]【今注】柴桑：縣名。治所在今江西九江市南。

　　[10]【今注】艾：縣名。治所在今江西脩水縣。

　　[11]【今注】案，治，蔡琪本、大德本、殿本作“治”。

　　[12]【顏注】如淳曰：音感。【今注】贛：縣名。治所在今江西贛州市西。

　　[13]【顏注】應劭曰：淦水所出，西入湖漢也。師古曰：淦音紺，又音古含反。【今注】新淦：縣名。治所在今江西樟樹市。豫章郡都尉治所。

　　[14]【顏注】師古曰：盱音香于反。【今注】南城：治所在

今江西南城縣東南。

[15]【今注】建成：縣名。治所在今江西高安市。武帝元朔四年（前125）封長沙定王子劉拾爲建成侯，元鼎二年（前115）國除爲縣。

[16]【今注】宜春：縣名。治所在今江西安福縣。武帝元光六年（前129）封長沙定王子劉蒼爲宜春侯，宣帝五鳳二年（前56）國除爲縣。

[17]【顏注】師古曰：即昌邑王賀所封【今注】海昏：縣名。治所在今江西南昌市。宣帝元康三年（前63）封劉賀爲海昏侯，神爵三年（前59）國除。元帝初元三年（前46）紹封劉賀子劉代宗爲海昏侯。據海昏侯墓考古發現，海昏侯墓地在今江西南昌市新建區大塘坪鄉觀西村，侯國都城在今南昌市新建區鐵河鄉紫金城遺址，西漢海昏縣治亦當在其附近。

[18]【顏注】師古曰：音于。【今注】雩（yú）都：縣名。治所在今江西于都縣北。封泥有"虖都之印"，"虖都"即"雩都"。楊樹達《漢書窺管》以爲，"封泥作虖者是，《志》文作雩者，音近誤字也"。　湖漢東至彭澤入江：案，漢東，蔡琪本、大德本、殿本作"漢水東"。

[19]【今注】鄡（qiāo）陽：縣名。治所在今江西鄱陽縣西北。

[20]【今注】南壄：縣名。治所在今江西贛州市南康區西南。

[21]【今注】安平：侯國名。治所在今江西安福縣東南。元帝初元元年（前48）封長沙孝王子劉習爲安平侯。

桂陽郡，[1]高帝置。[2]莽曰南平。屬荆州。户二萬八千一百一十九，口十五萬六千四百八十八。有金官。[3]縣十一：郴，耒山，耒水所出，西至湘南入湖。項羽所立義帝都此。莽曰宣風。[4]臨武，秦水東南至滇陽入匯，行七百里。莽曰大武。[5]便,[6]莽曰便屏。南平,[7]耒陽,春山,春水所出,北至郡入湖,過郡二,行七百八十里。莽曰南平亭。[8]桂陽,匯水南至四會入鬱,過郡二,行九百里。[9]陽山,侯國。[10]曲江,[11]莽曰除虜。含洭,[12]湞陽,莽曰基武。[13]陰山。[14]侯國。

[1]【今注】桂陽郡:治彬縣(今湖南郴州市)。屬荆州刺史部。

[2]【今注】高帝置:此説有誤。其地漢初屬吳芮長沙國。吕后七年(前181)析長沙國南部數縣之地置爲桂陽郡。文帝後元七年(前157)長沙國除,桂陽入爲漢郡。

[3]【今注】金官:西漢在桂陽郡等地設置的金礦開采冶鑄機構。案,金官,蔡琪本、殿本作“鐵官”。

[4]【顔注】師古曰:郴音丑林反。耒音郎内反。【今注】郴:縣名。治所在今湖南郴州市。楚漢之際曾爲義帝所都。　耒山:在今湖南汝城縣南。　耒水:一名曰華水。源出今湖南桂東縣境,流經汝城、郴縣、耒陽、衡南等縣市,至衡陽市東注入湘江。

西至湘南入湖:西,中華本作“西南”。今案,蔡琪本、大德本、殿本皆同底本。入湖,王念孫《讀書雜志·漢書第六》以爲當作“入湘”。

[5]【顔注】師古曰:湞音丈庚反,又音貞。匯音胡賄反。【今注】臨武:縣名。治所在今湖南臨武縣東。　秦水:源出今湖南臨武縣西,東南流至廣東韶關市與湞水會爲北江,北江復在佛山市三水區與西江會合,流入南海。秦水,錢大昕《三史拾遺》卷三以爲即《説文解字》之“溱”。　案,匯,王念孫《讀書雜志·漢書第六》以爲當作“洭”。

[6]【今注】便:縣名。治所在今湖南永興縣。

[7]【今注】南平:縣名。治所在今湖南藍山縣東北。

　　[8]【顏注】師古曰：在耒水之陽也。酃音靈。【今注】耒陽：縣名。治所在今湖南耒陽市。　　春山：即今湖南新田縣西北春陵山。　　春水：一名春陵水。源出今湖南新田縣西北春陵山，東北流經桂陽縣北，在衡陽市東注入湘江。　　酃：長沙國屬縣，治所在今湖南衡陽市東。　　過郡二：桂陽、長沙二郡。　　案，七百八十里，蔡琪本作“七百六十里”。

　　[9]【顏注】應劭曰：桂水所出，東北入湘。【今注】桂陽：縣名。治所在今廣東連州市。　　匯水：王念孫《讀書雜志·漢書第六》以爲“匯”當作“洭”。洭水，又名湟水、洸水。即今廣東英德市西南連江。　　四會：南海郡屬縣。治所在今廣東四會市。案，入鬱，大德本、殿本作“入鬱林”。鬱，鬱水。即今鬱江。過郡二：鬱水流經桂陽、南海二郡。

　　[10]【顏注】應劭曰：今陰山也。師古曰：下自有陰山。應説非也。【今注】陽山：治所在今廣東陽山縣東南。王先謙《漢書補注》以爲此即元帝初元元年（前48）所封長沙孝王子劉宗之陽山侯國。周振鶴則以爲陽山縣初屬南越國，武帝元鼎六年（前111）改屬桂陽郡，本《志》衍注“侯國”（詳見《中國行政區劃通史·秦漢卷（上）》，第443—444頁）。

　　[11]【今注】曲江：縣名。治所在今廣東韶關市東南。

　　[12]【顏注】應劭曰：洭水所出，東北入沅。師古曰：洭音匡。沅音元。【今注】含洭：縣名。治所在今廣東英德市西北。

　　[13]【顏注】應劭曰：滇水出南海龍川，西入秦。【今注】滇陽：縣名。治所在今廣東英德市東。

　　[14]【今注】陰山：治所在今湖南衡東縣東南。王先謙《漢書補注》以爲本《志》注“侯國”二字衍。周振鶴以爲此陰山本名陽山，劉宗陽山侯國正置於此，故《志》注“侯國”二字不衍。（詳見《中國行政區劃通史·秦漢卷（上）》，第443—444頁）。

武陵郡，[1]高帝置。[2]莽曰建平。屬荊州。户三萬四千一百七十七，口十八萬五千七百五十八。縣十三：索，漸水東入沅。[3]孱陵，莽曰孱陸。[4]臨沅，莽曰監原。[5]沅陵，[6]莽曰沅陸。鐔成，康谷水南入海。玉山，潭水所出，東至阿林入鬱，過郡二，行七百二十里。[7]無陽，無水首受故且蘭，南入沅，八百九十里。[8]遷陵，[9]莽曰遷陸。辰陽，三山谷，辰水所出，南入沅，七百五十里。莽曰會亭。[10]西陽，[11]義陵，郦梁山，序水所出，西入沅。莽曰建平。[12]佷山，[13]零陽，[14]充。酉原山，酉水所出，南至沅陵入沅，行千二百里。歷山，澧水所出，東至下雋入沅，過郡二，行一千二百里。[15]

[1]【今注】武陵郡：治所説法不一。一説在索縣（今湖南常德市東北），一説在義陵縣（今湖南溆浦縣南）。屬荊州刺史部。

[2]【今注】高帝置：此説有誤。里耶秦簡簡文中有“武陵泰守”，泰守即“太守”，可知秦時即置武陵郡。武陵郡楚漢之際屬共敖臨江國，漢初屬吳芮長沙國。文帝後元七年（前157）長沙國除，武陵入爲漢郡。

[3]【顔注】應劭曰：順帝更名漢壽。如淳曰：音繩索之索。師古曰：沅音元。【今注】索：縣名。治所在今湖南常德市東北。

漸水：又名澹水、興水。源出今湖南常德市北楊山，南流注入沅水。　沅：沅水，即今湖南境内沅江。

[4]【顔注】應劭曰：孱音踐。師古曰：音仕連反。【今注】孱陵：縣名。治所在今湖北公安縣西。據荊州松柏漢墓出土漢簡，孱陵在武帝初尚爲南郡屬縣。

[5]【顔注】應劭曰：沅水出牂柯，入于江。【今注】臨沅：縣名。治所在今湖南常德市。　莽曰監原：原，當爲“沅”之誤。王念孫《讀書雜志·漢書第六》：新莽改地名，凡縣名上一字稱臨

者，多改爲監，而下一字不改。故知"監元"當爲"監沅"。

[6]【今注】沅陵：縣名。治所在今湖南沅陵縣。呂后元年（前187）封長沙王吳芮子吳陽爲沅陵侯，景帝後元三年（前141）國除爲縣。

[7]【顏注】應劭曰：潭水所出，東入鬱。音淫。孟康曰：鐔音譚。師古曰：孟音是。【今注】鐔成：縣名。治所在今湖南靖州苗族侗族自治縣南一帶。案，孟康曰"鐔音譚"，中華本作"鐔音潭"。　康谷水：即今廣西洛清江。源出廣西龍勝各族自治縣南，南流經永福縣、鹿寨縣，至柳州市東南匯入柳江。　玉山：在今廣西龍勝各族自治縣以北、湖南靖州苗族侗族自治縣東南。　潭水：今廣西北部之融江、柳江，爲郁江支流。酈道元《水經注·溫水》：郁水"又東入阿林縣，潭水注之。水出武陵郡鐔成縣玉山，東流逕鬱林郡潭中縣，周水自西南來注之。潭水又東南流與剛水合……潭水又逕中留縣東、阿林縣西，右入鬱水"。　阿林：鬱林郡屬縣。治所在今廣西桂平市東南。　過郡二：潭水流經武陵、郁林二郡。

[8]【顏注】師古曰：且音子余反。【今注】無陽：縣名。治所在今湖南芷江侗族自治縣東北一帶。　無水首受故且蘭：王先謙《漢書補注》以爲"首受"二字衍。無水，即今貴州東部、湖南西部的㵲陽河、㵲水。故且蘭，牂柯郡屬縣。治所在今貴州福泉市一帶。

[9]【今注】遷陵：縣名。治所在今湖南保靖縣東北。

[10]【顏注】應劭曰：辰水所出，東入沅。【今注】辰陽：縣名。治所在今湖南辰溪縣西南。　三山谷：位於今貴州印江土家族苗族自治縣東南與江口縣交界處，今名梵净山。　辰水：在今湖南辰溪縣西南。又名辰溪、錦江。

[11]【顏注】應劭曰：酉水所出，東入湘。【今注】酉陽：縣名。治所在今湖南永順縣南。

[12]【顏注】師古曰：鄘音敷。【今注】義陵：縣名。治所在

今湖南溆浦縣南。高祖九年（前198）封長沙國柱國吳郢爲義陵侯，呂后七年（前181）國除爲縣。　鄜（fū）梁山：在今湖南溆浦縣南。　序水：又作"潊水"。水有二源，東源出今湖南溆浦縣東南頓家山，南源出湖南溆浦縣西南龍潭山，會合後北流入沅水。

　　[13]【顏注】孟康曰：音恒。出藥草恒山。【今注】佷（héng）山：縣名。治所在今湖北長陽土家族自治縣西。

　　[14]【顏注】應劭曰：零水所出，東南入湘。【今注】零陽：縣名。治所在今湖南慈利縣東北。

　　[15]【顏注】師古曰：澧音禮。雋音辭兗反。【今注】充：縣名。治所在今湖南桑植縣。　酉原山：一作"酉源山"。在今湖北鶴峰縣西北。　歷山：在今湖南桑植縣西北。　澧水：源出今湖南桑植縣西北，在華容縣以東注入洞庭湖。　過郡二：澧水流經武陵、長沙二郡。

　　零陵郡，[1]武帝元鼎六年置。[2]莽曰九疑。屬荆州。户二萬一千九十二，口十三萬九千三百七十八。縣十：零陵，[3]陽海山，[4]湘水所出，[5]北至酃入江，過郡二，[6]行二千五百三十里。[7]又有離水，[8]東南至廣信入鬱林，[9]行九百八十里。營道，[10]九疑山在南。[11]莽曰九疑亭。始安，[12]夫夷，[13]營浦，[14]都梁，[15]侯國。路山，[16]資水所出，東北至益陽入沅，過郡二，[17]行千八百里。泠道，莽曰泠陵。[18]泉陵，[19]侯國。莽曰溥閏。洮陽，莽曰洮治。[20]鍾武。莽曰鍾桓。[21]

　　[1]【今注】零陵郡：治零陵縣（今廣西全州縣西南）。屬荆州刺史部。

　　[2]【今注】武帝元鼎六年置：武帝元鼎六年（前111），漢軍平南越國，析桂陽郡零陵、洮陽等數縣及南越之始安縣，建置零

陵郡。

［3］【今注】零陵：縣名。治所在今廣西全州縣西南。

［4］【今注】陽海山：在今廣西桂林市東。又名零陵山、陽朔山，今稱海洋山。

［5］【今注】湘水：源出今廣西海洋山西麓，東北流，至湖南湘陰縣注入洞庭湖。

［6］【今注】過郡二：湘水流經零陵、長沙二郡。

［7］【今注】案，二千五百三十里，蔡琪本作"二千三百三十里"。

［8］【今注】離水：今名灕江、桂江。

［9］【今注】鬱林：鬱即鬱水。林字衍。

［10］【今注】營道：縣名。治所在今湖南寧遠縣南。

［11］【今注】九疑山：一作"九嶷山"，又稱"蒼梧山"。在今湖南寧遠縣南。

［12］【今注】始安：縣名。治所在今廣西桂林市。

［13］【今注】夫夷：縣名。治所在今湖南邵陽縣西。武帝元朔五年（前124）封長沙定王子劉義爲夫夷侯。錢大昕《廿二史考異·漢書二》以爲本《志》失注"侯國"二字。

［14］【今注】營浦：縣名。治所在今湖南道縣東北。

［15］【今注】都梁：侯國名。治所在今湖南武岡市東北。武帝元朔五年（前124）封長沙定王子劉定爲都梁侯。

［16］【今注】路山：在今湖南武岡市西南。

［17］【今注】過郡二：資水流經零陵、長沙二郡。

［18］【顏注】應劭曰：泠水出丹陽宛陵，西北入江。臣瓚曰：宛陵在豫章北界，相去三千里，又隔諸水，不得從下逆至泠道而復入江也。師古曰：瓚說是。泠音零。【今注】泠道：縣名。治所在今湖南寧遠縣東。

［19］【今注】泉陵：侯國名。治所在今湖南永州市。武帝元

朔五年封長沙定王子劉賢爲泉陵侯。泉陵，本書《王子侯表上》作
"衆陵"，誤。

　　[20]【顏注】如淳曰：洮音韜。【今注】洮陽：縣名。治所在
今廣西全州縣西北。武帝元朔五年封長沙定王子劉狩燕爲洮陽侯，
元狩六年（前117）國除。

　　[21]【顏注】應劭曰：今重安。【今注】鍾武：縣名。治所在
今湖南衡陽縣西。

　　漢中郡,[1]秦置。[2]莽曰新成。屬益州。戶十萬一千五
百七十，口三十萬六百一十四。縣十二：西城,[3]旬
陽,[4]北山,[5]旬水所出,[6]南入沔。南鄭,[7]旱山,[8]池水所
出,[9]東北入漢。襃中,[10]都尉治。漢陽鄉。房陵，淮山，淮
水所出，東至中廬入沔。又有筑水，東至筑陽亦入沔。東山，沮
水所出，東至郢入江，行七百里。[11]安陽，𪁪谷水出西南，北
入漢。在谷水出北，南入漢。[12]成固,[13]沔陽，有鐵官。[14]
錫，莽曰錫治。[15]武陵,[16]上庸,[17]長利。有郇關。[18]

　　[1]【今注】漢中郡：治南鄭縣（今陝西漢中市），後移至西
城縣（今陝西安康市西北）。屬益州刺史部。

　　[2]【今注】秦置：其地戰國時屬楚。秦惠文王十三年（前
312），秦在丹陽之戰大敗楚軍，取其漢中之地而置漢中郡。楚漢之
際，屬劉邦漢國，都南鄭。

　　[3]【顏注】應劭曰：《世本》嫣虛在西北，舜之居。【今注】
西城：縣名。治所在今陝西安康市西北。

　　[4]【今注】旬陽：縣名。治所在今陝西旬陽縣。

　　[5]【今注】北山：一作"旬山"。在今陝西鎮安縣西北。屬
秦嶺山脈東段支脈。

　　[6]【今注】旬水：源出今陝西鎮安縣西北秦嶺，西南流經旬

陽塢，折東南流，於旬陽東南匯入漢水。

[7]【今注】南鄭：縣名。治所在今陝西漢中市。

[8]【今注】旱山：在今陝西南鄭縣南。

[9]【今注】池水：源出今陝西南鄭縣南旱山，北流入漢水。

[10]【今注】褒中：褒，即"褒"。褒中縣治所在今陝西勉縣東。漢中郡都尉治所。

[11]【顏注】師古曰：筑音逐。【今注】房陵：縣名。治所在今湖北房縣。　淮山：一作"維山"。在今湖北南漳縣東北。　筑水：當今湖北東北部南河，爲漢水支流。　東山：在今湖北保康縣西南。

[12]【顏注】師古曰：鬻音潛，其字亦或從水。【今注】安陽：縣名。治所在今陝西石泉縣一帶。　鬻（qián）谷水："谷"字衍（詳見王念孫《讀書雜志·漢書第七》）。鬻水，一作"潛水"，又作"涔水"。源出今陝西南鄭縣南，北流至城固縣，注入漢水。　在谷水："在"爲"左"之誤。左谷水，即今陝西城西南部湑水河。源出秦嶺山脈，南流至城固縣，注入漢水。

[13]【今注】成固：縣名。治所在今陝西成固縣東。

[14]【顏注】應劭曰：沔水出武都，東南入江。如淳曰：此方人謂漢水爲沔水。師古曰：漢上曰沔。音莫踐反。【今注】沔陽：縣名。治所在今陝西勉縣。

[15]【顏注】應劭曰：音陽。師古曰：即《春秋》所謂錫穴。【今注】錫：陳直《漢書新證》據漢印"錫丞之印"，以爲"錫"字當作"錫"。張家山漢簡《二年律令·秩律》作"錫"。錫縣治所在今陝西白河縣東。

[16]【今注】武陵：縣名。治所在今湖北竹溪縣東。

[17]【今注】上庸：縣名。治所在今湖北竹山縣西南。

[18]【顏注】師古曰：音云。【今注】長利：縣名。治所在今湖北鄖西縣西南。　鄖關：在今湖北十堰市鄖陽區。據漢水谷地，

扼秦、楚要隘，位置險要。

　　廣漢郡，[1]高帝置。[2]莽曰就都。屬益州。戶十六萬七千四百九十九，口六十六萬二千二百四十九。有工官。縣十三：梓潼，五婦山，馳水所出，南入涪，行五百五十里。莽曰子同。[3]汁方，莽曰美信。[4]涪，有屛亭。莽曰統睦。[5]雒，章山，雒水所出，南至新都谷入湔。有工官。莽曰吾雒。[6]緜竹，[7]紫巖山，[8]緜水所出，[9]東至新都北入雒。都尉治。廣漢，[10]莽曰廣信。葭明，[11]郪，[12]新都，[13]甸氐道，白水出徼外，東至葭明入漢，過郡一，行九百五十里。莽曰致治。[14]白水，[15]剛氐道，[16]涪水出徼外，[17]南至墊江入漢，[18]過郡二，[19]行千六十九里。陰平道。[20]北部都尉治。莽曰摧虜。

　　[1]【今注】廣漢郡：治梓潼縣（今四川梓潼縣）。屬益州刺史部。

　　[2]【今注】高帝置：高祖六年（前201）析蜀郡、巴郡之地置廣漢郡。

　　[3]【顏注】應劭曰：潼水所出，南入墊江。墊音徒浹反。師古曰：潼音童。涪音浮。【今注】梓潼：縣名。治所在今四川梓潼縣。　五婦山：在今四川梓潼縣東北。常璩《華陽國志·蜀志》記載：“（秦）惠王知蜀王好色，許嫁五女於蜀，蜀遣五丁迎之。還到梓潼，見一大蛇入穴中。一人攬其尾掣之，不禁，至五人相助，大呼拽蛇，山崩，時壓殺五人，及秦五女並將從。而山分爲五嶺，直頂上有平石。蜀王痛傷，乃登之，因命曰五婦冢山；川平石上爲望婦堠，作思妻臺。今其山或名五丁冢。”

　　[4]【顏注】應劭曰：汁音十。【今注】汁（shí）方：縣名。治所在今四川什邡市。據本書《高惠高后文功臣表》，高祖六年封

雍齒爲汁防侯，武帝元鼎五年（前112）國除。汁防，即“汁方”。另漢封泥有“汁邡長印”，汁邡，亦即“汁方”。

[5]【顏注】應劭曰：涪水出廣漢，南入漢。【今注】涪：縣名。治所在今四川綿陽市東。　孱亭：涪縣下屬鄉亭名。在今四川鹽亭縣。

[6]【顏注】師古曰：湔音子先反。【今注】雒：縣名。治所在今四川廣漢市東。　章山：一作“漳山”。在今四川什邡市西北。雒水：古水名。當爲今四川廣漢市境内沱江諸源之一。一説即今鴨子河，一説即今石亭江。　湔（jiān）：古水名。上游當即今四川汶川縣與都江堰市之間岷江支流白沙河，中游當即今都江堰市與金堂縣之間的清白江，下游當即今金堂縣以下沱江。

[7]【今注】緜竹：“緜”即“綿”。綿竹縣治所在今四川德陽市北。廣漢郡都尉治所。

[8]【今注】紫巖山：在今四川綿竹市東北、茂縣東南。

[9]【今注】緜水：綿水，即今四川沱江。

[10]【今注】廣漢：縣名。治所在今四川射洪縣東南。

[11]【顏注】應劭曰：音家盲。師古曰：明音萌。【今注】葭（jiā）明（méng）：縣名。治所在今四川廣元市西南。

[12]【顏注】師古曰：音妻，又音千私反。【今注】郪：縣名。治所在今四川三臺縣南。

[13]【今注】新都：縣名。治所在今四川成都市新都區。

[14]【顏注】李奇曰：甸音膝。師古曰：音食證反。【今注】甸氐道：縣道名。治所在今四川平武縣西北。漢代稱少數民族聚居之縣爲道。　白水：今甘肅南部白龍江。源出岷山北麓，東南流經舟曲縣、隴南市，至四川廣元市西南匯入嘉陵江。　過郡一：王先謙《漢書補注》以爲當作“過郡二”，白水流經武都、廣漢二郡。

[15]【顏注】應劭曰：出徼外，北入漢。【今注】白水：縣名。治所在今四川青川縣東北。

　　[16]【今注】剛氐道：縣道名。治所在今四川平武縣。

　　[17]【今注】涪（fú）水：即今四川中部涪江。

　　[18]【今注】墊（dié）江：巴郡屬縣。治所在今重慶市合川區。

　　[19]【今注】過郡二：涪水流經廣漢郡、巴郡。

　　[20]【今注】陰平道：縣道名。治所在今甘肅文縣西。

　　蜀郡，[1]秦置。[2]有小江入，[3]并行千九百八十里。《禹貢》桓水出蜀山西南，行羌中，入南海。[4]莽曰導江。屬益州。戶二十六萬八千二百七十九，口百二十四萬五千九百二十九。縣十五：成都，[5]戶七萬六千二百五十六。有工官。郫，《禹貢》江沱在西，東入大江。[6]繁，[7]廣都，[8]莽曰就都亭。臨邛，僕千水東至武陽入江，過郡二，行五百一十里。有鐵官、鹽官。莽曰監邛。[9]青衣，《禹貢》蒙山谿大渡水東南至南安入漁。[10]江原，鄯水首受江，南至武陽入江。莽曰邛原。[11]嚴道，[12]邛來山，[13]邛水所出，[14]東入青衣。有木官。[15]莽曰嚴治。縣虒，玉壘山，湔水所出，東南至江陽入江，過郡三，行千八百九十里。[16]旄牛，鮮水出徼外，南入若水。若水亦出徼外，南至大莋入繩，過郡二，行千六百里。[17]徙，[18]湔氐道，《禹貢》崏山在西徼外，江水所出，東南至江都入海，過郡七，行二千六百六十里。[19]汶江，漁水出徼外，南至南安，東入江，過郡三，行三千四十里。江沱在西南，東入江。[20]廣柔，[21]蠶陵。[22]莽曰步昌。

　　[1]【今注】蜀郡：治成都縣（今四川成都市）。酈道元《水經注·江水》記云初治廣漢之雒縣，後乃徙成都。屬益州刺史部。

　　[2]【今注】秦置：秦惠文王時置蜀郡。酈道元《水經注·江

水》云："秦惠文王二十七年，遣張儀與司馬錯等滅蜀，遂置蜀郡焉。"然據《史記》卷五《秦本紀》，秦惠文王更元九年（前316），"司馬錯伐蜀，滅之"。《史記·六國年表》同樣將"擊蜀，滅之"繫在惠文王更元九年。惠文王更元十二年（前313）封公子繇通爲蜀侯，十四年（前311）蜀侯繇通爲蜀相陳壯所殺。秦武王元年（前310）誅蜀相陳壯。可見秦滅蜀之後，先封侯以治蜀地，終秦惠文王之世，未在蜀地設郡。《史記·六國年表》記秦昭襄王六年（前301）"蜀反，司馬錯往誅蜀守煇，定蜀"，可知秦昭襄王六年之前，蜀地已置郡。

［3］【今注】有小江入：王念孫《讀書雜志·漢書第七》以爲"入"當爲"八"之誤。

［4］【今注】桓水出蜀山西南行羌中入南海：桓水，舊説即白水，源出甘肅境内西頃山南，今名白龍江。王先謙《漢書補注》以爲，蜀郡之水，皆入江不入南海。

［5］【今注】成都：縣名。治所在今四川成都市。秦惠文王時即置縣。常璩《華陽國志·蜀志》："惠王二十七年，（張）儀與若城成都，周回十二里，高七丈。"秦封泥有"成都丞印"。

［6］【顏注】師古曰：郫音疲。沱音徒何反。【今注】郫：縣名。治所在今四川成都市郫都區。　江沱：本《志》"江沱"有二，一爲荆州之沱，一爲梁州之沱。此指梁州之沱，自今四川成都市郫都區西分岷江東出，至成都還入岷江。或以爲即今毗河，自都江堰市分岷江東出，至金堂縣接今沱江。

［7］【今注】繁：縣名。治所在今四川彭州市西北。高祖九年（前198）封强瞻爲繁侯，武帝元狩元年（前122）國除。

［8］【今注】廣都：縣名。治所在今四川成都市雙流區東南。

［9］【顏注】應劭曰：邛水出嚴道邛來山，東入青衣。【今注】臨邛：縣名。治所在今四川邛崍市。　僕千水：即邛水。源出今四川榮經縣西南，北流經榮經縣西，至雅安市西北注入青衣水。

武陽：犍爲郡屬縣。　過郡二：僕千水流經蜀郡、犍爲郡。

[10]【顔注】應劭曰：順帝更名漢嘉也。師古曰：湔音哉。【今注】青衣：縣道名。治所在今四川寶興縣。張家山漢簡《二年律令・秩律》簡文有"青衣道"。傳世西漢封泥有"青衣道令"。后曉榮據此推斷，青衣在西漢一直爲道，東漢内屬之後，改道爲縣。此地曾出土西漢"青衣瓦當"（詳見后曉榮《〈漢書・地理志〉"道"目補考》，《中國歷史地理論叢》2008 年第 1 輯）。　蒙山谿：王先謙爲《漢書補注》認爲，依《志》文例，當作"蒙山在西，有蒙溪"，疑奪文。蒙山，在今四川雅安市名山區。　大渡水：即今四川青衣江。　南安：犍爲郡屬縣。　湔：湔水，又稱沫水，即今四川大渡河。

[11]【顔注】應劭曰：鄨音壽。【今注】江原：縣名。治所在今四川新津縣西北。　鄨（shòu）水：在今四川都江堰市分長江水，東南流，至彭山縣東歸入長江。

[12]【今注】嚴道：縣道名。治所在今四川滎經縣。

[13]【今注】邛來山：一作"邛崍山"。在今四川滎經縣西南。

[14]【今注】邛水：源出今四川滎經縣西南，北流經滎經縣西，至雅安市西北注入青衣水。

[15]【今注】木官：西漢在蜀郡嚴道設立的特殊官署機構，其職掌當於采伐珍稀木料有關。王念孫《讀書雜志・漢書第七》以爲"木官"當爲"橘官"。周壽昌《漢書注校補》則以爲宋本即作"木"，非"橘"字脱寫。楊樹達《漢書窺管》據"嚴道橘丞""嚴道橘園"封泥，以爲"木官"確爲"橘官"之誤。

[16]【顔注】應劭曰：虒音斯。師古曰：湔音子千反。【今注】緜虒（sī）："緜"即"綿"。綿虒縣治所在今四川汶川縣西南。張家山漢簡《二年律令・秩律》中有"緜虒道"，"緜"通"綿"，"緜虒道"即"綿絲道"，可知在吕后二年（前 186）前後，綿絲稱

道而非縣。　玉壘山：在今四川汶川縣東南。　湔（jiān）水：在今四川中部。上游當爲今四川汶川縣、都江堰市之間岷江支流白沙河；中游當指都江堰市與金堂縣之間的清白江；下游即今金堂縣以下沱江，東南流經資陽市、内江縣，在瀘州市與金沙江合爲長江。

江陽：犍爲郡屬縣。　過郡三：湔水流經蜀郡、廣漢郡、犍爲郡。

　［17］【顏注】師古曰：莋音才各反。【今注】旄牛：縣道名。治所在今四川漢源縣南。　鮮水：即今雅礱江支流鮮水河。源出今四川雅江縣東北，沿折多山西麓南流匯入雅礱江。　徼外：邊塞以外。　若水：今雅礱江。　大莋（zuó）：越嶲郡屬縣。　繩：繩水，即今四川、雲南之間金沙江。　過郡二：若水流經蜀郡、犍爲郡。

　［18］【顏注】師古曰：音斯。【今注】徙（sī）：縣名。治所在今四川天全縣東南。

　［19］【顏注】師古曰：音丁奚反。【今注】湔氐道：縣道名。治所在今四川松潘縣北。　過郡七行二千六百六十里：王念孫《讀書雜志·漢書第七》以爲“過郡七”當爲“過郡九”，“二千六百六十里”當爲“七千六百六十里”。

　［20］【顏注】師古曰：沱音徒何反。【今注】汶江：縣道名。治所在今四川茂縣北。武帝元鼎六年（前111）平定西南夷，分蜀郡北部置汶山郡，以汶江道爲郡治。宣帝地節三年（前67）省文山郡，其地並爲蜀郡北部都尉。汶江當爲北部都尉治所。　渽（zāi）水：渽，王先謙《漢書補注》以爲當作“沬”。沬水即今四川大渡河。主流爲大金川，在四川丹巴縣納小金川，始稱大渡河。大渡河流經瀘定縣、石棉縣、峨邊彝族自治縣，在樂山市納青衣江後匯入岷江。　南安：犍爲郡屬縣。　過郡三：王先謙《漢書補注》以爲“三”當爲“二”。沬水流經蜀郡、犍爲郡。

　［21］【今注】廣柔：縣名。治所在今四川理縣東北。

[22]【今注】蠶陵：縣名。治所在今四川茂縣西北。

犍爲郡，武帝建元六年開。莽曰西順。屬益州。[1]戶十萬九千四百一十九，口四十八萬九千四百八十六。縣十二：**僰道，**莽曰僰治。[2]**江陽，**[3]**武陽，**[4]有鐵官。莽曰戢成。**南安，**[5]有鹽官、鐵官。**資中，**[6]**符，**溫水南至鬱入黚水，黚水亦南至鬱入江。莽曰符信。[7]**牛鞞，**[8]**南廣，**[9]汾關山，[10]符黑水所出，[11]北至僰道入江。又有大涉水，[12]北至符入江，過郡三，[13]行八百四十里。**漢陽，**都尉治。山閻谷，漢水所出，東至鬱入江。莽曰新通。[14]**郁鄢，**莽曰屛鄢。[15]**朱提，**山出銀。[16]**堂琅。**[17]

[1]【顏注】應劭曰：故夜郎國。【今注】犍爲郡：治僰道（今四川宜賓市西南），後移至武陽縣（今四川眉山市彭山區東）。屬益州刺史部。犍爲，漢碑、封泥、簡牘皆作“楗爲”。 武帝建元六年開：案，本志標識“武帝某年開”開凡十七郡，皆置於武帝時期新拓領土上。

[2]【顏注】應劭曰：故僰侯國也。音蒲北反。【今注】僰（bó）道：縣道名。治所在今四川宜賓市西南。

[3]【今注】江陽：縣名。治所在今四川瀘州市。

[4]【今注】武陽：縣名。治所在今四川眉山市彭山區東。

[5]【今注】南安：縣名。治所在今四川樂山市。

[6]【今注】資中：縣名。治所在今四川資陽市。

[7]【顏注】師古曰：鬱音蔽，又音鼈。黚音紀炎反。【今注】符：縣名。治所在今四川合江縣。 溫水：即今雲南、貴州、廣西三省區之南盤江。 鬱（bì）：縣名。屬牂柯郡。 黚水：即今貴州湄潭縣西湄江。黚，即“黔”。

　　〔8〕【顔注】孟康曰：音髀。師古曰：音必爾反。【今注】牛鞞（bēi）：縣名。治所在今四川簡陽市。

　　〔9〕【今注】南廣：縣名。治所在今四川筠連縣一帶。

　　〔10〕【今注】汾關山：在今雲南威信縣東與四川交界處。

　　〔11〕【今注】符黑水：長江支流。即今四川南廣河。

　　〔12〕【今注】大涉水：即今赤水河。

　　〔13〕【今注】過郡三：當爲"過郡二"。大涉水流經犍爲、牂柯二郡。

　　〔14〕【顔注】師古曰：闒音它盍反。【今注】漢陽：縣名。治所在今貴州威寧彝族回族苗族自治縣、赫章縣一帶。犍爲郡都尉治所。　山闒谷：在今貴州威寧縣東。　漢水：即今貴州西部烏江上源三岔河。　東至鄨入江：江，蔡琪本、大德本、殿本、中華本俱作"延"。酈道元《水經注·延江水》：漢水出漢陽道山闒谷，下入牂柯鄨，延即延江省文，與"入青衣""入繩""入若""入僰""入勞"同例。王先謙《漢書補注》云："慶符、長寧、興文，皆古漢陽地，據輿圖，三縣但有入江之水，無入延之水，所當闕疑。"

　　〔15〕【顔注】師古曰：鄬音莫亞反。屛音仕連反。【今注】郒（cún）鄬（mǎ）：縣名。治所在今雲南宣威市一帶。郒，本作"存鄬"，後人因"鄬"字有"阝"而誤給"存"字添"阝"，遂訛成郒（詳王念孫《讀書雜志·漢書第七》）。楊樹達《漢書窺管》據"存鄬左尉"封泥，陳直《漢書新證》據"存鄬右尉"封泥及居延漢簡文字，益證"郒鄬"本作"存鄬"。

　　〔16〕【顔注】應劭曰：朱提山在西南。蘇林曰：朱音銖。提音時。北方人名匕曰匙。【今注】朱提：縣名。治所在今雲南昭通市。朱提，或作"朱椹"。　山出銀：朱提山在今雲南魯甸縣，古來以出産高質量銀著稱。本書《食貨志》："朱提銀重八兩爲一流，直一千五百八十。它銀一流直千。是爲銀貨二品。"顏師古注曰：

"朱提，縣名，屬犍爲，出善銀。"

[17]【今注】堂琅：縣名。治所在今雲南巧家縣東。堂琅，又作"堂狼"。

越巂郡，武帝元鼎六年開。莽曰集巂。屬益州。[1]戶六萬一千二百八，口四十萬八千四百五。縣十五：邛都，[2]南山出銅。有邛池澤。[3]遂久，[4]繩水出徼外，東至僰道入江，過郡二，[5]行千四百里。靈關道，[6]臺登，孫水南至會無入若，行七百五十里。[7]定莋，出鹽。步北澤在南。都尉治。[8]會無，[9]東山出碧。[10]莋秦，[11]大莋，[12]姑復，臨池澤在南。[13]三絳，[14]蘇示，尼江在西北。[15]闌，[16]卑水，[17]潛街，[18]青蛉。臨池潛在北。僕水出徼外，東南至來惟入勞，過郡二，行千八百八十里。則禺同山，有金馬、碧雞。[19]

[1]【顏注】應劭曰：故邛都國也。有巂水。言越此水以章休盛也。師古曰：巂音先藥反。【今注】越巂郡：治邛都縣（今四川西昌市東南）。屬益州刺史部。

[2]【今注】邛都：縣名。治所在今四川西昌市東南。

[3]【今注】南山出銅：南山，當指今四川西昌市東南螺髻山。1976年曾在螺髻山東部河谷石嘉鄉發現銅器窖藏，1988年在西昌市南黃聯關鎮東坪村發現、發掘一處面積達十八萬平方米的漢代冶銅鑄幣遺址（詳見四川大學歷史系考古專業、西昌市文物管理所《四川西昌東坪漢代冶鑄遺址的發掘》，《文物》1994年第9期）。 邛池澤：即今四川西昌市東南邛海。酈道元《水經注·若水》："邛都縣，漢武帝開邛莋置之。縣陷爲池，今因名爲邛池，南人謂之邛河。"

　　〔4〕【今注】遂久：縣名。治所在今雲南玉龍納西族自治縣北部。

　　〔5〕【今注】過郡二：王先謙《漢書補注》以爲當爲"過郡三"。繩水流經越雟郡、蜀郡、犍爲郡。

　　〔6〕【今注】靈關道：縣道名。治所在今四川峨邊縣南一帶。

　　〔7〕【顏注】應劭曰：今曰臺高。【今注】臺登：縣名。治所在今四川冕寧縣南。　孫水：今四川西昌市西南之安寧河。　若：若水。即今雅礱江。

　　〔8〕【顏注】師古曰：莋音才各反。其下並同（句末蔡琪本有"本莋都也"四字）。【今注】定莋：縣名。治所在今四川鹽源縣北。越雟郡都尉治所。　步北澤：古湖澤名。確指不一。一説在今四川鹽源縣西南；一説即今瀘沽湖。

　　〔9〕【今注】會無：縣名。治所在今四川會理縣西。

　　〔10〕【今注】東山出碧：東山，在今四川會理縣東南。碧，碧玉、翡翠之屬。

　　〔11〕【今注】莋秦：縣名。治所在今四川冕寧縣一帶。

　　〔12〕【今注】大莋：縣名。治所在今四川鹽邊縣一帶。

　　〔13〕【顏注】師古曰：復音扶目反。【今注】姑復：縣名。治所在今雲南永勝縣一帶。　臨池澤：即今雲南永勝縣西南程海。

　　〔14〕【今注】三絳：縣名。治所在今雲南元謀縣北。

　　〔15〕【顏注】師古曰：示讀曰祇。尼，古夷字。【今注】蘇示：縣名。治所在今四川西昌市北。　尼江在西北：尼江源出今四川西昌市北，東南流入孫水（今安寧河）。尼，蔡琪本、大德本作"巼"，殿本作"屄"。

　　〔16〕【顏注】師古曰：音蘭。【今注】闌：縣名。治所在今四川越西縣東北。

　　〔17〕【顏注】孟康曰：音班。【今注】卑水：縣名。治所在今四川昭覺縣一帶。

[18]【顏注】師古曰：灊音潛，又音才心反。其下亦同。【今注】灊街：縣名。治所在今四川雷波縣一帶。

[19]【顏注】應劭曰：青蛉水出西，東入江也。師古曰：蛉音零，禺音愚。【今注】青蛉：縣名。治所在今雲南大姚縣。陳直《漢書新證》云："西安漢城遺址曾出土有'越歸義蜻蛉長印'，知本《志》作青蛉者爲省文，其地與朱提、堂琅，皆産銀銅。先考輔卿府君曾語不肖兄弟云：'青蛉當爲蜻蛉之省文，堂琅爲螗螂之假借，猶巴郡胊忍縣，因出胊忍蟲而名縣也。'現以蜻蛉印文證之，知其説確不可易。" 臨池灊在北：臨池灊即臨池澤（今程海），屬灊街縣。"臨池灊在北"錯置於此，當放在"灊街"條下（詳見譚其驤《〈漢書·地理志〉選釋》）。 僕水：即今元江。 來惟：益州郡屬縣。 勞：勞水。即今李仙江。 過郡二：僕水流經越嶲郡、益州郡。 則禺同山有金馬碧雞：《續漢書·郡國志》載"青蛉有禺同山，俗謂有金馬碧雞"。王先謙《漢書補注》據此以爲"則"當作"有"。中華本據改，可從。

　　益州郡，武帝元封二年開。莽曰就新。屬益州。[1]户八萬一千九百四十六，口五十八萬四百六十三。縣二十四：滇池，[2]大澤在西，[3]滇池澤在西北。[4]有黑水祠。[5]雙柏，[6]同勞，[7]銅瀨，[8]談虜山，[9]迷水所出，[10]東至談槀入溫。[11]連然，[12]有鹽官。俞元，[13]池在南，[14]橋水所出，[15]東至毋單入溫，[16]行千九百里。懷山出銅。[17]收靡，南山臘，涂水所出，西北至越嶲入繩，過郡二，行千二十里。[18]穀昌，[19]秦臧，[20]牛蘭山，[21]即水所出，[22]南至雙柏入僕，行八百二十里。邪龍，[23]味，[24]昆澤，[25]葉榆，葉榆澤在東。貪水首受青蛉，南至邪龍入僕，行五百里。[26]律高，西石空山出錫，東南監町山出銀、鉛。[27]不韋，[28]雲南，[29]嶲唐，[30]

周水首受徼外。[31]又有類水，[32]西南至不韋，行六百五十里。弄棟，[33]東農山，[34]毋血水出，[35]北至三絳南入繩，行五百一十里。比蘇，[36]賁古，北采山出錫，西羊山出銀、鉛，南烏山出錫。[37]毋棳，橋水首受橋山，東至中留入潭，過郡四，行三千一百二十里。莽曰有棳。[38]勝休，[39]河水東至毋棳入橋。[40]莽曰勝僰。建伶，[41]來唯。從陂山出銅。勞水出徼外，東至麋伶入南海，過郡三，行三千五百六十里。[42]

　　[1]【顏注】應劭曰：故滇王國也。師古曰：滇音顚。其下並同。【今注】益州郡：治滇池縣（今雲南昆明市晉寧區東）。屬益州刺史部。　武帝元封二年開：本書卷六《武紀》記載，武帝元封二年（前109）"遣將軍郭昌、中郎將衞廣發巴蜀兵平西南夷未服者，以爲益州郡"。《後漢書》卷八六《南蠻西南夷傳》記載："滇王者，莊蹻之後也。元封二年，武帝平之，以其地爲益州郡，割牂柯、越嶲各數縣配之。後數年，復并昆明地，皆以屬之此郡。"

　　[2]【今注】滇池：縣名。治所在今雲南昆明市晉寧區東。

　　[3]【今注】大澤：古湖澤名。或以爲即今雲南宜良縣西之陽宗海；或以爲即今雲南玉溪市撫仙湖；或以爲即今滇池。

　　[4]【今注】滇池澤：即今雲南滇池。

　　[5]【今注】黑水：此指今怒江。

　　[6]【今注】雙柏：縣名。治所在今雲南雙柏縣南一帶。

　　[7]【今注】同勞：縣名。治所在今雲南陸良縣西一帶。

　　[8]【今注】銅瀨：縣名。治所在今雲南馬龍縣南一帶。

　　[9]【今注】談虜山：一作"銅虜山"。在今雲南馬龍縣北。

　　[10]【今注】迷水：一作"米水"。即今雲南馬龍縣、曲靖市北阿幢河。

　　[11]【今注】談槀：牂柯郡屬縣。

　　[12]【今注】連然：縣名。治所在今雲南安寧市。

［13］【今注】俞元：縣名。治所在今雲南澄江縣一帶。

［14］【今注】池在南：池指南池，即今雲南玉溪市撫仙湖。

［15］【今注】橋水：即今雲南中部曲江。源出橋山（在今雲南通海縣杞麓湖西北），故得名。

［16］【今注】毋單：牂柯郡屬縣。

［17］【今注】懷山：《續漢書·郡國志》作"裝山"。即今雲南澄江縣北梁王山。

［18］【顏注】李奇曰：靡音麻，即升麻，殺毒藥所出也。師古曰：涂音途。【今注】收靡：當爲"牧靡"。《隸釋》卷一七《益州太守無名碑》有"故吏牧靡孫□"，碑陰有"故吏牧靡陳漢""故吏牧靡楊□"題名，可證《志》文"收靡"爲"牧靡"之誤字。《續漢書·郡國志》及《説文》亦作"牧靡"（詳見陳直《漢書新證》）。牧靡縣治所在今雲南尋甸回族彝族自治縣北一帶。南山臘：王先謙《漢書補注》以爲"臘"後脱一"谷"字。甚是。中華本據補，可從。南山臘谷在今雲南尋甸回族彝族自治縣西南。涂水：今雲南東北部牛欄江。　過郡二：涂水流經益州、越巂二郡。

［19］【今注】穀昌：縣名。治所在今雲南昆明市東北一帶。

［20］【今注】秦臧：縣名。治所在今雲南禄豐縣東部一帶。

［21］【今注】牛蘭山：在今雲南武定縣北。

［22］【今注】即水：今雲南楚雄彝族自治州東部綠汁江。

［23］【今注】邪龍：縣名。治所在今雲南巍山彝族回族自治縣北部一帶。

［24］【顏注】孟康曰：音昧。【今注】味（mèi）：縣名。治所在今雲南曲靖市。

［25］【今注】昆澤：縣名。治所在今雲南宜良縣北部一帶。

［26］【顏注】師古曰：葉音弋涉反。【今注】葉榆：縣名。治所在今雲南大理市西北。　葉榆澤：今雲南洱海。　貪水：今雲

南禮社江支流。

[27]【顏注】師古曰：盬音呼雞反。町音挺。【今注】律高：縣名。治所在今雲南開遠市、彌勒市交界處。 西石空山：在今雲南彌勒市西南。今稱石洞山。 盬（xù）町山：在今雲南彌勒市東南隅。今稱畈依底山。

[28]【今注】不韋：縣名。治所在今雲南保山市東北。

[29]【今注】雲南：縣名。治所在今雲南祥雲縣東南。

[30]【今注】嶲唐：縣名。治所在今雲南保山市與雲龍縣、永平縣交界處。

[31]【今注】周水：今怒江。常璩《華陽國志》作“同水”。

[32]【今注】類水：今雲南雲龍縣之沘江。

[33]【今注】弄棟：縣名。治所在今雲南姚安縣北。弄棟，《續漢書·地理志》及許慎《説文解字》並作“梇棟”。

[34]【今注】東農山：在今雲南姚安縣東南。

[35]【今注】毋血水：又作“無血水”。即今雲南楚雄彝族自治州龍川江。

[36]【顏注】師古曰：比音頻二反。【今注】比蘇：縣名。治所在今雲南雲龍縣北。

[37]【顏注】師古曰：賁音奔。【今注】賁古：縣名。治所在今雲南蒙自市東南。 采山：在今雲南個舊市北。 羊山：在今雲南個舊市西。 烏山：在今雲南個舊市東南。

[38]【顏注】師古曰：毋讀與無同。椶音之悦反，其字從木。【今注】毋椶：縣名。治所在今雲南華寧縣南。 中留：鬱林郡屬縣。 過郡四：王先謙《漢書補注》以爲當作“過郡三”。橋水流經益州、牂柯、鬱林三郡。

[39]【今注】勝休：縣名。治所在今雲南江川縣北部一帶。

[40]【今注】河水：此指梁水，即今雲南南部瀘江。

[41]【顏注】應劭曰：音鈴。【今注】建伶：縣道名。治所在

今雲南昆明市晉寧區南部。故宫博物院藏傳世新莽璽印有"建伶道宰印"。"宰"爲新莽官名，由此印文可知新莽時建伶實爲道而非縣。新莽郡縣實源於西漢，如改名者則注"莽曰"。新莽時，建伶爲"道"而非"縣"，或可推知在西漢時也應爲道而非縣（詳見后曉榮《〈漢書·地理志〉"道"目補考》，《中國歷史地理論叢》2008年第1輯）。建伶，中華本作"健伶"。案，《續漢書·郡國志》及許慎《説文解字》並作"建伶"，新莽官印有"建伶道宰印"，《隸釋》卷一七《益州太守無名碑》有"故吏建伶李□"題名，可證"建伶"是而"健伶"非。（詳見陳直《漢書新證》）

[42]【顏注】師古曰：浊音胡工反。伶音零。【今注】來唯：縣名。治所在今越南萊州省南部。　從胐（hóng）山：屬益州郡。其地未詳。　勞水：今瀾滄江。　麋伶：當爲"麓泠"。交趾郡屬縣。　過郡三：勞水流經越嶲、益州、交趾三郡。

牂柯郡，武帝元鼎六年開。莽曰同亭。有柱蒲關。屬益州。[1]户二萬四千二百一十九，口十五萬三千三百六十。縣十七：故且蘭，沅水東南至益陽入江，過郡二，行二千五百三十里。[2]鐔封，温水東至廣鬱入鬱，過郡二，行五百六十里。[3]鄨，不狼山，鄨水所出，東入沅，過郡二，行七百三十里。[4]漏卧，[5]平夷，[6]同竝，[7]談指，[8]宛温，[9]毋斂，剛水東至潭中入潭。莽曰有斂。[10]夜郎，豚水東至廣鬱。都尉治。莽曰同亭。[11]毋單，[12]漏江，[13]西隨，[14]麋水西受徼外，[15]東至麋伶入尚龍谿，[16]過郡二，[17]行千一百六里。都夢，[18]壺水東南至麋伶入尚龍谿，[19]過郡二，[20]行千一百六十里。談槀，[21]進桑，[22]南部都尉治。有關。[23]句町。文象水東至增食入鬱。又有盧唯水、來細水、伐水。莽曰從化。[24]

[1]【顏注】應劭曰：臨牂柯江也。師古曰：牂柯，係船杙也。《華陽國志》云，楚頃襄王時，遣莊蹻伐夜郎，軍至且蘭，椓船於岸而步戰。既滅夜郎，以且蘭有椓船牂柯處，乃改其名爲牂柯。杙音弋。【今注】牂柯郡：治故且蘭縣（今貴州福泉市一帶）。屬益州刺史部。　柱蒲關：確址不詳。柱蒲，徐堅《初學記·州郡部》作“桂浦”。酈道元《水經注·溫水》作“柱浦”。

[2]【顏注】應劭曰：故且蘭侯邑也。且音苴。師古曰：音子閭反。【今注】故且蘭：縣名。治所在今貴州福泉市一帶。　益陽：長沙國屬縣。　過郡二：“二”當爲“三”。沅水流經牂柯、武陵、長沙三郡（詳見段玉裁《經韻樓集》卷五《校〈漢書·地理志注〉》）。

[3]【顏注】師古曰：鐔音尋，又音淫。【今注】鐔封：縣名。治所在今雲南硯山縣西北與文山市交界處一帶。　廣鬱：鬱林郡屬縣。　過郡二：王先謙《漢書補注》以爲“二”當爲“三”。溫水流經牂柯、益州、鬱林三郡。

[4]【顏注】孟康曰：鱉音鷩。師古曰：音不列反。【今注】鱉：縣名。治所在今貴州遵義市西。　不狼山：即今貴州遵義市北之龍岩山。　鱉水：即今貴州遵義市東之湘江。　過郡二：鱉水流經牂柯、犍爲二郡。

[5]【顏注】應劭曰：故漏臥侯國。【今注】漏臥：縣名。治所在今雲南羅平縣。

[6]【今注】平夷：縣名。治所在今貴州畢節市東一帶。

[7]【顏注】應劭曰：故同竝侯邑。竝音伴。【今注】同竝：縣名。治所在今雲南彌勒市東南。竝，中華本作“並”。

[8]【今注】談指：縣名。治所在今貴州貞豐縣西北一帶。

[9]【顏注】師古曰：宛音於元反。【今注】宛溫：縣名。治所在今雲南丘北縣南、硯山縣北一帶。

[10]【顏注】師古曰：潭音大含反。【今注】毋斂：縣名。

治所在今貴州獨山縣北。　剛水：今貴州東南部都柳江。　潭中：桂林郡屬縣。

[11]【顏注】應劭曰：故夜郎侯邑。【今注】夜郎：縣名。治所在今貴州關嶺布依族苗族自治縣一帶。牂柯郡都尉治所。　豚水：確指不一。或即源於今雲南宣威市北部、流經貴州西境的北盤江。

[12]【顏注】師古曰：毋讀與無同。單音丹。【今注】毋單：縣名。治所在今雲南彌勒市西北一帶。

[13]【今注】漏江：縣名。治所在今雲南瀘西縣東。

[14]【今注】西隨：縣名。治所在今雲南元陽縣東南一帶。

[15]【今注】麋水：今越南境內紅河。

[16]【今注】尚龍谿：今越南境內紅河下游。

[17]【今注】過郡二：麋水流經牂柯、交趾二郡。

[18]【今注】都夢：縣名。治所在今雲南文山壯族苗族自治州、硯山縣及西疇縣交界處一帶。

[19]【今注】壺水：今雲南文山市盤龍河。

[20]【今注】過郡二：壺水流經牂柯、交趾二郡。

[21]【顏注】師古曰：稾音工老反。【今注】談稾：縣名。治所在今貴州盤縣一帶。

[22]【今注】進桑：縣名。治所在今雲南屏邊苗族自治縣東一帶。牂柯郡南部都尉治所。

[23]【今注】關：此指進桑關。

[24]【顏注】應劭曰：故句町國。師古曰：音劬挺。【今注】句町：縣名。治所在今雲南廣南縣西北。句町，又作“鉤町”。本書卷七《昭紀》載昭帝始元六年（前81）詔曰：“鉤町侯毋波率其君長人民擊反者，斬首捕虜有功。其立毋波爲鉤町王。”　文象水：今雲南東南、廣西西部之西洋江。　增食：鬱林郡屬縣。

巴郡，秦置。屬益州。[1]户十五萬八千六百四十三，口七十萬八千一百四十八。縣十一：江州，[2]臨江，[3]莽曰監江。枳，[4]閬中，彭道將池在南，彭道魚池在西南。[5]墊江，[6]胊忍，容毋水所出南。有橘官、鹽官。[7]安漢，[8]是魚池在南。莽曰安新。宕渠，符特山在西南。潛水西南入江。不曹水出東北，南入灊徐谷。[9]魚復，江關，都尉治。有橘官。[10]充國，[11]涪陵。莽曰巴亭。[12]

[1]【顏注】應劭曰：《左氏》"巴子使韓服告楚"。【今注】巴郡：治江州（今重慶市北）。屬益州刺史部。　秦置：據常璩《華陽國志·巴志》，秦惠文王時滅巴國，置巴郡。

[2]【今注】江州：縣名。治所在今重慶市北。

[3]【今注】臨江：縣名。治所在今重慶市忠縣。

[4]【顏注】如淳曰：音徒，或音抵。師古曰：音之爾反。【今注】枳：縣名。治所在今重慶市涪陵區西。

[5]【顏注】師古曰：閬音浪。【今注】閬中：縣名。治所在今四川閬中市。　彭道將池：又名南池。在今四川閬中市東南七里鎮。　彭道魚池：又名郭池。在今四川閬中市西南。

[6]【顏注】孟康曰：音重疊之疊。【今注】墊江：縣名。治所在今重慶市合川區。

[7]【顏注】師古曰：胊音劬。【今注】胊（qú）忍：縣名。治所在今重慶市雲陽縣西南。　容毋水所出南：王先謙《漢書補注》以爲"南"後脫"入江"二字。中華本據補。可從。容毋水，《清一統志》以爲是東瀼河（今重慶市奉節縣梅溪河），或以爲是今重慶市雲陽縣西之小江及其上源東河。

[8]【今注】安漢：縣名。治所在今四川南充市北。

[9]【顏注】師古曰：宕音徒浪反。【今注】宕渠：縣名。治

所在今四川渠縣東北。　符特山：在今四川渠縣西北。　不曹水出東北南入灊徐谷：王念孫《讀書雜志·漢書第七》以爲"灊"下不當有"徐谷"二字。王先謙《漢書補注》以爲"徐谷"二字當在"東北"之下。甚是。中華本據改，可從。

　　[10]【顏注】應劭曰：復音腹。【今注】魚復：縣名。治所在今重慶市奉節縣東。　江關：戰國時楚國置，在今重慶市奉節縣東長江北岸赤甲山上。巴郡都尉治所設在江關。

　　[11]【今注】充國：縣名。治所在今四川閬中市南。

　　[12]【顏注】師古曰：涪音浮。【今注】涪陵：縣名。治所在今重慶市彭水苗族土家族自治縣。

漢書　卷二八下

地理志第八下

武都郡，武帝元鼎六年置。莽曰樂平。[1]户五萬一千三百七十六，口二十三萬五千五百六十。縣九：武都，東漢水受氏道水，一名沔，過江夏，謂之夏水，入江。天池大澤在縣西。莽曰循虜。[2]上禄，[3]故道，[4]莽曰善治。河池，泉街水南至沮入漢，行五百二十里。莽曰樂平亭。[5]平樂道，[6]沮，沮水出東狼谷，南至沙羨南入江，過郡五，行四千里，荆州川。[7]嘉陵道，[8]循成道，[9]下辨道。莽曰楊德。[10]

[1]【顔注】應劭曰：故白馬氐羌。【今注】武都郡：治武都縣（今甘肅禮縣南）。屬益州刺史部。王先謙《漢書補注》云“屬涼州，《志》失書”，誤。　武帝元鼎六年置：原係廣漢郡西部都尉地，武帝元鼎六年（前111）析出，合白馬氐一部，設武都郡。

[2]【顔注】師古曰：以有天池大澤，故謂之都。【今注】武都：縣名。治所在今甘肅禮縣南。本書卷三《高后紀》載“武都道山崩”，顔師古曰：“武都道屬武都郡。”張家山漢簡《二年律令·秩律》簡文有“武都道”。后曉榮據此認爲“武都郡下的武都，在西漢實應爲道而非縣”（詳見后曉榮《〈漢書·地理志〉“道”目補考》，《中國歷史地理論叢》2008年第1輯）。今案，本書《高后紀》與《二年律令·秩律》有“武都道”，祇是證明最晚

在呂后時期武都爲道而非縣，不能據此認定終西漢之世武都始終是道。周振鶴即疑漢廷在昭帝元鳳元年（前80）之後，爲加强對當地氐人的控制而改道爲縣（詳見周振鶴《中國行政區劃通史・秦漢卷（上）》，復旦大學出版社2017年版，第460頁）。　東漢水受氐道水：東漢水，當即今漢江。王念孫《讀書雜志・漢書第七》以爲"東"字係後人所加。氐道水，地望不詳。或爲今甘肅東南部西漢水上游。　天池大澤：古湖澤名。一作"仇池"。在今甘肅西和縣西南。《水經注・漾水》云："漢水又東南逕瞿堆西，又屈逕瞿堆南，絶壁峭峙，孤險雲高，望之形若覆唾壺。高二十餘里，羊腸蟠道三十六迴，《開山圖》謂之仇夷，所謂積石嵯峨，嶔岑隱阿者也。上有平田百頃，煮土成鹽，因以'百頃'爲號。山上豐水泉，所謂清泉湧沸，潤氣上流者也，漢武帝元鼎六年，開以爲武都郡，天池大澤在西，故以都爲目矣。王莽更名樂平郡，縣曰循虜。常璩、范曄云，郡居河池，一名仇池，池方百頃，即指此也。"

[3]【今注】上禄：縣名。治所在今甘肅西和縣東南。

[4]【今注】故道：縣名。治所在今陝西鳳縣東北。秦封泥有"故道丞印"，可知秦時即已置縣。

[5]【顏注】師古曰：《華陽國志》云一名仇池，地方百頃。【今注】河池：縣名。治所在今甘肅徽縣西北。據敦煌漢簡，河池，或爲"何池"之誤（詳見黃東洋、鄔文玲《新莽職方補考》，《簡帛研究（二〇一三）》，廣西師範大學出版社2013年版）。　泉街水：今名白河。源出今陝西略陽縣東北太陽山，東南流至勉縣西北與黑水（古稱沮水）合，稱沮水，復東南流，致勉縣西，匯入漢水。

[6]【今注】平樂道：縣道名。治所在今甘肅康縣西北。

[7]【顏注】師古曰：沮音千余反。羑音夷（羑音夷，蔡琪本、殿本作"又音夷"）。【今注】沮：縣名。治所在今陝西略陽縣東。　沮水：此指漢水支流沮水，一名"上沮水"，即今陝西西

南漢江北源黑河。　東狼谷：在今陝西留壩縣北。　沙羨：江夏郡屬縣。治所在今湖北武漢市武昌區西。　過郡五：沮水（漢水）流經武都、漢中、南陽、南郡、江夏五郡。

[8]【今注】嘉陵道：縣道名。治所在今甘肅徽縣東南一帶。

[9]【今注】循成道：循，當爲"脩"之誤（詳見王念孫《讀書雜志·漢書第七》）。脩成道，治所在今甘肅成縣東南。

[10]【顏注】師古曰：辨音步見反。【今注】下辨道：縣道名。治所在今甘肅成縣西北。　案，楊德，蔡琪本、殿本作"揚德"。

隴西郡，秦置。莽曰厭戎。[1]户五萬三千九百六十四，口二十三萬六千八百二十四。有鐵官、鹽官。縣十一：狄道，白石山在東。莽曰操虜。[2]上邽，[3]安故，[4]氐道，《禹貢》養水所出，至武都爲漢。莽曰亭道。[5]首陽，[6]《禹貢》鳥鼠同穴山在西南，渭水所出，東至船司空入河，過郡四，[7]行千八百七十里，雍州寑。予道，[8]莽曰德道。大夏，[9]莽曰順夏。羌道，羌水出塞外，南至陰平入白水，過郡三，行六百里。[10]襄武，[11]莽曰相桓。臨洮，洮水出西羌中，北至枹罕東入河。《禹貢》西頃山在縣西，南部都尉治也。[12]西，[13]《禹貢》嶓冢山，西漢所出，南入廣漢白水，東南至江州入江，過郡四，[14]行二千七百六十里。莽曰西治。

[1]【顏注】應劭曰：有隴坻，在其西也。師古曰：隴坻謂隴阪，即今之隴山也。此郡在隴之西，故曰隴西。坻音丁計反，又音底。【今注】隴西郡：治狄道縣（今甘肅臨洮縣），屬涼州刺史部。　秦置：隴西置郡於秦昭襄王時，惟其具體年代説法不一。《後漢書》卷八七《西羌傳》記載，"至王報四十三年，宣太后誘

殺義渠王於甘泉宫，因起兵滅之，始置隴西、北地、上郡焉"。王赧（周赧王）四十三年，即秦昭襄王三十四年（前273）。《水經注·河水》則記爲"漢隴西郡治，秦昭王二十八年置"。楚漢之際屬章邯雍國。

[2]【顔注】師古曰：其地有狄種，故云狄道。【今注】狄道：縣道名。治所在今甘肅臨洮縣。　白石山：在今甘肅臨洮縣東。

[3]【顔注】應劭曰：《史記》故邽戎邑也。師古曰：邽音圭。【今注】上邽：縣名。治所在今甘肅天水市麥積區（參見雍際春《隴右歷史文化與地理研究》，中國社會科學出版社2009年版，第339—357頁）。上古時戎人的一支邽戎所居之地，春秋時期秦國進占其地，始置邽縣，即《史記》卷五《秦本紀》所載秦武公十年（前688）"伐邽、冀戎，初縣之"。《善齋吉金録》中有"邽印"，當爲秦代製作，可證其時稱邽縣而不稱上邽（參見陳直《漢書新證》）。1986年甘肅天水市小隴山黨川林場出土的放馬灘秦簡《墓主記》中有"邽丞""邽守"簡文，亦可證戰國末年以前其地仍稱邽縣。

[4]【今注】安故：縣名。治所在今甘肅臨洮縣南。

[5]【顔注】師古曰：氐，夷種名也。氐之所居，故曰氐道。氐音丁溪反。養音弋向反，字本作漾，或作瀁。【今注】氐道：縣道名。治所在今甘肅武山縣東南。

[6]【今注】首陽：縣名。治所在今甘肅渭源縣北。

[7]【今注】過郡四：渭水流經隴西郡、天水郡、右扶風、京兆尹。

[8]【今注】予道：今地無考。

[9]【今注】大夏：縣名。治所在今甘肅廣河縣西北。

[10]【顔注】師古曰：《水經》云羌水出羌中參谷。【今注】羌道：縣道名。治所在今甘肅舟曲縣北。　羌水：今甘肅岷江。源

出今甘肅宕昌縣南，在舟曲縣東匯入白龍江，白龍江復東南流，在文縣東南匯入白水江，白水江又東南流至四川廣元市西南入嘉陵江。承岷江水之白龍江、白水江下游，古時亦通稱羌水。案，《水經注·羌水》云"羌水出羌中參狼谷"，顏師古注中脫一"狼"字。　過郡三：王先謙《漢書補注》以爲當作"過郡二"。羌水流經隴西、廣漢二郡。

　　[11]【今注】襄武：縣名。治所在今甘肅隴西縣東。

　　[12]【顏注】師古曰：洮音吐高反。枹讀曰膚。頃讀曰傾。【今注】臨洮：縣名。治所在今甘肅岷縣。隴西郡南部都尉治所。
洮水：今甘肅洮河。　枹罕：金城郡屬縣。

　　[13]【今注】西：縣名。治所在今甘肅禮縣北。秦封泥有"西丞之印""西共丞印"，可證秦時即已置縣。

　　[14]【今注】過郡四：西漢水流經隴西郡、武都郡、廣漢郡、巴郡。

　　金城郡，昭帝始元六年置。莽曰西海。[1]戶三萬八千四百七十，口十四萬九千六百四十八。縣十三：允吾，烏亭水出參街谷，東至枝陽入湟。莽曰修遠。[2]浩亹，浩亹水出西塞外，東至允吾入湟水。莽曰興武。[3]令居，澗水出西北塞外，至縣西南，入鄭伯津。莽曰罕虜。[4]枝陽，[5]金城，[6]莽曰金屏。榆中，[7]枹罕，[8]白石，離水出西塞外，東至枹罕入河。莽曰順礫。[9]河關，積石山在西南羌中。[10]河水行塞外，東北入塞內，至章武入海，過郡十六，行九千四百里。破羌，[11]宣帝神爵二年置。安夷，[12]允街，宣帝神爵二年置。莽曰脩遠。[13]臨羌。西北至塞外，有西王母石室、僊海、鹽池。北則湟水所出，東至允吾入河。西有須抵池，有弱水、昆侖山祠。莽曰鹽羌。[14]

　　[1]【顏注】應劭曰：初築城得金，故曰金城。臣瓚曰：稱金，取其堅固也，故墨子曰"雖金城湯池"。師古曰：瓚説是也。一云以郡在京師之西（京師之西，殿本作"京師西"），故謂金城。金，西方之行。【今注】金城郡：治所初在金城縣（今甘肅蘭州市西），後遷至允吾縣（今甘肅永靖縣西北）。屬涼州刺史部。

　　昭帝始元六年置：本書卷七《昭紀》載，昭帝始元六年（前81）七月，"以邊塞闊遠，取天水、隴西、張掖郡各二縣置金城郡"。初置僅六縣，至成帝時增擴至十三縣。　西海：郡名。平帝元始四年（4）在今青海湖一帶置西海郡。其後新莽地名改革時又曾改金城郡爲西海郡。關於兩西海郡的關係、金城郡與西海郡的關係，歷來説法不一。王先謙《漢書補注》以爲，新莽時納卑和羌所獻之地，金城郡地盤擴展到青海湖一帶，與故西海郡合爲一郡，統稱西海郡。清人王峻《漢書正誤》以爲，西海郡廢棄之後，新莽改金城郡爲西海郡。清人何焯《義門讀書記》卷一六以爲，西海郡固爲金城郡之外的獨立之郡，疑《地理志》注文有訛誤。還有一説認爲，新莽將金城郡全部屬縣或數縣併入故西海郡，總稱西海郡。王昱、崔永紅以爲，新莽於天鳳元年（14）改金城郡爲西海郡，原西海郡改爲史籍未載之他名（詳見王昱、崔永紅《略論"莽設西海郡"及其與金城郡之關係》，《青海師範大學學報》1987年第4期）。肩水金關漢簡中有關於西海郡屬縣"左寧"的記載，進一步説明西海郡五縣是從金城郡五縣劃轉而來的説法值得商榷（詳見肖從禮《肩水金關漢簡中新莽西海郡史料勾稽》，陝西歷史博物館編《陝西歷史博物館論叢》第25輯，陝西新華出版傳媒集團、三秦出版社2018年版，第189—193頁）。

　　[2]【顏注】應劭曰：允吾音鈆牙（牙，蔡琪本、大德本、殿本同，中華本作"牙"。"牙"即"互"字，音hù）。【今注】允吾：縣名。治所在今甘肅永靖縣西北。　烏亭水：即今甘肅莊浪河。源出甘肅、青海交界處的冷龍嶺東麓，東南流經甘肅永登縣，

至蘭州市西河口鎮入黃河。烏亭水，蔡琪本、大德本、殿本、中華本俱作"烏亭逆水"。　參街谷：在今甘肅古浪縣西南。

[3]【顏注】孟康曰：浩亹音合門。師古曰：浩音誥。浩，水名也。亹者，水流峽山，岸深若門也。《詩·大雅》曰"鳧鷖在亹"，亦其義也。今俗呼此水爲閤門河，蓋疾言之，浩爲閤耳。湟音皇。【今注】浩亹：縣名。治所在今甘肅永登縣西南。　浩亹水：又稱閤門河。即今青海、甘肅境內大通河。

[4]【顏注】孟康曰：令音連。師古曰：令音零。【今注】令皇：案，蔡琪本、大德本、殿本作"令居"。皇，當爲"居"之誤。令居，縣名。治所在今甘肅永登縣。　澗水：流經今甘肅永登縣的莊浪河。　鄭伯津：今甘肅蘭州市紅古區紅古鄉湟水渡口。一說爲黃河上的渡口，在今甘肅蘭州市西固區河口鄉與新城鄉之間黃河上（詳見王宗元《〈漢書·地理志〉澗水尾閭鄭伯津地理位置考辨》，《西北師範大學學報》2014 年第 5 期）。

[5]【今注】枝陽：縣名。治所在今甘肅永登縣南。

[6]【今注】金城：縣名。治所在今甘肅蘭州市西。

[7]【今注】榆中：縣名。治所在今甘肅榆中縣西。《史記》卷六《秦始皇本紀》載秦"西北斥逐匈奴。自榆中並河以東，屬之陰山，以爲四十四縣，城河上爲塞"，知秦時即有榆中縣。

[8]【顏注】應劭曰：故罕羌侯邑也。枹音銖。師古曰：讀曰膚，本枹鼓字也。其字從木。【今注】枹罕：縣名。治所在今甘肅臨夏回族自治州西南。

[9]【顏注】應劭曰：白石山在東。【今注】白石：縣名。治所在今甘肅臨夏縣西南。　漓水：今甘肅大夏河。

[10]【今注】河關：縣名。治所在今青海同仁縣北。　積石山：此指小積石山。在今甘肅臨夏回族自治州西側。

[11]【今注】破羌：縣名。治所在今青海海東市樂都區北。

[12]【今注】安夷：縣名。治所在今青海西寧市東。

[13]【顏注】孟康曰：允音鉛。【今注】允街：縣名。治所在今甘肅永登縣南。

[14]【顏注】師古曰：闞駰云西有卑和羌，即獻王莽地爲西海郡者也。抵音丁禮反。【今注】臨羌：縣名。治所在今青海湟源縣東南。　西王母石室：在今青海青海湖北湟水流經之處，相傳爲西王母所居之處。　僊海：又稱西海、青海，今青海湖。　鹽池：此指今青海烏蘭縣境內的茶卡鹽湖。　須抵池：當指今青海德令哈市北之哈拉湖。　弱水昆侖山祠：弱水祠當爲祭祀青海（仙海）之所。昆侖山祠爲祭祀昆侖山之所。　鹽羌：當爲“監羌”。王莽改漢地名，凡縣名上一字爲“臨”者，多改爲“監”（詳見王念孫《讀書雜志·漢書第七》）。

天水郡，武帝元鼎三年置。莽曰填戎。明帝改曰漢陽。[1] 戶六萬三百七十，口二十六萬一千三百四十八。縣十六：平襄，莽曰平相。[2] 街泉，[3] 戎邑道，莽曰填戎亭。[4] 望垣，[5] 莽曰望亭。罕开，[6] 緜諸道，[7] 阿陽，[8] 略陽道，[9] 冀，《禹貢》朱圉山在縣南梧中聚。莽曰冀治。[10] 勇士，屬國都尉治滿福。莽曰紀德。[11] 成紀，[12] 清水，[13] 莽曰識睦。奉捷，[14] 隴，[15] 豲道，騎都尉治密艾亭。[16] 蘭干。莽曰蘭盾。[17]

[1]【顏注】師古曰：《秦州地記》云郡前湖水冬夏無增減，因以名焉。填音竹真反。其後並同。【今注】天水郡：治平襄縣（今甘肅通渭縣）。屬涼州刺史部。　填（zhèn）：同“鎮”。　明帝改曰漢陽：案，陳景雲《兩漢訂誤》以爲此句非班固本文。

[2]【顏注】師古曰：闞駰云故襄戎邑也。【今注】平襄：縣名。治所在今甘肅通渭縣。

[3]【今注】街泉：縣名。治所在今甘肅莊浪縣西南。

［4］【今注】戎邑道：縣道名。治所在今甘肅清水縣西北。填戎亭：肩水金關新莽簡編號73EJF3：139 有"僦人填戎樂里下造尚"，73EJF3：139 有"僦人填戎樂里公乘張翕"。

［5］【今注】望垣：縣名。治所在今甘肅天水市麥積區西北。

［6］【顏注】應劭曰：音羌肩反。師古曰：本破罕开之羌，處其人於此，因以名云。【今注】罕开（qiān）：縣名。治所在今甘肅天水市東南。

［7］【今注】緜諸道：縣道名。緜即綿。綿諸道治所在今甘肅天水市北。或以爲今甘肅清水縣賈川鄉堡子山"靈芝城"古城遺址當爲西漢綿諸道治所（詳見雍際春《隴右歷史文化與地理研究》，中國社會科學出版社 2009 年版，第 358—365 頁）。

［8］【今注】阿陽：縣名。治所在今甘肅靜寧縣西南。

［9］【今注】略陽道：縣道名。治所在今甘肅秦安縣東北。

［10］【顏注】師古曰：《續漢·郡國志》云有緹群山、落門聚。圖讀與圍同。【今注】冀：縣名。治所在今甘肅甘谷縣東。春秋時期秦武公十年（前 688）擊敗戎人而置冀縣。西漢沿置。

［11］【顏注】師古曰：即今土俗呼爲健士者也（即今土俗，蔡琪本作"即今主士俗"，殿本作"即今主土俗"）。隨室之初避皇大子諱（隨，殿本作"隋"；大子，蔡琪本、大德本、殿本作"太子"），因而遂改。【今注】勇士：縣名。治所在今甘肅榆中縣北。　滿福：屬國都尉治所。在勇士縣境內，今地不詳。

［12］【今注】成紀：縣名。治所在今甘肅靜寧縣西南。

［13］【今注】清水：縣名。治所在今甘肅清水縣西北。

［14］【今注】奉捷：縣名。治所今地無考。

［15］【顏注】師古曰：今呼隴城縣者也。【今注】隴：縣名。治所在今甘肅清水縣北。

［16］【顏注】應劭曰：豲，邑也（邑也，蔡琪本、大德本、殿本作"戎邑也"）。音桓（中華本此句作"豲，戎邑也。音

完。"案，《史記》卷一一〇《匈奴列傳》有"翟、獂之戎"，獂，同豲。《索隱》引應劭曰："獂戎邑。音桓。"獂爲西戎之一支，即降服歸秦的"西戎八國"之一。底本於或"獂"後脱一"戎"字。中華本斷句爲"獂，戎邑也"，似可改爲"獂戎邑也"）。
【今注】獂道：縣道名。治所在今甘肅隴西縣東南。　密艾亭：騎都尉治所。在今甘肅隴西縣東北。

[17]【今注】蘭干：縣名。治所今地無考。

武威郡，故匈奴休屠王地。武帝大初四年開。莽曰張掖。[1]户萬七千五百八十一，口七萬六千四百一十九。縣十：姑臧，[2]南山，[3]谷水所出，[4]北至武威入海，[5]行七百九十里。張掖，[6]武威，[7]休屠澤在東北，古文以爲豬壄澤。休屠，[8]莽曰晏然。都尉治熊水障。[9]北部都尉治休屠城。[10]揟次，莽曰播德。[11]鸞烏，[12]撲劖，莽曰敷虜。[13]媼圍，[14]蒼松，南山，松陝水所出，北至揟次入海。[15]莽曰射楚。宣威。[16]

[1]【顔注】師古曰：休音許虯反。屠音直閭反。其後並同。【今注】武威郡：初治武威縣（今甘肅民勤縣東北），後徙姑臧縣（今甘肅武威市城區）。屬涼州刺史部。　休屠王：匈奴諸王之一，與渾邪王共同駐牧於河西走廊一帶，武帝元狩二年（前121）被霍去病漢軍襲破，共謀降漢，復爲渾邪王所殺。　武帝大初四年開：此説有誤。宣帝地節三年（前67）析張掖郡東部之地置武威郡（詳見周振鶴《西漢政區地理》，商務印書館2017年版）。大初，蔡琪本、大德本、殿本作"太初"。

[2]【今注】姑臧：縣名。治所在今甘肅武威市城區。

[3]【今注】南山：今甘肅祁連山。

［4］【今注】谷水：當今甘肅武威市西北之石羊河。

［5］【今注】海：白亭海，即下文之休屠澤，《禹貢》稱“豬野澤”。在今甘肅民勤縣東北。

［6］【今注】張掖：此爲武威郡屬縣，治所在今甘肅武威市謝河鄉武家寨子一帶（詳見郝樹聲、張德芳《懸泉漢簡研究》，甘肅文化出版社 2009 年版，第 112—113 頁）。時人稱張掖縣爲“小張掖”，以與張掖郡區別，如居延漢簡、懸泉漢簡“里程簡”中即有“小張掖”。

［7］【今注】武威：此爲武威郡屬縣，治所在今甘肅民勤縣東北。

［8］【今注】休屠：縣名。治所在今甘肅武威市北。

［9］【今注】熊水障：障塞名。或在今甘肅武威市涼州區雙城鎮中山村一帶。武威郡都尉治所。

［10］【今注】休屠城：在今甘肅武威市涼州區四壩鎮三岔村故城遺址（詳見李並成《石羊河流域漢代邊城軍屯遺址考》，《西北師大學報》1989 年第 3 期）。武威郡北部都尉治所。

［11］【顔注】孟康曰：揟音子如反。次音咨，諸本作恣。【今注】揟次：縣名。治所在今甘肅古浪縣土門鎮西。揟次，漢簡作“笍次”。《居延新簡》“居延里程簡”有“□里至笍次九十里”“笍次至小張掖六十里”。

［12］【今注】鸞烏：當爲“鷥鳥”，底本及諸本並誤。治所舊説不一。懸泉漢簡“里程簡”中有“倉松去鷥鳥六十五里”“鷥鳥去小張掖六十里”，據此判斷縣治在今甘肅古浪縣古浪鎮小橋堡村一帶（詳見郝樹聲、張德芳《懸泉漢簡研究》，第 113—116 頁）。

［13］【顔注】孟康曰：音蒲環。【今注】撲𡣿：縣名。治所在今甘肅古浪縣東北民權鄉馬家樓村南。

［14］【今注】媪圍：縣名。治所在今甘肅景泰縣蘆陽鎮吊溝古城。

[15]【顏注】師古曰：柗，古松字也。陝音下夾反，兩山之間也。松陝，峽名（峽名，大德本、殿本作"陝名"）。【今注】蒼柗：即蒼松。治所在今甘肅天祝藏族自治縣安遠鎮一帶（詳見郝樹聲、張德芳《懸泉漢簡研究》，第117頁）。　柗陝水：當今甘肅古浪河。　海：此指松陝水下游瀦爲水澤。西北邊外積水之處，俗稱爲海。

[16]【今注】宣威：縣名。治所在今甘肅民勤縣西南。

　　張掖郡，故匈奴昆邪王地，武帝大初元年開。莽曰設屏。[1]戶二萬四千三百五十二，口八萬八千七百三十一。縣十：觻得，千金渠西至樂涫入澤中。羌谷水出羌中，東北至居延入海，過郡二，行二千一百里。莽曰官式。[2]昭武，[3]莽曰渠武。删丹，[4]桑欽以爲道弱水自此，西至酒泉合黎。莽曰貫虜。氐池，[5]莽曰否武。屋蘭，[6]莽曰傳武。曰勒，都尉治澤索谷。莽曰勒治。[7]驪軒，莽曰揭虜。[8]番和，農都尉治。莽曰羅虜。[9]居延，居延澤在東北，古文以爲流沙。都尉治。莽曰居成。[10]顯美。[11]

　　[1]【顏注】應劭曰：張國臂掖，故曰張掖也。師古曰：昆音胡門反。【今注】張掖郡：治所初在張掖縣，後移至觻得縣（今甘肅張掖市甘州區西北）。屬涼州刺史部。　昆邪王：匈奴諸王之一，與休屠王共同駐牧於河西走廊一帶，武帝元狩二年（前121）被霍去病漢軍襲破，殺休屠王而降漢，被封爲濕陰侯。昆邪，又作"渾邪""混邪"。　武帝大初元年開：此説有誤。武帝元鼎六年（前111）分酒泉郡東部置張掖郡（詳見周振鶴《西漢政區地理》）。

　　[2]【顏注】應劭曰：觻得渠西入澤羌谷。孟康曰：觻音鹿。

師古曰：孟音是也。涫音官。其下並同。【今注】觻（lù）得：縣名。治所在今甘肅張掖市甘州區明永鄉下崖村黑水國故城北古城遺址。　千金渠：古河渠名。當在今甘肅高臺縣西南至張掖市之間。《清一統志》以爲在張掖西，引羌谷水成渠。錢坫《新斠注地理志集釋》卷一二以爲即永昌衛河，源出今甘肅永昌縣西南山中，東北流，於沙漠中匯爲一池澤。　樂涫：酒泉郡屬縣。　羌谷水：又名鮮水、張掖河，即今黑河，源出祁連山出羌中，東北注入居延澤中。　過郡二：羌谷水流經張掖、酒泉二郡。　案，二千一百里，蔡琪本、殿本作“二千二百里”。

［3］【今注】昭武：縣名。治所在今甘肅臨澤縣東北。

［4］【今注】删丹：縣名。治所在今甘肅山丹縣南。敦煌懸泉漢簡編號Ⅰ90DXT0206②：7簡文“删丹丞憲再”（甘肅簡牘博物館等編《懸泉漢簡（壹）》，中西書局2019年版，第286頁），記録删丹縣縣丞，名憲。

［5］【今注】氐池：縣名。治所在今甘肅張掖市甘州區梁家墩鎮一帶。

［6］【今注】屋蘭：縣名。治所在今甘肅張掖市甘州區碱灘鎮東古城村。

［7］【顏注】師古曰：澤音鐸。索音先各反。【今注】日勒：當爲“日勒”。底本誤。中華本據王先謙《漢書補注》改，可從。日勒縣治所在今甘肅山丹縣東南。　澤索谷：張掖郡都尉治所。或以爲張掖屬國都尉治所。

［8］【顏注】李奇曰：音遲虔。如淳曰：音弓軒。師古曰：驪音力遲反。軒音虔是也。今其土俗人呼驪軒，疾言之曰力虔。揭音其謁反。【今注】驪軒：縣名。治所在今甘肅永昌縣南。

［9］【顏注】如淳曰：番音盤。【今注】番和：縣名。治所在今甘肅永昌縣。　農都尉：西漢於邊郡設置負責屯田殖穀的官員，兼受大司農及本郡太守節制。

[10]【顏注】師古曰：闞駰云武帝使伏波將軍路博德築遮虜障居延城（蔡琪本、大德本、殿本"居"前有"於"字）。【今注】居延：縣名。治所在今內蒙古額濟納旗東南。居延屬國都尉治所。 居延澤：又名居延海，在今內蒙古額濟納旗東部。

[11]【今注】顯美：縣名。治所在今甘肅武威市涼州區豐樂鎮豐樂堡。

酒泉郡，武帝大初元年開。莽曰輔平。[1]戶萬八千一百三十七，口七萬六千七百二十六。縣九：禄福，[2]呼蠶水出南羌中，[3]東北至會水入羌谷。[4]莽曰顯德。表是，[5]莽曰載武。樂涫，[6]莽曰樂亭。天依，[7]玉門，莽曰輔平亭。[8]會水，北部都尉治偃泉障。東部都尉治東部障。莽曰蕭武。[9]池頭，[10]綏彌，[11]乾齊。西部都尉治西部障。莽曰測虜。[12]

[1]【顏注】應劭曰：其水若酒，故曰酒泉也。師古曰：舊俗傳云城下有金泉，泉味如酒。【今注】酒泉郡：治禄福縣（今甘肅酒泉市）。屬涼州刺史部。 武帝大初元年開：此說有誤。其地本匈奴昆邪王駐牧之地，武帝元狩二年（前121）昆邪王降漢，漢以其地置酒泉郡。

[2]【今注】禄福：縣名。治所在今甘肅酒泉市肅州區。

[3]【今注】呼蠶水：即甘肅西部北大河，又稱陶勒河、討賴河。源出祁連山脈之陶勒南山，東北流經今甘肅肅南裕固族自治縣、嘉峪關市、酒泉市，於金塔縣天倉鄉營盤村東匯入黑河。

[4]【今注】羌谷：羌谷水。

[5]【今注】表是：縣名。治所在今甘肅高臺縣西。

[6]【今注】樂涫：縣名。治所在今甘肅酒泉市東南。

[7]【顏注】師古曰：音衣。此地有天依阪，故以名。【今注】天依（yī）：縣名。治所在今甘肅肅北蒙古族自治縣及肅南裕

固族自治縣交界處一帶。案，阺，殿本作"依"。

[8]【顏注】師古曰：闞駰云漢罷玉門關屯，徙其人於此。
【今注】玉門：縣名。治所在今甘肅玉門市西北。

[9]【顏注】師古曰：闞駰云眾水所會，故曰會水。【今注】
會水：縣名。治所在今甘肅高臺縣西北。　偃泉障：障塞名。酒泉
郡北部都尉治所。案，蔡琪本、殿本作"偃水障"。　東部障：障
塞名。酒泉郡東部都尉治所。

[10]【今注】池頭：縣名。治所在今甘肅玉門市西北。

[11]【顏注】如淳曰：今曰安彌（今曰，殿本作"音"）。
【今注】綏彌：縣名。治所在今甘肅酒泉市東。

[12]【顏注】孟康曰：乾音干【今注】乾齊：縣名。治所在
今甘肅玉門市西北。　西部障：障塞名。酒泉郡西部都尉治所。
案，測虜，蔡琪本作"側虜"。

敦煌郡，武帝後元年分酒泉置。正西關外有白龍堆沙，有
蒲昌海。莽曰敦德。[1]户萬一千二百，口三萬八千三百三
十五。縣六：敦煌，中部都尉治步廣候官。杜林以爲古瓜州
地，生美瓜。莽曰敦德。[2]冥安，南籍端水出南羌中，西北入其
澤，溉民田。[3]效穀，[4]淵泉，[5]廣至，[6]宜禾都尉治昆侖
障。[7]莽曰廣桓。龍勒。[8]有陽關、玉門關，[9]皆都尉治。氐置
水出南羌中，[10]東北入澤，溉民田。

[1]【顏注】應劭曰：敦，大（蔡琪本、殿本"大"後有
"也"字）。煌，盛也。敦音屯。【今注】敦煌郡：治敦煌縣（今
甘肅敦煌市七里鎮白馬塔村）。屬涼州刺史部。　武帝後元年分酒
泉置：此説有誤。武帝元鼎六年（前111）析酒泉郡西部之地置敦
煌郡（詳見周振鶴《西漢政區地理》）。　白龍堆沙：今甘肅敦煌
市與新疆羅布泊之間的戈壁沙漠。　蒲昌海：亦稱鹽澤，即今新疆

羅布泊。

[2]【顔注】師古曰：即《春秋左氏傳》所云"允姓之戎居于瓜州"者也。其地今猶出大瓜，長者狐入瓜中食之，首尾不出。【今注】敦煌：縣名。治所在今甘肅敦煌市七里鎮白馬塔村。　步廣候官：敦煌郡中部都尉治所。中部都尉府統領平望、破胡（後更名爲"步廣"）、吞胡、萬歲等四候官，管轄敦煌郡北塞諸障燧。

杜林：字伯山，魏郡繁陽（今河北大名縣西南）人。兩漢之際著名學者。傳見《後漢書》卷二七。

[3]【顔注】應劭曰：冥水出北，入其澤。【今注】冥安：縣名。治所在今甘肅瓜州縣東。　南籍端水：王念孫《讀書雜志·漢書第七》以爲"南"字衍。籍端水，即今疏勒河。源出祁連山脈之疏勒南山，在今甘肅玉門市昌馬鄉境内與昌馬河相匯，稱昌馬河（古稱冥水），西北流，注入大澤（古稱冥澤）之中。李吉甫《元和郡縣志》卷四〇《隴右道下》："冥水，自吐谷渾界流入大澤，東西二百六十里，南北六十里，豐水草，宜畜牧。"

[4]【顔注】師古曰：本漁澤障也（漁，蔡琪本、殿本作"魚"）。桑欽説孝武元封六年濟南崔不意爲魚澤尉，教力田，以勤效得穀，因立爲縣名。【今注】效穀：縣名。治所在今甘肅敦煌市東北。　漁澤障：障塞名。在效穀縣境内。本書卷七七《孫寶傳》載尚書僕射唐林"左遷敦煌魚澤障候"。《敦煌漢簡》第1683號簡有"魚澤第四"。《續漢書·地理志》亦作"魚澤障"。當以"魚"爲是。

[5]【顔注】師古曰：闞駰云地多泉水，故以爲名。【今注】淵泉：縣名。治所在今甘肅瓜州縣東。

[6]【今注】廣至：縣名。治所在今甘肅瓜州縣西南。

[7]【今注】宜禾都尉：管理敦煌郡效穀、廣至、淵泉三縣北塞防衛的行政機構。西漢時期下轄廣漢、美稷、昆侖、魚澤、宜禾等五個候官。治所先在宜禾障，元帝之後遷至昆侖障。

［8］【今注】龍勒：縣名。治所在今甘肅敦煌市西南。

［9］【今注】陽關：在今甘肅敦煌市西南古董灘、紅山口一帶。陽關都尉治所。陽關都尉管轄龍勒縣南部邊塞諸障隧。　玉門關：故址即今甘肅敦煌市西北小方盤城。玉門都尉治所。玉門都尉領屬大煎都、玉門兩個候官，管轄龍勒縣北部邊塞諸障隧。

［10］【今注】氐置水：即今黨河。源出祁連山脈之黨河南山，流經甘肅敦煌市區西，匯入疏勒河。

安定郡，[1]武帝元鼎三年置。[2]户四萬二千七百二十五，口十四萬三千二百九十四。縣二十一：高平，[3]莽曰鋪睦。復累，[4]安俾，[5]撫夷，[6]莽曰撫寧。朝那，有端旬祠十五所，胡巫祝。又有湫淵祠。[7]涇陽，开頭山在西，《禹貢》涇水所出，東南至陽陵入渭，過郡三，行千六十里，雍州川。[8]臨涇，[9]莽曰監涇。卤，灈水出西。[10]烏氏，烏水出西，北入河。都盧山在西。莽曰烏亭。[11]陰密，《詩》密人國。有䣥安亭。[12]安定，[13]參䜌，主騎都尉治。[14]三水，[15]屬國都尉治。[16]有鹽官。莽曰廣延亭。陰槃，[17]安武，[18]莽曰安桓。祖厲，莽曰鄉禮。[19]爰得，[20]眴卷，河水別出爲河溝，東至富平北入河。[21]彭陽，[22]鶉陰，[23]月氏道。[24]莽曰月順。

［1］【今注】安定郡：治高平縣（今寧夏固原市）。屬涼州刺史部。

［2］【今注】武帝元鼎三年置：武帝元鼎三年（前114）析北地郡地置安定郡。

［3］【今注】高平：縣名。治所在今寧夏固原市。

［4］【顏注】師古曰：復音服。累音力追反。【今注】復累：縣名。治所今地無考。

[5]【顏注】孟康曰：俾音卑。【今注】安俾：縣名。治所今地無考。

[6]【今注】撫夷：縣名。治所在今甘肅鎮原縣北。

[7]【顏注】應劭曰：《史記》故戎那邑也。師古曰：湫音子由反。【今注】朝那：縣名。治所在今寧夏彭陽縣東。朝那之“那”，陳直《漢書新證》云：“《説文》那從冄，隸變作邘，今俗作那非是。《隸釋》卷四李翕《西狹頌》，有‘武都丞吕國’等題名，作安定朝邘。《漢印文字徵》第六、二十四頁，有‘朝邘右尉’印，皆可證邘字已由隸變作邘。”　湫淵祠：祠祀湫淵之所。《史記·封禪書》：“湫淵，祠朝那。”據《括地志》，祠在高平縣東南二十里。湫淵，即朝那湫，在隴山中，聚泉成淵，下流即湫水。

[8]【顏注】師古曰：开音苦見反，又音牽。此山在今靈州東南，土俗語訛謂之汧屯山。【今注】涇陽：縣名。治所在今甘肅平涼市西北。　开（qiān）頭山：又名雞頭山、笄頭山、崆峒山。在今寧夏六盤山東。　過郡三：涇水流經安定郡、右扶風、左馮翊。

[9]【今注】臨涇：縣名。治所在今甘肅鎮原縣東南。

[10]【顏注】師古曰：濯音其于反。【今注】鹵：縣名。治所今地無考。鹵，張家山漢簡《二年律令·秩律》作“鹵”。　濯水：源出漢安定郡鹵縣西，今地不詳。王先謙《漢書補注》引陳澧以爲此水爲静寧州（今甘肅静寧縣）羅玉河。

[11]【顏注】師古曰：氏音支。【今注】烏氏（zhī）：縣名。治所在今寧夏固原市東南。　烏水：今寧夏境内清水河。　都盧山：在今寧夏固原市東南。又名可藍山。

[12]【顏注】師古曰：即《詩·大雅》所云“高人不恭，敢距大邦”者。【今注】陰密：縣名。治所在今甘肅靈臺縣南。

[13]【今注】安定：縣名。治所在今甘肅涇川縣。

[14]【顏注】師古曰：孿音力全反。【今注】參孿（luán）：

縣名。治所在今甘肅環縣東南。

[15]【今注】三水：縣名。治所在今寧夏同心縣東。

[16]【今注】屬國都尉：此指安定屬國都尉，都尉府設在三水縣。

[17]【今注】陰槃：縣名。治所在今陝西長武縣西北。

[18]【今注】安武：縣名。治所在今甘肅鎮原縣西南。

[19]【顏注】應劭曰：祖音置。師古曰：屬音賴。【今注】祖厲：縣名。治所在今甘肅會寧縣西北。

[20]【今注】爰得：縣名。治所在今甘肅涇川縣南。

[21]【顏注】應劭曰：眗音旬日之旬。卷音箟簬之箟。【今注】眗卷：縣名。治所在今甘肅中寧縣東北一帶。

[22]【今注】彭陽：縣名。治所在今甘肅鎮原縣東。

[23]【今注】鶉陰：縣名。治所在今甘肅景泰縣東南。

[24]【顏注】應劭曰：氏音支。【今注】月氏道：縣道名。治所在今寧夏固原市西南。

北地郡，[1]秦置。[2]莽曰威成。戶六萬四千四百六十一，口二十一萬六百八十八。縣十九：馬領，[3]直路，[4]沮水出東，西入洛。[5]靈武，[6]莽曰威成亭。富平，北部都尉治神泉障。渾懷都尉治塞外渾懷障。莽曰特武。[7]靈州，惠帝四年置。有河奇苑、號非苑。莽曰令周。[8]眗衍，[9]方渠，[10]除道，[11]莽曰通道。五街，[12]莽曰吾街。鶉孤，[13]歸，[14]洛水出北蠻夷中，入洛。[15]有堵苑、白馬苑。[16]回獲，[17]略畔道，莽曰延年道。[18]泥陽，莽曰泥陰。[19]郁郅，泥水出北蠻夷中。有牧師菀官。莽曰功著。[20]義渠道，[21]莽曰義溝。弋居，[22]有鹽官。大㕈，[23]廉，[24]卑移山在西北。[25]莽曰西河亭。

[1]【今注】北地郡：治馬領縣（今甘肅慶陽市西北馬嶺鎮）。屬朔方刺史部。

[2]【今注】秦置：其地戰國時本屬義渠戎。秦昭襄王時誘殺義渠王，於其地置隴西、北地、上郡三郡。

[3]【顏注】師古曰：川形似馬領，故以爲名。領，頸也。【今注】馬領：縣名。治所在今甘肅慶陽市西北。

[4]【今注】直路：縣名。治所在今陝西富縣西。

[5]【今注】沮水出東西入洛：沮水，此指源出今陝西黃陵縣子午嶺東麓的沮河，東流至黃陵縣東匯入洛河。王念孫《讀書雜志·漢書第七》以爲洛水在沮水東，不得言西入洛，故原文當作"沮水出西，東入洛"。甚是。中華本據改，可從。

[6]【今注】靈武：縣名。治所在今寧夏平羅縣西南。

[7]【顏注】師古曰：渾音胡昆反。【今注】富平：縣名。治所在今寧夏青銅峽市東南。　神泉障：漢代西北邊防障城之一。北地郡北部都尉治所。在今寧夏鹽池縣興武營古城。　渾懷障：西北邊防障城之一。渾懷都尉治所。民國時期《調查河套報告書·調查記録·寧夏區域沿革及歷史》："渾懷障當在長城以北，黃河之東溜山子附近。"即在今寧夏平羅縣陶樂鎮西南黃河東岸（詳見王文楚《西漢西河、上郡、北地三郡邊塞考》，《文史》第21輯）。

[8]【顏注】師古曰：苑謂馬牧也。水中可居者曰州。此地在河之州，隨水高下，未嘗淪没，故號靈州（州，殿本作"洲"），又曰河奇也。二苑皆在焉（蔡琪本、大德本、殿本"在"後有"北"字）。【今注】靈州：縣名。治所在今寧夏銀川市東南。　河奇苑號非苑：北地郡靈州縣的兩處官營牧場。西漢政府在緣邊諸郡（以隴西、天水、安定、北地、上郡、西河等西北六郡爲主）設置牧師苑三十六所，主要牧養軍馬，供騎兵部隊提供坐騎。

[9]【顏注】應劭曰：音煦（蔡琪本、大德本、殿本"音"

前有"昫"字）。師古曰：音香于反。【今注】昫衍：縣名。治所在今寧夏鹽池縣東南。昫衍本爲戎地，戰國後期歸秦。西安相家巷出土秦封泥有"昫衍導丞"，"導"同"道"，"昫衍導丞"即"昫衍道丞"，可見昫衍在秦代即爲道。秦昫衍道治所在今寧夏鹽池縣北柳楊堡鄉張家場古城（參見魯人勇、吳忠禮、徐莊《寧夏歷史地理考》，寧夏人民出版社 1993 年版，第 6—7 頁）。天津藝術博物館藏傳世西漢璽印有"昫衍道尉"。張家山漢簡《二年律令·秩律》有"朐衍道"，"朐衍"即"昫衍"。可見西漢時期或者至少在呂后二年（前 186）時，昫衍爲道而非縣（參見后曉榮《〈漢書·地理志〉"道"目補考》，《中國歷史地理論叢》2008 年第 1 輯）。

　　[10]【今注】方渠：縣名。治所在今甘肅環縣東南。

　　[11]【今注】除道：縣名。治所今地無考。錢坫曰："秦始皇除道九原，抵雲陽。此以其事氏縣，疑與直路縣近。"（詳見錢坫《新斠注地理志集釋》卷一二）

　　[12]【今注】五街：縣名。治所今地無考。

　　[13]【今注】鶉孤：縣名。治所在今甘肅涇川縣東南。

　　[14]【今注】歸：蔡琪本、大德本、殿本作"歸德"。底本脫"德"字。歸德縣治所在今陝西吳起縣西北。

　　[15]【今注】案，入洛，蔡琪本、大德本、殿本作"入河"。

　　[16]【今注】堵苑白馬苑：北地郡歸德縣的兩處官營牧場。屬三十六所牧師苑中的兩所。

　　[17]【今注】回獲：縣名。治所今地無考。

　　[18]【顏注】師古曰：有略畔山，今在慶州界，其土俗呼曰洛盤，音訛耳。【今注】略畔道：縣道名。治所在今甘肅合水縣北。陳直《漢書新證》云："漢城出土有'略畔之丞'印，不稱道。"

　　[19]【顏注】應劭曰：泥水出郁郅北蠻中。【今注】泥陽：縣名。治所在今甘肅寧縣東南。

[20]【顏注】師古曰：郁音於六反。郅音之日反。【今注】
郁郅：縣名。治所在今甘肅寧縣北。1922年陝西咸陽市秦都遺址長
陵車站南沙坑出土一件銘文"郁郅"戈，時限爲戰國晚期至秦代，
知其地最晚在秦代即已設縣（詳見施謝捷《秦兵器銘刻零釋》，
《安徽大學學報》2008年第7期）。　泥水：今甘肅馬蓮河。　牧
師苑官：管理一郡諸官營牧場的機構。屬太僕。主官爲苑令，屬官
有丞三人。案，苑官，蔡琪本、大德本、殿本作"苑官"。

[21]【今注】義渠道：縣道名。治所在今甘肅慶陽市西峰區。

[22]【今注】弋居：縣名。治所在今甘肅寧縣南。

[23]【顏注】師古曰：罗即古要字也，音一遥反。【今注】
大罗：縣名。治所在今甘肅寧縣東南。罗，同"要"。甘肅敦煌市
懸泉漢簡編號Ⅰ90DXT0116②：118A簡文有"罗施刑士故北地大要
陰罗里公孫全坐盗亡乏興"　（甘肅簡牘博物館等編《懸泉漢簡
（壹）》，中西書局2019年版，第261頁），"大要"即大罗。

[24]【今注】廉：縣名。治所在今寧夏銀川市西北。

[25]【今注】卑移山：賀蘭山的古稱。

　　上郡，秦置，高帝元年更爲翟國，七月復故。匈歸都尉治
塞外匈歸障。屬并州。[1]戶十萬三千六百八十三，口六十
萬六千六百五十八。縣二十二：膚施，[2]有五龍山、帝原
水、黃帝祠四所。[3]獨樂，[4]有鹽官。陽周，[5]橋山在南，[6]有
黃帝冢。[7]莽曰上陵畤。木禾，[8]平都，[9]淺水，[10]莽曰廣
信。京室，[11]莽曰積粟。洛都，[12]莽曰卑順。白土，圁水出
西，東入河。莽曰黃土。[13]襄洛，[14]莽曰上黨亭。原都，[15]
漆垣，[16]莽曰漆牆。奢延，[17]莽曰奢節。雕陰，[18]推邪，
莽曰排邪。[19]楨林，莽曰楨幹。[20]高望，[21]北部都尉治。莽
曰堅寧。雕陰道，[22]龜茲，屬國都尉治。有鹽官。[23]定

陽，[24]高奴，有洧水，可㸐。莽曰利平。[25]望松，[26]北部都尉治。[27]宜都。[28]莽曰堅寧小邑。[29]

[1]【顏注】師古曰：匈歸者，言匈奴歸附。【今注】上郡：治膚施縣（今陝西榆林市東南）。張家山漢簡《二年律令·秩律》中未見膚施，或可推斷漢初郡治在高奴縣（今陝西延安市北）。屬并州刺史部。　秦置：秦昭襄王三年（前304）置上郡。　高帝元年更爲翟國：楚漢之際屬董翳翟國，都高奴縣。　匈歸障：西漢邊防障城之一。在今内蒙古烏審旗西南。匈歸都尉治所。案，《後漢書》卷二四《馬援傳》注記王莽改天水爲鎮戎，改漢中爲新成，改上郡爲增山，《漢書·地理志》於“天水”“漢中”條下皆記新莽所更名“鎮戎”“新成”，獨上郡不記，不合體例。錢大昕《三史拾遺》卷三推斷此處本有“莽曰增山”四字，傳寫過程中脱漏。

[2]【今注】案，“二十二”應作“二十三”，底本誤。中華本改爲“二十三”，可從。　膚施：縣名。治所在今陝西榆林市東南。

[3]【今注】有五龍山帝原水黃帝祠四所：此句中華本標點爲“有五龍山、帝、原水、黃帝祠四所”。郭聲波據《水經注·河水》“帝原水西北出龜兹縣……又東南注奢延水，又東逕膚施縣南”，以爲“帝原水”爲一河流名稱，不可斷開爲“帝”“原水”，故本句當斷爲“有五龍山、帝原水、黃帝祠四所”，意謂其地有五龍山、帝原水和四所黃帝祠（詳見郭聲波《〈漢書·地理志〉標點辨誤三則》，《中國歷史地理論叢》1988年第4輯）。今案，郭氏斷句甚是，可從，但其對文意的理解則值得商榷。本書《郊祀志下》記宣帝時建置祠祀，“立五龍山仙人祠及黃帝、天神、帝原水，凡四祠於膚施”。所謂膚施“四祠”，即五龍山仙人祠、黃帝祠、天神祠、帝原水祠，與本《志》之“四祠”應是對應關係，可見“四祠”並非如郭文理解得那樣“四祠皆祀黃帝”。錢大昕注意到了二《志》之間的這種對應關係，解曰：“五龍山，一也；帝即天神帝，

二也；原水，三也；黃帝，四也。”（《廿二史考異·漢書二》）。將“帝原水”之“帝”與“原水”一拆爲二，從而湊成“四祠”，迎合《郊祀志》，但是過於勉强，故王先謙《漢書補注》含糊其辭說，“錢說亦有理，然酈注以帝原爲水名，姑闕疑”。筆者以爲，本《志》與《郊祀志》“四祠”存在對應關係，“帝原水”不可逕拆爲二詞，在這兩個前提之下，似可推斷本《志》“有五龍山、帝原水、黃帝祠四所”中脱“天神”二字。五龍山，在今陝西延安市北。帝原水，即今陝西榆林市西榆溪河。

[4]【今注】獨樂：縣名。治所在今陝西榆林市橫山區東。

[5]【今注】陽周：縣名。治所在今陝西靖邊縣東。

[6]【今注】橋山：在今陝西黃陵縣北。

[7]【今注】黃帝冢：黃帝陵。在今陝西黃陵縣北橋山上。相傳黃帝升仙之後，群臣葬其衣冠於此。

[8]【今注】木禾：縣名。治所今地無考。

[9]【今注】平都：縣名。治所在今陝西子長縣西南。

[10]【今注】淺水：縣名。治所在今陝西黃陵縣西北。

[11]【今注】京室：縣名。治所今地無考。

[12]【今注】洛都：縣名。治所今地無考。

[13]【顏注】師古曰：圜音銀，其釋在下。【今注】白土：縣名。治所在今陝西靖邊縣北。　圜水：一作“圁水”。即今陝西禿尾河。

[14]【今注】襄洛：縣名。治所在今陝西富縣西北。張家山漢簡《二年律令·秩律》中有“襄城”，整理小組疑爲“襄洛”之誤。

[15]【今注】原都：縣名。治所今地無考。

[16]【今注】漆垣：縣名。治所在今陝西宜君縣西。

[17]【今注】奢延：縣名。治所在今陝西靖邊縣北。

[18]【顏注】應劭曰：彫山在西南。【今注】雕陰：縣名。

治所在今陝西富縣西北。

[19]【顏注】師古曰：邪音似嗟反。【今注】推邪：縣名。治所今地無考。

[20]【顏注】師古曰：楨音貞。【今注】楨林：縣名。治所在今內蒙古准格爾旗西南。

[21]【今注】高望：縣名。治所在今內蒙古烏審旗北。上郡北部都尉治所。

[22]【今注】雕陰道：縣道名。治所在今陝西甘泉縣西。

[23]【顏注】應劭曰：音丘慈。師古曰：龜茲國人來降附者，處之於此，故以名云。【今注】龜茲：縣名。治所在今陝西榆林市北。上郡屬國都尉治所。

[24]【顏注】應劭曰：在定水之陽。【今注】定陽：縣名。治所在今陝西延安市東南。

[25]【顏注】師古曰：難，古然火字。【今注】高奴：縣名。治所在今陝西延安市北。　有洧水可難：《水經注·河水》：“河水南過上郡高奴縣，東有清水，《漢書·地理志》謂之洧水，故云‘高奴縣有洧水肥可燃’。”王念孫《讀書雜志·漢書第七》據此以爲今本《志》“可難”前脫一“肥”字。洧水，即今陝西延河。延安一帶地下蘊藏石油，“洧水可難”意謂河水中表面有石油，點火可燃。

[26]【今注】望松：縣名。治所今地無考。

[27]【今注】北部都尉治：上文“高望縣”條下亦有“北部都尉治”。一郡不可能有兩個北部都尉，二者必有一誤。權將上郡北部都尉治所置於高望縣。

[28]【今注】宜都：縣名。治所今地無考。

[29]【今注】堅寧小邑：王先謙《漢書補注》以爲縣無四字爲名者，疑“小”字衍。

　　西河郡，武帝元朔四年置。南部都尉治塞外翁龍、埤是。莽曰歸新。屬并州。[1]戶十三萬六千三百九十，口六十九萬八千八百三十六。縣三十六：富昌，[2]有鹽官。莽曰富成。騊虞，[3]鵠澤，[4]平定，[5]莽曰陰平亭。美稷，[6]屬國都尉治。中陽，[7]樂街，[8]莽曰截虜。徒經，[9]莽曰廉恥。皋狼，[10]大成，[11]莽曰好成。廣田，[12]莽曰廣翰。圜陰，惠帝五年置。莽曰方陰。[13]益闌，[14]莽曰香闌。平周，[15]鴻門，[16]有天封苑火井祠，[17]火從地出也。[18]藺，[19]宣武，[20]莽曰討貉。千章，[21]增山，有道西出眩雷塞，北部都尉治。[22]圜陽，[23]廣衍，[24]武車，[25]莽曰桓車。虎猛，[26]西部都尉治。離石，[27]穀羅，[28]武澤在西北。[29]饒，[30]莽曰饒衍。方利，[31]莽曰廣德。隰成，[32]莽曰慈平亭。臨水，[33]莽曰監水。土軍，[34]西都，[35]莽曰五原亭。平陸，[36]陰山，[37]莽曰山寧。觬是，莽曰伏觬。[38]博陵，[39]莽曰助桓。鹽官。[40]

　　[1]【顏注】師古曰：翁龍、埤是，二障名也。埤音婢。【今注】西河郡：治平定縣（今內蒙古准格爾旗西南）。屬朔方刺史部。　武帝元朔四年置：武帝元朔四年（前125）析上郡東部諸縣置西河郡。　翁龍埤（bì）是：二障塞名。俱在今內蒙古杭錦旗東南。西河郡南部都尉治所。

　　[2]【今注】富昌：縣名。治所在今內蒙古准格爾旗東南榆樹壕古城。

　　[3]【今注】騊虞：縣名。治所今地無考。

　　[4]【顏注】孟康曰：鵠音告。師古曰：音古督反。【今注】鵠澤：縣名。治所今地無考。

　　[5]【今注】平定：縣名。治所在今內蒙古准格爾旗西南。

　　[6]【今注】美稷：縣名。治所在今內蒙古准格爾旗沙圪堵鎮納林村古城。西河屬國都尉治所。案，或以爲美稷縣在西漢時期爲西河屬國都尉駐地，東漢建武年間又爲南匈奴屬國的單于庭駐地和使匈奴中郎將治所，既是高級軍政機構駐地，也是南匈奴貴族居住地，更是屯駐重兵之地，其城建規模必定遠大於一般縣城。考古所見納林古城占地面積較小，古城內外遺物較少，文化層較淺，與史書對美稷故城的記載並不符合，故推斷納林古城以西暖水鄉榆樹壕村古城可能爲美稷縣故址（詳見王興鋒《漢代美稷古城新考》，《中國邊疆史地研究》2016 年第 1 期）。

　　[7]【今注】中陽：縣名。治所在今山西中陽縣。

　　[8]【今注】樂街：縣名。治所今地無考。

　　[9]【今注】徒經：縣名。治所今地無考。

　　[10]【今注】皋狼：縣名。治所在今山西呂梁市離石區西北。皋狼，本書《王子侯表》作“皋琅”。武帝元朔三年封代共王子劉遷爲皋狼侯。

　　[11]【今注】大成：縣名。治所在今內蒙古杭錦旗東南。

　　[12]【今注】廣田：縣名。治所今地無考。

　　[13]【顏注】師古曰：圜字本作圁，縣在圁水之陰，因以爲名也。王莽改爲方陰，則是當時已誤爲圜字。今有銀州、銀水，即是舊名猶存，但字變耳。【今注】圜陰：縣名。治所在今陝西橫山縣東。

　　[14]【今注】益闌：縣名。治所今地無考。

　　[15]【今注】平周：縣名。治所在今陝西米脂縣。本書卷五五《衞青傳》、卷九九中《王莽傳中》俱作“平州”。

　　[16]【今注】鴻門：縣名。治所在今陝西橫山縣東。

　　[17]【今注】天封苑火井祠：宣帝時所立祠祀名。本書《郊祀志》記爲“祠天封苑火井於鴻門”。

[18]【今注】火從地出：指煤炭或天然氣自燃現象。王念孫《讀書雜志·漢書第七》以爲"地"後脱一"中"字。

[19]【今注】藺：縣名。治所在今山西柳林縣北。武帝元朔三年封代共王子劉罷軍爲藺侯，武帝元鼎三年（前 114）徙封爲武原侯，其地復爲藺縣。

[20]【今注】宣武：縣名。治所今地無考。

[21]【今注】千章：縣名。治所今地無考。武帝元朔三年封代共王子劉遇爲千章侯，武帝元鼎三年徙封爲夏丘侯，其地復爲千章縣。

[22]【顏注】師古曰：眩音州縣之縣。【今注】增山：縣名。治所在今内蒙古鄂爾多斯市東勝區西北城梁村古城。西河郡北部都尉治所。　眩雷塞：漢武帝元封四年（前 107）置眩雷塞。一説在今内蒙古杭錦旗東南扎爾廟古城北，一説即今内蒙古阿拉善左旗敖倫布拉格鎮鎮政府所在地西北約十一公里處的烏蘭布拉格障城。上海博物館藏漢印有"西眩都丞"印，"西"爲西河郡的省文，"眩"指其屬下的眩雷塞（詳趙平安《秦西漢印章研究》，上海古籍出版社 2012 年版，第 60 頁）。

[23]【顏注】師古曰：此縣在圁水之陽。【今注】圜陽：縣名。治所在今陝西綏德縣無定河北岸。

[24]【今注】廣衍：縣名。治所在今内蒙古准格爾旗西南川掌鄉瓦爾吐溝古城。

[25]【今注】武車：縣名。治所今地無考。

[26]【今注】虎猛：縣名。治所在今内蒙古伊金霍洛旗西南。西河郡西部都尉治所。

[27]【今注】離石：縣名。治所在今山西吕梁市離石區。武帝元朔三年封代共王子劉綰爲離石侯，武帝元鼎三年徙封爲涉侯，其地復爲離石縣。

[28]【今注】穀羅：縣名。治所在今内蒙古鄂爾多斯市東勝

區西漫賴古城。

[29]【今注】武澤：或即今内蒙古鄂爾多斯市東勝區西桃日木海子（詳見景愛《沙漠考古通論》，紫禁城出版社 1999 年版，第158 頁）。

[30]【今注】饒：縣名。治所今地無考。

[31]【今注】方利：縣名。治所今地無考。

[32]【今注】隰成：縣名。治所在今山西柳林縣。武帝元朔三年封代共王子劉忠爲隰成侯，武帝元鼎三年徙封爲端氏侯，其地復爲隰成縣。

[33]【今注】臨水：縣名。治所在今山西臨縣東北。武帝元朔三年封代共王子劉賢爲臨河侯，武帝元鼎三年徙封爲高俞侯，其地更名爲臨水縣。

[34]【今注】土軍：縣名。治所在今山西石樓縣。武帝元朔三年封代共王子劉郢客爲土軍侯，武帝元鼎三年徙封爲鉅乘侯，其地更名爲土軍縣。

[35]【今注】西都：縣名。治所今地無考。

[36]【今注】平陸：縣名。治所今地無考。

[37]【今注】陰山：縣名。治所在今陝西宜川縣東。

[38]【顏注】蘇林曰：音麂。師古曰：䫻音倪，其字從角。【今注】䫻（ní）是：縣名。治所今地無考。

[39]【今注】博陵：縣名。治所今地無考。張家山漢簡《二年律令·秩律》中有“博陵”縣。

[40]【今注】鹽官：縣名。治所今地無考。

朔方郡，武帝元朔二年開。西部都尉治窳渾。莽曰溝搜。屬并州。[1]户三萬四千三百三十八，口十三萬六千六百二十八。縣十：三封，[2]武帝元狩三年城。朔方，[3]金連鹽澤、青鹽澤皆在南。[4]莽曰武符。脩都，[5]臨河，[6]莽曰監河。

呼遒，[7]窳渾，[8]有道西北出雞鹿塞。[9]屠申澤在東。[10]莽曰極武。渠搜，[11]中部都尉治。莽曰溝搜。沃壄，[12]武帝元狩三年城。有鹽官。莽曰綏武。廣牧，[13]東部都尉治。莽曰鹽官。臨戎。[14]武帝元朔五年城。莽曰推武。

[1]【顏注】師古曰：窳音庾。渾音魂。【今注】朔方郡：治朔方縣（今內蒙古杭錦旗東北）。屬朔方刺史部。

[2]【今注】三封：縣名。治所在今內蒙古磴口縣西北哈騰套海蘇木陶升井古城。

[3]【今注】朔方：縣名。治所在今內蒙古杭錦旗東北。

[4]【今注】金連鹽澤青鹽澤：二鹽池名。今內蒙古杭錦旗東北什拉召古城西南有大片鹽湖群，當即漢代的金連鹽澤、青鹽澤。

[5]【今注】脩都：縣名。治所在今內蒙古杭錦旗西北。

[6]【今注】臨河：縣名。治所在今內蒙古巴彥淖爾市臨河區北。

[7]【顏注】師古曰：遒音在由反。【今注】呼遒：縣名。治所在今內蒙古烏拉特前旗東南。

[8]【今注】窳（yǔ）渾：縣名。治所在今內蒙古磴口縣西北沙金套海古城。朔方郡西部都尉治所。

[9]【今注】雞鹿塞：在今內蒙古磴口縣西北狼山哈隆格乃峽谷，扼陰山西段南北通道，是漢代北邊重要關隘。

[10]【今注】屠申澤：在今內蒙古磴口縣西北哈騰套海農場西北至太陽廟農場一帶，係黃河西岸決口積水而形成的湖澤。

[11]【今注】渠搜：縣名。治所在今內蒙古烏拉特前旗東南。朔方郡中部都尉治所。

[12]【今注】沃壄：縣名。治所在今內蒙古巴彥淖爾市臨河區西南。

[13]【今注】廣牧：縣名。治所在今內蒙古烏拉特前旗西北。

朔方郡東部都尉治所。

　　[14]【今注】臨戎：縣名。治所在今内蒙古磴口縣北河拐子古城。

　　五原郡，秦九原郡，武帝元朔二年更名。東部都尉治稒陽。莽曰獲降。屬并州。[1]户三萬九千三百二十二，口二十三萬一千三百二十八。縣十六：九原，[2]莽曰成平。固陵，[3]莽曰固調。五原，[4]莽曰填河亭。[5]臨沃，[6]莽曰振武。文國，[7]莽曰繁聚。河陰，[8]蒱澤，[9]屬國都尉治。南興，[10]莽曰南利。武都，[11]莽曰桓都。宜梁，[12]曼柏，莽曰延柏。[13]成宜，中部都尉治原高，西部都尉治田辟。有鹽官。莽曰艾虜。[14]稒陽，北出石門障得光禄城，又西北得支就城，又西北得頭曼城，又西北得虖河城，又西得宿虜城。莽曰固陰。[15]莫黬，[16]西安陽，[17]莽曰鄣安。河目。[18]

　　[1]【顏注】師古曰：稒音固。【今注】五原郡：治九原縣（今内蒙古包頭市九原區）。屬朔方刺史部。　秦九原郡：九原郡當爲戰國時期趙國所置，秦時省並劃入雲中郡。疑五原郡乃漢武帝於元朔二年（前127）置朔方郡時，分雲中郡西部數縣置，同時又以上郡之武都縣來屬（詳見周振鶴《中國行政區劃通史・秦漢卷（上）》，第524頁）。或以爲當作“故秦九原郡”，本《志》佚失“故”字（詳見趙志强《從〈漢書・地理志〉體例看郡國沿革》，《中國歷史地理論叢》2015年第2輯）。

　　[2]【今注】九原：縣名。治所在今内蒙古包頭市九原區。

　　[3]【今注】固陵：縣名。治所今地無考。

　　[4]【今注】五原：縣名。治所在今内蒙古烏拉特前旗東。

　　[5]【今注】填河亭：填，同“鎮”。

［6］【今注】臨沃：縣名。治所在今内蒙古包頭市西。

［7］【今注】文國：縣名。治所今地無考。

［8］【今注】河陰：縣名。治所在今内蒙古達拉特旗西北。

［9］【今注】蒲澤：縣名。五原屬國都尉治所。治所今地無考。蒲澤即蒲澤，是以生蒲之澤而得名。今内蒙古達拉特旗境内西部有許多湖泊沼澤，蒲澤縣或當在此（詳見景愛《沙漠考古通論》，第157頁）。案，蒲澤，蔡琪本、殿本作“蒲澤”。

［10］【今注】南興：縣名。治所在今内蒙古准格爾旗東。

［11］【今注】武都：縣名。治所在今内蒙古准格爾旗北。

［12］【今注】宜梁：縣名。治所在今内蒙古烏拉特前旗三頂帳房古城（詳見王曉琨《戰國至秦漢時期河套地區古代城址研究》，社會科學文獻出版社2014年版，第173頁）。

［13］【顏注】師古曰：曼音萬。【今注】曼柏：縣名。治所在今内蒙古達拉特旗東南。

［14］【顏注】師古曰：辟讀曰壁。艾讀曰刈。【今注】成宜：縣名。治所在今内蒙古烏拉特前旗東南。　原高：五原郡中部都尉治所。原高，《水經注·河水》作“原亭”。　田辟：五原郡西部都尉治所。

［15］【顏注】師古曰：曼音莫安反。虖音呼。【今注】稒陽：縣名。治所在今内蒙古包頭市古城灣古城（詳見王曉琨《戰國至秦漢時期河套地區古代城址研究》，第173頁）。　石門障：城障名。設於古石門水峽谷漢長城處，當即今内蒙古包頭市西昆都侖溝南口東前口子村古城。　光禄城：又名光禄塞。在今内蒙古烏拉特前旗明暗鄉小召門梁古城。武帝太初三年（前102）光禄勳徐自爲主持修築，故得名。　支就城頭曼城虖河城宿虜城：並爲城障名。武帝太初三年光禄勳徐自爲主持修築，在陰山北麓，光禄城西北，確址不詳。從石門障至光禄城、支就城、頭曼城、虖河城、宿虜城等“塞外列城”，通過今昆都侖溝河谷，構成穿越陰山、直通漠北的軍

事交通要道。

　　[16]【顏注】如淳曰：音忉怛。師古曰：音丁葛反。【今注】莫黯：縣名。治所今地無考。

　　[17]【今注】西安陽：縣名。治所在今內蒙古烏拉特前旗東南。

　　[18]【今注】河目：縣名。治所在今內蒙古烏拉特前旗東北。

　　雲中郡，[1]秦置。[2]莽曰受降。屬并州。戶三萬八千三百三，口十七萬三千二百七十。縣十一：雲中，[3]莽曰遠服。咸陽，[4]莽曰賁武。陶林，[5]東部都尉治。楨陵，[6]緣胡山在西北。[7]西部都尉治。莽曰楨陸。犢和，[8]沙陵，[9]莽曰希恩。原陽，[10]沙南，[11]北輿，中部都尉治。[12]武泉，[13]莽曰順泉。陽壽。[14]莽曰常得。

　　[1]【今注】雲中郡：治雲中縣（今內蒙古托克托縣古城村）。屬并州刺史部。

　　[2]【今注】秦置：雲中郡本戰國時期趙武靈王所置，秦、漢因之。高祖六年（前201）屬代國。高祖十一年將雲中郡割爲二部，以東部數縣置定襄郡，仍屬代國；其餘諸縣仍屬雲中郡，轉爲漢郡。

　　[3]【今注】雲中：縣名。治所在今內蒙古托克托縣古城村。

　　[4]【今注】咸陽：縣名。治所在今內蒙古土默特右旗東。

　　[5]【今注】陶林：縣名。治所在今內蒙古呼和浩特市東北。雲中郡東部都尉治所。

　　[6]【今注】楨陵：縣名。治所在今內蒙古托克托縣章蓋營子古城。雲中郡西部都尉治所。

　　[7]【今注】緣胡山：在今內蒙古托克托縣東南。

　　[8]【今注】犢和：縣名。治所在今內蒙古土默特右旗西北。

[9]【今注】沙陵：縣名。治所在今內蒙古托克托縣哈拉板申村東古城。

[10]【今注】原陽：縣名。治所在今內蒙古呼和浩特市郊八拜村古城。

[11]【今注】沙南：縣名。治所在今內蒙古准格爾旗十二連城古城。

[12]【顏注】師古曰：闞駰云廣陵有輿，故此加北。【今注】北輿：縣名。治所在今內蒙古呼和浩特市。中部都尉治所。

[13]【今注】武泉：縣名。治所在今內蒙古呼和浩特市郊塔布陀羅亥古城。

[14]【今注】陽壽：縣名。治所在今內蒙古托克托縣蒲灘拐村古城。

定襄郡，[1]高帝置。[2]莽曰得降。屬并州。户三萬八千五百五十九，口十六萬三千一百四十四。縣一十二：[3]成樂，[4]桐過，莽曰椅桐。[5]都武，[6]莽曰通德。武進，[7]白渠水出塞外，[8]西至沙陵入河。西部都尉治。莽曰伐蠻。襄陰，[9]武皋，[10]荒干水出塞外，[11]西至沙陵入河。中部都尉治。莽曰永武。駱，[12]莽曰遮要。安陶，[13]莽曰迎符。武城，[14]莽曰桓就。武要，東部都尉治。莽曰厭胡。[15]定襄，[16]莽曰著武。復陸。莽曰聞武。[17]

[1]【今注】定襄郡：治成樂縣（今內蒙古和林格爾縣盛樂鎮土城子村古城）。屬并州刺史部。

[2]【今注】高帝置：高祖十一年（前196）析雲中郡東部數縣置定襄郡，屬代國。景帝三年（前154）轉爲漢郡。

[3]【今注】案，縣一十二，蔡琪本、殿本作“縣十二”，大

德本作"一十一"。

[4]【今注】成樂：縣名。治所在今內蒙古和林格爾縣盛樂鎮土城子村古城。

[5]【顏注】師古曰：過音工禾反。【今注】桐過：縣名。治所在今內蒙古清水河縣城嘴子古城。

[6]【今注】都武：縣名。治所今地無考。

[7]【今注】武進：縣名。治所在今內蒙古和林格爾縣東北。定襄郡西部都尉治所。漢封泥有"武進右尉"。

[8]【今注】白渠水：源出今內蒙古涼城縣蠻漢山。今稱什拉烏素河。

[9]【今注】襄陰：縣名。治所今地無考。

[10]【今注】武皋：縣名。治所在今內蒙古卓資縣西北。定襄郡中部都尉治所。

[11]【今注】荒干水：源出今內蒙古卓資縣。今稱大黑河。

[12]【今注】駱：縣名。治所在今內蒙古清水河縣西南。

[13]【今注】安陶：縣名。治所在今內蒙古呼和浩特市郊二十家子古城。漢封泥有"安陶丞印""安陶左尉"等。

[14]【今注】武城：縣名。治所在今內蒙古清水河縣北。

[15]【顏注】師古曰：厭音一葉反。其下並同。【今注】武要：縣名。治所在今內蒙古卓資縣三道營子村古城。定襄郡東部都尉治所。

[16]【今注】定襄：縣名。治所在今內蒙古呼和浩特市賽罕區黃合少鎮西梁村（原"城墙村"）古城。

[17]【顏注】師古曰：復音服。【今注】復陸：縣名。治所今地無考。

鴈門郡，[1]秦置。[2]句注山在陰館。莽曰填狄。[3]屬并州。戶七萬三千一百三十八，口二十九萬三千四百五十四。

縣十四：善無，[4] 莽曰陰館。沃陽，[5] 鹽澤在東北，[6] 有長、丞。西部都尉治。莽曰敬陽。繁畤，莽曰當要。[7] 中陵，[8] 莽曰遮害。陰館，樓煩鄉。景帝後三年置。累頭山，治水所出，東至泉州入海，過郡六，行千一百里。莽曰富代。[9] 樓煩，有鹽官。[10] 武州，[11] 莽曰桓州。沺陶，[12] 劇陽，[13] 莽曰善陽。崞，莽曰崞張。[14] 平城，[15] 東部都尉治。莽曰平順。埒，[16] 莽曰填狄亭。馬邑，莽曰章昭。[17] 彊陰。[18] 諸聞澤在東北。[19] 莽曰伏陰。

[1]【今注】鴈門郡：治善無縣（今山西右玉縣西北）。屬并州刺史部。

[2]【今注】秦置：雁門郡本戰國時期趙武靈王所置，秦、漢因之。高祖六年（前201）屬代國。景帝三年（前154）轉爲漢郡。

[3]【今注】填狄：填，同"鎮"。下"填狄亭"同。

[4]【今注】善無：縣名。治所在今山西右玉縣西北。

[5]【今注】沃陽：縣名。治所在今內蒙古涼城縣西南雙古城。雁門郡西部都尉治所。

[6]【今注】鹽澤：今稱岱海。在內蒙古涼城縣東北。

[7]【顏注】師古曰：畤音止。【今注】繁畤：縣名。治所在今山西渾源縣西南。

[8]【今注】中陵：縣名。治所在今山西朔州市西北。

[9]【顏注】師古曰：累音力追反。治音弋之反，《燕剌王傳》作"台"字。【今注】陰館：縣名。治所在今山西朔州市東南。　樓煩鄉：王念孫《讀書雜志·漢書第七》以爲"樓煩"上當有"故"字。其地本樓煩縣屬鄉，景帝後元三年（前141）置陰館縣。　累頭山：在今山西神池縣東。屬今管涔山脈。　治水：一名"灅水"。源出今山西管涔山，東北流經今河北懷來縣，復東南流，於今天津一帶注入渤海。　泉州：漁陽郡屬縣。　過郡六：王

先謙《漢書補注》以爲"六"當爲"五"。治水流經雁門、代、上谷、廣陽、漁陽等五郡。

［10］【顏注】應劭曰：故樓煩胡地。【今注】樓煩：縣名。治所在今山西寧武縣北。

［11］【今注】武州：縣名。治所在今山西左雲縣。

［12］【顏注】孟康曰：音涅（涅，大德本作"注"，當作"汪"，底本誤）。【今注】涅（wāng）陶：縣名。治所在今山西應縣西。

［13］【今注】劇陽：縣名。治所在今山西應縣東北。

［14］【顏注】孟康曰：音郭。【今注】崞：縣名。治所在今山西渾源縣西。

［15］【今注】平城：縣名。治所在今山西大同市東北。雁門郡東部都尉治所。秦封泥有"平城丞印"。

［16］【今注】埒：蔡琪本、殿本皆作"埒"。埒縣治所在今山西寧武縣北。

［17］【顏注】師古曰：《晉大康地記》云（大，蔡琪本、大德本、殿本作"太"），秦時建此城輒崩不成，有馬周旋馳走反覆，父老異之，因依以築城，遂名爲馬邑。【今注】馬邑：縣名。治所在今山西朔州市。

［18］【今注】彊陰：縣名。治所在今内蒙古豐鎮市西。

［19］【今注】諸聞澤：今稱黃旗海，在内蒙古察哈爾右翼前旗東北。

代郡，秦置。莽曰厭狄。有五原關、常山關。屬幽州。[1]戶五萬六千七百七十一，口二十七萬八千七百五十四。縣十八：桑乾，莽曰安德。[2]道人，莽曰道仁。[3]當城，[4]高柳，[5]西部都尉治。馬城，[6]東部都尉治。班氏，[7]秦地圖書班氏。[8]莽曰班副。延陵，[9]狋氏，莽曰狋聚。[10]且如，于延水出塞外，東至寧入沽。中部都尉治。[11]平邑，[12]莽曰平胡。陽原，[13]東安陽，莽曰竟安。[14]參合，[15]平舒，[16]祁夷水北至桑乾入沽。[17]莽曰平葆。代，莽曰厭狄亭。[18]靈丘，滱河東至文安入大河，過郡五，行九百四十里。并州川。[19]廣昌，淶水東南至容城入河，過郡三，行五百里，并州寖。莽曰廣屏。[20]鹵城。虖池河東至參合入虖池別，過郡九，行千三百四十里，并州川。從河東至文安入海，過郡六，行千三百七十里。莽曰魯盾。[21]

[1]【顏注】應劭曰：故代國。【今注】代郡：治代縣（今河北蔚縣東北）。　秦置：秦王嬴政二十三年（前224）置代郡。漢因之。高祖六年（前201）屬代國。景帝三年（前154）轉爲漢郡。

五原關：當作“五阮關”，即今河北易縣西北紫荆關。　常山關：又名鴻上關。即今河北唐縣西北太行山東麓的倒馬關。　屬幽州：“幽”爲“并”之誤。代郡西漢時屬并州，東漢時始屬幽州。

[2]【顏注】孟康曰：乾音干。【今注】桑乾（gān）：縣名。治所在今河北陽原縣東。

[3]【顏注】師古曰：本有仙人遊其地，因以爲名。【今注】道人：縣名。治所在今山西陽高縣東南。

[4]【顏注】師古曰：闞駰云當桓都城，故曰當城。【今注】當城：縣名。治所在今河北蔚縣東北。秦封泥有“當城丞印”。

[5]【今注】高柳：縣名。治所在今山西陽高縣。代郡西部都尉治所。

[6]【今注】馬城：縣名。治所在今河北懷安縣。代郡東部都尉治所。

[7]【今注】班氏：縣名。治所在今山西大同市西南。

[8]【今注】秦地圖書班氏：此處疑有脱誤。

[9]【今注】延陵：縣名。治所在今山西天鎮縣北。

［10］【顏注】孟康曰：犿音權。氐音精。【今注】犿（quán）氐：縣名。治所在今山西渾源縣東北。

［11］【顏注】師古曰：且音子如反。沽音姑，又音故。【今注】且如：縣名。治所在今內蒙古興和縣西北。代郡中部都尉治所。　于延水：今河北洋河。　東至寧入沽：王念孫《讀書雜志·漢書第七》以爲“寧”前脫“廣”字，廣寧爲上谷郡屬縣。“沽”爲“治”之誤，“治”即治水。

［12］【今注】平邑：縣名。治所在今山西大同市東。

［13］【今注】陽原：縣名。治所在今河北陽原縣西南。

［14］【顏注】師古曰：闞駰云五原有安陽，故此加東也。【今注】東安陽：縣名。治所在今河北蔚縣西北。

［15］【今注】參合：縣名。治所在今山西陽高縣南。

［16］【今注】平舒：縣名。治所在今山西廣靈縣西。

［17］【今注】祁夷水北至桑乾入沽：祁夷水，治水支流，當今山西廣靈縣南之壺流河。沽，王念孫《讀書雜志·漢書第七》以爲“沽”爲“治”之誤，“治”即治水。

［18］【顏注】應劭曰：故代國。【今注】代：縣名。治所在今河北蔚縣東北。

［19］【顏注】應劭曰：武靈王葬此，因氏焉。臣瓚曰：靈丘之號在趙武靈王之前也。師古曰：瓚説是也。滱音寇。又音苦侯反。其下並同。【今注】靈丘：縣名。治所在今山西靈丘縣東。過郡五：滱水流經代、常山、中山、涿、勃海等五郡。

［20］【顏注】師古曰：淶音來。【今注】廣昌：縣名。治所在今河北淶源縣東。　過郡三：淶水流經代、涿、勃海等三郡。

［21］【顏注】師古曰：虖音呼。池音徒河反。【今注】鹵城：縣名。治所在今山西繁峙縣東北。　虖池河東至參合入虖池別：“參合”，《漢書考證》齊召南以爲當爲“參户”之誤。參户，勃海郡屬縣。虖池別，指從虖池水分流出去的河流。“別”後脫“水”

或"河"字。　從河東至文安入海：從河，諸説不一。或以爲是虖池別河；或以爲當作"徒河"；或以爲"從"當爲"絶"之誤，"絶河"意謂虖池河從黃河西面穿河而過，東流注入勃海。　案，三百四十里，蔡琪本作"二百四十里"。

上谷郡，[1]秦置。[2]莽曰朔調。屬幽州。户三萬六千八，口十一萬七千七百六十二。縣十五：沮陽，莽曰沮陰。[3]泉上，[4]莽曰塞泉。潘，莽曰樹武。[5]軍都，[6]温水東至路，[7]南入沽。居庸，[8]有關。雊瞀，[9]夷輿，[10]莽曰朔調亭。寧，[11]西部都尉治。莽曰博康。昌平，[12]莽曰長昌。廣寧，[13]莽曰廣康。涿鹿，莽曰抪陸。[14]且居，[15]樂陽水出東，東入海。[16]莽曰久居。茹，[17]莽曰穀武。女祈，[18]東部都尉治。莽曰祈。下落。[19]莽曰下忠。

[1]【今注】上谷郡：治沮陽縣（今河北懷來縣大古城村）。屬幽州刺史部。秦封泥有"上谷府丞"。

[2]【今注】秦置：戰國時期燕國置郡。秦、漢因之。漢初屬燕國。景帝三年（前154）轉爲漢郡。

[3]【顔注】孟康曰：音俎。【今注】沮陽：縣名。治所在今河北懷來縣大古城村。

[4]【今注】泉上：縣名。治所在今河北懷來縣東北。

[5]【顔注】師古曰：音普半反。【今注】潘：縣名。治所在今河北涿鹿縣西南。

[6]【今注】軍都：縣名。治所在今北京市昌平區馬池口鎮土城村。

[7]【今注】温水：蔡琪本、殿本作"温余水"，大德本作"温餘水"。今北京温榆河，上游即今關溝河。

　　［8］【今注】居庸：縣名。治所在今北京市延慶區。

　　［9］【顏注】孟康曰：音句無。師古曰：雊音工豆反。瞀音莫豆反。【今注】雊瞀：縣名。治所在今河北蔚縣東北。

　　［10］【今注】夷輿：縣名。治所在今北京市延慶區古城村遺址。秦封泥有"夷輿丞印"。

　　［11］【今注】寧：縣名。治所在今河北張家口市萬全區。上谷郡西部都尉治所。秦封泥有"寧城"。

　　［12］【今注】昌平：縣名。治所在今北京市昌平區南上東廓村與下東廓村附近（詳見周正義主編《北京地區漢代城址調查與考證》，北京燕山出版社 2009 年版，第 64—67 頁）。

　　［13］【今注】廣寧：縣名。治所在今河北張家口市。

　　［14］【顏注】應劭曰：黃帝與蚩尤戰于涿鹿之野。【今注】涿鹿：縣名。治所在今河北涿鹿縣東南。

　　［15］【今注】且居：縣名。治所在今河北懷來縣西。

　　［16］【今注】樂陽水出東東入海：東東，蔡琪本、殿本作"東南"。王念孫《讀書雜志·漢書第七》以爲"樂陽"當爲"陽樂"，"入海"當爲"入沽"。中華本皆據改，可從。陽樂水，又名龍門水，即今河北赤城縣南紅河。

　　［17］【今注】茹：縣名。治所在今河北涿鹿縣北。

　　［18］【今注】女祈：縣名。治所在今河北赤城縣南。上谷郡東部都尉治所。

　　［19］【今注】下落：縣名。治所在今河北涿鹿縣。

　　漁陽郡，[1]秦置。[2]莽曰通路。屬幽州。户六萬八千八百二，口二十六萬四千一百一十六。縣十二：漁陽，[3]沽水出塞外，東南至泉州入海，行七百五十里。有鐵官。[4]莽曰得漁。狐奴，[5]莽曰舉符。路，[6]莽曰通路亭。雍奴，[7]泉州，[8]有鹽官。莽曰泉調。平谷，[9]安樂，[10]犀奚，莽曰敦德。[11] 獷平，莽曰平獷。[12] 要陽，都尉治。莽曰要術。[13] 白檀，濡水出北蠻夷。[14] 滑鹽。莽曰匡德。[15]

[1]【今注】漁陽郡：治漁陽縣（今北京市懷柔區北房鎮梨園莊東）。屬幽州刺史部。

[2]【今注】秦置：戰國時期燕國置郡。秦、漢因之。漢初屬燕國。景帝三年（前154）轉爲漢郡。

[3]【今注】漁陽：縣名。治所在今北京市懷柔區北房鎮梨園莊東（詳見周正義主編《北京地區漢代城址調查與考證》，第142—152頁）。

[4]【今注】沽水：故道上游即今北京白河。源出今河北沽源縣南，東南流，於今天津一帶注入渤海。　鐵官：北京大葆臺漢墓曾出土“漁”字鐵斧，當即漁陽縣鐵官生產。

[5]【今注】狐奴：縣名。治所在今北京市順義區北府村。

[6]【今注】路：縣名。治所在今北京市通州區潞城鎮古城村遺址。

[7]【今注】雍奴：縣名。治所在今天津市武清區東北。

[8]【今注】泉州：縣名。治所在今天津市武清區南。秦封泥有“泉州丞印”。

[9]【今注】平谷：縣名。治所在今北京市平谷區大北關村、小北關村一帶。

[10]【今注】安樂：縣名。治所在今北京市順義區西部古城村遺址。

[11]【顏注】孟康曰：厗音題，字或作蹄。【今注】厗（tí）奚：縣名。治所在今北京市密雲區提轄莊遺址（詳見周正義主編《北京地區漢代城址調查與考證》，第162—172頁）。王念孫《讀書雜志·漢書第七》以爲“厗”當作“虒”。

[12]【顏注】服虔曰：獷音礦。師古曰：音九永反，又音

穬。【今注】獷平：縣名。治所在今北京市密雲區東北。

[13]【顏注】師古曰：一妙反（蔡琪本、大德本、殿本"一"前有"音"字）。【今注】要陽：縣名。治所在今河北豐寧滿族自治縣東南。漁陽郡都尉治所。

[14]【顏注】師古曰：氾音呼鴟反。【今注】白檀：縣名。治所在今河北灤平縣北。秦封泥有"白檀丞印"。　氾水：即今河北東北部灤河。

[15]【顏注】應劭曰：明帝更名鹽。【今注】滑鹽：縣名。治所在今河北灤平縣南。

右北平郡，[1]秦置。[2]莽曰北順。屬幽州。戶六萬六千六百八十九，口三十二萬七百八十。縣十六：平剛，[3]無終，故無終子國。浭水西至雍奴入海，過郡二，行六百五十里。[4]石成，[5]廷陵，[6]莽曰鋪武。俊靡，灅水南至無終東入庚。莽曰俊麻。[7]薋，都尉治。莽曰哀睦。[8]徐無，[9]莽曰北順亭。字，榆水出東。[10]土垠，[11]白狼，莽曰伏狄。[12]夕陽，[13]有鐵官。莽曰夕陰。昌城，[14]莽曰淑武。驪成，大揭石山在縣西南。莽曰揭石。[15]廣成，[16]莽曰平虜。聚陽，[17]莽曰蒍睦。平明。[18]莽曰平陽。

[1]【今注】右北平郡：治平剛縣（今內蒙古寧城縣西南）。屬幽州刺史部。

[2]【今注】秦置：戰國時期燕國置郡。秦因之。楚漢之際屬韓廣遼東國。漢初屬燕國。景帝三年（前154）轉爲漢郡。

[3]【今注】平剛：縣名。治所在今內蒙古寧城縣西南。

[4]【顏注】師古曰：浭音庚。即下所云入庚者同一水也。【今注】無終：縣名。治所在今天津市薊州區。秦封泥有"無終

□□"。　無終子國：春秋時期山戎邦國。初據今山西中北部，後東遷至今天津市薊州區一帶。　浭（gēng）水：亦稱庚水。源出今河北遵化市東北，南流至今天津市薊州區東與灅水會，合爲州水，流至今天津市寶坻區注入渤海。　過郡二：浭水流經右北平、漁陽二郡。

〔5〕【今注】石成：縣名。治所在今遼寧建昌縣西。

〔6〕【今注】廷陵：縣名。治所今地無考。秦封泥有"廷陵丞印"。

〔7〕【顏注】師古曰：灅音力水反，又郎賄反。【今注】俊靡：縣名。治所在今河北遵化市西北。　灅水：源出今河北遵化市北，南流與庚水會。即今河北東部沙河。

〔8〕【顏注】師古曰：音才私反。【今注】薋（cí）：縣名。治所今地無考。右北平郡都尉治所。秦封泥有"薋丞之印"。　案，袤睦，蔡琪本作"哀"。

〔9〕【今注】徐無：縣名。治所在今河北遵化市東。秦封泥有"徐無丞印"。

〔10〕【今注】字：縣名。治所在今河北平泉縣北。秦封泥有"字丞之印"。　榆水：今遼寧西部大淩河及其北源。

〔11〕【顏注】師古曰：垠音銀。【今注】土垠：縣名。治所在今河北唐山市豐潤區東。

〔12〕【顏注】師古曰：有白狼山，故以名縣。【今注】白狼：縣名。治所在今遼寧喀喇沁左翼蒙古族自治縣西南。秦封泥有"白狼之丞"。

〔13〕【今注】夕陽：縣名。治所在今河北遵化市東南。秦封泥有"夕陽丞印"。

〔14〕【今注】昌城：縣名。治所在今河北唐山市豐南區西北。秦封泥有"昌城丞印"。

〔15〕【顏注】師古曰：揭音桀。【今注】驪成：縣名。治所今

地無考。　大揭石山：王先謙《漢書補注》以爲“大”字蓋衍，“揭”即“碣”字。碣石山在今河北昌黎縣北。

［16］【今注】廣成：縣名。治所在今遼寧建昌縣。秦封泥有“廣成之印”。

［17］【今注】聚陽：縣名。治所今地無考。

［18］【今注】平明：縣名。治所今地無考。

遼西郡，[1]秦置。[2]有小水四十八，[3]并行三千四十六里。屬幽州。戶七萬二千六百五十四，口三十五萬二千三百二十五。縣十四：且慮，有高廟。莽曰鉏慮。[4]海陽，[5]龍鮮水東入封大水。[6]封大水、緩虛水皆南入海。[7]有鹽官。新安平，[8]夷水東入塞外。[9]柳城，[10]馬首山在西南。[11]參柳水北入海。[12]西部都尉治。令支，有孤竹城。莽曰令氏亭。[13]肥如，玄水東入濡水。濡水南入海陽。又有盧水，南入畜。莽曰肥而。[14]賓從，[15]莽曰勉武。交黎，渝水首受塞外，南入海。東部都尉治。莽曰禽虜。[16]陽樂，[17]狐蘇，[18]唐就水至徒河入海。[19]徒河，[20]莽曰河福。文成，[21]莽曰言虜。臨渝，渝水首受白狼，東入塞外。又有侯水，北入渝。莽曰馮德。[22]絫。下官水南入海。又有石揭水、賓水，皆南入官。莽曰選武。[23]

［1］【今注】遼西郡：治且慮縣（今遼寧義縣北）。屬幽州刺史部。

［2］【今注】秦置：戰國時期燕國置郡。秦因之。楚漢之際屬韓廣遼東國。漢初屬燕國。景帝三年（前154）轉爲漢郡。

［3］【今注】小水：流域面積較小的河流。

［4］【顏注】師古曰：且音子余反。慮音廬。【今注】且慮：縣名。治所在今遼寧義縣北。　高廟：漢代祭祀開國皇帝漢高祖劉

邦的宗廟。都城及各郡國皆立。

[5]【今注】海陽：縣名。治所在今河北灤縣西北。

[6]【今注】龍鮮水：源出今河北遷西縣南，西南流經今唐山市豐潤區東，復東南流，匯入封大水。相當於今徒河上游西源。封大水：今河北東北部徒河。

[7]【今注】緩虛水：今河北唐山市沙河。

[8]【今注】新安平：縣名。治所在今河北灤縣西北。

[9]【今注】夷水東入塞外：王先謙《漢書補注》以爲"入"當爲"出"之訛。夷水，《水經注》不載，疑即今遼寧柳河。

[10]【今注】柳城：縣名。治所在今遼寧朝陽市西南。遼西郡西部都尉治所。秦封泥有"柳成丞印"，"成"同"城"。

[11]【今注】馬首山：或即今遼寧喀喇沁左翼蒙古族自治縣東南與朝陽市、建昌縣接界處的松嶺。

[12]【今注】參柳水：今内蒙古敖漢旗孟克河。

[13]【顏注】應劭曰：故伯夷國，今有孤竹城。令音鈴。孟康曰：支音秖。師古曰：令又音郎定反。【今注】令支：縣名。治所在今河北遷安市西。令支，《史記》卷三二《齊太公世家》作"離枝"；《淮南子·地形訓》作"令疵"。

[14]【顏注】應劭曰：肥子奔燕，燕封於此也。師古曰：濡音乃官反。【今注】肥如：縣名。治所在今河北盧龍縣北。高祖六年（前201）封蔡寅爲盧龍侯，景帝元年（前156）國除爲縣。濡水南入海陽：王先謙《漢書補注》以爲"陽"字衍。　畜：蔡琪本、大德本、殿本作"玄"。畜水即今河北東北部青龍河。源出今河北平泉縣東南，西南流經青龍縣、灤縣，至盧龍縣西南匯入濡水（今灤河）。

[15]【今注】賓從：《續漢書·郡國志》作"賓徒"，漢封泥亦有"賓徒丞印"，當以"賓徒"爲是。賓徒縣治所在今遼寧錦州市北。

[16]【顏注】應劭曰：今昌黎。師古曰：渝音喻。其下並同。【今注】交黎：縣名。治所在今遼寧義縣。遼西郡東部都尉治所。　渝水：一作"榆水"。今遼寧西部大凌河及其北源。

[17]【今注】陽樂：縣名。治所在今遼寧義縣西。

[18]【今注】狐蘇：縣名。治所在今遼寧朝陽市東南。

[19]【今注】唐就水：今遼寧西部小凌河。

[20]【今注】徒河：縣名。治所在今遼寧錦州市。

[21]【今注】文成：縣名。治所在今遼寧建昌縣東。

[22]【顏注】師古曰：馮讀曰憑。【今注】臨渝：縣名。治所在今遼寧朝陽市東。　白狼：白狼水，今大凌河上游。　侯水：今遼寧西部牤牛河。

[23]【顏注】師古曰：絫音力追反。【今注】絫：縣名。治所在今河北昌黎縣南。　下官水：源出今河北昌黎縣東，東南流入海。　石揭水：蔡琪本、大德本、殿本皆作"揭石水"。底本誤。揭石水源出今河北昌黎縣西碣石山，在昌黎縣西南合古賓水，復東南流，匯下官水後入海。　賓水：源出今河北昌黎縣西北，東南流經昌黎縣南，又東流入海。　官：即下官水。

遼東郡，[1]秦置。[2]屬幽州。戶五萬五千九百七十二，口二十七萬二千五百三十九。縣十八：襄平，[3]有牧師官。莽曰昌平。新昌，[4]無慮，西部都尉治。[5]望平，大遼水出塞外，南至安市入海，行千二百五十里。莽曰長説。[6]房，[7]候城，[8]中部都尉治。遼隊，莽曰順睦。[9]遼陽，[10]大梁水西南至遼陽入遼。[11]莽曰遼陰。險瀆，[12]居就，[13]室偽山，[14]室偽水所出，[15]北至襄平入梁也。[16]高顯，[17]安市，[18]武次，[19]東部都尉治。莽曰桓次。平郭，[20]有鐵官、鹽官。西安平，[21]莽曰北安平。文，[22]莽曰文亭。番汗，沛水出塞外，西南入海。[23] 沓氏。[24]

[1]【今注】遼東郡：治襄平縣（今遼寧遼陽市）。屬幽州刺史部。

[2]【今注】秦置：戰國時期燕國置郡。秦因之。楚漢之際屬韓廣遼東國。漢初屬燕國。景帝三年（前154）轉爲漢郡。

[3]【今注】襄平：縣名。治所在今遼寧遼陽市。戰國時期燕國攘却東胡而置縣，燕方足布有“襄平”布；燕系古璽有“襄平右丞”。秦、西漢沿置。高祖八年（前199）封紀通爲襄平侯，武帝元封元年（前110）國除爲縣。

[4]【今注】新昌：縣名。治所在今遼寧海城市東北。

[5]【顔注】應劭曰：慮音閭。師古曰：即所謂醫巫閭。【今注】無慮：縣名。治所在今遼寧北鎮市東南。遼東郡西部都尉治所。

[6]【顔注】師古曰：説讀曰悦。【今注】望平：縣名。治所在今遼寧新民市南。 大遼水：今遼寧遼河。

[7]【今注】房：縣名。治所在今遼寧盤錦市大窪區東北。

[8]【今注】候城：縣名。治所在今遼寧瀋陽市東南。遼東郡中部都尉治所。

[9]【顔注】師古曰：隊音遂。【今注】遼隊：縣名。治所在今遼寧海城市西北。

[10]【今注】遼陽：縣名。治所在今遼寧瀋陽市遼中區東。

[11]【今注】大梁水西南至遼陽入遼：大梁水，即今遼寧渾河支流太子河。遼，大遼水，即今遼寧遼河。

[12]【顔注】應劭曰：朝鮮王滿都也。依水險，故曰險瀆。臣瓚曰：王險城在樂浪郡浿水之東，自此是險瀆也（自此，蔡琪本、大德本、殿本作“此自”）。師古曰：瓚説是也。浿音普大反。【今注】險瀆：縣名。治所在今遼寧臺安縣東南。秦封泥有

"險瀆丞印"。

[13]【今注】居就：縣名。治所在今遼寧遼陽縣東南。

[14]【今注】室偽山：今遼寧遼陽市東南、岫岩滿族自治縣北之千山。

[15]【今注】室偽水：今遼寧遼陽市東南湯河，爲太子河支流。

[16]【今注】北至襄平入梁：梁，即大梁水。

[17]【今注】高顯：縣名。治所在今遼寧鐵嶺市。

[18]【今注】安市：縣名。治所在今遼寧海城市東南。

[19]【今注】武次：縣名。治所在今遼寧鳳城市東北。遼東郡東部都尉治所。

[20]【今注】平郭：縣名。治所在今遼寧蓋州市西南。

[21]【今注】西安平：縣名。治所在今遼寧丹東市東北。

[22]【今注】文：縣名。治所在今遼寧營口市東南。

[23]【顏注】應劭曰：汗水出塞外，西南入海。番音盤。師古曰：沛音普蓋反。汗音寒。【今注】番汗：縣名。治所在今朝鮮平安北道博川郡壇山里古城遺址。　沛水：今朝鮮平安北道境內大寧江。

[24]【顏注】應劭曰：氏水也（氏水也，蔡琪本、殿本作"沓水也"）。音長荅反。師古曰：凡言氏者，皆謂因之而立名。【今注】沓（tà）氏：縣名。治所在今遼寧大連市東北。

玄菟郡，武帝元封四年開。高句驪，莽曰下句驪。屬幽州。[1]户四萬五千六，口二十二萬一千八百四十五。縣三：高句驪，遼山，遼水所出，西南至遼隊入大遼水。又有南蘇水，西北經塞外。[2]上殷台，莽曰下殷。[3]西蓋馬。[4]馬訾水西北入鹽難水，[5]西南至西安平入海，過郡二，[6]行二千一百里。[7]莽曰玄菟亭。

　　[1]【顏注】應劭曰：故真番，朝鮮胡國。【今注】玄菟郡：始治沃沮縣（今朝鮮咸鏡南道咸興市），後改治高句驪縣（今遼寧新賓滿族自治縣西）。屬幽州刺史部。封泥有"玄兔太守章"，"兔""菟"通用。案，玄菟郡，殿本作"元菟郡"。　武帝元封四年開：本書卷六《武紀》、《史記》卷一一五《朝鮮列傳》並記爲武帝元封三年（前108）。

　　[2]【顏注】應劭曰：故句驪胡。【今注】高句驪：縣名。治所在今遼寧新賓滿族自治縣西。　遼山：在今遼寧清原滿族自治縣東北，今稱三通背嶺。　遼水：一名小遼水。即今遼寧渾河。　大遼水：今遼寧遼河。　南蘇水：今遼寧新賓滿族自治縣蘇子河。

　　[3]【顏注】如淳曰：台音鮐。師古曰：音胎。【今注】上殷台：縣名。治所在今吉林通化市。

　　[4]【今注】西蓋馬：縣名。治所在今朝鮮慈江道古豐、三樂里一帶。

　　[5]【今注】馬訾水：今鴨綠江。　鹽難水：今遼寧、吉林兩省境內渾江，鴨綠江支流。

　　[6]【今注】過郡二：馬訾水流經玄菟、遼東二郡。

　　[7]【今注】案，二千一百里，蔡琪本作"二千二百里"，殿本作"一千一百里"。

　　樂浪郡，武帝元封三年開。莽曰樂鮮。屬幽州。[1]户六萬二千八百一十二，口四十萬六千七百四十八。[2]有雲鄣。[3]縣二十五：朝鮮，[4]訹邯，[5]浿水，水西至增地入海。莽曰樂鮮亭。[6]含資，[7]帶水西至帶方入海。[8]黏蟬，[9]遂成，[10]增地，[11]莽曰增土。帶方，[12]駟望，[13]海冥，[14]莽曰海桓。列口，[15]長岑，[16]屯有，[17]昭明，[18]南部都尉治。鏤方，[19]提奚，[20]渾彌，[21]吞列，[22]分黎山，[23]列水所出，[24]西至黏蟬入海，行八百二十里。東暆，[25]不而，[26]東部都尉治。蠶台，[27]華麗，[28]邪頭昧，[29]前莫，[30]夫租。[31]

[1]【顏注】應劭曰：故朝鮮國也。師古曰：樂音洛。浪音狼。【今注】樂浪郡：治朝鮮縣（今朝鮮平壤市土城里土城遺址）。屬幽州刺史部。20世紀30年代在平壤市土城里土城遺址發現"樂浪富貴""樂浪禮官"文字瓦當及"樂浪太尹章""樂浪大尹五官掾高□"封泥（詳見李健才《平壤地區是否祇有後漢而無前漢時代的遺迹、遺物》，《中國邊疆史地研究》1998年第4期）。

[2]【今注】案，據朝鮮平壤市貞柏洞264號墓出土《樂浪郡初元四年縣別户口名簿》簡牘，西漢元帝初元四年（前45）樂浪郡有屬縣二十五個，户四萬三千八百四十五，口二十八萬五千（或六千）二百六十一。（詳見［韓］尹龍九《新發現的一批樂浪漢簡——以平壤貞柏洞364號墳出土資料爲中心》，《中國秦漢史研究會第14屆年會暨國際學術研討會論文集》，2014年，四川成都市）

[3]【今注】雲鄣：鄣塞名。《史記》卷一一五《朝鮮列傳》記燕人衞滿"渡浿水，居秦故空地上下鄣"，司馬貞《索隱》案："《地理志》樂浪有雲鄣。"案，鄣，琪本作"障"。

[4]【顏注】應劭曰：武王封箕子於朝鮮。【今注】朝鮮：縣名。治所在今朝鮮平壤市南土城里土城遺址。據《樂浪郡初元四年縣別户口名簿》，元帝初元四年朝鮮縣户九千六百七十八，口五萬六千八百九十。

[5]【顏注】孟康曰：誹音男。師古曰：誹音乃甘反。邯音酣。【今注】誹（nán）邯：縣名。治所在今朝鮮平壤市西北。據《樂浪郡初元四年縣別户口名簿》，元帝初元四年誹邯縣户二千二百八十四，口一萬四千三百四十七。

[6]【顏注】師古曰：浿音普大反。【今注】浿水：縣名。治

所在今朝鮮慈江道熙川以東一帶。據《樂浪郡初元四年縣別戶口名簿》，元帝初元四年浿水縣戶一千一百五十二，口八千八百三十七。

水西至增地入海：水，指浿水。即今朝鮮大同江。

[7]【今注】含資：縣名。治所在今朝鮮黃海北道瑞興郡。據《樂浪郡初元四年縣別戶口名簿》，元帝初元四年含資縣戶三百四十三，口二千八百一十三。

[8]【今注】帶水：今朝鮮黃海南道載寧江。

[9]【顏注】服虔曰：蟬音提。【今注】黏蟬：縣名。治所在今朝鮮平安南道龍崗郡於洞古城。據《樂浪郡初元四年縣別戶口名簿》，元帝初元四年黏蟬縣戶一千零三十九，口六千三百三十二。

[10]【今注】遂成：縣名。治所在今朝鮮平安南道南浦市江西郡東。據《樂浪郡初元四年縣別戶口名簿》，元帝初元四年遂成縣戶三千零五，口一萬九千九十二。

[11]【今注】增地：縣名。治所在今朝鮮平安南道安州市東。據《樂浪郡初元四年縣別戶口名簿》，元帝初元四年增地縣戶五百四十八，口三千三百五十三。

[12]【今注】帶方：縣名。治所在今朝鮮黃海北道鳳山郡。據《樂浪郡初元四年縣別戶口名簿》，元帝初元四年帶方縣戶四千三百四十，口二萬八千九百四十一。

[13]【今注】馹望：縣名。治所在今朝鮮平壤市江東郡。據《樂浪郡初元四年縣別戶口名簿》，元帝初元四年馹望縣戶千二百八十三，口七千三百九十一。

[14]【今注】海冥：縣名。治所在今朝鮮黃海南道海州市東。據《樂浪郡初元四年縣別戶口名簿》，元帝初元四年海冥縣戶三百三十八，口二千四百九十二。

[15]【今注】列口：縣名。治所在今朝鮮黃海南道殷栗郡。據《樂浪郡初元四年縣別戶口名簿》，元帝初元四年列口縣戶八百一十七，口五千二百四十一。

[16]【今注】長岑：縣名。治所在今朝鮮黃海南道長淵郡北。

據《樂浪郡初元四年縣別戶口名簿》，元帝初元四年長岑縣戶六百八十三，口四千九百三十二。

[17]【今注】屯有：縣名。治所在今朝鮮黃海北道黃州。據《樂浪郡初元四年縣別戶口名簿》，元帝初元四年屯有縣戶四千八百二十，口二萬一千九百零。

[18]【今注】昭明：縣名。治所在今朝鮮黃海南道信川郡北部面土城里。樂浪郡南部都尉治所。據《樂浪郡初元四年縣別戶口名簿》，元帝初元四年昭明縣戶六百四十三，口四千四百卅五。

[19]【今注】鏤方：縣名。治所在今朝鮮平安南道陽德郡西。據《樂浪郡初元四年縣別戶口名簿》，元帝初元四年鏤方縣戶二千三百三十五，口一萬千百二十一。

[20]【今注】提奚：縣名。治所在今朝鮮黃海北道平山郡西南。據《樂浪郡初元四年縣別戶口名簿》，元帝初元四年提奚縣戶一百七十三，口一千三百零三。

[21]【顏注】師古曰：渾音下昆反。【今注】渾彌：縣名。治所在今朝鮮平安南道肅川北。據《樂浪郡初元四年縣別戶口名簿》，元帝初元四年渾彌縣戶一千七百五十八，口一萬三千二百五十八。

[22]【今注】吞列：縣名。治所在今朝鮮平安南道松山里。據《樂浪郡初元四年縣別戶口名簿》，元帝初元四年吞列縣戶一千九百八十八，口一萬千三百三十。

[23]【今注】分黎山：今朝鮮境內狼林山、小白山。

[24]【今注】列水：一作“洌水”。今朝鮮大同江。

[25]【顏注】應劭曰：音移。【今注】東暆（yí）：縣名。治所在今韓國江原道江陵市。據《樂浪郡初元四年縣別戶口名簿》，元帝初元四年東暆縣戶二百七十九，口二千零一十三。

[26]【今注】不而：縣名。治所在今朝鮮江原道安邊郡。本屬臨屯郡，昭帝始元五年（前82）改屬樂浪郡，爲樂浪郡東部都

尉治所。20 世紀 30 年代在平壤市土城里土城遺址出土"不而左
尉"封泥（詳見［日］原田淑人著、明學譯《朝鮮樂浪郡址發現
的封泥》，《東北亞歷史與考古信息》1987 年第 1 期）。據《樂浪郡
初元四年縣別户口名簿》，元帝初元四年不而縣户一千五百十四，
口一萬二千三百四十八。

［27］【顏注】師古曰：台音胎。【今注】蠶台：縣名。治所在
今韓國江原道束草市南。據《樂浪郡初元四年縣別户口名簿》，元
帝初元四年蠶台縣户五百四十四，口四千一百五十四。

［28］【今注】華麗：縣名。治所在今朝鮮咸鏡南道永興。據
《樂浪郡初元四年縣別户口名簿》，元帝初元四年華麗縣户一千二百
九十一，口九千一百一十四。

［29］【顏注】孟康曰：眛音妹。【今注】邪頭眛：縣名。治所
在今朝鮮江原道高城西北。20 世紀 30 年代平壤市土城里土城遺址
出土"邪頭眛宰印"封泥（詳見原田淑人著、明學譯《朝鮮樂浪
郡址發現的封泥》），新莽時期改縣令、長爲宰，可知此爲新莽時
期邪頭眛縣最高行政長官之印。陳直《漢書新證》以爲據印縣名當
爲"邪頭眛"。據《樂浪郡初元四年縣別户口名簿》，元帝初元四
年邪頭眛縣户一千二百四十四，口一萬二百八十五。

［30］【今注】前莫：縣名。治所在今朝鮮江原道高城西南。
20 世紀 30 年代平壤市土城里土城遺址出土"前莫右尉"封泥（詳
見原田淑人著、明學譯《朝鮮樂浪郡址發現的封泥》）。據《樂浪
郡初元四年縣別户口名簿》，元帝初元四年前莫縣户五百三十四，
口三千零二。

［31］【今注】夫租：當爲"夭租"。漢封泥有"夭租丞印"，
朝鮮平壤市貞柏洞土壙墓曾出土"夭租薉君"銀印。夭租縣治所在
今朝鮮咸鏡南道咸興市。據《樂浪郡初元四年縣別户口名簿》，元
帝初元四年夭租縣户一千一百五十，口一萬□（此字漫漶難識）百
七十六。

南海郡，[1]秦置。[2]秦敗，尉佗王此地。[3]武帝元鼎六年開。屬交州。[4]戶萬九千六百一十三，口九萬四千二百五十三。有圃羞官。[5]縣六：番禺，尉佗都。有鹽官。[6]博羅，[7]中宿，有洭浦官。[8]龍川，[9]四會，[10]揭陽。[11]莽曰南海亭。

[1]【今注】南海郡：治番禺縣（今廣東廣州市番禺區）。屬交趾刺史部。

[2]【今注】秦置：秦始皇三十三年（前214）置南海郡。《史記》卷六《秦始皇本紀》："三十三年，發諸嘗逋亡人、贅壻、賈人略取陸梁地，爲桂林、象郡、南海。"

[3]【今注】尉佗：即趙佗。又作"趙它"。真定縣（今河北石家莊市）人。秦時任南海郡龍川（今廣東龍川縣西）縣縣令，秦二世時代行南海郡尉之職，故又稱"尉佗"。秦亡，中原混亂之際，併桂林、象郡等地爲南越國，稱南越王。漢高祖遣陸賈出使南越之後，南越王接受漢廷冊命，爲漢之邊藩。呂后執政時期，雙方交惡，趙佗自號南越武帝。文帝時復遣陸賈出使，南越去帝號而稱臣，重新接受漢廷冊命。武帝建元四年（前137）卒。

[4]【今注】交州：交趾刺史部。

[5]【今注】圃羞官：西漢時設在南海郡的官府機構，職掌當是向朝廷進獻南方特有的食物原料。

[6]【顏注】如淳曰：番音潘。禺音愚。【今注】番（pān）禺：縣名。治所在今廣東廣州市。南越國國都。

[7]【今注】博羅：縣名。治所在今廣東博羅縣。

[8]【顏注】師古曰：洭音匡。【今注】中宿：縣名。治所在今廣東清遠市西北。 洭浦官：主管洭浦關的官員。洭浦關在今廣東英德市西南連江口。

[9]【顏注】師古曰：裴氏《廣州記》云本博羅縣之東鄉也，

有龍穿地而出，即穴流泉，因以爲號。【今注】龍川：縣名。治所在今廣東龍川縣西。

[10]【今注】四會：縣名。治所在今廣東四會市。

[11]【顏注】韋昭曰：揭音其逝反。師古曰：音竭。【今注】揭陽：縣名。治所在今廣東揭陽市西北。

鬱林郡，[1]故秦桂林郡，[2]屬尉佗。武帝元鼎六年復更開名。[3]有小谿川水七，并行三千一百一十里。莽曰鬱平。屬交州。戶萬二千四百一十五，口七萬一千一百六十二。縣十二：布山，[4]安廣，[5]阿林，[6]廣鬱，[7]鬱水首受夜郎豚水，[8]東至四會入海，過郡四，[9]行四千三十里。中留，[10]桂林，[11]潭中，莽曰中潭。[12]臨塵，[13]朱涯水入領方。[14]又有斤南水。[15]又有侵離水，[16]行七百里。莽曰監塵。定周，[17]水首受無斂，[18]東入潭，行七百九十里。增食，[19]驩水首受牂柯東界，[20]入朱涯水，行五百七十里。領方，斤員水入鬱。又有墭水。都尉治。[21]雍雞[22]有關。[23]

[1]【今注】鬱林郡：治布山縣（今廣西桂平市西）。屬交趾刺史部。

[2]【今注】桂林郡：秦桂林郡置於秦始皇三十三年（前214）。《史記》卷六《秦始皇本紀》：“三十三年，發諸嘗逋亡人、贅壻、賈人，略取陸梁地，爲桂林、象郡、南海。”秦亡至西漢前期屬南越國。

[3]【今注】案，復更開名，蔡琪本、大德本、殿本作“開更名”。

[4]【今注】布山：縣名。治所在今廣西桂平市西。廣西貴港市羅泊灣漢墓曾出土烙有“布山”文字的漆器，推斷布山縣置於秦

時，西漢因之（詳見廣西壯族自治區博物館編《廣西貴縣羅泊灣漢墓》，文物出版社 1988 年版）。

〔5〕【今注】安廣：縣名。治所在今廣西橫縣西北。

〔6〕【今注】阿林：縣名。治所在今廣西桂平市東南。

〔7〕【今注】廣鬱：縣名。治所在今廣西桂平市西。

〔8〕【今注】鬱水：今西江及其上游紅水河。　豚水：今北盤江。

〔9〕【今注】過郡四：鬱水流經牂柯、鬱林、蒼梧、南海四郡。

〔10〕【顏注】師古曰：留，力救反，水名（大德本、中華本作“留音力救反水名”）。【今注】中留：縣名。治所在今廣西武宣縣南。

〔11〕【今注】桂林：縣名。治所在今廣西象州縣南。

〔12〕【顏注】師古曰：潭音大含反。【今注】潭中：縣名。治所在今廣西柳州市東南。

〔13〕【今注】臨塵：縣名。治所在今廣西崇左市江州區。

〔14〕【今注】朱涯水：今廣西西南部水口河，爲左江支流。

〔15〕【今注】斤南水：今廣西西南部左江及上源平而水。案，斤南，殿本作“斤員”。

〔16〕【今注】侵離水：今廣西西南部左江支流明江。

〔17〕【今注】定周：縣名。治所在今廣西河池市宜州區。

〔18〕【今注】水首受無斂：王先謙《漢書補注》以爲“水”前奪“周”字，中華本據補。周水，即今廣西龍江，爲柳江支流。

〔19〕【今注】增食：縣名。治所在今廣西隆安縣。

〔20〕【今注】驩水：今廣西南部黑水河，爲左江支流。

〔21〕【顏注】師古曰：嶠音橋。【今注】領方：縣名。治所在今廣西賓陽縣西南。鬱林郡都尉治所。　斤員水入鬱：斤員水，汪本“員”作“南”字。中華本改爲“斤南水”。

[22]【今注】雍雞：縣名。治所在今廣西龍州縣北。

[23]【今注】有關：此指雍雞關，後世有雞陵關、界首關、鎮南關等名，今稱友誼關，在今廣西憑祥市西南，扼中國與越南邊境金雞山、大青山隘口。

蒼梧郡，[1]武帝元鼎六年開。莽曰新廣。屬交州。有離水關。[2]戶二萬四千三百七十九，口十四萬六千一百六十。縣十：廣信，[3]莽曰廣信亭。謝沐，[4]有關。高要，[5]有鹽官。封陽，[6]臨賀，[7]莽曰大賀。端谿，[8]馮乘，[9]富川，[10]荔蒲，有荔平關。[11]猛陵。[12]龍山，[13]合水所出，南至布山入海。莽曰猛陸。

[1]【今注】蒼梧郡：治廣信縣（今廣西梧州市）。屬交趾刺史部。

[2]【今注】離水關：亦作“漓水關”。在今廣西梧州市西南。

[3]【今注】廣信：縣名。治所在今廣西梧州市。

[4]【今注】謝沐：縣名。治所在今湖南江永縣西南。

[5]【今注】高要：縣名。治所在今廣東肇慶市。

[6]【顏注】應劭曰：在封水之陽。【今注】封陽：縣名。治所在今廣西賀州市南。

[7]【今注】臨賀：縣名。治所在今廣西賀州市東南。

[8]【今注】端谿：縣名。治所在今廣東德慶市。

[9]【今注】馮乘：縣名。治所在今湖南江華瑤族自治縣西南。

[10]【今注】富川：縣名。治所在今廣西鍾山縣。

[11]【顏注】師古曰：荔音肆（蔡琪本、殿本皆作“荔音隸”，中華本據改爲“荔音〔肆〕〔隸〕”。底本誤）。【今注】荔蒲：縣名。治所在今廣西荔浦縣西南。　荔平關：在今廣西荔浦縣西南。

〔12〕【今注】猛陵：縣名。治所在今廣西蒼梧縣西。

〔13〕【今注】龍山：在今廣西金秀瑤族自治縣南。

交趾郡，^{〔1〕}武帝置元鼎六年開，^{〔2〕}屬交州。户九萬二千四百四十，口七十四萬六千二百三十七。縣十：羸陜，有羞官。^{〔3〕}安定，^{〔4〕}苟屚，^{〔5〕}麊泠，都尉治。^{〔6〕}曲易，^{〔7〕}比帶，^{〔8〕}稽徐，^{〔9〕}西于，^{〔10〕}龍編，^{〔11〕}朱䳒。^{〔12〕}

〔1〕【今注】交趾郡：交趾，又作“交阯”。郡治羸陜縣（今越南河内市西北）。屬交趾刺史部。

〔2〕【今注】案，武帝置元鼎六年開，蔡琪本、大德本、殿本作“武帝元鼎六年開”。

〔3〕【顏注】孟康曰：羸音蓮。陜音受土簍。師古曰：陜簍二字並音來口反。【今注】羸陜：縣名。治所在今越南河内市西北。羞官：當爲專門爲朝廷采備、進獻珍饈食料的機構。

〔4〕【今注】安定：縣名。治所在今越南興安省興安市南。

〔5〕【顏注】師古曰：屚與漏同。【今注】苟屚：縣名。治所在今越南河内市山西縣東南。苟屚，一作“苟漏”。

〔6〕【顏注】應劭曰：麊音彌。孟康曰：音螟蛉。師古曰：音麋零。【今注】麊泠：縣名。治所在今越南河内市糜泠縣南。交趾郡都尉治所。

〔7〕【顏注】師古曰：易，古陽字。【今注】曲易：縣名。治所在今越南海陽省海陽市。

〔8〕【今注】比帶：縣名。治所在今越南北寧省北寧市南。案，殿本作“北帶”。

〔9〕【顏注】師古曰：稽音占奚反。【今注】稽徐：縣名。治所在今越南興安省興安市北。

〔10〕【今注】西于：縣名。治所在今越南永福省福安市南。

[11]【顔注】師古曰：編音鞭。【今注】龍編：縣名。治所在今越南北寧省北寧市。

[12]【今注】朱䳒（yuān）：縣名。治所在今越南河西省河東縣南。

合浦郡，[1]武帝元鼎六年開。莽曰桓合。屬交州。户萬五千三百九十八，口七萬八千九百八十。縣五：徐聞，[2]高涼，[3]合浦，[4]有關。莽曰桓亭。臨允，[5]牢水北入高要入鬱，[6]過郡三，[7]行五百三十里。莽曰大允。朱盧。[8]都尉治。

[1]【今注】合浦郡：治合浦縣（今廣西合浦縣東北）。屬交趾刺史部。

[2]【今注】徐聞：縣名。治所在今廣東徐聞縣西南。

[3]【今注】高涼：縣名。治所在今廣東陽江市北。

[4]【今注】合浦：縣名。治所在今廣西合浦縣東北。

[5]【今注】臨允：縣名。治所在今廣東新興縣南。

[6]【今注】牢水：今廣東新興縣北新興江。爲西漢支流。

[7]【今注】過郡三：王先謙《漢書補注》以爲“三”當爲“二”。牢水流經合浦、蒼梧二郡。

[8]【今注】朱盧：縣名。治所今地無考。合浦郡都尉治所。

九真郡，[1]武帝元鼎六年開。有小水五十二，并行八千五百六十里。户三萬五千七百四十三，口十六萬六千一十三。有界關。縣七：胥浦，[2]莽曰驩成。居風，[3]都寵，[4]餘發，[5]咸驩，[6]無切，[7]都尉治。無編。[8]莽曰九真亭。

　　[1]【今注】九真郡：治胥浦縣（今越南清化省清化市西北）。屬交趾刺史部。

　　[2]【今注】胥浦：縣名。治所在今越南清化省清化市西北。

　　[3]【今注】居風：縣名。治所在今越南清化省清化市北。

　　[4]【顏注】應劭曰：寵音龍。師古曰：音聾。【今注】都寵：縣名。治所在今越南清化省錦水縣東南。

　　[5]【今注】餘發：縣名。治所在今越南清化省岑山市東北。

　　[6]【今注】咸驩：縣名。治所在今越南義安省演州縣西。

　　[7]【今注】無切：縣名。治所在今越南寧平省寧平縣西。九真郡都尉治所。

　　[8]【今注】無編：縣名。治所在今越南清化省如春縣東。

　　日南郡，故秦象郡，武帝元鼎六年開，更名。有小水十六，并行三千一百八十里。屬交州。[1]户萬五千四百六十，口六萬九千四百八十五。縣五：朱吾，[2]比景，[3]盧容，[4]西捲，水入海，有竹，可爲杖。莽曰日南亭。[5]象林。[6]

　　[1]【顏注】師古曰：言其在日之南，所謂開北户以向日者。【今注】日南郡：治西捲縣（今越南廣治省東河市）。屬交趾刺史部。　故秦象郡：此説有誤。秦有象郡，其領域在今廣西西部、貴州東南部及湖南西南一隅，而漢日南郡在今越南中部一帶，南北懸隔甚遠，不可能爲秦象郡故地（詳見周振鶴《西漢政區地理》）。

　　[2]【今注】朱吾：縣名。治所在今越南廣平省洞海市一帶。

　　[3]【顏注】如淳曰：日中於頭上，景在己下，故名之。【今注】比景：縣名。治所在今越南廣平省爭江口。

　　[4]【今注】盧容：縣名。治所在今越南順化省順化市北。

　　[5]【顏注】孟康曰：音卷。師古曰：音權。【今注】西捲：

縣名。治所在今越南廣治省東河市。

　　[6]【今注】象林：縣名。治所在今越南廣南省維川縣。

　　趙國，[1]故秦邯鄲郡，[2]高帝四年爲趙國，[3]景帝三年復爲邯鄲郡，[4]五年復故。[5]莽曰桓亭。屬冀州。戶八萬四千二百二，口三十四萬九千九百五十二。縣四：邯鄲，堵山，牛首水所出，東入白渠。趙敬侯自中牟徙此。[6]易陽，[7]柏人，[8]莽曰壽仁。襄國。故邢國。西山，渠水所出，東北至任入濡。又有蓼水、馮水，皆東至朝平入湡。[9]

　　[1]【今注】趙國：王國名。王都在邯鄲縣（今河北邯鄲市）。屬冀州刺史部。

　　[2]【今注】故秦邯鄲郡：秦王嬴政十九年（前228）秦滅趙，在趙都邯鄲一帶設邯鄲郡，亦稱趙郡。秦封泥有“邯鄲造工”“邯造工丞”等，皆爲秦置邯鄲郡之證。

　　[3]【今注】高帝四年爲趙國：楚漢之際，先屬張耳恒山國，復屬趙歇趙國，高祖三年（前204）又屬張耳趙國。高祖八年趙王張敖廢，次年立皇子劉如意爲趙王，趙國始爲同姓諸侯王國。

　　[4]【今注】景帝三年復爲邯鄲郡：“三年”當爲“四年”。《史記》卷一一《孝景本紀》記爲景帝四年（前153）“冬，以趙國爲邯鄲郡”。

　　[5]【今注】五年復故：景帝五年封皇子劉彭祖爲趙王。

　　[6]【顔注】張晏曰：邯鄲山在東城下。單，盡也。城郭從邑，故加邑云。師古曰：邯音寒。【今注】邯鄲：縣名。治所在今河北邯鄲市。　堵山：在今河北邯鄲市西紫山（馬服山）南。　牛首水：今河北邯鄲市南沁水。　趙敬侯：戰國時期趙國國君趙章。公元前386年即位，隨即將國都自中牟遷至邯鄲。事迹詳見《史記》卷四三《趙世家》。

［7］【顏注】應劭曰：易水出涿郡故安。師古曰：在易水之陽。【今注】易陽：縣名。治所在今河北邯鄲市永年區東南。今案，應劭注所謂"易水"，實爲洺水，亦名南易水，非河北北部之易水。

［8］【顏注】師古曰：本晉邑。【今注】柏人：縣名。治所在今河北隆堯縣西。

［9］【顏注】師古曰：澌音藕，又音牛吼反。【今注】襄國：縣名。治所在今河北邢臺市。楚漢之際曾爲張耳恒山國都城。　故邢國：商有邢侯國，西周有姬姓邢國，皆在今河北邢臺市一帶。至春秋時，迫於北狄侵逼，南遷至夷儀（今河南溫縣一帶）。　西山：在今河北邢臺市西。　渠水：王先謙《漢書補注》以爲"渠"當作"澌"。澌水，源出今河北邢臺市西，東流經南和縣南，折北流，於隆堯縣南注入大陸澤。澌水中下游今稱沙河。　任：任縣，屬廣平國。　潒：此指大陸澤。　朝平：廣平國屬縣。

廣平國，[1]武帝征和二年置爲平干國，[2]宣帝五鳳二年復故。[3]莽曰富昌。屬冀州。戶二萬七千九百八十四，口十九萬八千五百五十八。縣十六：廣平，[4]張，[5]朝平，[6]南和，列葭水東入潒。[7]列人，[8]莽曰列治。斥章，[9]任，[10]曲周，[11]武帝建元四年置。莽曰直周。南曲，[12]曲梁，[13]侯國。莽曰直梁。廣鄉，[14]平利，[15]平鄉，[16]陽臺，[17]侯國。廣年，[18]莽曰富昌。城鄉。[19]

［1］【今注】廣平國：王國名。王都在廣平縣（今河北雞澤縣北）。屬冀州刺史部。

［2］【今注】武帝征和二年置爲平干國：景帝中元元年（前149）以清河、信都二郡西部數縣置廣平郡。武帝征和二年（前91）封趙敬肅王子劉偃爲平干王，食故廣平郡數縣。

[3]【今注】宣帝五鳳二年復故：宣帝五鳳二年（前56），平干國除爲廣平郡。哀帝建平三年（前4）復置廣平國，封廣德夷王弟劉漢。

[4]【今注】廣平：縣名。治所在今河北雞澤縣北。高祖六年（前201）封薛歐爲廣平侯，景帝中元三年侯國免爲縣。

[5]【今注】張：縣名。治所在今河北任縣西南。景帝三年（前154）封毛昭爲張侯，武帝元朔六年（前123）免。

[6]【今注】朝平：縣名。治所在今河北任縣東南。

[7]【顏注】師古曰：葭音家。澌音斯（蔡琪本句末有“也”字）。【今注】南和：縣名。治所在今河北南和縣。 澌（sī）：澌水，亦稱“百泉河”，即今河北南部之順水河。源於今河北邢臺市南百泉，東北經南和、任縣，注入大陸澤。

[8]【今注】列人：縣名。治所在今河北邯鄲市肥鄉區東北。

[9]【顏注】應劭曰：漳水出治北，入河。其國斥鹵，故曰斥章。【今注】斥章：縣名。治所在今河北曲周縣南。

[10]【顏注】師古曰：本晉邑也。鄭皇頡奔晉，爲任大夫。【今注】任：縣名。治所在今河北任縣東。

[11]【今注】曲周：縣名。治所在今河北曲周縣東。高祖六年封酈商爲曲周侯，景帝中元元年國除。武帝建元四年（前137）置縣。

[12]【今注】南曲：治所在今河北邱縣西北。昭帝始元六年（前81）封清河綱王子劉遷爲南曲侯。錢大昕《廿二史考異·漢書二》以爲本《志》失注“侯國”二字。

[13]【今注】曲梁：侯國名。治所在今河北邯鄲市永年區東南。宣帝元康三年（前63）封平干頃王子劉敬爲曲梁侯。

[14]【今注】廣鄉：治所在今河北任縣西。宣帝神爵四年（前58）封平干頃王子劉明爲廣鄉侯。錢大昕《廿二史考異·漢書二》以爲本《志》失注“侯國”二字。

　　[15]【今注】平利：治所在今河北平鄉縣西南。宣帝神爵四年封平干頃王子劉世爲平利侯。錢大昕《廿二史考異·漢書二》以爲本《志》失注"侯國"二字。

　　[16]【今注】平鄉：治所在今河北平鄉縣西南。宣帝神爵四年封平干頃王子劉壬爲平鄉侯。錢大昕《廿二史考異·漢書二》以爲本《志》失注"侯國"二字。

　　[17]【今注】陽臺：侯國名。治所今地無考。宣帝神爵四年封平干頃王子劉田爲平陽臺侯。

　　[18]【今注】廣年：縣名。治所在今河北邯鄲市永年區東北。

　　[19]【今注】城鄉：治所今地無考。宣帝神爵三年封平干頃王子劉慶爲城鄉侯。錢大昕《廿二史考異·漢書二》以爲本《志》失注"侯國"二字。

　　真定國，[1]武帝元鼎四年置。[2]屬冀州。户三萬七千一百二十六，口十七萬八千六百一十六。縣四：真定，[3]故東垣，高帝十一年更名。莽曰思治。藁城，莽曰藁實。[4]肥纍，故肥子國。[5]緜曼。斯洨水首受太白渠，東至鄡入河。[6]莽曰緜延。

　　[1]【今注】真定國：王國名。王都在真定縣（今河北石家莊市長安區東古城村東垣故城遺址）。屬冀州刺史部。

　　[2]【今注】武帝元鼎四年置：武帝元鼎三年（前114）常山國除爲郡，數月之後以常山郡三萬户置真定國，封常山憲王子劉平。置國時間，本書《王子侯表》記爲武帝元鼎三年，《史記·漢興以來將相名臣年表》及卷五九《五宗世家》記爲元鼎四年，未知孰是。

　　[3]【今注】真定：縣名。治所在今河北石家莊市長安區東古城村東垣故城遺址。

[4]【顏注】師古曰：槀音工老反。【今注】槀城：縣名。治所在今河北石家莊市藁城區西南。

[5]【顏注】師古曰：纍音力追反。【今注】肥纍：縣名。治所在今河北石家莊市藁城區西。　故肥子國：春秋時期白狄所建小國。在今河北石家莊市藁城區西。公元前530年爲晉國所滅。

[6]【顏注】師古曰：曼音萬。鄡音口堯反。【今注】縣曼：縣名。治所在今河北石家莊市鹿泉區北。案，縣曼，即綿曼。　斯洨水：在今河北石家莊市西古太百渠分水而出，東南流經石家莊市南，至辛集市東南注入故漳河。　鄡：鉅鹿郡屬縣。　河：此指漳河。

中山國，高帝郡，景帝三年爲國。莽曰常山。屬冀州。[1] 户十六萬八百七十三，口六十六萬八千八十。縣十四：盧奴，[2]北平，[3]徐水東至高陽入博。[4]又有盧水，亦至高陽入河。[5]有鐵官。莽曰善和。北新成，[6]桑欽言易水出西北，東入滱。莽曰朔平。唐，堯山在南。莽曰和親。[7]深澤，[8]莽曰翼和，苦陘，莽曰北陘。[9]安國，[10]莽曰興睦。曲逆，蒲陽山，蒲水所出，東入濡。又有蘇水，亦東入濡。莽曰順平。[11]望都，博水東至高陽入河。莽曰順調。[12]新市，[13]新處，[14]毋極，[15]陸成，[16]安險。莽曰寧險。[17]

[1]【顏注】應劭曰：中山，故國。【今注】中山國：王國名。王都在盧奴縣（今河北定州市）。屬冀州刺史部。　高帝郡：此説有誤。其地高帝時屬趙國恒山郡。吕后元年（前187）分趙國恒山郡置恒山國，以封惠帝子劉不疑。文帝劉恒即位，恒山國除，復爲趙國屬郡，因避天子諱而更名爲常山郡。景帝二年（前155）削藩，趙常山郡轉爲漢郡。景帝三年，分常山郡東部數縣置中山

國，封皇子劉勝爲中山王。宣帝五鳳三年（前55），中山懷王劉脩死，無後，國除爲郡。元帝永光元年（前43），復置中山國，徙清河王劉竟爲中山王。成帝建始二年（前31），中山哀王劉竟死，無後，國除爲郡。成帝陽朔二年（前23），復徙信都王劉興爲中山王。

［2］【顏注】應劭曰：盧水出右北平，東入河。【今注】盧水出右北平：王先謙《漢書補注》以爲“右”字衍。甚是。　盧奴：縣名。治所在今河北定州市。

［3］【今注】北平：縣名。治所在今河北保定市滿城區北。高祖六年（前201）封張蒼爲北平侯。武帝建元五年（前136）免，國除爲縣。

［4］【今注】徐水：源出今河北淶源縣東南，東南流經保定市滿城區北，復東南流，匯入博水。　高陽：涿郡屬縣。　博：博水。源出今河北望都縣，東南流，在今保定市清苑區匯入滱河。

［5］【今注】盧水亦至高陽入河：王先謙《漢書補注》以爲“河”當爲“博”，即盧水至高陽縣匯入博水。盧水，源出今河北保定市西北，東南流經保定市南，注入博水。

［6］【今注】北新成：縣名。治所在今河北保定市徐水區西。

［7］【顏注】應劭曰：故堯國也。唐水在西。張晏曰：堯爲唐侯，國於此。堯山在唐東北望都界。孟康曰：晉荀吳伐鮮虞及中人，今中人亭是。【今注】唐：縣名。治所在今河北唐縣東北。

［8］【今注】深澤：縣名。治所在今河北深澤縣。高祖七年封趙將夕爲深澤侯，呂后元年奪爵，文帝十四年（前166）復封，景帝中元二年（前148）國除爲縣。

［9］【顏注】應劭曰：章帝更名漢昌。陘音邢（邢，殿本作“刑”）。【今注】苦陘：縣名。治所在今河北無極縣東北。

［10］【今注】安國：縣名。治所在今河北安平縣東北。

［11］【顏注】張晏曰：濡水於城北曲而西流，故曰曲逆。章

帝醜其名，改曰蒲陰，在蒲水之陰。師古曰：濡音乃官反。【今注】曲逆：縣名。治所在今河北順平縣東南。高祖六年封陳平爲曲逆侯。武帝元光五年（前130）國除爲縣。 蒲陽山：今稱白崖山，在今河北順平縣西北。 蒲水：源出今河北順平縣西北，東南流，在今順平縣東南匯入古濡水。 濡：濡水。王先謙《漢書補注》以此爲南濡水，源出今河北順平縣，東南流，在今河北保定市清苑區東匯入博水。

[12]【顏注】張晏曰：堯山在北，堯母慶都山在南，登堯山見都山，故以爲名。【今注】望都：縣名。治所在今河北望都縣西北。

[13]【顏注】應劭曰：鮮虞子國，今鮮虞亭是。【今注】新市：縣名。治所在今河北新樂市南。

[14]【今注】新處：縣名。治所在今河北定州市東北。武帝元朔二年（前127）封中山靖王子劉嘉爲新處侯，元鼎五年（前112）國除爲縣。新處，又作“薪處”“辛處”。

[15]【今注】毌極：縣名。治所在今河北無極縣西。

[16]【今注】陸成：縣名。治所在今河北蠡縣南。武帝元朔二年封中山靖王子劉貞爲陸成侯，元鼎五年國除爲縣。

[17]【顏注】應劭曰：章帝更名安憙。【今注】安險：縣名。治所在今河北定州市東南。

信都國，景帝二年爲廣川國，宣帝甘露三年復故。莽曰新博。屬冀州。[1]戶六萬五千五百五十六，口三十萬四千三百八十四。縣十七：信都，[2]王都。故章河、故虖池皆在北，東入海。《禹貢》絳水亦入海。莽曰新博亭。歷，[3]莽曰歷寧。扶柳，[4]辟陽，[5]莽曰樂信。南宮，[6]莽曰序下。下博，莽曰閏博。[7]武邑，[8]莽曰順桓。觀津，莽曰朔定亭。[9]高隄，[10]廣川，[11]樂鄉，[12]侯國。莽曰樂丘。平隄，[13]侯國。

桃，^[14]莽曰桓分。西梁，^[15]侯國。昌成，^[16]侯國。東昌，^[17]侯國。莽曰田昌。脩。莽曰脩治。^[18]

[1]【顏注】應劭曰：明帝更名樂安（王先謙《漢書補注》以爲“樂安”當爲“樂成”）。安帝改曰安平。【今注】信都國：王國名。王都在信都縣（今河北衡水市冀州區）。屬冀州刺史部。

景帝二年爲廣川國：其地漢初屬趙國河間郡。文帝二年（前178）分趙國河間郡置河間國。文帝十五年河間國除，其地置廣川郡。景帝二年（前155）封皇子劉彭祖爲廣川王。景帝五年廣川王劉彭祖徙爲趙王，廣川國除爲信都郡。景帝中元元年（前149），復以信都郡地封皇子劉越爲廣川王。　宣帝甘露三年復故：王先謙《漢書補注》以爲廣川國除爲信都郡，時在宣帝甘露四年（前50）。

[2]【今注】信都：縣名。治所在今河北衡水市冀州區。

[3]【今注】歷：縣名。治所在今河北故城縣北。高祖八年（前199）封程黑爲歷侯，景帝中元元年國除爲縣。

[4]【顏注】師古曰：闞駰云其地有扶澤，澤中多柳，故曰扶柳。【今注】扶柳：縣名。治所在今河北衡水市冀州區西北。

[5]【顏注】師古曰：辟音珪璧（珪璧，殿本作“璧”）。【今注】辟（bì）陽：縣名。治所在今河北棗強縣西南。

[6]【今注】南宮：縣名。治所在今河北南宮市西。

[7]【顏注】應劭曰：博水出中山望都，入河。【今注】下博：縣名。治所在今河北深州市東南。

[8]【今注】武邑：縣名。治所在今河北武邑縣。

[9]【顏注】師古曰：觀音工喚反。【今注】觀津：縣名。治所在今河北武邑縣東。

[10]【顏注】師古曰：隄音丁奚反（丁奚反，蔡琪本作“丁兮反”）。【今注】高隄：縣名。治所在今河北棗強縣東北。

[11]【顏注】師古曰：闞駰云其縣中有長河爲流，故曰廣川

也。至隋仁壽元年，初立煬帝爲皇大子（大，蔡琪本、大德本、殿本作"太"），以避諱故，改爲長河縣，至今爲名。【今注】廣川：縣名。治所在今河北棗強縣東。

[12]【今注】樂鄉：侯國名。治所在今河北深州市東。宣帝地節二年（前68）封河間獻王子劉佟爲樂鄉侯。

[13]【今注】平隄：侯國名。治所在今河北棗強縣東。宣帝地節二年封河間獻王子劉招爲平隄侯。

[14]【今注】桃：治所在今河北衡水市西北。高祖十二年（前195）封劉襄爲桃侯，武帝元鼎五年（前112）國除。元帝初元元年（前48）封廣川戴王子劉良爲桃侯。錢大昕《廿二史考異·漢書二》以爲本《志》失注"侯國"二字。

[15]【今注】西梁：侯國名。治所在今河北辛集市南。宣帝神爵四年（前58）封廣川戴王子劉辟兵爲西梁侯。

[16]【今注】昌成：侯國名。治所在今河北衡水市冀州區西北。宣帝神爵三年封廣川繆王子劉元爲昌成侯。

[17]【今注】東昌：侯國名。治所在今河北武邑縣東北。宣帝本始四年（前70）封清河綱王子劉成爲東昌侯。

[18]【顏注】師古曰：脩音條。【今注】脩：縣名。治所在今河北景縣南。

河間國，故趙，文帝二年別爲國。莽曰朔定。[1] 户四萬五千四十三，口十八萬七千六百六十二。縣四：樂成，[2] 虖池别水首受虖池河，東至東光入虖池河。莽曰陸信。侯井，[3] 武隧，[4] 莽曰桓隧。弓高。[5] 虖池别河首受虖池河，東至平舒入海。莽曰樂成。

[1]【顏注】應劭曰：在兩河之間。【今注】河間國：王國名。王都在樂成縣（今河北獻縣東南）。屬冀州刺史部。漢封泥有

“河間王璽”。案，秦漢之前，黃河流經大陸澤後分爲兩股入海，北流之股仍稱河水，東流之股亦稱薄洛之水，此二水所包之地，謂之河間（詳見史念海《論〈禹貢〉的導河和春秋戰國時期的黃河》，原載《陝西師範大學學報》1978年第1期，後收入《史念海全集》第七卷，人民出版社2013年版，第31—36頁）。 故趙：秦封泥有“河間尉印”，嶽麓秦簡有“河間”郡名，皆可證秦代即設河間郡。河間郡漢初屬趙國。 文帝二年別爲國：文帝二年（前178）分趙國河間郡置河間國，封趙王遂之弟劉辟疆。文帝十五年，河間國除爲郡。景帝二年（前155）封皇子劉德爲河間王。

［2］【今注】樂成：縣名。治所在今河北獻縣東南。傳世戰國三晉古璽有“樂城府”，爲戰國時期三晉縣府用印；秦封泥有“樂成之印”“樂成”，可見在秦代甚至戰國時期即有樂成縣。

［3］【今注】侯井：縣名。治所在今河北阜城縣東北。

［4］【顏注】師古曰：隧音遂。【今注】武隧：縣名。治所在今河北武强縣西北。

［5］【今注】弓高：縣名。治所在今河北阜城縣南。文帝十六年封韓頹當爲弓高侯。武帝元朔五年（前124）國除爲縣。

廣陽國，[1]高帝燕國，[2]昭帝元鳳元年爲廣陽郡，[3]宣帝本始元年更爲國。莽曰廣有。户二萬七百四十，口七萬六百五十八。縣四：薊，[4]故燕國，召公所封。[5]莽曰伐戎。方城，[6]廣陽，[7]陰鄉。[8]莽曰陰順。

［1］【今注】廣陽國：王國名。王都在薊縣（今北京市區西南）。屬幽州刺史部。

［2］【今注】高帝燕國：公元前226年秦滅燕，後二年置廣陽郡。漢初先後屬臧荼燕國、盧綰燕國、劉建燕國、吕通燕國、劉澤燕國，爲燕内史之地。

　　［3］【今注】昭帝元鳳元年爲廣陽郡：此説有誤。燕國除爲廣陽郡，時在武帝元朔元年（前128）。武帝元狩六年（前117）封皇子劉旦爲燕王。昭帝元鳳元年（前80），燕王劉旦謀反事敗，燕國復除爲廣陽郡。

　　［4］【今注】薊：縣名。治所在今北京市區西南。

　　［5］【今注】召公：周文王之子，姬姓，名奭。佐武王滅商紂，受封於北燕，爲燕之始祖。

　　［6］【今注】方城：縣名。治所在今河北固安縣西南。平帝元始二年（2）封廣陽繆王子劉宣爲方城侯。

　　［7］【今注】廣陽：縣名。治所在今北京市房山區良鄉鎮廣陽城村。秦封泥有"廣陽"。

　　［8］【今注】陰鄉：縣名。治所在今北京市大興區蘆城村古城遺址。

　　　　甾川國，[1]故齊，[2]文帝十八年别爲國。[3]後并北海。[4]户五萬二百八十九，口二十二萬七千三十一。縣三：劇，義山，蕤水所出，北至壽光入海。莽曰俞。[5]東安平，菟頭山，女水出，東北至臨甾入鉅定。[6]橋鄉。[7]

　　［1］【今注】甾川國：王國名。王都在劇縣（今山東壽光市南）。屬青州刺史部。甾川，亦作"菑川"。漢封泥有"菑川王璽""菑川中尉""菑川内史""菑川後府""菑川丞相""菑川郎丞""菑川厩丞"等。

　　［2］【今注】故齊：其地戰國時屬齊國，秦時屬臨淄郡。高祖六年（前201）起屬劉肥齊國。文帝十五年（前165）齊國除，臨淄郡屬漢。

　　［3］【今注】文帝十八年别爲國："十八"爲"十六"之誤。文帝十六年析臨淄郡東部數縣置甾川國。

　　[4]【今注】後并北海：省菑川併入北海，乃東漢初之事。故
王先謙《漢書補注》以爲此四字不合《志》例，亦非班固注語，
而是後人竄入之文。

　　[5]【顏注】應劭曰：故肥國，今肥亭是。【今注】：劇：縣
名。治所在今山東壽光市南。封泥有“劇印”“劇丞”“劇丞之
印”，楊樹達《漢書窺管》以爲“劇”是而“劇”非。　　義山：今
山東青州市西北堯王山。　　蕤水：今山東堯河。

　　[6]【顏注】孟康曰：紀季以酅入于齊，今酅亭是也。師古
曰：闞駰云博陵有安平，故此加東。酅音攜。【今注】東安平：縣
名。治所在今山東淄博市東。　　菟頭山：在今山東淄博市臨淄區東
南，今稱鼎足山。　　女水：今山東淄博市東南織女河。

　　[7]【今注】橋鄉：蔡琪本、大德本、殿本皆作“樓鄉”，底
本誤。樓鄉縣治所在今山東壽光市西。

　　膠東國，[1]故齊，高帝元年別爲國，五月復屬齊國，[2]文
帝十六年復爲國。[3]莽曰郁秩。户七萬二千二，口三十二萬
三千三百三十一。縣八：即墨，[4]有天室山祠。[5]莽曰即
善。昌武，[6]下密，有三石山祠。[7]壯武，[8]莽曰曉武。郁
秩，[9]有鐵官。挺，[10]觀陽，[11]鄒盧。[12]莽曰始斯。

　　[1]【今注】膠東國：王國名。王都在即墨縣（今山東平度市
東南）。屬青州刺史部。

　　[2]【今注】高帝元年別爲國五月復屬齊國：秦楚之際，其地
屬田市齊國。秦亡之後，項羽徙齊王田市爲膠東王，田榮殺田市而
自立爲齊王，膠東地歸齊國。高祖五年（前202）屬漢爲郡，次年
屬劉肥齊國。

　　[3]【今注】文帝十六年復爲國：文帝十六年（前164）分齊
地爲六國，封齊悼惠王子劉雄渠爲膠國王。

[4]【今注】即墨：縣名。治所在今山東平度市東南。

[5]【今注】天室山祠：古祠名。宣帝時置。本書《郊祀志》云"又祠太室山於即墨"，太室山或爲"天室山"之誤。

[6]【今注】昌武：縣名。治所今地無考。高祖六年封單究爲昌武侯。

[7]【顏注】應劭曰：密水出高密。【今注】下密：縣名。治所在今山東昌邑市東。秦時即置縣，秦封泥有"下密丞印"。　三石山祠：古祠名。漢宣帝時置。本書《郊祀志》云"又祠……三户山於下密"。王先謙《漢書補注》以爲"三石山"當爲"三户山"。

[8]【今注】壯武：縣名。治所在今山東即墨市西。文帝元年封宋昌爲壯武侯。景帝中元四年（前146）國除爲縣。

[9]【今注】郁秩：縣名。治所在今山東平度市。

[10]【顏注】師古曰：挺音徒鼎反。【今注】挺：縣名。治所在今山東蓬萊市南。封泥有"梃丞"，或以爲當以"梃"爲是（參見楊樹達《漢書窺管》）。

[11]【顏注】應劭曰：在觀水之陽。師古曰：觀音工喚反。【今注】觀陽：縣名。治所在今山東海陽市西北。

[12]【今注】鄒盧：縣名。治所在今山東萊西市東北。

高密國，[1]故齊，文帝十六年別爲膠西國，[2]宣帝本始元年更爲高密國。[3]户四萬五百三十一，口十九萬二千五百三十六。縣五：高密，[4]莽曰章牟。昌安，[5]石泉，[6]莽曰養信。夷安，莽曰原亭。[7]成鄉。[8]莽曰順成。

[1]【今注】高密國：王國名。王都在高密縣（今山東高密市西南）。漢封泥有"高密相印"。屬青州刺史部。

[2]【今注】文帝十六年別爲膠西國：文帝十六年（前164），

分齊地爲六國，封劉悼惠王子劉卬爲膠西王。武帝元封三年（前108），膠西國除爲漢郡。

〔3〕【今注】宣帝本始元年更爲高密國：宣帝本始元年（前73），以膠西郡地置高密國，封廣陵厲王子劉弘爲高密王。

〔4〕【今注】高密：縣名。治所在今山東高密市西南。秦時即置縣。秦封泥有“高密丞印”。

〔5〕【今注】昌安：縣名。治所在今山東安丘市東南。

〔6〕【今注】石泉：縣名。治所在今山東諸城市北。

〔7〕【顏注】應劭曰：故萊夷維邑。【今注】夷安：縣名。治所在今山東高密市。

〔8〕【今注】成鄉：縣名。治所在今山東安丘市東北。

城陽國，[1]故齊。文帝二年別爲國。[2]莽曰莒陵。屬兗州。戶五萬六千六百四十二，口二十萬五千七百八十四。縣四：莒，[3]故國，盈姓，三十世爲楚所滅。少昊後。有鐵官。莽曰莒陵。陽都，[4]東安，[5]慮。[6]莽曰著善。

〔1〕【今注】城陽國：王國名。王都在莒縣（今山東莒縣）。屬兗州刺史部。城陽，殿本作“成陽”。

〔2〕【今注】故齊文帝二年別爲國：其地本爲齊之城陽郡。文帝二年（前178），封朱虛侯劉章爲城陽王。

〔3〕【今注】莒：縣名。治所在今山東莒縣。漢封泥有“筥丞”“筥丞之印”，筥即“莒”。

〔4〕【顏注】應劭曰：齊人遷陽，故陽國是。【今注】陽都：縣名。治所在今山東沂南縣南。高祖六年（前201）封丁復爲陽都侯。景帝二年（前155）國除爲縣。

〔5〕【今注】東安：縣名。治所在今山東沂水縣南。

〔6〕【今注】慮：縣名。治所在今山東沂水縣西。

淮陽國，高帝十一年置。莽曰新平。屬兗州。[1]戶十三萬五千五百四十四，口九十八萬一千四百二十三。縣九：陳，[2]故國，舜後，胡公所封，[3]爲楚所滅。楚頃襄王自郢徙此。[4]莽曰陳陵。苦，莽曰賴陵。[5]陽夏，[6]寧平，[7]扶溝，渦水首受狼湯渠，東至向入淮，過郡三，行千里。[8]固始，[9]圉，[10]新平，[11]柘。[12]

[1]【顏注】孟康曰：孝明帝更名陳國。【今注】淮陽國：王國名。王都在陳縣（今河南淮陽縣）。屬兗州刺史部。 高帝十一年置：漢初有淮陽郡。高祖十一年（前196），封皇子劉友爲淮陽王。呂太后八年（前180），呂太后薨，淮陽國除。文帝四年（前176）復置淮陽國，徙代王劉武爲淮陽王。文帝十二年徙淮陽王爲梁王，淮陽國除爲郡。景帝二年（前155），復置淮陽國，封皇子劉餘爲王。次年，劉餘徙爲魯王，淮陽國除爲郡。宣帝元康三年（前63）復封皇子劉欽爲淮陽王。

[2]【今注】陳：縣名。治所在今河南淮陽縣。秦時即置縣，爲楚郡治所。秦封泥有“陳丞之印”。

[3]【今注】胡公：陳國始祖。相傳爲舜之後裔，周武王滅商，封於陳，世稱陳胡公。

[4]【今注】楚頃襄王：戰國時期楚國國君熊橫。公元前298年至前263年在位。公元前278年，楚都郢爲秦軍所破，被迫遷都於陳。

[5]【顏注】師古曰：《晉大康地記》云城東有賴鄉祠（大，蔡琪本、大德本、殿本作“太”），老子所生地。【今注】苦：縣名。治所在今河南鹿邑縣。

[6]【顏注】應劭曰：夏音賈。【今注】陽夏：縣名。治所在今河南太康縣。高祖六年（前201）封陳豨爲陽夏侯。十年，陳豨反，國除爲縣。

［7］【今注】寧平：縣名。治所在今河南鄲城縣東。

［8］【顏注】師古曰：狼音浪。湯音徒浪反。渦音戈，又音瓜。【今注】扶溝：縣名。治所在今河南扶溝縣東北。　過郡三：渦水流經河南、淮陽、沛三郡。

［9］【顏注】師古曰：本名寢丘，楚令尹孫叔敖所封地。【今注】固始：縣名。治所在今河南淮陽縣西北。

［10］【今注】圉：縣名。治所在今河南杞縣南。

［11］【今注】新平：縣名。治所在今河南淮陽縣東北。

［12］【今注】柘：縣名。治所在今河南柘城縣北。

梁國，[1]故秦碭郡，高帝五年爲梁國。莽曰陳定。屬豫州。[2]戶三萬八千七百九，口十萬六千七百五十二。[3]縣八：碭，山出文石。莽曰節碭。[4]甾，故戴國。莽曰嘉穀。[5]杼秋，莽曰予秋。[6]蒙，[7]獲水首受甾獲渠，[8]東北至彭城入泗，過郡五，[9]行五百五十里。莽曰蒙恩。已氏，[10]莽曰已善。虞，[11]莽曰陳定亭。下邑，[12]莽曰下洽。睢陽。故宋國，微子所封。《禹貢》盟諸澤在東北。[13]

［1］【今注】梁國：王國名。屬豫州刺史部。王都數遷，彭越梁國都定陶縣（今山東荷澤市定陶區西北），劉武梁國遷都至睢陽縣（今河南商丘市睢陽區），成帝綏和年間復遷都至碭縣（今河南永城市北）。

［2］【顏注】師古曰：以有碭山，故名碭郡。【今注】高帝五年爲梁國：高祖五年（前202），封彭越爲梁王，轄碭郡及東郡濟陰之地。

［3］【今注】案，據此梁國戶均人口數不過2.76，遠低於全國戶均人口數4.87，推斷戶數或口數必有誤。

［4］【顏注】應劭曰：碭山在東。師古曰：碭，文石也，其

山出焉，故以名縣。碭音唐，又音徒浪反。【今注】碭：縣名。治所在今河南永城市北。

　　[5]【顏注】應劭曰：章帝改曰考城。【今注】甾：縣名。治所在今河南民權縣東。甾，漢簡及漢印中或作"菑"。　戴國：西周封國。在今河南民權縣東北一帶。春秋時爲鄭國所滅。

　　[6]【顏注】師古曰：杼音食汝反。【今注】杼秋：縣名。治所在今安徽碭山縣東。

　　[7]【今注】蒙：縣名。治所在今河南商丘市北。

　　[8]【今注】獲水：在今山東西南及安徽北部一帶。在今河南商丘市東北承甾獲水，東南流經江蘇豐縣南、安徽碭山縣北，至安徽蕭縣爲穀水，東南流入泗水。

　　[9]【今注】過郡五：王先謙《漢書補注》以爲"五"爲"三"之誤，獲水流經三郡國，即梁國、沛郡、楚國。

　　[10]【今注】已氏：《後漢書》及漢簡均作"己氏"，"已""己"字形相近，或傳抄致誤，當以"己氏"爲是（詳見侯甬堅《西漢梁國己氏縣名校正》，收入《歷史地理學探索》，中國社會科學出版社 2004 年版）。己氏縣治所在今山東曹縣東南。

　　[11]【今注】虞：縣名。治所在今河南虞城縣北。

　　[12]【今注】下邑：縣名。治所在今安徽碭山縣東。

　　[13]【顏注】師古曰：睢音雖。【今注】睢陽：縣名。治所在今河南商丘市睢陽區。　盟諸澤：即"盟豬澤"，又作"孟諸澤"。在今河南商丘市東北、虞城縣西北。已湮廢。

　　　　東平國，[1]故梁國，[2]景帝中六年別爲濟東國，[3]武帝元鼎元年爲大河郡，[4]宣帝甘露二年爲東平國。[5]莽曰有鹽官。[6]屬兗州。戶十三萬一千七百五十三，口六十萬七千九百七十六。有鐵官。[7]縣七：無鹽，有郈鄉。莽曰有鹽亭。[8]任城，[9]故任國，大昊後，風姓。莽曰延就亭。東平陸，[10]

富城，[11]莽曰成富。章，[12]亢父，詩亭，故詩國。莽曰順父。[13]樊。[14]

[1]【今注】東平國：王國名。王都在無鹽縣（今山東東平縣東）。屬兗州刺史部。

[2]【今注】故梁國：酈道元《水經注·汶水》引此文無"國"字，錢大昕《廿二史考異·漢書二》以爲"國"字衍。

[3]【今注】景帝中六年別爲濟東國：景帝中元六年（前144），梁孝王劉武薨，分梁國爲梁、山陽、濟陰、濟川、濟東五國，封梁孝王子劉彭離爲濟東王。

[4]【今注】大河郡：居延漢簡有"田卒大河郡東平陸北利里公士張福年""田卒大河郡平富西里公士昭遂年卅九"等。

[5]【今注】宣帝甘露二年爲東平國：宣帝甘露二年（前52），封皇子劉宇爲東平王。哀帝建平三年（前4），東平王劉雲有罪自殺，國除爲東平郡。平帝元始元年（1）復東平國，以劉雲子劉開明爲東平王。

[6]【今注】案，莽曰有鹽官，蔡琪本、大德本、殿本作"莽曰有鹽"。底本衍"官"字。

[7]【今注】有鐵官：朝鮮平壤市曾出土漢代鐵斧，銘文"大河五"。

[8]【顏注】師古曰：邱音后。【今注】無鹽：縣名。治所在今山東東平縣東南。 邱（hòu）鄉：無鹽縣下屬鄉名。邱，春秋時爲魯國叔孫氏封邑，在今山東東平縣東南。案，邱，蔡琪本作"郡"。

[9]【今注】任城：縣名。治所在今山東微山縣西北。

[10]【顏注】應劭曰：古厥國，今有厥亭是。【今注】東平陸：縣名。治所在今山東汶上縣北。

[11]【今注】富城：縣名。治所在今山東肥城市西南。

[12]【今注】章：縣名。治所在今山東東平縣東。

[13]【顏注】師古曰：音抗甫（抗，蔡琪本作"亢"）。【今注】亢父：縣名。治所在今山東濟寧市西南。　詩亭：亢父縣下屬亭名，古爲詩國之地。詩即邿國，周代妊姓小國，在今山東濟寧市東南。春秋時爲魯國所滅。

[14]【今注】樊：縣名。治所在今山東濟寧市兗州區西南。

魯國，[1]故秦薛郡，高后元年爲魯國。[2]屬豫州。[3]戶十一萬八千四十五，口六十萬七千三百八十一。縣六：魯，伯禽所封。戶五萬二千。有鐵官。[4]卞，泗水西南至方與入沛，過郡三，行五百里，青州川。[5]汶陽，莽曰汶亭。[6]蕃，南梁水西至胡陵入沛渠。[7]騶，故邾國，曹姓，二十九世爲楚所滅。嶧山在北。莽曰騶亭。[8]薛。[9]夏車正奚仲所國，[10]後遷于邳，湯相仲虺居之。[11]

[1]【今注】魯國：王國名。王都在魯縣（今山東曲阜市）。屬徐州刺史部。

[2]【今注】高后元年爲魯國：此説有誤。薛郡在高祖時期先後屬韓信楚國、劉交楚國，唯以郡之魯縣爲魯元公主湯沐邑。據本書卷三二《陳餘傳》"高后元年，魯元太后薨。後六年，宣平侯敖復薨。呂太后立敖子偃爲魯王"，張偃魯國立於高后六年（前182）而非元年，轄地爲薛、城陽二郡。文帝元年（前179），呂氏敗，張氏魯國廢，薛郡復歸楚國。景帝三年（前154），楚王劉戊奸事發覺，漢廷削其薛郡歸漢。楚國參與"七國之亂"事敗，景帝復以薛郡之地置魯國，徙淮陽王劉餘爲魯王。

[3]【今注】屬豫州：西漢時魯國屬徐州刺史部，東漢光武帝時改屬豫州刺史部。王先謙《漢書補注》以爲此"豫"字爲傳寫之誤，當改爲"徐"。

[4]【今注】魯：縣名。治所在今山東曲阜市。高祖、吕后時期曾爲魯元公主湯沐邑。

[5]【顏注】師古曰：即《春秋》僖十七年夫人姜氏會齊侯于卞者也。方與音房豫。【今注】卞：縣名。治所在今山東泗水縣東。　方與：山陽郡屬縣，治所在今山東魚臺縣西北。　入沛：王念孫《讀書雜志·漢書第七》以爲，"入沛"當爲"入沛渠"，今本"沛"譌作"沛"，又脱"渠"字。沛渠一名菏水，爲沛水分出之渠，東入於泗水。　過郡三：泗水流經魯國、濟陰郡、山陽郡。

[6]【顏注】莽曰汶亭。應劭曰：《詩》曰"汶水湯湯"。師古曰：汶音問（汶音問，殿本無此三字）。即《左傳》所云公賜季友汶陽之田者也。【今注】汶陽：縣名。治所在今山東寧陽縣東北。漢封泥有"文陽丞印"，"文陽"即"汶陽"。

[7]【顏注】應劭曰：邳國也，音皮。師古曰：白衮云陳蕃之子爲魯相，國人爲諱，改曰皮。此説非也。郡縣之名，土俗各有別稱，不必皆依本字。【今注】蕃：縣名。治所在今山東滕州市。秦有滕縣，漢初因之，至武帝元朔三年（前126）分爲公丘侯國與蕃縣。　南梁水：亦名西漷水。即今山東滕州市東北之荆河。于欽《齊乘》卷二："南梁水出滕縣荆溝村，西南流至滕州東門外，折而過城北，又西入山陽湖。"　胡陵：山陽郡屬縣，治所在今山東魚臺縣東南。　沛渠：當爲"沛渠"。

[8]【顏注】應劭曰：邾文公遷于嶧山者也，音驛。（蔡琪本、大德本、殿本皆作"邾文公卜遷于嶧者也"，底本闕"卜""山"字）【今注】騶：縣名。治所在今山東鄒城市東南。1963年鄒縣紀王城曾出土四件刻有"騶"字印文的西漢陶量。　嶧山：又名"鄒嶧山""鄒山"。在今山東鄒城市東南。

[9]【今注】薛：縣名。治所在今山東滕州市張汪鎮皇殿崗故城。

[10]【今注】奚仲：即任奚。相傳爲夏禹之臣，任車正，長

於造車。始封於薛，爲薛國始祖，後遷於邳。

[11]【今注】仲虺（huǐ）：相傳爲商湯之左相，曾爲商湯作誥。

　　楚國，[1]高帝置，[2]宣帝地節元年更爲彭城郡，黃龍元年復故。莽曰和樂。屬徐州。戶十一萬四千七百三十八，口四十九萬七千八百四。縣七：彭城，[3]古彭祖國。[4]戶四萬一百九十六。有鐵官。留，[5]梧，[6]莽曰吾治。傅陽，故偪陽國。莽曰輔陽。[7]呂，[8]武原，[9]莽曰和樂亭。甾丘。[10]莽曰善丘。

[1]【今注】楚國：王國名。王都在彭城縣（今江蘇徐州市）。屬徐州刺史部。

[2]【今注】高帝置：漢初爲彭城郡，先後屬韓信楚國、劉交楚國。景帝三年（前154），楚王劉戊參與“七國之亂”，事敗地削，漢廷復立楚元王劉交少子劉禮爲楚王，僅得彭城及附近數縣。

[3]【今注】彭城：縣名。治所在今江蘇徐州市。楚漢之際爲項羽西楚國都城。

[4]【今注】彭祖國：夏、商時小國，在今江蘇徐州市一帶。《史記》卷四〇《楚世家》：“彭祖氏，殷之時嘗爲侯伯，殷之末世滅彭祖氏。”

[5]【今注】留：縣名。治所在今江蘇沛縣東南。高祖六年（前201）封張良爲留侯，文帝五年（前175）國除爲縣。

[6]【今注】梧：縣名。治所在今安徽淮北市東北。呂后元年（前187）封陽成延爲梧侯，武帝元狩五年（前118）國除爲縣。

[7]【顏注】師古曰：偪音福。《左氏傳》所云偪陽妘姓者也。【今注】傅陽：縣名。治所在今山東棗莊市南。　偪陽國：周代東夷小國。在今山東棗莊市嶧城區南。妘姓。《春秋》襄公十年

（前 563），晉侯會諸侯及吳子壽夢於柤，"遂滅偪陽"。

［8］【今注】吕：縣名。治所在今江蘇徐州市銅山區。高祖六年（前 201）封吕澤爲周吕侯，九年國除。吕后元年封吕忿爲吕成侯，八年國除。

［9］【今注】武原：縣名。治所在今江蘇邳州市西北。

［10］【今注】甾丘：縣名。治所在今安徽宿州市東北。

　　泗水國，[1]故東海郡，[2]武帝元鼎四年别爲泗水國。[3]莽曰水順。户二萬五千二十五，口十一萬九千一百一十四。縣三：淩，莽曰生淩。[4]泗陽，[5]莽曰淮平亭。于。莽曰于屏。[6]

　　［1］【今注】泗水國：王國名。王都在淩縣（今江蘇泗陽縣西北）。屬徐州刺史部。

　　［2］【今注】故東海郡：此指秦之東海郡。王先謙《漢書補注》謂漢之東海郡，秦時稱郯郡。或以爲當作"故秦東海郡"，本《志》佚失"秦"字（詳見趙志强《從〈漢書·地理志〉體例看郡國沿革》，《中國歷史地理論叢》2015 年第 2 輯）。

　　［3］【今注】武帝元鼎四年别爲泗水國：武帝元鼎四年（前 114），析東海郡三萬户建泗水國，封常山憲王劉舜子劉商爲泗水王。案，四年，本書《諸侯王表》作"二年"。

　　［4］【顔注】應劭曰：淩水所出，南入淮。【今注】淩：縣名。治所在今江蘇泗陽縣西北。

　　［5］【今注】泗陽：縣名。治所在今江蘇淮安市淮陰區西南。

　　［6］【今注】于：縣名。治所今地無考。

　　廣陵國，[1]高帝六年屬荆州，[2]十一年更屬吳，[3]景帝四年更名江都，[4]武帝元狩三年更名廣陵。[5]莽曰江平。屬徐州。

戶三萬六千七百七十三，口十四萬七百二十二。有鐵官。縣四：廣陵，[6]江都易王非、廣陵屬王胥皆都此，[7]并得鄣郡，而不得吳。莽曰安定。江都，[8]有江水祠。[9]渠水首受江，[10]北至射陽入湖。[11]高郵，[12]平安。[13]莽曰杜鄉。

[1]【今注】廣陵國：王國名。王都在廣陵縣（今江蘇揚州市西北）。屬徐州刺史部。

[2]【今注】高帝六年屬荆州：高祖六年（前201）封劉賈爲荆王，兼有廣陵之地。錢大昕《廿二史考異·漢書二》謂其時尚無諸州刺史制度，不得言荆州，故“州”字衍。

[3]【今注】十一年更屬吳：本書《諸侯王表》及《史記·漢興以來諸侯王年表》均繫其事於高祖十二年。

[4]【今注】景帝四年更名江都：景帝四年（前153），吳國參與“七國之亂”，事敗國除，景帝封皇子劉非爲江都王，廣陵之地屬江都國。

[5]【今注】武帝元狩三年更名廣陵：武帝元狩二年（前121），江都王劉建有罪自殺，國除爲廣陵郡。元狩六年（前117），以廣陵郡數縣置廣陵國，封皇子劉胥爲廣陵王。宣帝五鳳四年（前54），廣陵王劉胥有罪自殺，國除爲郡。元帝初元二年（前47），紹封廣陵屬王劉胥子劉霸爲廣陵王。成帝鴻嘉四年（前17），廣陵哀王劉護薨，無嗣，國除爲郡。成帝元延二年（前11），紹封廣陵孝王劉霸子劉守爲廣陵王。

[6]【今注】廣陵：縣名。治所在今江蘇揚州市西北。西漢江都、廣陵二國王都及東陽、廣陵二郡治所，均在廣陵縣。

[7]【今注】江都易王非：即劉非。傳見本書卷五三。　廣陵屬王胥：即劉胥。傳見本書卷六三。

[8]【今注】江都：縣名。治所在今江蘇揚州市邗江區西南。

[9]【今注】江水祠：秦漢時期祭祀長江之所。西漢初於蜀地

祭江水，宣帝時移設於廣陵江都縣，一歲四祠。酈道元《水經注·淮水》：“應劭《地理風俗記》曰：‘江都縣爲一都之會，故曰江都也。’縣有江水祠，俗謂之伍相廟也，子胥但配食耳，歲三祭與五岳同，舊江水道也。”

[10]【今注】渠水：即春秋時期吳王夫差所開之邗溝。於今江蘇揚州市南引長江水北流，經高郵市，東北注入射陽湖。

[11]【今注】射陽：臨淮郡屬縣。治所在今江蘇寶應縣東。

[12]【今注】高郵：縣名。治所在今江蘇高郵市。

[13]【今注】平安：縣名。治所在今江蘇寶應縣西南。

　　六安國，[1]故楚，高帝元年別爲衡山國，[2]五年屬淮南，[3]文帝十六年復爲衡山，[4]武帝元狩二年別爲六安國。[5]莽曰安風。户三萬八千三百四十五，口十七萬八千六百一十六。縣五：六，故國，皋繇後，偃姓，爲楚所滅。如谿水首受沘，東北至壽春入芍陂。[6]蓼，[7]故國，皋繇後，爲楚所滅。安豐，[8]《禹貢》大別山在西南。莽曰美豐。安風，[9]莽曰安風亭。陽泉。[10]

　　[1]【今注】六安國：王國名。王都在六縣（今安徽六安市）。屬揚州刺史部。

　　[2]【今注】衡山國：王先謙《漢書補注》云：“封吳芮。全祖望云：‘故屬秦九江郡。楚漢之際爲衡山國，仍屬楚。’”今案，六安國之地，楚漢之際似屬黥布九江國而非吳芮衡山國。《史記》卷七《項羽本紀》載：“當陽君黥布爲楚將，常冠軍，故立布爲九江王，都六。”又云“鄱君吳芮率百越佐諸侯，又從入關，故立芮爲衡山王，都邾。”衡山國封域當即秦之衡山郡，九江國封域則爲秦之九江郡。漢六安國所轄五縣之中，六縣、安豐縣皆爲秦九江郡屬縣；王都國六縣，正是秦九江郡、楚漢之際英布九江國、漢初英

布淮南國治所或王都。據此，此處"高帝元年別爲衡山國"，似當改爲"高帝元年別爲九江國"。

［3］【今注】五年屬淮南：高祖五年（前202），封英布爲淮南王，統治九江、衡山、廬江、豫章四郡。十一年，淮南王英布謀反，高祖平定叛亂，立皇子劉長爲淮南王，統治故淮南國四郡。

［4］【今注】文帝十六年復爲衡山：文帝七年（前173），淮南王劉長有罪身死，淮南國除，所轄九江、衡山、廬江、豫章四郡轉爲漢郡。十二年，文帝徙城陽王劉喜爲淮南王，仍轄故四郡之地。十六年，淮南王劉喜復爲城陽王，淮南國分爲淮南、衡山、廬江三國，以淮南屬王子劉安爲淮南王。

［5］【今注】武帝元狩二年別爲六安國：武帝元狩元年（前122），淮南王劉安謀反，淮南國除爲漢之九江郡。二年，分九江郡數縣置六安國，封膠東康王子劉慶爲六安王。

［6］【顏注】師古曰：沘音匕（沘，蔡琪本作"此"），又音鄙。芍音鵲。【今注】六：縣名。治所在今安徽六安市。 如谿水：古水名。在今安徽六安市西由沘水分出，北流至今霍邱縣東，匯入芍陂。 沘：沘水。源出大別山，北流至今安徽壽縣西匯入淮河。案，沘，蔡琪本作"此"。 壽春：九江郡屬縣。治所在今安徽壽縣。 芍陂：古湖澤名。故址在今安徽壽縣。

［7］【今注】蓼（liǎo）：縣名。治所在今河南固始縣北。

［8］【今注】安豐：縣名。治所在今河南固始縣東南。

［9］【今注】安風：縣名。治所在今安徽霍邱縣西南。

［10］【今注】陽泉：縣名。治所在今安徽霍邱縣西北。

長沙國，[1]秦郡，[2]高帝五年爲國。[3]莽曰填蠻。屬荊州。户四萬三千四百七十，口二十三萬五千八百二十五。縣十三：臨湘，莽曰撫睦。[4]羅，[5]連道，[6]益陽，湘山在北。[7]下雋，莽曰閏雋。[8]攸，[9]酃，[10]承陽，[11]湘南，[12]

《禹貢》衡山在東南，荊州山。昭陵，[13] 茶陵，泥水西入湘，行七百里。莽曰聲鄉。[14] 容陵，[15] 安成。[16] 廬水東至廬陵入湖漢。[17] 莽曰用成。[18]

[1]【今注】長沙國：王國名。王都在臨湘縣（今湖南長沙市）。屬荊州刺史部。

[2]【今注】秦郡：傳世文獻中有秦長沙郡，目前所見秦簡中有洞庭郡、蒼梧郡而無長沙郡。《太平寰宇記》卷一七一《江南道·潭州》引甄烈《湘州記》云：“始皇二十五年併天下，分黔中以南之沙鄉爲長沙郡，以統湘川。”此長沙郡置郡年恰與蒼梧郡相合，頗疑長沙與蒼梧實指一郡（詳見周振鶴《中國行政區劃通史·秦漢卷》，第 43 頁）。錢大昕《潛研堂集》以爲凡《漢書·地理志》稱“秦郡”，意謂漢代沿用秦之郡名所設立的諸侯國。

[3]【今注】高帝五年爲國：楚漢之際屬共敖臨江國。高祖五年（前 202），分臨江國之地置長沙國，封鄱君吳芮爲長沙王。文帝後元七年（前 157），長沙靖王劉產薨，無後國除，其地除爲長沙、武陵、桂陽三郡。景帝二年（前 155），以長沙郡及南郡漢水南岸數縣復置長沙國，封皇子劉發爲長沙王。元帝初元元年（前 48），長沙煬王吳旦薨，無後國除。初元四年，紹封吳宗爲長沙王。

[4]【顏注】應劭曰：湘水出零山。【今注】臨湘：縣名。治所在今湖南長沙市。

[5]【顏注】應劭曰：楚文王徙羅子自枝江居此。師古曰：盛弘之《荊州記》云縣北帶汨水，水原出豫章艾縣界，西流注湘。汨汨西北去縣三十里，名爲屈潭，屈原自沉處。【今注】羅：縣名。治所在今湖南汨羅市西北。

[6]【今注】連道：縣名。治所在今湖南漣源市東。

[7]【顏注】應劭曰：在益水之陽。【今注】益陽：縣名。治所在今湖南益陽市東。據里耶秦簡，益陽縣秦代即置。　湘山：在

今湖南嶽陽市西南洞庭湖中。又稱君山。

[8]【顏注】師古曰：雋音字兗反，又辭兗反（蔡琪本、大德本、殿本"辭"前有"音"字）。【今注】下雋：縣名。治所在今湖北通城縣西北。

[9]【今注】攸：縣名。治所在今湖南攸縣東北。據張家山漢簡，秦代即置攸縣。

[10]【顏注】孟康曰：音鈴上音（蔡琪本、大德本、殿本無"上音"二字）。【今注】酃（líng）：縣名。治所在今湖南衡陽市東。

[11]【顏注】應劭曰：承水之陽。師古曰：承水原出零陵永昌縣界，東流注湘也。承音烝（承音烝，蔡琪本、大德本、殿本同，中華本作"承音丞"）。【今注】承陽：縣名。治所在今湖南邵東縣東南。平帝元始五年（5），封長沙剌王子劉景爲承陽侯。

[12]【今注】湘南：縣名。治所在今湖南湘潭縣西南。

[13]【今注】昭陵：縣名。治所在今湖南邵陽市。平帝元始五年，封長沙剌王子劉賞爲昭陵侯。

[14]【顏注】師古曰：茶音弋奢反，又丈加反（蔡琪本、大德本、殿本"丈"前有"音"字）。【今注】荼陵：縣名。治所在今湖南茶陵縣東北。武帝元朔四年（前125），封長沙定王子劉訢爲荼陵侯。　泥水：今湖南東部湘江支流洣水。

[15]【今注】容陵：縣名。治所在今湖南攸縣南。武帝元光六年（前129）封長沙定王子劉福爲容陵侯。

[16]【今注】安成：縣名。治所在今江西安福縣西。武帝元光六年封長沙定王子劉蒼爲安成侯。安成，本書《王子侯表》作"安城"。

[17]【今注】廬水：即今江西吉安市南之瀘江。　廬陵：豫章郡屬縣。治所在今江西泰和縣西北。　湖漢：湖漢水，即今江西贛江。

[18]【今注】案，用成，蔡琪本、殿本作“思成”。

本秦京師爲内史，[1]分天下作三十六郡。[2]漢興，以其郡大大，[3]稍復開置，又立諸侯王國。武帝開廣三邊。故自高祖增二十六，[4]文、景各六，[5]武帝二十八，[6]昭帝一，[7]訖於孝平，凡郡國一百三，縣邑千三百一十四，道三十二，[8]侯國二百四十一。[9]地東西九千三百二里，南北萬三千三百六十八里。提封田一萬萬四千五百一十三萬六千四百五頃，[10]其一萬萬二百五十二萬八千八百八十九頃，邑居道路，山川林澤，[11]群不可墾；其三千二百二十九萬九百四十七頃，可墾不墾；[12]定墾田八百二十七萬五百三十六頃。民户千二百二十三萬三千六十二，口五千九百五十九萬四千九百七十八。[13]漢極盛矣。

[1]【顔注】師古曰：京師，天子所都畿内也。秦并天下，改立郡縣，而京畿所統，特號内史，言其在内，以别於諸郡守也。

[2]【今注】分天下作三十六郡：《史記》卷六《秦始皇本紀》記始皇二十六年（前221）“分天下爲三十六郡”。三十六郡之名，歷來説法不一。裴駰《集解》曰：“三川、河東、南陽、南郡、九江、鄣郡、會稽、穎川、碭郡、泗水、薛郡、東郡、琅邪、齊郡、上谷、漁陽、右北平、遼西、遼東、代郡、鉅鹿、邯鄲、上黨、太原、雲中、九原、鴈門、上郡、隴西、北地、漢中、巴郡、蜀郡、黔中、長沙凡三十五，與内史爲三十六郡。”裴駰《集解》所列三十六郡，内史非郡，不預三十六之數。當去鄣、九原、黔中、長沙四郡，補河内、淮陽、衡山、洞庭、蒼梧五郡，泗水當改爲四川，齊郡當改爲臨淄郡。《史記·秦始皇本紀》所記三十六郡反映的是

秦始皇二十六年至二十八年之間的政區面貌，其後秦郡又有兩次增量過程，經過了由三十六郡至四十二郡最終至四十八郡的過程。秦四十八郡爲：隴西、北地、上郡、漢中、巴郡、蜀郡、河東、河內、太原、上黨、雲中、雁門、代郡、上谷、廣陽、漁陽、右北平、遼東、遼西、恒山、河間、清河、邯鄲、南陽、南郡、三川、東郡、潁川、碭郡、淮陽、四川、九江、廬江、鄣郡、會稽、洞庭、蒼梧、衡山、臨淄、琅邪、濟北、即墨、薛郡、東海、閩中、南海、桂林、象郡，加上內史，共四十九個統縣政區。（詳見周振鶴《中國行政區劃通史·秦漢卷》，第45—47頁）

[3]【今注】案，大大，殿本作“太大”。

[4]【今注】高祖增二十六：王先謙《漢書補注》列高祖所增二十六郡爲：河內一（河東分），汝南二（潁川、南陽分），江夏三（九江分），魏郡四（河東分），常山五（邯鄲分），清河六（鉅鹿分），涿郡七（漁陽分），勃海八（鉅鹿分），平原九（齊郡分），千乘十（齊郡分），泰山十一（齊郡分），東萊十二（琅邪分），豫章十三（九江分），桂陽十四（長沙分），廣漢十五（巴、蜀、漢中分），定襄十六（太原、雁門分），中山十七（邯鄲分），膠東十八（琅邪分），淮陽十九（楚國分），衡山二十（九江分），武陵二十一（黔中改），梁國二十二（秦碭郡改），楚國二十三（秦楚郡改），燕國二十四（秦廣陽郡改），鄣郡二十五（楚漢間郡，高帝因，後爲丹陽），東海二十六（秦郡，《志》以爲高帝置）。錢大昕《三史拾遺》卷三云：“《志》於河內、汝南、江夏、魏、常山、清河、涿、勃海、平原、千乘、泰山、東萊、東海、豫章、桂陽、武陵、廣漢、定襄十八郡及楚國皆云‘高帝置’，於中山國云‘高帝郡’，於廣陽國云‘高帝燕國’，於膠東國云‘高帝元年別爲國’，於淮陽國云‘高帝十一年置’，於六安國云‘高帝元年別爲衡山國’，合之得二十四。又丹陽郡云‘故鄣郡’，此郡不言秦置，亦不言高帝置。蓋班氏之例，稱高帝置者，以漢元爲斷。如膠東、衡山皆項羽主命封之，《志》皆繫以高帝者，尊漢之詞也。鄣郡殆陳、

項所置，在漢元年以前，不得繫以高帝，要亦漢初所有，並内史爲二十六也。秦制，内史尊於郡守，不在三十六郡之數。漢初猶沿秦舊，至武帝析爲三輔，雖官列九卿，職與太守無異，故列於郡國百有三之内。馮翊、扶風既是武帝所增，則内史當屬之高帝矣。"王國維《漢郡考》以爲，"二十六郡國，其爲高帝置者，曾不及三分之一。諸郡中確證爲高帝置者，唯河内、清河、常山、豫章四郡。……若直以孝平時之疆域爲漢初之疆域，而謂此二十餘郡者，悉爲天子所有，則全不合事實。"今案，公元前195年高祖劉邦駕崩之前，西漢朝廷領有十五郡之地，即内史、上郡、北地、隴西、漢中、巴郡、蜀郡、廣漢、雲中、上黨、河東、河内、河南、南陽、南郡。十個諸侯王國中，楚國領有彭城、東海、薛郡；齊國領有臨淄、膠東、膠西、濟北、博陽、城陽、琅邪；趙國領有邯鄲、恒山、河間、清河；代國領有太原、雁門、定襄、代郡；梁國領有碭郡；淮陽國領有淮陽；淮南國領有九江、衡山、廬江、豫章；吳國領有東陽、會稽、鄣郡；燕國領有廣陽、上谷、漁陽、右北平、遼西、遼東；長沙國領有長沙、武陵。

［5］【今注】文景各六：王先謙《漢書補注》列文帝所增六郡爲：廬江一，濟南二，河間三，甾川四，膠西五，城陽六；景帝所增六郡爲：山陽一，濟陰二，北海三，廣川四，濟東五（東平），江都六。並云："孝惠時齊王獻城陽郡爲魯元公主湯沐邑，高后割齊濟南郡爲呂王奉邑，疑高帝即有此二郡名，而文帝因以爲二國名也。"今案，公元前157年文帝駕崩之前，西漢朝廷領有右内史、左内史、上郡、北地、隴西、漢中、巴郡、蜀郡、廣漢、雲中、上黨、河東、河内、河南、南陽、南郡、潁川、淮陽、汝南、東郡、河間、勃海、廣川、琅邪、長沙、武陵、桂陽等二十七郡之地。另有燕、代、趙、濟北、濟南、齊、甾川、膠西、城陽、膠東、梁、楚、吳、淮南、衡山、廬江等十六諸侯王國，各領一郡或數郡。公元前143年景帝駕崩之前，西漢朝廷領有右内史、左内史、上郡、北地、隴西、漢中、巴郡、蜀郡、廣漢、雲中、定襄、雁門、代

郡、上谷、漁陽、右北平、遼西、遼東、上黨、河東、河內、河南、南陽、南郡、潁川、淮陽、汝南、東郡、廣平、魏郡、勃海、平原、濟南、濟陰、琅邪、東萊、東海、沛郡、會稽、廬江、豫章、武陵、桂陽等四十三郡之地。另有燕、代、常山、中山、河間、清河、廣川、趙、齊、濟北、菑川、膠東、膠西、城陽、魯、楚、江都、淮南、衡山、長沙、梁、山陽、濟川、濟東等二十四個諸侯王國，除江都國領二郡外，各領一郡。

[6]【今注】武帝二十八：王先謙《漢書補注》列武帝所增二十八郡爲：馮翊一、扶風二、宏農三、陳留四、臨淮五、零陵六、犍爲七、越巂八、益州九、牂柯十、武都十一、天水十二、武威十三、張掖十四、酒泉十五、敦煌十六、安定十七、西河十八、朔方十九、玄菟二十、樂浪二十一、蒼梧二十二、交趾二十三、合浦二十四、九真二十五、平干二十六（廣平）、真定二十七、泗水二十八。錢大昕《廿二史考異·漢書二》云：“沈黎、文山、珠崖、儋耳、臨屯、真番、蒼海，後皆廢，故不數。”今案，武帝在位五十餘年，致力拓邊，西北置朔方、酒泉、張掖、敦煌四郡，東北置樂浪、玄菟、臨屯、真番四郡，南方置犍爲、零陵、牂柯、武都、越巂、汶山、沈黎、象郡、南海、蒼梧、郁林、合浦、日南、交趾、九真、儋耳、珠崖等十七郡。內郡及諸侯王國亦有大規模調整。至武帝太初年間，全國計有一百零九郡國，其中朝廷領有九十一郡。（詳見周振鶴《中國行政區劃通史·秦漢卷》，第163頁）

[7]【今注】昭帝一：昭帝始元六年（前81），以邊塞闊遠，取天水、隴西、張掖各二縣置金城郡。

[8]【今注】道三十二：道，行政區劃名稱。秦漢時期，在少數民族聚居地區設道以治，級別相當於縣，但治理模式有別於縣，“以故俗治”，並享有減免賦稅等權益。王先謙《漢書補注》引齊召南云：“《志》中縣邑之以道名者得二十九。南郡一：夷道；零陵二：營道、泠道；廣漢三：甸氐道、剛氐道、陰平道；蜀郡二：嚴道、湔氐道；犍爲一：僰道；越巂一：靈關道；武都五：故道、平

樂道、嘉陵道、循成道、下辨道；隴西四：狄道、氐道、羌道、予道；天水四：戎邑道、綿諸道、略陽道、獂道；安定一：月氏道；北地三：除道、略畔道、義渠道；上郡一：雕陰道；長沙國一：連道。尚缺其三。以《續志》證之，則蜀郡汶江道、綿虒道，武都武都道，與三十二之數合。本《志》於汶江、綿虒、武都三縣不言道，殆闕文。"齊召南所列，遺漏左馮翊之翟道；又"故道"爲秦時所置縣，"除道"是西漢中期之後分方渠除縣而成的新縣，均與少數民族無涉。故本《志》所列實爲二十八道。周振鶴認爲綿虒道、汶江道、武都道、青衣道、髳（牦）牛道等五道亦屬西漢道目（詳見周振鶴《西漢政區地理》，人民出版社 1987 年版，第 244 頁）。后曉榮則認爲三十二道之中當有青衣道、建伶道、昫衍道、武都道（詳后曉榮《〈漢書·地理志〉"道"目補考》，《中國歷史地理論叢》2008 年第 1 輯）。

［9］【今注】侯國二百四十一：周壽昌《漢書注校補》："本注侯國一百九十三，尚有四十八未注，則皆傳寫脫漏之失也。"

［10］【顏注】師古曰：提封者，大舉其封疆也。【今注】提封：戰國秦漢時期土地統計的專用術語，意謂對土地面積的概算。本意爲土地封界，即"積土爲封限"（詳見臧知非《土地、賦役與秦漢農民命運》，蘇州大學出版社 2014 年版，第 26—33 頁）。

［11］【今注】山川林澤：王念孫《讀書雜志·漢書第七》以爲當爲"山林川澤"。

［12］【今注】可墾不墾：當指可以開墾而尚未開墾的土地。案，不墾，蔡琪本、大德本、殿本作"不可墾"。王鳴盛《十七史商榷》卷二一以爲"不可墾"三字誤衍。

［13］【今注】案，本書《地理志》所載之郡國縣目乃西漢末年一時之版籍，非西漢一代之制。《志》文此處所記之縣、道、侯國數皆與正文不合。又其總計戶數與各郡國下戶數之和亦不符。故《漢志》此數字未必爲平帝元始二年（2）之數。（詳見周振鶴《中國行政區劃通史·秦漢卷》，第 232 頁）

　　凡民函五常之性,[1]而其剛柔緩急,[2]音聲不同,繫水土之風氣,故謂之風;好惡取舍,動静亡常,[3]隨君上之情欲,故謂之俗。孔子曰:"移風易俗,莫善於樂。"[4]言聖王在上,統理人倫,必移其本,而易其末,此混同天下,壹之虖中和,然後王教成也。漢承百王之末,國土變改,民人遷徙,成帝時劉向略言其地分,[5]丞相張禹使屬潁川朱贛條其風俗,[6]猶未宣究,故輯而論之,[7]終其本末,著于篇。

　　[1]【顏注】師古曰:函,苞也,讀與含同。【今注】五常:仁、義、禮、智、信。

　　[2]【今注】而其剛柔緩急:王念孫《讀書雜志·漢書第七》以爲"其"乃"有"字之誤。

　　[3]【顏注】師古曰:好音呼到反。惡音一故反。

　　[4]【顏注】師古曰:《孝經》載孔子之言。

　　[5]【今注】劉向:傳見本書卷三六。

　　[6]【今注】張禹:傳見本書卷八一。　　朱贛:潁川(今河南禹州市)人。西漢成帝時擔任丞相府史,受丞相張禹之命撰述各地地理疆域及風俗人情,後來班固以之爲基礎撰成《漢書·地理志》。

　　[7]【顏注】師古曰:輯與集同。

　　秦地,於天官東井、輿鬼之分壄也。[1]其界自弘農故關以西,[2]京兆、扶風、馮翊、北地、上郡、西河、安定、天水、隴西,南有巴、蜀、廣漢、犍爲、武都,西有金城、武威、張掖、酒泉、敦煌,又西南有牂柯、越巂、益州,皆宜屬焉。

　　[1]【今注】秦地於天官東井輿鬼之分壄：秦地在天象中位於東井、輿鬼兩個星宿對應的區域。天官，漢代星相術語，意即天象、天文。東井，星宿名。二十八宿之一。簡稱"井宿"，屬於南宮朱雀七宿之第一宿。輿鬼，星宿名。二十八宿之一。簡稱"鬼宿"，屬於南宮朱雀七宿之第二宿。分壄，古人將天上的星宿與地上的州國對應聯繫，並以星宿的運行及變異來預卜州國的吉凶禍福。州國對應的星宿稱分星，星宿對應的州國稱分野。《史記·天官書》："天則有列宿，地則有州域。"國名分野，大致反映了戰國時人的觀念；州郡分野，反映了秦漢人的分野觀。

　　[2]【今注】弘農故關：此指戰國後期、秦及西漢前期的函谷關，在今河南靈寶市北王垛村一帶。漢武帝元鼎三年（前114），將函谷關東徙至今河南新安縣東，是爲"新關"。故關置弘農縣。

　　秦之先曰栢益，出自顓頊，堯時助禹治水，爲舜朕虞，養育草木鳥獸，賜姓嬴氏，[1]歷夏、殷爲諸侯。至周有造父，[2]善馭習馬，得華騮、綠耳之乘，[3]幸于穆王，封于趙城，[4]故更爲趙氏。後有非子，爲周孝王養馬汧、渭之閒。孝王曰："昔伯益知禽獸，子孫不絕。"迺封爲附庸，[5]邑之於秦，今隴西秦亭秦谷是也。[6]至玄孫，氏爲莊公，[7]破西戎，[8]有其地。子襄公時，幽王爲犬戎所敗，[9]平王東遷雒邑。[10]襄公將兵救周有功，賜受郊、酆之地，列爲諸侯。[11]後八世，穆公稱伯，以河爲竟。[12]十餘世，孝公用商君，制轅田，[13]開仟伯，[14]東雄諸侯。子惠公初稱王，得上郡、西河。孫昭王開巴、蜀，滅周，取九鼎。昭王曾孫政并六國，稱皇帝，負力怙威，燔書阬儒，[15]自任私智。至子胡亥，天下畔之。

[1]【顏注】師古曰：袙益一號伯翳，蓋翳、益聲相近故也（袙益，蔡琪本、大德本、殿本作“柏益”）。【今注】袙益：即伯益，秦人始祖。《史記》卷五《秦本紀》記嬴秦世系有“女華生大費，與禹平水土”，司馬貞《索隱》以爲大費即伯益。　案，出自顓頊，蔡琪本、大德本、殿本作“出自帝顓頊”。　朕虞：官名。職掌管理山澤。

[2]【顏注】師古曰：造音千到反。父讀曰甫。

[3]【顏注】師古曰：華騮，言其色如華之赤也。綠耳，耳綠色。

[4]【今注】趙城：在今山西洪洞縣趙城鎮東北。酈道元《水經經·汾水》：“汾水又遶趙城西南。穆王以封造父，趙氏自此始。”

[5]【今注】附庸：周代疆域小、人口少的邦國不能直接貢職於周王，祇能附屬於諸侯，稱“附庸”。

[6]【今注】隴西：《漢書考證》齊召南以爲此非隴西郡，而指天水郡之隴西縣。甚是。　秦亭：隴西縣下轄鄉亭名。在今甘肅清水縣東。

[7]【顏注】師古曰：氏與是同，古通用字。

[8]【今注】西戎：上古對西北戎族的總稱。原活動於今陝西、甘肅、青海一帶，後逐漸東移，爲秦人所破服。

[9]【今注】犬戎：古戎人的一支。又有畎夷、昆夷等稱。公元前771年與申侯聯合共同攻殺周幽王，迫使周室東遷，西周亡。

[10]【今注】雒邑：城名。在今河南洛陽市。周武王時初建，成王時由周公旦加以營繕，作爲西周之東都，統控東方。周室東遷，復爲東周都城。東周王城在今河南洛陽市王城公園一帶。

[11]【顏注】師古曰：郊亦岐字。　【今注】郊（qí）酆（fēng）之地：今陝西關中平原中西部。郊，在今陝西岐山縣東北。酆，在今陝西西安市鄠邑區北。

[12]【顏注】師古曰：伯讀曰霸。竟讀曰境，言其地界東至

於河。【今注】河：黃河。此處特指黃河中游由北南流段，亦即西河。

[13]【顏注】張晏曰：周制三年一易，以同美惡，商鞅始割列田地，開立阡陌，令民各有常制。孟康曰：三年爰土易居，古制也，末世侵廢（侵，蔡琪本、大德本、殿本作“浸”）。商鞅相秦，復立爰田，上田不易，中田一易，下田再易，爰自在其田，不復易居也。《食貨志》曰“自爰其處而已”是也。轅爰同。【今注】商君：即商鞅。又稱衛鞅、公孫鞅。戰國時期魏國人，後棄魏入秦，輔佐秦孝公，屬行變法，秦國大治。因功封商於十五邑，號商君。孝公死，商鞅爲權貴所誣害，公元前 338 年被處於車裂極刑。

[14]【顏注】師古曰：南北曰仟，東西曰伯，皆謂開田之疆畎也。伯音莫白反。【今注】仟伯：即阡陌。田間小道，亦爲田界標識。應劭《風俗通》：“南北曰阡，東西曰陌。河東以東西爲阡，南北爲陌。”

[15]【今注】案，阬儒，蔡琪本作“坑儒”。

故秦地於《禹貢》時跨雍、梁二州，《詩·風》兼秦、豳兩國。[1]昔后稷封斄，[2]公劉處豳，[3]大王徙郊，[4]文王作酆，[5]武王治鎬，[6]其民有先王遺風，好稼穡，務本業，故《豳詩》言農桑衣食之本甚備。[7]有鄠、杜竹林，[8]南山檀柘，號稱陸海，爲九州膏腴。[9]始皇之初，鄭國穿渠，引涇水溉田，[10]沃野千里，[11]民以富饒。漢興，立都長安，徙齊諸田，楚昭、屈、景及諸功臣家於長陵。後世世徙吏二千石、高訾富人及豪桀并兼之家於諸陵。[12]蓋亦以彊幹弱支，非獨爲奉山園也。[13]是故五方雜厝，[14]風俗不純。其世家則好禮文，富人則商賈爲利，豪桀則游俠通姦。瀕南山，[15]近夏陽，[16]多阻險，輕薄易爲盜賊，常爲天下劇。[17]又郡國輻湊，浮食者多，民去本就末，列侯貴人車服僭上，衆庶放效，羞不相及，[18]嫁娶尤崇侈靡，送死過度。[19]

[1]【今注】案，《詩》"國風"部分共一百六十篇，包括《秦風》十篇，《豳風》七篇。

[2]【顏注】師古曰：斄讀曰邰，今武功故城是也。【今注】斄（tái）：在今陝西武功縣西。錢坫《新斠注地理志》卷一六以爲字當爲"邰"，"斄"爲借用。

[3]【顏注】師古曰：即今豳州栒邑是。

[4]【顏注】師古曰：今岐山縣是。【今注】大王：即太王、古公亶父。公劉九世孫，文王姬昌祖父。武王時追尊爲太王。事迹見《史記》卷四《周本紀》。案，大王，殿本作"太王"。

[5]【顏注】師古曰：今長安西北界靈臺鄉豐水上是。

[6]【顏注】師古曰：今昆明池北鎬陂是。【今注】鎬：又稱鎬京。西周都城。在今陝西西安市長安區西北鎬京村附近。周武王滅殷之後，將都城從豐遷至鎬。

[7]【顏注】師古曰：謂《七月》之詩。

[8]【今注】案，秦漢時期黃河流域亦產竹，尤以關中一帶最爲集中（詳見王子今《秦漢時期氣候變遷的歷史學考察》，《歷史研究》1995年第2期；陳業新《儒家生態意識與中國古代環境保護研究》，上海交通大學出版社2012年版）。

[9]【顏注】師古曰：言其地高陸而饒物產，如海之無所不出，故云陸海。腹之下肥曰腴，故取諭云。

[10]【顏注】師古曰：鄭國，人姓名。事具在《溝洫志》。【今注】始皇之初：此指秦王嬴政即王位之初。　鄭國：戰國末水

利工程專家。公元前 237 年，奉韓王之命入秦，成功説服秦王嬴政興修水利以圖富强，其意實在消耗秦國國力，減輕對韓國的侵逼。主持興修的水渠時稱"鄭國渠"，引涇水注入洛水，全長三百餘里，可灌溉良田四萬餘頃，促進了關中平原農業發展。

[11]【顔注】師古曰：沃即溉田也（沃即溉田也，蔡琪本、殿本作"沃即溉也"），言千里之地皆得溉灌。

[12]【顔注】師古曰：訾讀與貲同。高訾，言多財也。【今注】訾（zī）：錢財。

[13]【顔注】如淳曰：《黄圖》謂陵冢爲山。師古曰：謂京師爲幹，四方爲支也。

[14]【顔注】晉灼曰：厝，古錯字。

[15]【顔注】師古曰：瀕猶邊。瀕音頻，又音賓。【今注】南山：又名終南山、中南山、周南山、太一山。在今陜西西安市南，爲秦嶺山脈主峰之一。

[16]【顔注】師古曰：夏陽即河之西岸也。今在同州韓城縣界。

[17]【今注】劇：複雜難以治理。秦漢時將複雜難治之縣稱作"劇縣"。

[18]【顔注】師古曰：放，依也，音甫往反。

[19]【今注】送死：喪葬。

天水、隴西，山多林木，民以板爲室屋。及安定、北地、上郡、西河，皆迫近戎狄，修習戰備，高上氣力，以射獵爲先。故《秦詩》曰"在其板屋"，[1]又曰"王于興師，修我甲兵，與子偕行"，[2]及《車轔》《四載》《小戎》之篇，皆言車馬田狩之事。[3]漢興，六郡良家子選給羽林、期門，[4]以材力爲官，名將多出焉。孔子曰："君子有勇而亡誼則爲亂，小人有勇而亡誼則爲盜。"[5]故此數郡，民俗質木，不恥寇盜。[6]

[1]【顏注】師古曰：《小戎》之詩也。言襄公出征，則婦人居板屋之中而念其君子。

[2]【顏注】師古曰：《無衣》之詩也。言於王之興師，則修我甲兵，而與子俱征伐也。

[3]【顏注】師古曰：《車鄰》，美秦仲大有車馬。其詩曰"有車鄰鄰，有馬白顚"。《四臷》，美襄公田狩也。其詩曰"四臷孔阜，六轡在手"，"輶車鸞鑣，載獫猲獢"。《小戎》，美襄公備兵甲，討西戎。其詩曰"小戎俴收，五楘梁輈"，"文茵暢轂，駕我騏駵"，"龍盾之合，鋈以觼軜"。鄰音隣。臷音畫。輶音猶，又音誘。斂音力贍反（斂，蔡琪本、大德本、殿本皆作"獫"，底本誤）。獢音許昭反。俴音踐。楘音木。駵音霤（駵音霤，蔡琪本、殿本作"駵音注"）。鋈音沃。觼音玦。軜音納。【今注】田：古同"畋"。打獵。

[4]【顏注】如淳曰：醫、商賈、百工不得豫也。師古曰：六郡謂隴西、天水、安定、北地、上郡、西河。羽林、期門，解在《百官公卿表》。

[5]【顏注】師古曰：《論語》載孔子對子路之言也。【今注】誼：情義。

[6]【顏注】師古曰：質木者，無有文飾，如木石然。

自武威以西，本匈奴昆邪王、休屠王地，[1]武帝時攘之，[2]初置四郡，[3]以通西域，鬲絕南羌、匈奴。[4]其民或以關東下貧，[5]或以報怨過當，[6]或以誖逆亡道，家屬徙焉，[7]習俗頗殊。地廣民稀，水中宜畜牧，[8]故涼州之畜爲天下饒。保邊塞，二千石治之，咸以兵馬爲務；酒禮之會，上下通焉，吏民相親。是以其俗風雨時節，穀糴常賤，少盜賊，有和氣之應，賢於内郡。此政寬厚，吏不苛刻之所致也。

[1]【顏注】師古曰：昆音下門反。休音許虯反（虯，大德本、殿本作“蚪”）。屠音除。

[2]【顏注】師古曰：攘，却也，音人羊反。

[3]【今注】初置四郡：四郡即武威、敦煌、張掖、酒泉，習稱“河西四郡”。四郡並非同時設置。武帝元狩二年（前121）“河西之戰”後占領河西之地，設置酒泉郡。武帝元鼎六年（前111）分酒泉郡東部之地置張掖郡，西部之地置敦煌郡。宣帝地節三年（前67）分張掖郡北部之地置武威郡。

[4]【顏注】師古曰：鬲與隔同。【今注】南羌：羌人的一支。又稱南山羌，居處於今甘肅、青海之間的祁連山一帶。

[5]【今注】下貧：極貧。

[6]【顏注】師古曰：過其本所殺。

[7]【顏注】師古曰：誖，亂也，惑也，音布内反。

[8]【顏注】師古曰：屮，古草字。

　　巴、蜀、廣漢本南夷，秦并以爲郡，土地肥美，有江水沃野山林竹木疏食果實之饒。[1]南賈滇、僰僮，[2]西近邛、莋馬旄牛。[3]民食稻魚，亡凶年憂，俗不愁苦，而輕易淫泆，柔弱褊阸。[4]景、武閒，文翁爲蜀守，[5]教民讀書法令，未能篤信道德，反以好文刺譏，貴慕權埶。及司馬相如游宦京師諸侯，[6]以文辭顯於世，鄉黨慕循其迹。後有王襃、嚴遵、楊雄之徒，[7]文章冠天下。繇文翁倡其教，相如爲之師，[8]故孔子曰："有教亡類。"[9]

[1]【顏注】師古曰：疏菜也。

[2]【顏注】師古曰：言滇、僰之地多出僮隷也。滇音顚。僰音蒲北反。【今注】南賈滇僰僮：僰（bó）僮，被掠賣爲奴婢的僰人。僰爲西南古族，主要分布在以今四川宜賓市爲中心的川南、滇北地區，其人心性誠樸，因而爲巴蜀人所掠賣奴役（參見王子今《秦漢交通史新識》，中國社會科學出版社 2015 年版，第 164 頁）。案，殿本作"南賈滇僰滇僰僮"。王先謙《漢書補注》引宋祁曰：正文"滇僰"二字當刪。

[3]【顏注】師古曰：言邛、莋之地出馬及旄牛。莋音材各反（材，大德本、殿本作"才"）。【今注】西近邛莋馬旄牛：邛都，西南古族名。《後漢書》卷八六《西南夷傳》稱爲"邛都夷"。主要分布在今四川涼山彝族自治州，西昌市邛海一帶爲其中心，屬濮越系族群。莋馬，莋都出產的馬，長於在河谷山道負重行走。旄牛，即犛牛。爲青藏高原地區主要力畜，其肉可食，皮毛可保暖，牛尾可用作節、旗裝飾物，經濟價值甚高。《史記》卷一一六《西南夷列傳》作"髦牛"。《史記·西南夷列傳》記作"巴蜀民或竊出商賈，取其笮馬、僰僮、髦牛，以此巴蜀殷富"。案，殿本作"西近邛莋莋馬旄牛"。王先謙《漢書補注》引宋祁曰：正文"莋莋"當刪一"莋"字。

[4]【顏注】師古曰：言其材質不彊，而心忿隘。

[5]【今注】文翁：傳見本書卷八九。

[6]【今注】司馬相如：傳見本書卷五七。

[7]【顏注】師古曰：遵即嚴君平。【今注】王襃：傳見本書卷六四下。　嚴遵：字君平，蜀郡人。西漢後期隱士。以占卜糊口，修身自養，終生不仕，受到揚雄等人推崇。學識淵博，研習《老子》，著有《道德真經指歸》十三卷。事迹詳見本書卷七二

《王貢兩龔鮑傳》。　楊雄：傳見本書卷八七。案，蔡琪本、大德本、殿本作“揚雄”。

　　[8]【顏注】師古曰：繇讀與由同。倡，始也，音充向反。

　　[9]【顏注】師古曰：《論語》載孔子之言。言人之性術在所教耳，無種類。

　　武都地雜氐、羌，及犍爲、牂柯、越巂，皆西南外夷，武帝初開置。民俗略與巴、蜀同，而武都近天水，俗頗似焉。

　　故秦地天下三分之一，而人衆不過什三，[1]然量其富居什六。秦幽吳札觀樂，爲之歌秦，[2]曰：“此之謂夏聲。[3]夫能夏則大，大之至也，其周舊乎？”

　　[1]【今注】什三：十分之三。

　　[2]【顏注】師古曰：札，吳王壽夢子也，來聘魯而請觀周樂。事見《左氏傳》襄二十九年。【今注】秦幽：王念孫《讀書雜志·漢書第七》以爲二字與上下文皆不相屬，蓋涉上文“兼秦幽兩國”而衍。甚是。　吳札：即公子札、季札，春秋時期吳王壽夢之少子。先後受封於延陵、州來，世稱延陵季子、延州來季子。數次不受王位，有謙讓賢名。公元前544年，季札奉命出使魯國，觀諸國之樂舞並點評。

　　[3]【顏注】師古曰：夏，中國。【今注】夏：此指中原地區。

　　自井十度至柳三度，謂之鶉首之次，[1]秦之分也。[2]

　　[1]【今注】鶉首之次：錢大昕《廿二史考異·漢書二》：“十

二次宿度，惟載鶉首、鶉火、壽星、析木，餘皆闕如，蓋班氏未定之本。其述分壄，既以東平、須昌、壽張爲宋分，又云‘東平、須昌、壽張皆在濟東，屬魯，非宋地也，當考’，亦疑而未決之詞也。所述星度與蔡邕《月令章句》合，較之《律曆志》，每次大率差五六度。”

[2]【今注】分（fèn）：地域範圍。

魏地，觜觿、參之分野也。[1]其界自高陵以東，盡河東、河內，南有陳留及汝南之召陵、㵐彊、新汲、西華、長平，[2]潁川之舞陽、郾、許、傿陵，[3]河南之開封、中牟、陽武、酸棗、卷，[4]皆魏分也。

[1]【顏注】師古曰：觿音弋隨反。　【今注】觜（zī）觿（xī）：星宿名。二十八宿之一。爲西宮白虎七宿之第六宿。　參：星宿名。二十八宿之一。爲西宮白虎七宿之第七宿。

[2]【顏注】師古曰：召讀曰邵。㵐音於靳反，又音殷。

[3]【顏注】師古曰：郾音一扇反。傿音偃。

[4]【顏注】師古曰：卷音去權反。【今注】案，錢大昕《廿二史考異·漢書二》：“以《志》考之，新汲屬潁川，非汝南；酸棗屬陳留，非河南。蓋漢時郡國屬縣更易靡常，史家不能考而悉書之。”

河內本殷之舊都。周既滅殷，分其畿內爲三國，《詩·風》邶、庸、衛國是也。[1]邶，吕封紂子武庚；庸，管叔尹之；衛，蔡叔尹之：以監殷民，謂之三監。[2]故《書·序》曰“武王崩，三監畔”。[3]周公誅之，盡以其地封弟康叔，號曰孟侯，[4]以夾輔周室；遷邶、庸之民于雒邑，故邶、庸、衞三國之詩相與同風。《邶詩》曰"在浚之下"，[5]《庸》曰"在浚之郊"；[6]《邶》又曰"亦流于淇"，[7]"河水洋洋"，[8]《庸》曰"送我淇上"，[9]"在彼中河"，[10]《衞》曰"瞻彼淇奧"，[11]"河水洋洋"。[12]故吳公子札聘魯觀周樂，聞《邶》《庸》《衞》之歌，曰："美哉淵乎！吾聞康叔之德如是，是其《衞風》乎？"[13]至十六世，懿公亡道，[14]爲狄所滅。齊桓公帥諸侯伐狄，而更封衞於河南曹、楚丘，是爲文公。[15]而河內殷虛，更屬于晉。[16]康叔之風既歇，而紂之化猶存，故俗剛彊，多豪桀侵奪，薄恩禮，好生分。[17]

[1]【顔注】師古曰：自紂城而北謂之邶，南謂之庸，東謂之衞。邶音步内反，字或作鄁。庸字或作鄘。【今注】邶（bèi）：西周時紂王之子武庚的封國。在今河南湯陰縣東南。邶，一作"鄁"。 庸：西周封國。在今河南新鄉市西南。庸，又作"鄘"。 衞：西周封國。在今河南淇縣。

[2]【顔注】師古曰：武庚即祿父也。尹，主也。管叔、蔡叔皆武王之弟。

[3]【顔注】師古曰：《周書·大誥》之序。

[4]【顔注】師古曰：康叔亦武王弟也。孟，長也。言爲諸侯之長。

[5]【顔注】師古曰：《凱風》之詩也。浚，衞邑也，音峻。【今注】浚（jùn）：春秋時期衞國邑名。在今河南濮陽市南。

[6]【顔注】師古曰：《干旄》之詩。

[7]【顔注】師古曰：《泉水》之詩。【今注】淇：淇水。源出今山西陵川縣，東南流經今河南衞輝市東北淇門鎮，南入黃河。

[8]【顏注】師古曰：今《邶詩》無此句。

[9]【顏注】師古曰：《桑中》之詩。淇上，淇水之上。

[10]【顏注】師古曰：《柏舟》之詩也。中河，河中也。

[11]【顏注】師古曰：《淇奧》之詩也。奧，水隈也，音於六反。

[12]【顏注】師古曰：《碩人》之詩也。洋洋，盛大也，音羊，又音翔。

[13]【今注】吳公子札聘魯觀周樂：事見《左傳》襄公二十九年。

[14]【今注】懿公：即衛懿公。春秋時期衛國國君。公元前669年即位，在位九年，政荒民怨，爲狄人所攻，國破身死。

[15]【顏注】師古曰：曹及楚丘，二邑名。【今注】曹：春秋時期衛國邑名。在今河南滑縣東。　楚丘：春秋時期衛國邑名。在今河南滑縣東北。《左傳》僖公二年（前658），“諸侯城楚丘而封衛焉”。　文公：即衛文公。春秋時期衛國國君。公元前659年在齊桓公等諸侯扶持下繼立爲君，在位二十五年，精心圖治，使衛國得以復興。

[16]【顏注】師古曰：殷虛，汲郡朝歌縣也。虛讀曰墟。【今注】殷虛：即殷墟。在今河南安陽市西北小屯村一帶。公元前14世紀商王盤庚遷都於殷，歷二百七十三年至商紂亡國，一直爲商的都城。周滅殷商，殷都破敗爲墟，故稱殷墟。

[17]【顏注】師古曰：生分，謂父母在而昆弟不同財產。【今注】生分：王先謙《漢書補注》：“生分，蓋夫婦乖異。下韓地民以生分爲失，同義。顏以生爲父母在，分爲昆弟不同財，於文不順。且昆弟同財固善，分亦未爲大失，若以父母在而分財爲非，豈父母死而分財即是乎？知其義之未安矣。”日本學者守屋美都雄對顏說持否定態度，認爲生分是指“在父母生前，諸子與父母分開，沒有一個照料父母”（守屋美都雄著，錢杭、楊曉芬譯《中國古代

的家庭與國家》，上海古籍出版社 2010 年版，第 237 頁）。王彥輝
認爲，生分就是指父母尚在而父子分財異居或兄弟之間分財異居
（詳見王彥輝《論漢代的分戶析產》，《中國史研究》2006 年第 4
期）。

河東土地平易，有鹽鐵之饒，本唐堯所居，《詩·風》唐、魏之國也。周武王子唐叔在母未生，[1]武王夢帝謂己[2]曰：“余名而子曰虞，將與之唐，屬之參。”[3]及生，名之曰虞。至成王滅唐，[4]而封叔虞。唐有晉水，[5]及叔虞子燮爲晉侯云，[6]故參爲晉星。[7]其民有先王遺教，君子深思，小人儉陋。故《唐詩》《蟋蟀》《山樞》《葛生》之篇曰“今我不樂，日月其邁”；[8]“宛其死矣，它人是媮”；[9]“百歲之後，歸于其居”。[10]皆思奢儉之中，念死生之慮。[11]吳札聞《唐》之歌，曰：“思深哉！其有陶唐氏之遺民乎？”

[1]【顔注】師古曰：謂懷孕時。

[2]【顔注】師古曰：帝，天也。【今注】帝：天帝。案，此處或即指唐堯。唐堯爲“五帝”之一，又曾禪位於虞舜，下文夢語中“帝”賜武王子名虞，又許之唐地，顯然有強調虞得唐地合法化之意。

[3]【顔注】師古曰：屬音之欲反。參音所林反。

[4]【今注】唐：此指商代方國之一唐國。在今山西翼城縣西。相傳爲堯的後裔。後爲周成王所滅，成爲其弟叔虞的封地。

[5]【今注】晉水：源出今山西太原市西南懸甕山，東北流，經古城營西古城，注入汾水。

[6]【今注】燮：即姬燮，唐叔虞之子，周武王之孫。即唐侯

之位後，改國號爲晉。

[7]【今注】參爲晉星：參爲晉地之分星。

[8]【顏注】師古曰：《蟋蟀》之詩也。邁，行也。言日月行往，將老而死也。蟋音悉。蟀音率。

[9]【顏注】師古曰：《山有樞》之詩也。愉，樂也。言己儉吝，死亡之後當爲它人所樂也。愉音踰，又音偷。樞音甌。

[10]【顏注】師古曰：《葛生》之詩也。居謂墳墓也。言死當歸于墳墓，不能復爲樂也。

[11]【顏注】師古曰：中音竹仲反。

魏國，亦姬姓也，[1]在晉之南河曲，[2]故其《詩》曰"彼汾一曲"；[3]"寘諸河之側"。[4]自唐叔十六世至獻公，[5]滅魏以封大夫畢萬，[6]滅耿以封大夫趙夙，[7]及大夫韓武子食采於韓原，[8]晉於是始大。至于文公，[9]伯諸侯，尊周室，[10]始有河內之土。[11]吳札聞《魏》之歌，曰："美哉渢渢乎！[12]以德輔此，則明主也。"文公後十六世爲韓、魏、趙所滅，三家皆自立爲諸侯，是爲三晉。趙與秦同祖，韓、魏皆姬姓也。自畢萬後十世稱侯，[13]至孫稱王，[14]徙都大梁，[15]故魏一號爲梁，七世爲秦所滅。

[1]【今注】魏國亦姬姓：周文王庶子姬高，因封國在畢（今陝西咸陽市西北），故名畢公高。公元前661年，晉獻公將魏賜給畢公高後裔大夫畢萬以爲封地，故魏國亦以姬爲姓。

[2]【今注】河曲：地名。在今山西芮城縣西南。黃河南流至此，折而東流，故稱河曲。春秋時屬晉國。

[3]【顏注】師古曰：《汾沮洳》之詩。沮音子豫反。洳音人

豫反。

[4]【顏注】師古曰：《伐檀》之詩。寘，置也，音之豉反。

[5]【今注】獻公：春秋時期晉國國君。名詭諸。公元前 677 年即位，在位二十六年。事迹詳見《史記》卷三九《晉世家》。

[6]【顏注】師古曰：畢萬，畢公高之後，魏犨祖父。

[7]【顏注】師古曰：趙夙，趙衰之兄。【今注】耿：春秋時方國。在今山西河津市東南。公元前 661 年爲晉國所滅。

[8]【顏注】師古曰：韓武子，韓厥之曾祖也，本與周同姓，食采於韓，更爲韓氏。此説依《史記》，而釋《春秋傳》者不同（而釋，蔡琪本、大德本、殿本作“而輿釋”）。【今注】韓原：在今陝西韓城市西南。一説在今山西河津市。

[9]【今注】文公：晉文公。春秋時期晉公國君。名重耳。公元前 636 年即位，在位九年，晉國日强，成爲諸侯霸主。事迹詳見《史記·晉世家》。

[10]【顏注】師古曰：伯讀曰霸。

[11]【顏注】師古曰：《左氏傳》所謂“始啓南陽”者。

[12]【顏注】師古曰：渢，浮兒也（渢浮兒也，蔡琪本、殿本作“渢渢浮貌也”，大德本作“渢渢浮兒也”）。言其中庸，可與爲善，可與爲惡也。渢音馮。【今注】渢（féng）渢：形容聲音宏大。

[13]【今注】自畢萬後十世稱侯：公元前 403 年，周威烈王承認參與瓜分晉國的魏斯爲諸侯，是爲魏文侯。

[14]【今注】至孫稱王：公元前 344 年，魏文侯之孫魏罃去侯稱王，是爲魏惠王。

[15]【今注】大梁：在今河南開封市。

周地，柳、七星、張之分野也。[1]今之河南雒陽、穀成、平陰、偃師、鞏、緱氏，是其分也。

[1]【今注】柳：星宿名。二十八宿之一。南宮朱雀七宿之第三宿。　七星：星宿名。二十八宿之一。南宮朱雀七宿之第四宿。　張：星宿名。二十八宿之一。南宮朱雀七宿之第五宿。案，分野，殿本作"分壄"。

　　昔周公營雒邑，以爲在于土中，諸侯蕃屏四方，[1]故立京師。至幽王淫襃姒，[2]以滅宗周，[3]子平王東居雒邑。其後五伯更帥諸侯以尊王室，[4]故周於三代最爲長久，八百餘年至於王赧，[5]乃爲秦所兼。初雒邑與宗周通封畿，[6]東西長而南北短，短長相覆爲千里。至襄王以河內賜晉文公，又爲諸侯所侵，故其分墜小。[7]

　　[1]【顏注】師古曰：言雒陽四面皆有諸侯爲蕃屏。【今注】蕃屏：護衛。蕃，通"藩"。
　　[2]【今注】淫：沈溺，過度寵愛。　襃姒：周幽王寵姬。幽王爲博襃姒一笑，舉烽火召諸侯，視軍國大事爲兒戲，終至國破身亡。
　　[3]【今注】宗周：此指西周國都鎬京（今陝西西安市西北）。
　　[4]【顏注】師古曰：伯讀曰霸。解在《刑法志》。更，互也，音工衡反。【今注】五伯：齊桓公、晉文公、宋襄公、楚莊王、秦穆公。世稱"春秋五霸"。　更（gēng）：輪流。　案，王室，蔡琪本、大德本、殿本同，中華本作"周室"。
　　[5]【今注】王赧（nǎn）：即周赧王姬延，東周最後一位君主。公元前315年即位，公元前256年周地歸秦，國滅身死。案，王赧，大德本、殿本作"赧王"。
　　[6]【顏注】韋昭曰：通在二封之地，共千里也。師古曰：宗周，鎬京也，方八百里，八八六十四，爲方百里者六十四也。

雒邑，成周也，方六百里，六六三十六，爲方百里者三十六。二
都得百里者百，方千里也。故《詩》云"邦畿千里"。

[7]【顏注】師古曰：墬，古地字。

周人之失，巧僞趨利，貴財賤義，高富下貧，[1]憙
爲商賈，不好仕宦。[2]

[1]【今注】下貧：以貧爲下。

[2]【顏注】師古曰：憙音許吏反。

自柳三度至張十二度，謂之鶉火之次，[1]周之
分也。

[1]【今注】鶉火：星次名。對應的分野是周地。鶉，指鵪鶉
一類的鳥。《夏小正》曾多處以鶉鳥的出入爲物候，鶉首、鶉火、
鶉尾當爲鶉鳥的頭、身、尾三個星次名，屬南方朱雀。

韓地，角、亢、氐之分野也。[1]韓分晉得南陽郡及
潁川之父城、定陵、襄城、潁陽、潁陰、長社、陽翟、
郟，[2]東接汝南，西接弘農得新安、宜陽，皆韓分也。
及《詩·風》陳、鄭之國，[3]與韓同星分焉。

[1]【今注】角亢氐：皆星宿名。《史記·天官書》："角、亢、
氐，兗州。"角、亢、氐在戰國時期對應的分野是韓國，在西漢對
應的是兗州。

[2]【顏注】師古曰：郟音工洽反，即今郟城縣是也。【今
注】南陽郡：晉之南陽在河内，處黃河之北，與戰國、秦、漢時期

的南陽郡不同。三家分晉時，韓國分得州，趙國分得溫原，魏國分得修武。

　　[3]【今注】詩風陳鄭之國：《詩·陳風》十篇，《詩·鄭風》二十一篇。

　　鄭國，今河南之新鄭，本高辛氏火正祝融之虛也。[1]及成皋、滎陽，潁川之崇高、陽城，皆鄭分也。本周宣王弟友爲周司徒，[2]食采於宗周畿內，是爲鄭。[3]鄭桓公問於史伯曰：“王室多故，何所可以逃死？”[4]史伯曰：“四方之國，非王母弟甥舅則夷狄，不可入也。其濟、洛、河、潁之間乎？[5]子男之國，[6]虢、會爲大，[7]恃埶與險，崇侈貪冒，[8]君若寄帑與賄，周亂而敝，必將背君；[9]君以成周之衆，奉辭伐罪，亡不克矣。”公曰：“南方不可乎？”對曰：“夫楚，重黎之後也，黎爲高辛氏火正，昭顯天地，以生柔嘉之材。[10]姜、嬴、荊、芈，實與諸姬代相干也。[11]姜，伯夷之後也；[12]嬴，伯益之後也。伯夷能禮於神以佐堯，伯益能儀百物以佐舜，[13]其後皆不失祀，而未有興者，周衰將起，不可偪也。”桓公從其言，乃東寄帑與賄，虢、會受之。後三年，幽王敗，桓公死，其子武公與平王東遷，卒定虢、會之地，右雒左泲，食溱、洧焉。[14]土陿而險，山居谷汲，男女亟聚會，[15]故其俗淫。《鄭詩》曰：“出其東門，有女如雲。”[16]又曰：“溱與洧方渙渙兮，士與女方秉蕑兮。”“恂盱且樂，惟士與女，伊其相謔。”[17]此其風也。吳札聞《鄭》之歌，曰：“美哉！其細已甚，民弗堪也。是其先亡乎？"[18]自武公後二十三世，爲韓所滅。

[1]【顏注】師古曰：虛讀曰墟。後皆類此。【今注】高辛氏：即帝嚳。傳說爲黃帝曾孫、堯之父，代高陽氏爲帝，稱高辛氏。　祝融：傳說爲顓頊後裔，名重黎，任高辛氏之火正（祀大火星而掌民事），被後世尊爲火神。

[2]【今注】司徒：官名。西周時爲三公之一，掌土地管理、勞役徵發、百姓教化等。

[3]【顏注】師古曰：即今之華陰鄭縣。【今注】鄭：秦、西漢鄭縣治所在今陝西渭南市華州區。

[4]【今注】鄭桓公：即周宣王之弟姬友。因封於鄭，故稱鄭桓公。　史伯：史官名。

[5]【顏注】師古曰：濟音子禮反。【今注】濟洛河潁：皆爲水名。

[6]【今注】子男：並爵名。周朝爵制分爲公、侯、伯、子、男五等，子男之國皆爲方五十里。

[7]【顏注】師古曰：會讀曰鄶，字或作檜。檜國在豫州外方之北，滎播之南（播，殿本作"幡"），溱、洧之閒，妘姓之國。【今注】虢：西周姬姓封國。分爲西虢、東虢、北虢。此指東虢（今河南滎陽市東北），公元前767年爲鄭國所滅。　會：又作"檜""鄶"。古國名。在今河南新密市東（一說在今河南新鄭市西北）。西周、東周之際爲鄭國所滅。

[8]【顏注】師古曰：冒，蒙也，蔽於義理。【今注】崙：同"崇"。

[9]【顏注】師古曰：帑讀與孥同，謂妻子也。

[10]【今注】柔嘉：柔剛並濟。《詩·大雅·禹民》："仲山甫之德，柔嘉維則。"

[11]【顏注】師古曰：代，遞也。干，犯也。

[12]【今注】伯夷：此指傳說中在堯舜時期掌秩宗、典三禮的伯夷，非周初餓死首陽山的伯夷。

[13]【顏注】師古曰：儀與宜同。宜（宜，蔡琪本作"儀"），安也。

[14]【顏注】師古曰：溱、洧，二水也。溱音臻。洧音鮪。【今注】溱（zhēn）：水名。即今河南新密市東溱河。《詩·鄭風·褰裳》："子惠思我，褰裳涉溱。" 洧（wěi）：水名。源出今河南登封市馬嶺山，東南流至新密市交流寨，與溱水合爲今雙洎河。《詩·鄭風·溱洧》："溱與洧，方渙渙兮。"

[15]【顏注】師古曰：巫，屢也，音丘史反。

[16]【顏注】師古曰：《出其東門》之詩。東門，鄭之東門也。如雲，言其眾多而往來不定。

[17]【顏注】師古曰：《溱洧》之詩也。灌灌，水流盛也。菅，蘭也。恂，信也。盰，大也。伊，惟也。謔，戲言也。謂仲春之月，二水流盛，而士與女執芳草於其間，以相贈遺，信大樂矣，惟以戲謔也。灌音胡貫反。菅音姦。

[18]【顏注】臣瓚曰：謂音聲細弱也，此衰弱之徵。【今注】細：煩碎。

陳國，今淮陽之地。[1]陳本大昊之虛，周武王封舜後嬀滿於陳，是爲胡公，妻以元女大姬。[2]婦人尊貴，好祭祀，用史巫，[3]故其俗巫鬼。《陳詩》曰："坎其擊鼓，宛丘之下，亡冬亡夏，值其鷺羽。"[4]又曰："東門之枌，宛丘之栩，子仲之子，婆娑其下。"[5]此其風也。吳札聞陳之歌，曰："國亡主，其能久乎！"[6]自胡公後二十三世爲楚所滅。陳雖屬楚，於天文自若其故。

[1]【今注】今淮陽之地：底本“地”字後空一格。王鳴盛《十七史商榷》卷二一：“‘地’下誤空一格，南監‘陳’字誤提行起，皆非是。”

[2]【今注】元女大姬：武王長女，名大姬。

[3]【今注】史巫：並爲商周時期的文化階層。史通過觀察天象、解釋龜卜協助統治者決策，爲後世史官之先。巫通過祈禱祭祀、溝通鬼神來協助統治者決策。女巫爲巫，男巫稱覡。

[4]【顏注】師古曰：《宛丘》之詩也。坎坎，擊鼓聲。四方高，中央下，曰宛丘。值，立也。鷺鳥之羽以爲翿（以爲翿，蔡琪本作“以其翿”），立之而舞，以事神也。無冬無夏，言其恒也。

[5]【顏注】師古曰：《東門之枌》之詩也。東門，陳國之東門也。枌，白榆也。栩，杼也。子仲，陳大夫之氏也。婆娑，舞皃也。亦言於枌栩之下歌舞以娛神也。枌音扶云反。栩音許羽反。杼音神汝反。【今注】宛丘：在今河南淮陽縣東南。春秋時陳國建都於宛丘之側。

[6]【顏注】師古曰：言政由婦人，不以君爲主也。

潁川、南陽，本夏禹之國。夏人上忠，[1]其敝鄙朴。韓自武子後七世稱侯，六世稱王，五世而爲秦所滅。秦既滅韓，徙天下不軌之民於南陽，[2]故其俗夸奢，上氣力，好商賈漁獵，藏匿難制御也。宛，西通武關，[3]東受江、淮，一都之會也。[4]宣帝時，鄭弘、召信臣爲南陽大守，[5]治皆見紀。信臣勸民農桑，去末歸本，郡以殷富。潁川，韓都。士有申子、韓非，刻害餘烈，[6]高仕宦，好文法，[7]民以貪遴爭訟生分爲失。[8]韓延壽爲大守，[9]先之以敬讓。黃霸繼之，[10]教化大行，獄或八年亡重罪囚。南陽好商賈，召父富以本業。[11]潁川好爭訟分異，黃、韓化以篤厚。"君子之德風也，小人之德草也"，信矣。[12]

[1]【今注】上忠：以忠爲上。上，崇尚。

[2]【顏注】師古曰：不軌，不循法度者。

[3]【今注】武關：在今陝西丹鳳縣武關鎮，是從南陽盆地西北進入關中平原的必經之地。

[4]【今注】一都之會：西漢時期，宛與洛陽、邯鄲、臨淄、成都並稱"五都"，是京師長安之外的五大都市。王念孫《讀書雜志・漢書第七》以爲"都會"之間不當有"之"字。

[5]【顏注】師古曰：召讀曰邵。【今注】鄭弘：傳見本書卷六六。 召信臣：傳見本書卷八九。

[6]【顏注】師古曰：申子，申不害也。烈，業也。【今注】申子：即申不害。戰國時期韓國人，法家代表人物之一，其學"本於黃老而主刑名"。曾任韓相十九年，主張君主獨斷，用"術"治理天下。

[7]【今注】文法：文書法令。

[8]【顏注】師古曰：遴與吝同。

[9]【今注】韓延壽：傳見本書卷七六。

[10]【今注】黃霸：傳見本書卷八九。

[11]【顏注】師古曰：召父，謂召信臣也。勸其務農以致富。【今注】召父：指西漢南陽太守召信臣，爲民興利，甚得人心。東漢初南陽太守杜詩亦多善政，百姓合而歌頌："前有召父，後有杜母。"

[12]【顏注】師古曰：《論語》載孔子之言也。曰"君子之德風，小人之德草也，草上之風必偃"。言從教而化。

自東井六度至亢六度，[1]謂之壽星之次，[2]鄭之分
野，與韓同分。

[1]【今注】自東井六度至亢六度：錢大昕《廿二史考異‧漢
書二》以爲，“東井”當作“軫”。

[2]【今注】壽星：星次名。東方蒼龍三星次之一。

趙地，昴、畢之分壄。[1]趙分晉，得趙國。北有信
都、真定、常山、中山，又得涿郡之高陽、鄚、州
鄉；[2]東有廣平、鉅鹿、清河、河間，又得渤海郡之東
平舒、中邑、文安、束州、成平、章武，河以北也；
南至浮水、繁陽、內黃、斥丘；西有大原、定襄、雲
中、五原、上黨。[3]上黨，本韓之別郡也，遠韓近趙，
後卒降趙，皆趙分也。

[1]【今注】昴（mǎo）畢：二星宿名。皆屬二十八宿。爲西
宮白虎七宿第四、五宿。

[2]【顏注】師古曰：鄚音莫。

[3]【今注】案，大原，蔡琪本、殿本作“太原”。　案，戰
國時期趙國有九原郡而無五原郡，此係以西漢形勢追述戰國趙地。

自趙夙後九世稱侯，四世敬侯徙都邯鄲，[1]至曾孫
武靈王稱王，[2]五世爲秦所滅。

[1]【今注】敬侯：敬侯趙章，戰國時期趙國國君。公元前
386年即位，將都城從晉陽（今山西太原市西南）遷至邯鄲（今河
北邯鄲市）。公元前376年，與魏、韓共滅晉，分其地。事迹詳見

《史記》卷四三《趙世家》。

[2]【今注】武靈王：敬侯趙雍，戰國時期趙國國君。公元前 326 年即位。公元前 323 年，趙、魏、韓、燕、中山等五國共盟，相互承認五國國君爲王，此即"五國相王"。但趙武靈王以無其實而不敢處其名爲由，命國人稱己爲"君"或"主父"，不用王爵。

趙、中山地地薄人衆，猶有沙丘紂淫亂餘民。[1]丈夫相聚游戲，悲歌忼慨，起則椎剽掘冢，[2]作姦巧，多弄物，爲倡優。[3]女子彈弦跕躧，游媚富貴，徧諸侯之後宫。[4]

[1]【顏注】晉灼曰：言地薄人衆，猶復有沙丘紂淫地餘民，通係之於淫風而言之也，不說沙丘在中山也。【今注】案，趙中山地地薄人衆，蔡琪本、大德本、殿本作"趙中山地薄人衆"。　沙丘：在今河北廣宗縣西北。相傳其地有商紂畜養鳥獸、恣意游樂的囿苑。

[2]【顏注】師古曰：椎殺人而剽劫之也。椎音直追反，其字從木。剽音頻妙反。掘冢，發冢也。

[3]【今注】倡優：以樂舞戲謔爲業的藝人。

[4]【顏注】如淳曰：跕音蹀足之蹀。躧音屣。臣瓚曰：躡跟爲跕，挂指爲躧。師古曰：跕音它頰反。躧字與屣同。屣謂小履之無跟者也。跕謂輕躧之也。【今注】跕（diē）躧（xǐ）：走路時以足尖點地，輕拖鞋子。楊樹達《漢書窺管》云："今日本人著屐，以屐係夾將指與第二指間著之，即此注所謂挂指也。"

邯鄲北通燕、涿，南有鄭、衛，漳、河之閒一都會也。其土廣俗雜，大率精急，高氣執，輕爲姦。

大原、上黨又多晉公族子孫，[1]以詐力相傾，務矜誇功名，[2]報仇過直，[3]嫁取送死奢靡。[4]漢興，號爲難治，常擇嚴猛之將，或任殺伐爲威。父兄被誅，子弟怨憤，至告訐刺史二千石，[5]或報殺其親屬。

[1]【今注】案，大原，蔡琪本、大德本、殿本作"太原"。公族子弟：此指晉國國君及卿大夫的子弟。

[2]【今注】案，務矜夸功名，蔡琪本、殿本無"務"字。

[3]【顏注】師古曰：直，亦當也。

[4]【顏注】師古曰：取讀曰娶。其下並同。

[5]【顏注】師古曰：訐，面相斥罪也，音居列反，又居謁反（蔡琪本、大德本、殿本"居"前有"音"字）。

鍾、代石北，迫近胡寇，[1]民俗懻忮，[2]好氣爲姦，不事農商，自全晉時已患其剽悍，[3]而武靈王又益厲之。故冀州之部，盜賊常爲它州劇。

[1]【顏注】如淳曰：鍾，所在未聞。石，山險之限，在上曲陽。【今注】鍾代石北：錢坫《新斠注地理志》曰："鍾，鍾山，亦曰陰山也，在今榆林府城北鄂爾多斯界黄河北岸。如湻以爲未聞，非矣。代，郡縣名。石，石成。北，北平。如湻以石在上曲陽者常山石邑，非此耳。"今案，鍾代石北，所指何處，歷來説法不一。如淳以爲鍾、代、石爲三地，惟鍾地所在不詳。錢坫以爲鍾、代、石、北爲四地，且以明確的今地對應。中華本標點爲"鍾、代、石、北"，其意亦當指四地。然《史記》卷一二九《貨殖列傳》載，"楊、平陽陳西賈秦、翟，北賈種、代。種、代，石北也。地邊胡，數被寇"，張守節《正義》釋"種代"："種在恒州石邑縣

北，蓋蔚州也。代，今代州。"裴駰《集解》釋"石"："石邑縣也。在常山。"據此可知，"鍾代石北"意謂鍾、代在石北，此處"北"爲方位詞而非地名。錢坫以爲"鍾"即今内蒙古黄河北側的陰山，然其地在戰國秦漢時期屬雲中、九原諸郡，也就是後文叙及的"雲中、五原，本戎狄地"，故此處之"鍾"非陰山，仍應以張守節《正義》爲是。

[2]【顏注】臣瓚曰：懻音冀，今北土名彊直爲懻中。師古曰：懻，彊也。忮，堅也，音章豉反（懻彊也忮堅也，蔡琪本、大德本、殿本作"懻堅也忮恨也"）。【今注】懻（jì）忮（zhì）：强直剛戾。

[3]【顏注】師古曰：剽，急也，輕也。悍，勇也。剽音頻妙反，又疋妙反（疋，蔡琪本、殿本作"音匹"，大德本作"音疋"）。悍音胡旦反。

定襄、雲中、五原，本戎狄地，頗有趙、齊、衛、楚之徙。[1]其民鄙樸，少禮文，好射獵。鴈門亦同俗，於天文别屬燕。

[1]【顏注】師古曰：言四國之人被遷徙來居之。

燕地，尾、箕分壄也。[1]武王定殷，封召公於燕，[2]其後三十六世與六國俱稱王。東有漁陽、右北平、遼西、遼東，西有上谷、代郡、鴈門，南得涿郡之易、容城、范陽、北新城、故安、涿縣、良鄉、新昌，[3]及勃海之安次，皆燕分也。樂浪、玄菟，亦宜屬焉。

［1］【今注】尾箕：二星宿名。皆屬二十八宿。爲東宮蒼龍第六、七宿。

［2］【今注】召公：即周武王之弟姬奭。因食邑於召，故稱召公。周滅商，受封於燕，爲燕國始祖。因本人留鎬京輔政，遣其長子就封。

［3］【今注】北新城：本《志》有北新成縣，屬中山國。

燕稱王十世，秦欲滅六國，燕王大子丹遣勇士荆軻西刺秦王，[1]不成而誅，秦遂舉兵滅燕。

［1］【今注】大子丹：即太子丹。蔡琪本、殿本作“太子丹”。

薊，南通齊、趙，勃、碣之閒一都會也。[1]初大子丹賓養勇士，[2]不愛後宮美女，民化以爲俗，至今猶然。賓客相過，以婦侍宿，嫁取之夕，男女無別，反以爲榮。後稍頗止，然終未改。其俗愚悍少慮，輕薄無威，亦有所長，敢於急人，[3]燕丹遺風也。

［1］【顏注】師古曰：薊縣，燕之所都也。勃，勃海也。碣，碣石也（殿本“也”字後有“此石著海旁，揭揭然，特立之貌也”）。【今注】碣：即碣石山。在今河北昌黎縣北。

［2］【今注】大子丹：即太子丹。案，蔡琪本、大德本、殿本作“太子丹”。

［3］【顏注】如淳曰：赴人之急，果於赴難也。

上谷至遼東，地廣民希，數被胡寇，俗與趙、代相類，有魚鹽棗栗之饒。北隙烏丸、夫餘，[1]東賈真番之利。[2]

[1]【顏注】如淳曰：有怨隙也。或曰，隙，際也。師古曰：訓際是也。烏丸，本東胡也，爲冒頓所滅，餘類保烏丸山，因以爲號。夫餘在長城之北，去玄菟千里。夫讀曰扶。【今注】隙：鄰接。　烏丸：北方古族名。亦作"烏桓"。本爲東胡的一支，秦末爲匈奴所破，退保今大興安嶺南部。武帝時南遷至上谷、漁陽、右北平、遼西、遼東等近邊之地，幫助漢朝監視匈奴動向，護衛邊塞。　夫餘：東北古族名。亦作"扶餘"。活動在今松花江中游平原一帶。大約在公元前2世紀建立起政權。

[2]【今注】真番：郡名。治霅縣（當在今韓國首爾市）。朝鮮四郡之一。漢武帝元封三年（前108）置，昭帝始元五年（前82）罷。

玄菟、樂浪，武帝時置，皆朝鮮、濊貊、句驪蠻夷。[1]殷道衰，箕子去之朝鮮，[2]教其民以禮義，田蠶織作。樂浪朝鮮民犯禁八條：[3]相殺以當時償殺；[4]相傷以穀償；相盜者男没入爲其家奴，女子爲婢，欲自贖者，人五十萬。雖免爲民，俗猶羞之，嫁取無所讎，[5]是以其民終不相盜，無門戶之閉，婦人貞信不淫辟。[6]其田民飲食以籩豆，[7]都邑頗放效吏及内郡賈人，往往以杯器食。[8]郡初取吏於遼東，吏見民無閉臧，及賈人往者，夜則爲盜，俗稍益薄。今於犯禁寖多，至六十餘條。可貴哉，仁賢之化也！然東夷天性柔順，異於三方之外，[9]故孔子悼道不行，設浮於海，欲居九夷，有以也。[10]夫樂浪海中有倭人，分爲百餘國，以歲時來獻見云。[11]

[1]【顏注】師古曰：濊音穢，字或作薉，其音同。【今注】濊（wèi）貉（mò）：又作“濊貊”。古族名。爲北貉的一支，主要居處於今朝鮮半島中北部。薉，亦即“濊”，又作“穢”。1958年，朝鮮平壤市貞柏洞土壤墓出土“夫租薉君”銀印，是西漢王朝授予樂浪郡夫租縣濊族首領的官印。“薉君”即濊族的君長。“夫租薉君”即夫租縣境内的濊人首領。（詳見林沄《“夭租丞印”封泥與“夭租薉君”銀印考》，載《揖芬集：張政烺先生九十華誕紀念文集》，社會科學文獻出版社 2002 年版 ）　朝鮮：古國名。在今朝鮮半島北部及遼寧東部一帶。漢武帝元封三年（前 108）擊破朝鮮，於其地置樂浪、臨屯、玄菟、真番等四郡。　句驪：即高句驪。古族名。漢時居處於今鴨綠江及渾河流域。漢武帝元封三年開朝鮮四郡，以其地置高句驪縣（今遼寧新賓滿族自治縣西）。

[2]【顏注】師古曰：《史記》云“武王伐紂，封箕子於朝鮮”，與此不同。【今注】箕子：商紂之諸父（一説紂之庶兄），名胥餘，封子爵，國於箕，故稱箕子。曾屢諫商紂而不聽，披髮佯狂爲奴。據説在商周之際到達朝鮮半島，教化當地，爲當地百姓所尊崇，史稱其政權爲“箕子朝鮮”。

[3]【顏注】師古曰：八條不具見。

[4]【今注】相殺以當時償殺：殺人者以命相償。

[5]【顏注】師古曰：儷，匹也。一曰，儷讀曰售。【今注】儷：匹，配偶。

[6]【顏注】師古曰：辟讀曰僻。【今注】淫辟：淫亂放蕩。

[7]【顏注】師古曰：以竹曰籩，以木曰豆，若今之槃也。槃音其敬反。【今注】籩（biān）豆：飲食盛器。籩以竹編製，盛幹物；豆以木製成，盛濕物。

[8]【顏注】師古曰：都邑之人頗用杯器者，效吏及賈人也。放音甫往反。【今注】杯器：耳杯一類的盛食、飲食器具。

[9]【顏注】師古曰：三方，謂南、西、北也。

[10]【顏注】師古曰:《論語》稱孔子曰:"道不行,乘桴浮於海,從我者其由也與（與,蔡琪本、大德本、殿本作"歟"）!"言欲乘桴筏而適東夷,以其國有仁賢之化,可以行道也。桴音孚。筏音伐。【今注】九夷:東方少數民族的泛稱。

[11]【顏注】如淳曰:如墨委面,在帶方東南萬里。臣瓚曰:倭是國名,不謂用墨,故謂之委也。師古曰:如淳云"如墨委面",蓋音委字耳,此音非也。倭音一戈反,今猶有倭國。《魏略》云倭在帶方東南大海中,依山島爲國,度海千里,復有國,皆倭種。【今注】倭人:史書中對日本人的稱呼。

自危四度至斗六度,[1]謂之析木之次,燕之分也。[2]

[1]【今注】自危四度至斗六度:危、斗,二星宿名。皆屬二十八宿。錢大昕《廿二史考異·漢書二》以爲,"危"當作"尾"。尾爲東宮蒼龍七宿之第六宿。斗爲北宮玄主七宿第一宿。

[2]【今注】析木:星次名。屬東方蒼龍三星次之一。《漢書考證》齊召南曰:"按析木之次,星曰尾、箕。《律曆志》'析木,初尾十度,中箕七度,終于斗十一度'。此言一次之全度也。燕地祇占尾、箕,不及南斗,何緣自危四度至斗六度乎?若順數之,幾乎週天矣;若逆數之,則自危而虛,而女,而牽牛,而南斗,正當元枵星紀二次,又何以云析木也?宋本、監本俱誤。"

齊地,虛、危之分壄也。[1]東有甾川、東萊、琅邪、高密、膠東,南有泰山、城陽,北有千乘,清河以南,勃海之高樂、高城、重合、陽信,西有濟南、平原,皆齊分地。[2]

　　[1]【今注】虛：星宿名。二十八宿之一。爲北宮玄武七宿之
第四宿。

　　[2]【今注】案，分地，蔡琪本、大德本、殿本作"分也"。

　　少昊之世有爽鳩氏，[1]虞、夏時有季萴，[2]湯時有
逢公柏陵，[3]殷末有薄姑氏，[4]皆爲諸侯，國此地。至
周成王時，薄姑氏與四國共作亂，[5]成王滅之，以封師
尚父，是爲大公。[6]《詩·風》齊國是也。臨淄名營
丘，故《齊詩》曰："子之營兮，遭我虖巘之閒
分。"[7]又曰："竢我於著乎而。"[8]此亦其舒緩之體也。
吳札聞《齊》之歌，曰："泱泱乎，大風也哉！[9]其大
公乎？國未可量也。"

　　[1]【今注】少昊：亦作"少皞""少皓"。傳說中東夷族首
領。號金天氏。相傳曾爲鳥師，故其職官皆以鳥爲名。　爽鳩氏：
傳說爲少昊所置捕盜賊的職官，即後世的司寇。

　　[2]【顏注】師古曰：萴音仕力反。【今注】季萴（zè）：相
傳爲虞、夏時期的諸侯。

　　[3]【今注】逢公柏陵：《左傳》昭公二十年作"逢伯陵"。商
代姜姓諸侯，先封於逢，後改封於齊地。

　　[4]【今注】薄姑氏：又作"蒲姑""亳姑"。商周之際諸侯
名。在今山東博興縣東南。

　　[5]【今注】四國：此指徐、奄、熊、盈等方國。周成王時，
徐、奄、熊、盈等方國與薄姑氏一起，參與了武庚、管叔、蔡叔發
動的叛亂，後被周公姬旦率軍平定。

　　[6]【顏注】師古曰：武王封太公於齊，初未得爽鳩之地，
成王以益之也。【今注】師尚父：即姜尚，又稱呂尚、呂牙、太公

望。本東海人，佐助周武王滅商紂，被尊爲師尚父。封於齊地，稱太公。爲齊之始祖。事迹詳見《史記》卷三二《齊太公世家》。案，大公，蔡琪本、大德本、殿本作"太公"。

[7]【顏注】師古曰：《齊國風·營詩》之辭也。《毛詩》作還，《齊詩》作營。之，往也。巄，山名也，字或作猺，亦作巎，音皆乃高反。言往適營丘而相逢於巄山也。【今注】巄（náo）：山名。在今山東淄博市境内。字本作"峱"，峱、農音近，故後寫作"巄"。　案，分，諸本作"兮"。底本誤。

[8]【顏注】師古曰：《齊國風·著詩》之辭也。著，地名，即濟南郡著縣也。乎而，語助也。一曰，門屏之間曰著，音直庶反。【今注】竢（sì）：同"俟"。等待。蔡琪本作"俟"。　著：地名。在今山東濟陽縣西。漢代有著縣，屬濟南郡。

[9]【顏注】師古曰：泱泱，弘大之意也，音烏郎反。

古有分土，亡分民。[1]大公以齊地負海舄鹵，少五穀而人民寡，[2]迺勸以女工之業，通魚鹽之利，而人物輻湊。後十四世，桓公用管仲，設輕重以富國，[3]合諸侯成伯功，[4]身在陪臣而取三歸。[5]故其俗彌侈，織作冰紈綺繡純麗之物，[6]號爲冠帶衣履天下。[7]

[1]【顏注】師古曰：有分土者，謂立封疆也。無分人者（人，蔡琪本、大德本、殿本作"民"），謂通往來不常厥居也。【今注】案，無分人，本作"無分民"，唐人避太宗李世民名諱，改"民"爲"人"。

[2]【顏注】師古曰：舄鹵，解在《食貨志》。【今注】舄（xì）鹵：鹽碱地。

[3]【顏注】師古曰：解在《食貨志》。【今注】輕重：古代經濟術語。指國家根據錢穀貴賤來平衡經濟的政策。

［4］【顏注】師古曰：伯讀曰霸。【今注】合：會盟。

［5］【顏注】師古曰：三歸，三姓之女。【今注】陪臣：即重臣。周制諸侯卿大夫對天子的謙卑自稱。《禮記·典禮下》：“列國之大夫入天子之國曰某士，自稱曰陪臣某。”鄭玄注：“陪，重也。”孔穎達疏：“其君已爲王臣，己今又爲己君之臣，故自稱對王曰重臣。”另，卿大夫家臣亦別稱陪臣。《論語·季氏》：“陪臣執國命，三世希不失矣。”　三歸：其意説法不一。顏師古以爲是三姓之女。劉向《説苑》以爲是樓臺名。俞樾《群經平議》以爲意指管仲自朝而歸，其家三處。武億《群經義證》以爲是藏泉幣的府庫。梁玉繩《瞥記》以爲三歸是地名，爲管仲采邑。郭嵩燾《養知書屋集》卷一《釋三歸》以爲三歸是“市租之常例之歸之公者也。桓公既霸，遂以賞管仲”。劉興林綜考諸説認爲，三歸是齊國農、工、商基本社會經濟成分向國家貢納之税租。春秋時代，公室獨攬工商之利，並對大夫采邑徵部分農業税。齊桓公稱霸以後，對功勞卓著的管仲破例封賞，使其盡有邑地農工商之税利，且不兼官税。三歸由此成爲衆人抨擊管仲不知禮、不知儉的鐵證（詳見劉興林《管仲“三歸”考》，《江蘇社會科學》1992 年第 2 期）。

［6］【顏注】如淳曰：紈，白熟也。純，緣也，謂絛組之屬也。麗，好也。臣瓚曰：冰紈，紈細密堅如冰者也。純麗，溫純美麗之物也。師古曰：如説非也。冰，謂布帛之細，其色鮮絜如冰者也。紈，素也。綺，文繒也，即今之所謂細綾也。純，精好也。麗，華靡也（華靡，蔡琪本作“華美”）。紈音丸。純音淳。【今注】冰紈綺繡：高級絲織物。冰紈，潔白的細絹。綺繡，彩色絲織品。案，冰，殿本作“冰”。

［7］【顏注】師古曰：言天下之人冠帶衣履，皆仰齊地。

初大公治齊，修道術，尊賢智，賞有功，故至今其土多好經術，矜功名，舒緩闊達而足智。其失夸奢

朋黨，言與行繆，虛詐不情，[1]急之則離散，緩之則放
縱。始桓公兄襄公淫亂，[2]姑姊妹不嫁，於是令國中民
家長女不得嫁，名曰“巫兒”，[3]爲家主祠，嫁者不利
其家，民至今以爲俗。痛乎，道民之道，可不慎哉！[4]

[1]【顔注】師古曰：不可得其情。
[2]【今注】襄公：春秋時期齊國國君。名諸兒。公元前698
年即位，在位十二年，荒淫無度，被臣子襲殺。
[3]【今注】巫兒：春秋時期齊地有長女不出嫁，留家主持祭
祀的風俗，此類女子稱作“巫兒”。
[4]【顔注】師古曰：上道讀曰導。

　　昔大公始封，周公問：“何以治齊？”大公曰：“舉
賢而上功。”周公曰：“後世必有篡殺之臣。”其後二十
九世爲彊臣田和所滅，[1]而和自立爲齊侯。初，和之先
陳公子完有罪來奔齊，[2]齊桓公以爲大夫，更稱田氏。
九世至和而篡齊，至孫威王稱王，[3]五世爲秦所滅。

[1]【今注】田和：戰國時期齊國人。仕齊爲卿，甚得人心。
公元前391年，田和將齊康公遷至海濱，其後稱齊侯，成爲齊國國
君，田氏齊國取代姜氏齊國。
[2]【顔注】師古曰：公子完，陳屬公之子也。《左氏傳》魯
莊二十二年“陳人殺其大子禦寇（大子，蔡琪本、大德本作“太
子”），公子完與顓孫奔齊”，蓋禦寇之黨也。【今注】陳公子完：
春秋時期陳國公族。陳屬公之子，後因受到陳莊公猜忌而逃到齊
國，因食邑於田，故稱田完。
[3]【今注】威王：即田嬰齊。戰國時期齊國國君。公元前

356 年即位，在位三十六年，齊國大治。公元前 334 年稱王。

臨甾，海、岱之閒一都會也，[1]其中具五民云。[2]

[1]【今注】海岱之閒一都會：西漢時期，臨淄與洛陽、邯鄲、宛、成都並稱“五都”。岱，泰山。

[2]【顏注】服虔曰：士、農、商、工、賈也。如淳曰：遊子樂其俗，不復歸，故有五方之民也。師古曰：如説是。

魯地，奎、婁之分埜也。[1]東至東海，南有泗水，至淮，得臨淮之下相、睢陵、僮、取慮，皆魯分也。[2]

[1]【今注】奎婁：二星宿名。皆屬二十八宿。爲西宮白虎七宿之第一、二宿。

[2]【顏注】師古曰：睢音雖（殿本無“睢音雖”三字）。取音趨（取音趨，蔡琪本、大德本、殿本同，中華本作“取音趣”），又音秋。慮音閭。

周興，以少昊之虛曲阜封周公子伯禽爲魯侯，[1]以爲周公主。[2]其民有聖人之教化，故孔子曰“齊一變至於魯，魯一變至於道”，言近正也。[3]瀕洙泗之水，[4]其民涉度，幼者扶老而代其任。[5]俗既益薄，長老不自安，與幼少相讓，故曰：“魯道衰，洙泗之閒斷斷如也。”[6]孔子閔王道將廢，迺修六經，以述唐虞三代之道，弟子受業而通者七十有七人。是以其民好學，上禮義，重廉恥。周公始封，大公問：“何以治魯？”[7]周公曰：“尊尊而親親。”[8]大公曰：“後世寖弱矣。”[9]

故魯自文公以後，[10]禄去公室，政在大夫，季氏逐昭公，[11]陵夷微弱，[12]三十四世而爲楚所滅。然本大國，故自爲分壄。

[1]【顏注】師古曰：少昊，金天氏之帝。

[2]【顏注】師古曰：主周公之祭祀。【今注】主：主祭之人。

[3]【顏注】師古曰：魯庶幾至道，齊又不如魯也。今案"齊又不如魯也"，蔡琪本、大德本、殿本、中華本皆作"齊人不如魯也"。【今注】案，孔子之語，出自《論語·雍也》。

[4]【顏注】師古曰：言所居皆邊於一水也。瀕音頻，又音賓。【今注】洙：洙水。古洙水源出今山東新泰市東北，至泗水縣北與泗水合流，西流至曲阜市東北又與泗水分流，至濟寧市合洸水南流，復注入泗水。

[5]【顏注】師古曰：任，負戴也。【今注】任：負荷，承擔。

[6]【顏注】師古曰：斷斷，分辨之意也，音牛斤反。【今注】斷（yín）斷如：争辯計較之狀。

[7]【今注】大公：太公望，即姜尚。

[8]【今注】尊尊：貴族小宗子弟要向作爲大宗的父兄稱臣，等級森嚴。　親親：貴族家族内部强調同族情誼，兄弟和睦。

[9]【顏注】師古曰：言漸微弱也。

[10]【今注】文公：春秋時期魯國國君。名興。公元前627年即位，在位十八年。

[11]【今注】季氏：春秋、戰國之際魯國貴族。魯桓公少子名季友，其後裔季文子、季武子（文子子）、季平子（武子孫）、季桓子（平子子）、季康子（桓子庶子）等相繼執掌魯國之政。
昭公：春秋、戰國之際魯國國君。名稠。公元前542年即位。在位三十二年。公元前517年被貴族季孫氏、叔孫氏、孟孫氏（合稱

"三桓"）擊敗，被迫逃奔齊國，魯國内訌不止，國勢漸衰。

[12]【今注】陵夷：由盛轉衰。

今去聖久遠，周公遺化銷微，孔氏庠序衰壞。地陿民衆，頗有桑麻之業，亡林澤之饒。俗儉嗇愛財，趨商賈，好訾毁，多巧僞，[1]喪祭之禮文備實寡，然其好學猶愈於它俗。[2]漢興以來，魯東海多至卿相。東平、須昌、壽良，皆在濟東，屬魯，非宋地也，當考。[3]

[1]【顏注】師古曰：以言相毁曰訾。訾音子爾反。

[2]【顏注】師古曰：愈，勝也。

[3]【顏注】師古曰：當考者，言當更考覈之，其事未審。【今注】案，錢坫《新斠注地理志》卷一六以爲，"東平、須昌、壽良，皆在濟東，屬魯，非宋地也，當考"十八字似非原文，可能是後人因其地屬魯而分壄在宋，故增記於此，以俟再核。今案，壽良，殿本作"壽張"。

宋地，房、心之分壄也。[1]今之沛、梁、楚、山陽、濟陰、東平及東郡之須昌、壽張，[2]皆宋分也。

[1]【今注】房心：二星宿名。皆屬二十八宿。爲東宫蒼龍七宿第四、五宿。

[2]【今注】壽張：東平國屬縣。本爲壽良，東漢避光武帝叔父趙王劉良名諱而改"良"爲"張"。

周封微子於宋，[1]今之睢陽是也，本陶唐氏火正閼伯之虚也。[2]濟陰、定陶，[3]《詩·風》曹國也。武王封弟叔振鐸於曹，其後稍大，得山陽、陳留，二十餘世爲宋所滅。

[1]【今注】微子：商紂王庶兄。本名啓，漢代因避景帝劉啓名諱改"啓"爲"開"。始封於微，故稱微子。周滅商，封微子於宋，爲宋國始祖。

[2]【今注】閼（yān）伯：傳說爲堯帝的火正，居於今河南商丘市一帶，負責觀察、祭祀大火星。

[3]【今注】濟陰定陶：西漢時濟陰郡之地相繼爲濟陰國、定陶國，此處濟陰、定陶並列，實指一地。

昔堯作游成陽，[1]舜漁靁澤，[2]湯止于亳，[3]故其民猶有先王遺風，重厚多君子，好稼穡，惡衣食，以致畜藏。[4]

[1]【顏注】如淳曰：作，起也。成陽在定陶，今有堯冢靈臺。師古曰：作游者，言爲宮室遊止之處也。【今注】成陽：西漢成陽爲濟陰郡屬縣，治所在今山東鄄城縣東南。高誘《呂覽》注："成陽山下有穀林，堯所葬也。"

[2]【顏注】師古曰：漁，捕魚也。靁，古雷字。【今注】靁澤：古湖澤名。一名雷夏澤。在今山東菏澤市東北。酈道元《水經注·瓠子河》："瓠河又左逕雷澤北，其澤藪在大成陽縣故城西北一十餘里，昔華胥履大跡處也。其陂東西二十餘里，南北一十五里，即舜所漁也。"

[3]【今注】亳：商代都城。在今何地，諸説紛紜。一説在今河南商丘市東南（南亳説）。一説在今山東曹縣東南（北亳説）。

一説在今河南偃師市西（西亳説）。一説在今陝西西安市東南（杜亳説）。一説在今河南鄭州市（鄭亳説）。

[4]【顏注】師古曰：畜讀曰蓄。

宋自微子二十餘世，至景公滅曹。[1]滅曹後五世，亦爲齊、楚、魏所滅，參分其地。魏得其梁、陳留，齊得其濟陰、東平，楚得其沛。故今之楚彭城，本宋也，《春秋經》曰“圍宋彭城”。[2]宋雖滅，本大國，故自爲分野。

[1]【今注】景公：春秋時期宋國國君。公元前 517 年即位，在位四十八年。公元前 487 年舉兵滅曹。

[2]【今注】圍宋彭城：事見《左傳》襄公元年。

沛楚之失，急疾顓己，地薄民貧，[1]而山陽好爲姦盜。

[1]【顏注】師古曰：顓與專同。急疾顓己，言性褊狹而自用。

衛地，營室、東壁之分壄也。[1]今之東郡及魏郡黎陽，河內之野王、朝歌，皆衛分也。

[1]【今注】營室東壁：二星宿名。皆屬二十八宿。爲北宮玄武七宿之第六、七宿。

衛本國既爲狄所滅，[1]文公徙封楚丘，三十餘年，子成公徙於帝丘。故《春秋經》曰"衛譻于帝丘",[2]今之濮陽是也。本顓頊之虛,故謂之帝丘。夏后之世,昆吾氏居之。[3]成公後十餘世,爲韓、魏所侵,盡亡其旁邑,獨有濮陽。後秦滅濮陽,置東郡,徙之於野王。始皇既并天下,猶獨置衛君,二世時乃廢爲庶人。凡四十世,九百年,最後絕,故獨爲分野。

[1]【顏注】師古曰:衛懿公爲狄人所滅,事在《春秋》閔公二年。

[2]【顏注】師古曰:譻,古遷字。

[3]【今注】昆吾氏:相傳爲夏商時期部族,善於製作陶器。《吕氏春秋·君守》:"昆吾作陶。"高誘注:"昆吾,顓頊之後,吳回黎之孫,陸終之子,己姓也,爲夏伯製作陶冶埏埴爲器。"

衛地有桑閒濮上之阻,[1]男女亦亟聚會,聲色生焉,[2]故俗稱鄭衛之音。周末有子路、夏育,民人慕之,[3]故其俗剛武,上氣力。漢興,二千石治者亦以殺戮爲威。宣帝時韓延壽爲東郡大守,[4]承聖恩,崇禮義,尊諫争,至今東郡號善爲吏,延壽之化也。其失頗奢靡,嫁取送死過度,而野王好氣任俠,有濮上風。

[1]【顏注】師古曰:阻者,言其隱阨得肆淫僻之情也。【今注】桑間:桑林之中。　濮上:濮水之濱。

[2]【顏注】師古曰:亟,屢也,音丘吏反。

[3]【顏注】師古曰:子路,孔子弟子仲由也,性好勇。夏育亦古之壯士。皆衛人。

[4]【今注】韓延壽:傳見本書卷七六。　案,大守,蔡琪

本、大德本、殿本作“太守”。

楚地，翼、軫之分壄也。[1]今之南郡、江夏、零陵、桂陽、武陵、長沙及漢中、汝南郡，盡楚分也。

[1]【今注】翼軫：二星宿名。皆屬二十八宿。爲南宮朱雀七宿之第六、七宿。

周成王時，封文、武先師鬻熊之曾孫熊繹於荆蠻，爲楚子，居丹陽。後十餘世至熊達，是爲武王，寖以彊大。[1]後五世至嚴王，[2]總帥諸侯，觀兵周室，并吞江、漢之閒，内滅陳、魯之國。後十餘世，頃襄王東徙于陳。

[1]【顏注】師古曰：寖，漸也。
[2]【今注】嚴王：即楚莊王熊旅（一作“熊侶”）。春秋時期楚國君主，春秋五霸之一。公元前614年即位，在位二十三年。東漢避漢明帝劉莊名諱，改“莊王”爲“嚴王”。

楚有江漢川澤山林之饒，江南地廣，或火耕水耨，民食魚稻，以漁獵山伐爲業，[1]果蓏蠃蛤，食物常足。[2]故呰窳媮生，而亡積聚，[3]飲食還給，不憂凍餓，[4]亦亡千金之家。信巫鬼，重淫祀。而漢中淫失枝柱，與巴、蜀同俗。[5]汝南之別，皆急疾有氣埶。江陵，故郢都，西通巫、巴，東有雲夢之饒，亦一都會也。

[1]【*顏注*】師古曰：山伐，謂伐山取竹木。

[2]【*顏注*】師古曰：蠃音來戈反。蛤音閤，似蜯而圓。【今注】果蓏（luǒ）：泛指各類瓜果。蓏，草本植物的果實。

[3]【*顏注*】應劭曰：呰，弱也。言風俗朝夕取給媮生而已，無長久之慮也。如淳曰：呰或作蠀，音紫。窳音庾。晉灼曰：呰，病也。窳，惰也。師古曰：諸家之説皆非也。呰，短也。窳，弱也。言短力弱材不能勤作，故朝夕取給而無儲偫也。如音是也。【今注】呰（zǐ）窳（yǔ）媮（tōu）生：懶惰散漫，苟且度日，無長久之計。

[4]【*顏注*】師古曰：還，及也，言常相及而給足也。

[5]【*顏注*】師古曰：失讀曰泆。柱音竹甫反。枝柱，言意相節卻，不順從也。

吳地，斗分壄也。[1]今之會稽、九江、丹楊、豫章、廬江、廣陵、六安、臨淮郡，盡吳分也。[2]

[1]【今注】斗：星宿名。屬二十八宿。爲北宮玄武七宿之第一宿。

[2]【今注】案，丹楊，蔡琪本、大德本同，殿本作“丹陽”。

殷道既衰，周大王亶父興郊梁之地，長子大伯，次曰仲雍，少曰公季。公季有聖子昌，[1]大王欲傳國焉。大伯、仲雍辭行采藥，遂奔荆蠻。[2]公季嗣位，至昌爲西伯，受命而王。故孔子美而稱曰：“大伯，可謂至悳也已矣！三以天下讓，民無得而稱焉。”謂“虞仲夷逸，隱居放言，身中清，廢中權。”[3]大伯初奔荆蠻，荆蠻歸之，號曰句吳。[4]大伯卒，仲雍立，至曾孫周章，而武王克殷，因而封之。又封周章弟中於河北，是爲北吳，[5]後世謂之虞，[6]十二世爲晉所滅。後二世而荆蠻之吳子壽夢盛大稱王。[7]其少子則季札，有賢材。兄弟欲傳國，札讓而不受。自大伯壽夢稱王六世，[8]闔廬舉伍子胥、孫武爲將，[9]戰勝攻取，興伯名於諸侯。[10]至子夫差，誅子胥，用宰嚭，[11]爲粤王句踐所滅。

[1]【今注】昌：即周文王姬昌。

[2]【今注】荆蠻：周人對南方江漢地區族群的貶稱。

[3]【顏注】師古曰：皆《論語》載孔子之言也。虞仲，即仲雍也。夷逸，言竄於蠻夷而遁逸也。隱居而不言，故其身清絜，所廢中於權道。【今注】案，至悳，蔡琪本作“至德”。

[4]【顏注】師古曰：句音鉤，夷俗語之發聲也，亦猶越爲于越也。

[5]【顏注】師古曰：中讀曰仲。

[6]【今注】虞：西周封國。在今山西平陸縣北。公元前655年爲晉所滅。國號本爲吳，聲轉而變爲“虞”。

[7]【今注】壽夢：春秋時期吳國君主。仲雍十九世孫，吳侯去齊之子。公元前586年即位，在位二十五年。事迹詳見《史記》卷三一《吳太伯世家》。

[8]【今注】大伯：王先謙《漢書補注》引陳奐以爲此二字疑衍。

[9]【今注】闔廬：即闔閭，春秋時期吳國君主。公元前515年即位，在位十九年。事迹詳見《史記》卷三一《吳太伯世家》。

伍子胥：即伍員。春秋時期吳國大夫。本爲楚人，後因父兄爲楚平王所殺，逃至吳國，助闔閭奪取王位，又佐闔閭率吳軍攻入楚都郢，以功封於申，故又稱申胥。後屢諫不從，被吳王夫差賜死。傳見《史記》卷六六。　孫武：春秋時期軍事家。本齊國人，以兵法求見吳王闔廬，被拜爲將軍，西破强楚，北威齊、晉，顯名諸侯。有《孫子兵法》傳世。傳見《史記》卷六五。

[10]【顏注】師古曰：伯讀曰霸。

[11]【顏注】師古曰：嚭音彼美反。

吳、粵之君皆好勇，故其民至今好用劍，輕死易發。

粵既并吳，後六世爲楚所滅。後秦又擊楚，徙壽春，至子爲秦所滅。

壽春、合肥受南北湖皮革、鮑、木之輸，[1]亦一都會也。始楚賢臣屈原被讒放流，作《離騷》諸賦以自傷悼。[2]後有宋玉、唐勒之屬慕而述之，[3]皆以顯名。漢興，高祖王兄子濞於吳，[4]招致天下之娛游子弟，枚乘、鄒陽、嚴夫子之徒興於文、景之際。[5]而淮南王安亦都壽春，[6]招賓客著書。而吳有嚴助、朱買臣，[7]貴顯漢朝，文辭並發，故世傳《楚辭》。其失巧而少信。初淮南王異國中民家有女者，[8]以待游士而妻之，故至今多女而少男。[9]本吳、粵與楚接比，數相并兼，[10]故民俗略同。

[1]【顏注】師古曰：皮革，犀兕之屬也。鮑，鮑魚也。木，楓枏豫章之屬。【今注】壽春合肥受南北湖皮革鮑木之輸：《史記》卷一二九《貨殖列傳》記爲“郢之後徙壽春，亦一都會也。而合肥受南北潮，皮革、鮑、木輸會也”。鮑，或指已經鞣製的皮革。

[2]【顏注】師古曰：諸賦，謂《九歌》《天問》《九章》

之屬。

[3]【今注】宋玉：戰國後期楚國文士，曾爲楚頃襄王小臣，長於辭賦。　唐勒：戰國後期楚國文士。

[4]【今注】濞：吳王劉濞。傳見本書卷三五。

[5]【今注】枚乘：傳見本書卷五一。　鄒陽：傳見本書卷五一。　嚴夫子：即嚴忌。西漢文學家。本名莊忌，避漢明帝劉莊諱改爲嚴忌。善辭賦，先後侍從吳王劉濞、梁王劉武，以文才聞名，世稱"嚴夫子"。

[6]【今注】安：淮南王劉安。傳見本書卷四四。

[7]【今注】嚴助：即莊助。傳見本書卷六四上。　朱賈臣：傳見本書卷六四上。

[8]【顏注】晉灼曰：有女者見優異。　【今注】異：格外優待。

[9]【顏注】如淳曰：得女寵，或去男也。臣瓚曰：《周官·職方》云"楊州之民（楊州，蔡琪本、殿本作"揚州"），二男而五女"，此風氣非由淮南王安能使多女也。師古曰：二說皆非也。《志》亦言土地風氣既足女矣，因淮南之化，又更聚焉。

[10]【顏注】師古曰：比，近也，音頻寐反。

　　吳東有海鹽章山之銅，[1]三江五湖之利，亦江東之一都會也。豫章出黃金，然堇堇物之所有，取之不足以更費。[2]江南卑濕，丈夫多夭。

[1]【今注】章山：即今浙江安吉縣西北九龍山。一説爲浙江臨安市西北天目山。

[2]【顏注】應劭曰：堇堇，少也。更，償也。言金少耳，取不足用，顧費用也。師古曰：應說非也。此言所出之金既以少矣，自外諸物蓋亦不多，故總言取之不足償功直也。堇讀曰僅。

更音庚。【今注】菫（jǐn）菫：僅僅。意爲數量極少。

會稽海外有東鯷人，[1]分爲二十餘國，以歲時來獻見云。

[1]【顏注】孟康曰：音題。晉灼曰：音鞮。師古曰：孟音是也。【今注】東鯷（tí）人：古代東南海島居民。東鯷或即“東夷”，後世稱夷州，即今中國臺灣。

粵地，牽牛、婺女之分壄也。[1]今之蒼梧、鬱林、合浦、交阯、九真、南海、日南，皆粵分也。

[1]【今注】牽牛婺女：二星宿名。皆屬二十八宿。爲北宮玄武七宿之第二、三宿。

其君禹後，帝少康之庶子云，封於會稽，[1]文身斷髮，以避蛟龍之害。[2]後二十世，至句踐稱王，與吳王闔廬戰，敗之儁李。[3]夫差立，句踐乘勝復伐吳，吳大破之，[4]棲會稽，[5]臣服請平。後用范蠡、大夫種計，[6]遂伐滅吳，兼并其地。度淮與齊、晉諸侯會，[7]致貢於周。周元王使使賜命爲伯，[8]諸侯畢賀。後五世爲楚所滅，子孫分散，君服於楚。[9]後十世，至閩君搖，[10]佐諸侯平秦。漢興，復立搖爲越王。是時，秦南海尉趙佗亦自王，[11]傳國至武帝時，盡滅以爲郡云。

[1]【顏注】臣瓚曰：自交阯至會稽七八千里，百越雜處

（百越，殿本"百粤"），各有種姓（種姓，蔡琪本作"種性"），不得盡云少康之後也。案《世本》（案，殿本作"按"），越爲芈姓，與楚同祖，故《國語》曰"芈姓夔、越"，然則越非禹後明矣。又芈姓之越，亦句踐之後，不謂南越也。師古曰：越之爲號，其來尚矣，少康封庶子以主禹祠，君於越地耳。故此《志》云"其君禹後"，豈謂百越之人皆禹苗裔？瓚説非也。【今注】少康：傳説爲夏代國君，在位期間恢復夏之勢力，史稱"少康中興"。

[2]【顏注】應劭曰：常在水中，故斷其髮，文其身，以象龍子，故不見傷害也。

[3]【顏注】師古曰：雋音醉，字本作樵，其旁從木。【今注】雋李：一作"樵李"，又作"就李"，在今浙江嘉興市南。《穀梁春秋》定公十四年："五月，於越敗吳于樵李。"

[4]【今注】案，吳大破之，"破"字殿本作"敗"。

[5]【顏注】師古曰：會稽，山名。登山而處，以避兵難，言若鳥之棲。【今注】會稽：此指會稽山，在今浙江紹興市東南。

[6]【今注】范蠡：本爲春秋末楚國宛人，後東入越地，幫助越王句踐滅吳，功名身退。相傳易名爲鴟夷子皮，經商於齊、宋之間，定居於陶，稱陶朱公。 大夫種：即文種，字少禽，一作"子禽"。春秋時楚國郢人，與范蠡入越爲大夫，幫助越王句踐滅吳。後被句踐聽讒賜死。

[7]【今注】度：同"渡"。

[8]【今注】伯：同"霸"。

[9]【顏注】師古曰：事楚爲君而服從之。

[10]【今注】搖：秦漢之際越族首領。越王句踐之後，姓騶氏。本爲粤東海王，秦統一天下，廢爲君長。秦末參與反秦鬬争，又在楚漢戰争中率粤人助劉邦建功，漢惠帝三年（前192）復立爲東海王，都東甌，世號"東甌王"。

[11]【今注】趙佗：事迹見本書卷九五《西南夷兩粵朝鮮傳》。

處近海，多犀、象、毒冒、珠璣、銀、銅、果、布之湊，[1]中國往商賈者多取富焉。番禺，其一都會也。

[1]【顏注】韋昭曰：果謂龍眼、離支之屬。布，葛布也。師古曰：毒音代。冒音莫内反。璣謂珠之不圓者也，音祈，又音機。布謂諸雜細布皆是也。【今注】毒冒：即玳瑁。　湊：聚集。

自合浦徐聞南入海，得大州，[1]東西南北方千里，武帝元封元年略以爲儋耳、珠厓郡。[2]民皆服布如單被，穿中央爲貫頭。[3]男子耕農，種禾稻紵麻，女子桑蠶織績。亡馬與虎，民有五畜，[4]山多塵麖。[5]兵則矛、盾、刀，木弓弩，竹矢，或骨爲鏃。[6]自初爲郡縣，吏卒中國人，[7]多侵陵之，故率數歲壹反。元帝時遂罷棄之。[8]

[1]【今注】大州：此指今海南島。

[2]【今注】元封元年：公元前110年。

[3]【顏注】師古曰：著時從頭而貫之。【今注】穿中央爲貫頭：在整塊布中間裁剪出孔狀，穿時從頭上套下。

[4]【顏注】師古曰：牛、羊、豕、雞、犬。

[5]【顏注】師古曰：塵似鹿而大，麖似鹿而小。塵音主，麖音京。【今注】塵（zhǔ）：駝鹿。體形比梅花鹿大，魏晉時人往往以塵尾製作拂塵。　麖（jīng）：水鹿。又名馬鹿、黑鹿。

　　［6］【顏注】師古曰：鏃，矢鋒，音子木反。

　　［7］【今注】中國：中原。

　　［8］【今注】元帝時遂罷棄之：此說含混。珠厓郡罷於元帝初元三年（前46），儋耳郡則罷於昭帝始元五年（前82）。

　　自日南障塞、徐聞、合浦船行可五月，[1] 有都元國；[2] 又船行可四月，有邑盧沒國；[3] 又船行可二十餘日，有諶離國；[4] 步行可十餘日，有夫甘都盧國。[5] 自夫甘都盧國船行可二月餘，有黃支國，[6] 民俗略與珠厓相類。其州廣大，戶口多，多異物，自武帝以來皆獻見。有譯長，[7] 屬黃門，[8] 與應募者俱入海市明珠、璧流離、奇石異物，[9] 齎黃金雜繒而往，[10] 所至國皆稟食爲耦，[11] 蠻夷賈船轉送致之。亦利交易，剽殺人。[12] 又苦逢風波溺死，[13] 不者數年來還，大珠至圍二寸以下。[14] 平帝元始中，[15] 王莽輔政，欲燿威德，厚遺黃支王，令遣使獻生犀牛。自黃支船行可八月，到皮宗；[16] 船行可二月，到日南、象林界云。黃支之南，有已程不國，[17] 漢之譯使自此還矣。

　　［1］【今注】日南障塞：今越南峴港。

　　［2］【今注】都元國：當今何地，諸說不一。日本學者藤田豐八主張在馬來半島或蘇門答臘島附近；岑仲勉、周連寬主張在馬來半島東北海岸克拉地峽北部的 Htayan；勞榦主張在菲律賓；許雲樵主張在婆羅洲（今加里曼丹島）；韓振華、朱傑勤主張在越南南圻的東緣海濱；章巽主張在蘇門答臘島西北八昔河附近（詳見周永衞、鄧珍、萬智欣、溫淑萍《秦漢嶺南的對外文化交流》，暨南大學出版社 2014 年版，第 47—48 頁）。

［3］【今注】邑盧没國：藤田豐八、章巽主張在今緬甸南部勃固附近；許雲樵、韓振華、朱傑勤主張在泰國華富里；岑仲勉主張在蘇門答臘島北端之藍無里；周連寬主張在爪哇北之 Krabang 岬；張星烺認爲邑盧没爲色盧之誤，因考爲今印度馬拉巴爾沿岸古商港之 Patana；勞榦主張在婆羅洲（今加里曼丹島）境内（詳見周永衛、鄧珍、萬智欣、温淑萍《秦漢嶺南的對外文化交流》，第 48頁）。

［4］【顔注】師古曰：諶音士林反。【今注】諶離國：藤田豐八、章巽主張爲唐代之驃國悉利城，即今緬甸蒲甘附近之 Sillah；許雲樵、朱傑勤主張爲今緬甸南端之地那悉林，梁代稱“頓遜”；岑仲勉主張爲今緬甸仰光附近的沙廉；張星烺主張爲印度南海岸的夏商耶威；韓振華主張在泰國佛統（詳見周永衛、鄧珍、萬智欣、温淑萍《秦漢嶺南的對外文化交流》，第 48 頁）。

［5］【顔注】師古曰：都盧國人勁捷善緣高，故張衡《西京賦》云“烏獲扛鼎，都盧尋橦”，又曰“非都盧之輕趫，孰能超而究升”也。夫音扶。【今注】夫甘都盧國：藤田豐八、費琅（法國學者）、章巽等均認爲是緬甸的舊蒲甘城，其遺址在今伊洛瓦底江左岸；岑仲勉認爲是緬甸的蒲甘城；周連寬認爲在爪哇島 Kediri 地區（詳見周永衛、鄧珍、萬智欣、温淑萍《秦漢嶺南的對外文化交流》，第 48 頁）。

［6］【今注】黄支國：位於今南印度東海岸的康契普臘姆（Conjervaram）。

［7］【今注】譯長：官名。負責傳譯及奉使。

［8］【今注】黄門：官署名。隸屬於少府，掌宫中乘輿狗馬倡優鼓吹等事。長官爲黄門令，任職親近天子，多由宦者充任。

［9］【今注】明珠：珍珠。《史記》卷一二八《龜策列傳》：“明月之珠，出於江海，藏於蚌中。”　璧流離：又稱毗琉璃。通常以爲是指綠寶石、青金石、藍寶石等天然寶石，瑩潤而有光澤，半

透明，多産於今印度、巴基斯坦、阿富汗等地。但從合浦漢墓出土的衆多玻璃器來看，璧流離應是漢代對玻璃的一種稱謂。　奇石異物：從合浦漢墓出土物品來看，石榴子石、琥珀、水晶、綠柱石、肉紅石髓、瑪瑙、蝕刻石髓、黄金等飾物，以及香料等中原希見之物，皆屬奇石異物（詳見熊昭明《漢代合浦港考古與海上絲綢之路》，文物出版社 2015 年版，第 59 頁）。

[10]【今注】雜繒：各類絲織品的總稱。

[11]【顔注】師古曰：稟，給也。耦，媲也。給其食而侣媲之，相隨行也。【今注】稟食爲耦：提供食物，並且派遣人員隨行。

[12]【顔注】師古曰：剽，劫也，音頻妙反。

[13]【今注】案，蓬，蔡琪本、大德本、殿本作“逢”。

[14]【今注】大珠至圍二寸以下：依漢尺度，周長二寸，直徑接近 1.5 厘米。

[15]【今注】元始：漢平帝年號（1—5）。據本書卷一二《平紀》，黄支國獻犀牛，事在平帝元始二年（2）春。

[16]【今注】皮宗：藤田豐八、費琅、章巽、岑仲勉、韓振華等認爲是今馬來西亞南岸的蒲牢皮散島；許雲樵認爲是馬來西亞東部的柔佛或甘蔗島；朱傑勤、周連寬認爲是越南南部的平山（詳見周永衛、鄧珍、萬智欣、温淑萍《秦漢嶺南的對外文化交流》，第 48 頁）。

[17]【今注】已程不國：即今斯里蘭卡。